Matthias Loerbroks
Weisung vom Zion

Studien zu Kirche und Israel
(SKI)

Herausgegeben von
Peter von der Osten-Sacken

Band 19

Institut Kirche und Judentum

Matthias Loerbroks

Weisung vom Zion

Biblisch-theologische Orientierungen
für eine Kirche neben Israel

Berlin 2000

Die Deutsche Bibliothek – CIP-Einheitsaufnahme

Loerbroks, Matthias:
Weisung vom Zion für eine Kirche neben Israel / Matthias Loerbroks.
[Institut Kirche und Judentum] . – Berlin : Inst. Kirche und Judentum,
2000

   (Studien zu Kirche und Israel ; Bd. 19)
   Zugl.: Berlin, Freie Univ., Diss., 1996/97
   ISBN 3-923095-50-3

Umschlagbild:
König David als Psalmist mit Harfe
Zeichnung von Ingrid Oehrlein, Grafikdesign Berlin
(Nach einer Miniatur in einer lateinischen Bibelhandschrift
aus Gerardsbergen/Flandern, um 1200)

© Institut Kirche und Judentum
Dom zu Berlin, Lustgarten, 10178 Berlin
Berlin 2000
Alle Rechte vorbehalten
Satz: Matthias Loerbroks
Layout: Claus P. Wagener
Gesamtherstellung:
Heinzelmann Papier- und Druckservice GmbH, 72585 Riederich
ISBN 3-923095-50-3

Inhalt

Vorwort 7
Einleitung 9

Kapitel I
Ein Volk aus den Völkern –
Eine Auslegung von Apg 15, 1–35 18
Resümee 38

Kapitel II
Das Volk Gottes und die Völker der Welt –
Die ökumenische Bewegung und Israel nach 1945 40

  1. Amsterdam 1948: Solidarität besonderer Art? 41
  2. Evanston 1954: Streit um Israel 43
  3. Bossey 1956: Christen entdecken sich als Völker 48
  4. Niederlande 1959: Beziehung zu Israel –
     eine nota ecclesiae 53
  5. Neu Delhi 1961: Christus außerhalb der Kirche 58
  6. Das Zweite Vatikanische Konzil 1965:
     Mit dem Stamm Abrahams geistlich verbunden 61
  7. Glaube und Kirchenverfassung, Bristol 1967:
     Im Verhältnis zu Israel steht »das ganze
     Selbstverständnis der Kirche auf dem Spiel« 65
  8. Die weitere Entwicklung im ÖRK:
     Israel wird Nebenthema –
     strikt getrennt vom übrigen Programm 69
  9. Lutherischer Weltbund 75
10. Evangelische Kirche im Rheinland 1980:
     Jesus Christus – der Jude, der die Völker der Welt
     mit dem Volk Gottes verbindet 76
Resümee 78

Kapitel III
Eine Kirche aus den Völkern –
Zwei systematische Entwürfe zur Ekklesiologie
im christlich-jüdischen Verhältnis 86

  1. Hans-Joachim Kraus 87
  2. Paul van Buren 100
Resümee 123

Kapitel IV
Eine Tora der Völkerwallfahrt –
Das Buch der Psalmen als Sozialisation der Völker
in den Bund Gottes mit Israel . . . . , ...   130

    Buch 1 (1-41):
        Der Gesalbte – ein bedrängter Gebeugter,
        stellvertretend für sein Volk,
        stellvertretend für alle Gebeugten   132
    Buch 2 (42-72):
        Gott richtet vom Zion aus die Völker   144
    Buch 3 (73-89):
        Krise Israels, des Gesalbten, des Zion   152
    Buch 4 (90-106):
        Israel verkündet den Namen,
        die Taten seines Gottes unter den Völkern   158
    Buch 5 (107-150):
        Aufruf an Alle zum Dank
        und zum jubelnden Lobpreis   161
    Resümee   174

Kapitel V
Weisung vom Zion für eine Kirche neben Israel –
Abschliessende Überlegungen   176

Anmerkungen   179
Literaturverzeichnis   212

Vorwort

Die vorliegende Arbeit wurde im WS 1996/97 vom Fachbereich Philosophie und Sozialwissenschaften II der Freien Universität Berlin als Dissertation zum Dr. phil. angenommen. Sie entstand in den Jahren 1990 bis 1995, in denen ich als wissenschaftlicher Mitarbeiter im Institut für Evangelische Theologie der Freien Universität arbeitete und vor allem in den Themenbereichen Ökumene und Kirchengeschichte unterrichtete, aber auch Lehrveranstaltungen zur biblischen Theologie anbot.

Es waren zwei Eindrücke, denen ich mit meiner Doktorarbeit nachgehen wollte: Die Krise der ökumenischen Bewegung und vieler Kirchen, ihre Unschlüssigkeiten und Unsicherheiten, ihr Mangel an Relevanz für das Leben vieler Menschen, ihre Blässe und Langweiligkeit hängen damit zusammen, daß die Kirchen und die ökumenische Bewegung sich ihrem Verhältnis zu Gottes Volk Israel nicht gestellt, sondern die Frage danach verdrängt, sie jedenfalls nicht als grundlegende Frage ihres Selbstverständnisses betrachtet und bearbeitet haben. Und: Die Frage nach der Beziehung der Christen zu den Juden hat zu tun mit dem gesamtbiblischen Thema »Israel und die Völker«.

Wegen dieser doppelten Fragestellung habe ich in dieser Arbeit vier der traditionellen theologischen Disziplinen zu diesem Thema befragt: Altes und Neues Testament, Systematische Theologie und Kirchengeschichte bzw. Geschichte der ökumenischen Bewegung. Weil ich meine, die Beziehung der Christen zu den Juden sei entscheidend für jedes kirchliche Selbstverständnis und für jede kirchliche Praxis, soll die Arbeit einen Beitrag leisten – in ihrer Schriftgebundenheit einen spezifisch protestantischen Beitrag – zur Erarbeitung einer Ekklesiologie der ökumenischen Bewegung, die es noch nicht gibt, 50 Jahre nach der Gründung des Ökumenischen Rats der Kirchen. Der Versuch, dem Buch der Psalmen Weisung für eine Kirche neben Israel zu entnehmen, knüpft an Tendenzen in der ökumenischen Bewegung an, Theologie nicht nur aus und in Lehrsätzen zu entwickeln, sondern die doxologische Dimension jeder Theologie wahrzunehmen.

Die Aufhebung traditioneller Apartheid zwischen den theologischen Disziplinen in dieser Arbeit ist zugleich eine Danksagung an das Institut für Evangelische Theologie der FU. Als Student wie als Mitarbeiter dieses Hauses habe ich davon profitiert, daß in ihm die Grenzen zwischen exegetischer, historischer und systematischer Arbeit fließend sind. Die dort betriebene systematische Theologie ist immer vor allem Schriftauslegung, und die Zeichen der Zeit, die Situation der Theologie nach Auschwitz, prägen auch die historischen und exegetischen Fragestellungen. Das Institut wird in diesen Tagen nach seinem Gründer Helmut-Gollwitzer-Haus genannt werden. Helmut Gollwitzer war einer der wichtigsten Anstoßer und Anreger einer Umkehr und Erneuerung im christlich-jüdischen Verhältnis. Seiner zu gedenken verpflichtet, und ich hoffe, mit dieser Arbeit dieser Verpflichtung zu entsprechen.

Unter den vielen, mit denen ich in diesem Haus gelernt und gearbeitet habe, gilt mein Dank besonders meinem Lehrer Friedrich-Wilhelm Marquardt. Ich hatte das Glück, einige Jahre bei der Entstehung seiner Dogmatik hörend und fragend dabeizusein. Ich bin froh, daß er mein Lehrer ist, und danke ihm für alles, was ich bei ihm gelernt habe. Ich danke auch Peter von der Osten-Sacken für die Veröffentlichung dieser Arbeit durch das von ihm geleitete Institut Kirche und Judentum und nicht zuletzt seinen beiden studentischen Mitarbeiterinnen Ann-Christin Puchta und Viola Schrenk für die Hilfe beim Korrekturlesen.

Berlin, Januar 2000   Matthias Loerbroks

Einleitung

Wie die Kirche sich in der Gegenwart Israels verstehen und verhalten solle, war lange Zeit keine Frage, weil Christen Israels Gegenwart gar nicht wahrnahmen. Wenn kirchliche Selbstdefinitionen überhaupt auf Israel Bezug nahmen, dann auf eine Vergangenheit: Kirchliches Selbstverständnis als neues, wahres, eschatologisches Israel, das jüdische Volk ersetzend und beerbend, ersparte eine Verhältnisbestimmung zum gegenwärtigen Israel, erlaubte allerlei typologische Anknüpfungen an den biblisch bezeugten Teil der Geschichte Israels.

Erst zwei Ereignisse dieses Jahrhunderts veranlaßten einige Christen, auch einige Kirchen zu neuem Nachdenken und Umdenken.

Zum einen, und vor allem, die Schoah: Der bürokratisch verwaltend organisierte, industriell durchgeführte Massenmord am jüdischen Volk, der Versuch, dieses Volk insgesamt zu ermorden, hatte Entsetzen und Scham ausgelöst. Scham: denn wie immer man den Anteil christlicher Judenfeindschaft an der Entstehung des weltlich rassistischen Judenhasses einschätzte, offenkundig war ja dieser Massenmord, noch dazu als »Endlösung der Judenfrage« bezeichnet, die brutale geschichtliche Entsprechung der Beseitigung, Ablösung, Ersetzung Israels in der christlichen Theologie. Der theoretischen Abschaffung war die physische gefolgt.

»Ein namhafter deutscher Neutestamentler, der sich während des Kirchenkampfes in der Hitlerzeit ordentlich verhalten hat, nicht im Traume ein Nazi und Antisemit, erklärte mir einmal: ›Ich sage jedem Juden, mit dem ich über diese Dinge spreche: Dich dürfte es als Juden gar nicht mehr geben; denn wärest du mit der Gottesgeschichte weitergegangen, die das Judentum überholt hat, dann wärest du Christ, und es gäbe kein Judentum mehr.‹ Ich antwortete ihm zu seinem Schrecken: ›Dann gilt für die nazistische Form der ›Endlösung‹ Heines Wort: ›Ich bin die Tat von Deinen Gedanken‹.‹ Zu seinem Schrecken; denn er war sich natürlich nicht bewußt gewesen, daß er mit seiner Einstellung auf dem Wege stand, den die traditionelle christliche Judentumstheorie für die ›Endlösung‹ gebahnt hat.«[1]

In anekdotisch zugespitzter Form ist damit das Problem dieser Arbeit präzis gestellt: Wer sich mit »Schrecken« von dieser »traditionellen christlichen Judentumstheorie«, damit aber von traditionellem kirchlichen Selbstverständnis abwendet, muß über eine andere Verhältnisbestimmung zwischen Kirche und Israel nachdenken, versuchen, zu einer neuen innerkirchlichen Selbstverständigung beizutragen.

Das andere Ereignis war die Gründung des Staates Israel wenige Jahre später, die bei einigen Christen Verwunderung bewirkte.[2] Bei einigen. Bereits hier ist auf eine auffällige Diskrepanz aufmerksam zu machen: Der Verlust von Land und Staat, die Zerstörung des Tempels und Jerusalems im Jahre 70 ist von Christen immer gern geschichtstheologisch als Beleg für ihre These von der Verwerfung Israels verstanden worden. Die Gründung des Staates Israel hat in keinem vergleichbaren Ausmaß zu entsprechenden Deutungen geführt, nicht einmal zur Überprüfung jener früheren Geschichtstheologie.

Die Studie »Israel und die Kirche« der Niederländischen Reformierten Kirche von 1959 nennt diese beiden Daten als augenöffnend, fügt aber sofort hinzu:

»Mit Beschämung müssen wir bekennen, dass es zum guten Teil diese Ereignisse waren, die der Kirche für die besondere Berufung des jüdischen Volkes die Augen weiter geöffnet haben, und dass es nicht in erster Linie die Heilige Schrift selbst war, die sie sehend gemacht hat für die Bedeutung, die Israel in Gottes Heilsplan auch für die Gegenwart und für die Zukunft hat.«[3]

Die Frage, wie Erkenntnis geschichtlicher Ereignisse und Erkenntnis aus der Schrift zueinander sich verhalten, wird zwar nicht nur an diesem Thema, da aber besonders heftig diskutiert. Ich verstehe diese Arbeit auch als einen Beitrag zu dieser Frage. Doch dazu später.

Die einschneidende Bedeutung dieser beiden Ereignisse, die neue Überlegungen forderten und förderten, legt es nahe, mit der Suche nach einem neuen Selbstverständnis von Kirchen im Blick auf Israel in der Zeit nach 1945 einzusetzen. Doch auch dann dauert es noch lange, ehe die Gegenwart Israels zu einer Frage an die Kirche und an Kirchen wird und ehe erste Antworten gefunden werden. Gerade das ungeheure Ausmaß der Schoah machte zwei andere Erkenntnisse vorrangig: die Erkenntnis christlicher Schuld, besonders, aber nicht nur in Deutschland. Zu dieser Erkenntnis gehörte Aufklärung über die Geschichte christlicher Judenverachtung und -bekämpfung, über noch fortwirkende antijüdische Klischees. Die andere Erkenntnis war überhaupt erst die Entdeckung und Wahrnehmung des Judentums, der Juden.

Bezeichnend ist in beider Hinsicht die Synode der EKD 1950 in Berlin-Weißensee. Sie formuliert erstmals ein Wort zur Schuld der Christen an den Juden – weder in Stuttgart 1945 noch in Darmstadt 1947 war das ausgesprochen, vom »Wort des Bruderrats zur Judenfrage«, ebenfalls Darmstadt, 1948, nicht zu reden. Und sie bekennt zugleich positiv den christlichen Glauben, »daß Gottes Verheißung über dem von ihm erwählten Volk Israel auch nach der Kreuzigung Jesu Christi in Kraft geblieben ist«.[4] Damit nimmt die Kirche implizit Abschied von jedem kirchlichen Selbstverständnis, das auf Beerbung oder Ersetzung Israels beruht. Sie hat damit noch kein neues Verständnis von Kirche, muß aber damit rechnen, daß Gott neben der Kirche und gegen sie auch sein Volk Israel aufrechterhält. Was dies für die Kirche, ihr

Selbstverständnis, ihre Aufgaben bedeutet, ist hier noch nicht deutlich. Aber das Problem ist gestellt, nicht länger durch theologische Abschaffung Israels geleugnet.

Bei denjenigen Christen, die überhaupt von der Schoah wenigstens nachträglich sich berühren ließen, ging es also nach 1945 um die Erkenntnis christlicher Schuld. Israel wurde als moralische Infragestellung der Kirche wahrgenommen, als Frage an ihre Ethik. Und es ging um die Wahrnehmung von Israels Gegenwart, auch von jüdischem Selbstverständnis. Das war jahrhundertelang ignoriert worden. Und die entsprechende Ignoranz war gepaart mit unerschütterlicher Gewißheit, über Israel längst besser Bescheid zu wissen als Israel selbst.

Auf eine ethische Frage läßt sich ethisch antworten: Bekämpfung von Antisemitismus, Förderung von Toleranz. Speziell in Deutschland war das ein gesellschaftlich-politisches Programm, nicht spezifisch, nicht einmal vor allem kirchlich. Es ging zunächst um Aufklärung.

Viele Theater in Deutschland begannen nach dem Krieg mit Lessings »Nathan der Weise«. »Man spielte, gleichsam zur Reinigung und neuen Weihe des Hauses, das jahrelang beschwiegene Werk mit seiner ominösen Parabel von den drei Ringen. So hielten es, als erste, die Männer der Sowjetischen Militäradministration in Berlin, wo Max Reinhardts ›Deutsches Theater‹ mit Lessings didaktischem Stück der ›Reinen Toleranz‹ gleichsam entsühnt wurde.«[5] Die nach 1945 vor allem von der amerikanischen Besatzungsmacht gegründeten Gesellschaften für christlich-jüdische Zusammenarbeit verstanden ihre Aufgabe nicht als theologische Aufarbeitung des christlich-jüdischen Verhältnisses und auch den Begriff »Brüderlichkeit« der von ihnen veranstalteten »Woche der Brüderlichkeit« nicht spezifisch theologisch (etwa im Sinn des später als Bild des christlich-jüdischen Verhältnisses neu entdeckten Gleichnisses vom Vater und den zwei Söhnen, Lk 15), sondern im Sinn der Aufklärung, der Französischen Revolution.[6]

Doch wie war auf die Wiederentdeckung des Judentums zu antworten? »Der ungekündigte Bund«[7], unter diesem Titel – er nimmt nicht zufällig ein Bekenntnis M. Bubers aus seinem Gespräch mit K. L. Schmidt 1933 auf – wurde die Arbeit der AG Juden und Christen auf dem Berliner Kirchentag 1961 dokumentiert, auf dem sie zum ersten Mal tagte. Damit wurde die Neuentdeckung Israels bezeichnet: Nach Jahrhunderten der Gewißheit eines neuen Bundes, einen alten, veralteten ablösend, war zunächst der lapidare Satz des Paulus: »Gott hat sein Volk nicht verstoßen« neu zu lernen. Die Dokumentation der AG auf den nächsten beiden Kirchentagen (1963 und 1965) erschien dann unter dem Titel: »Das gespaltene Gottesvolk.«[8] Hier meldet sich die Frage, was denn bei Anerkennung des ungekündigten Bundes zwischen Gott und seinem Volk Israel die Kirche sei. Die Formulierung greift Überlegungen von K. Barth und vor allem von K. H. Miskotte[9] auf. Sie hält daran fest, daß es – da nur einen Gott – nur ein Gottesvolk geben kann. Da dies aber nicht mehr auf Kosten Israels mit der Kirche identifiziert werden kann, ist von dem einen als einem gespaltenen Gottesvolk zu reden. Die Rede von der Spaltung drückt zudem (zumal im Deutschland der 60er Jahre) Schmerz aus: ein Leiden daran, daß nicht zusammenkommt, was zusammengehörte, eine Klage eher als eine systematische Verhältnisbestimmung. Mit beidem rückt dieser Titel das christlich-jüdische Verhältnis in den Bereich der Ökumene: Festhalten aneinander, an der geglaubten Einheit trotz unleugbarer Schismata.

In einer zweiten Phase wurde Israel nicht mehr nur als ethische, sondern auch als Frage der Dogmatik wahrgenommen.[10] Dabei ging es zunächst nicht direkt um die Frage »Was ist Kirche?«, sondern noch grundsätzlicher um die Frage »Wer ist Jesus Christus für uns heute?«, die Frage der Christologie. Christologie ist das Bemühen, das Christusbekenntnis auszulegen, also das, was Christen zu Christen macht. Sie versucht zu explizieren, was dies Bekenntnis für die Bekenner impliziert. Die Frage des Verhältnisses der Kirche zu Israel als Anfrage an die Christologie zu verstehen, signalisiert die analytische Einsicht, daß der Kernbereich des Christseins betroffen ist, ein Kurieren an Symptomen nicht genügen kann. Es zeigt aber auch die therapeutische Absicht, den tief eingewurzelten christlichen Antijudaismus zu überwinden durch den Erweis, daß ihr Christusbekenntnis die Christen nicht zur Abgrenzung von und zum Haß auf Israel führen muß, sondern zur Solidarität mit Israel, zur versöhnten Gemeinschaft von Verschiedenen treiben und anleiten kann. Diese Wendung zur Arbeit an der Christologie war bei einigen derer, die sie begannen, angestoßen worden durch das Buch Rosemary R. Ruethers »Faith and Fratricide« mit der These vom Antijudaismus als der linken Hand der Christologie.[11] Diese These provozierte die Suche nach einer Christologie, die mindestens nicht mehr antijüdisch ist. Zugleich zeigte sich hier nicht nur in Deutschland das Erbe des deutschen Kirchenkampfes: die besonders von K. Barth und D. Bonhoeffer geknüpfte enge Verbindung zwischen Christologie und Ekklesiologie. Sie war von beiden – das ist auch für das Thema »Kirche und Israel« entscheidend – kirchenkritisch gemeint: Christus als kritische Norm aller kirchlichen Praxis im Gegensatz zu der Auffassung, diese sei dem Belieben oder wechselnden Zeitgeistern überlassen. Kirche habe vielmehr »mit ihrer Botschaft wie mit ihrer Ordnung« Jesus Christus zu bezeugen und bezeuge oder verleugne ihn auch faktisch mit beidem. Doch ist nicht zu übersehen, daß diese Verknüpfung von Christologie und Ekklesiologie bei Anhängern wie Gegnern Barths und Bonhoeffers nicht immer kirchenkritisch verstanden wurde, sondern durchaus als Kirche legitimierend, affirmierend – besonders in so zugespitzten Sätzen wie Kirche sei »Christus als Gemeinde existierend« (Bonhoeffer) oder »die irdisch-geschichtliche Existenzform Jesu Christi« (Barth).

Die Annahme der Frage nach dem Verhältnis der Kirche zu Israel als Frage der Christologie und insofern die Aufnahme der Einsichten des Kirchenkampfes ist darum auffällig, weil sie in einer Situation geschah, in der dieses Erbe höchst strittig war. Es hatte ja auch während jener ersten Phase, in der Israel als ethische, aber noch nicht als dogmatische Frage an die Kirche wahrgenommen wurde, Diskussionen über das Selbstverständnis von Kirche gegeben, ebenfalls in Anknüpfung an die Zeit vor 1945, also vor allem an K. Barth und D. Bonhoeffer, allerdings weitgehend ohne Berücksichtigung ihrer Beiträge zu einer neuen Verhältnisbestimmung Kirche – Israel.[12] Die Diskussionen nach 1945 zum kirchlichen Selbstverständnis sind, besonders in Deutschland, aber auch in der übrigen Ökumene, ein Streit um dieses Erbe des Kirchenkampfs. Dabei ging es zunächst um Absetzbewegungen von der Barmer Theologischen Erklärung speziell durch lutherische Kirchen, die sich in und durch Barmen nachträglich überrumpelt fühlten und allenfalls deren Verwerfungssätze (seltsamerweise galten nur sie als die »Entscheidungen« von Barmen) als verbindlich gelten lassen wollten. Demgegenüber zeigte die Diskussion um die Formeln »Zwei-Reiche-Lehre« und »Königsherrschaft Christi« das Bemühen, an der engen Verbindung von Christologie und Ekklesiologie festzuhalten, keine Bereiche kirchlichen Handelns irgendwelchen Eigengesetzlichkeiten und Sachzwängen zu überlassen und so der Assimilation der Kirche an gesellschaftlich herrschende »Gestalten, Mächte und Wahrheiten« zu widerstehen. Auch wenn diese Diskussion unter Absehung von Israel geführt wurde, zeigt sich in ihr doch die Relevanz der Frage nach dem Verhältnis Kirche – Israel darin, daß sie das Thema »Gesetz und Evangelium« bzw. »Evangelium und Gesetz« auf den Bereich Ekklesiologie und politische Ethik übertrug und anwandte.

Etwas anders verhält es sich bei der verwandten Diskussion um das »politische Wächteramt der Kirche«: Die selbstkritische Einsicht, die Kirche habe vor und in der Nazizeit nicht rechtzeitig vor politischen Entwicklungen gewarnt, führte zur Orientierung am Propheten Ezechiel. Der sollte – wie ein Wächter auf der Mauer – das Volk vor heraufziehenden Gefahren warnen. Wenn es sich nicht warnen ließ, war es selbst für sein Unglück verantwortlich. Wenn aber der Prophet gar nicht erst warnte, dann sollte ihr Blut von seinen Händen gefordert werden. Diese Orientierung zeigte zwar noch nicht eine Entdeckung der Bedeutung Israels, aber doch der Hebräischen Bibel für die Besinnung auf Auftrag und Sendung der Kirche, wenn auch noch nicht der Tora, sondern – darin urprotestantisch – der Propheten.

Eine Abgrenzung vom Erbe des Kirchenkampfes war auch die nach 1945 neu entbrannte Diskussion um Begriff und verschiedene Konzepte von Volkskirche: Die nach dem – z.T. idealisierten – Bild der Bekennenden Kirche formulierte Zielbestimmung einer Gemeinde aus sehr bewußten, mündigen Schwestern und Brüdern, untereinander in ständigem Gespräch über die nächsten Aufgaben ihrer Sendung in der Praxis, also auf Laientheologie angewiesen, wurde als zu streng und zu eng verworfen. Ihr gegenüber wurde ein breiteres Verständnis von Kirche als Raum für viele und für vieles, als professionelles Angebot zur Lebensbewältigung, insbesondere der Begleitung an Wendepunkten des Lebenslaufs, verteidigt. Konsequenterweise wurde im Laufe dieser Diskussion die Aufgabenbestimmung von Theologie als kritische Selbstreflexion von Kirche überhaupt als zu eng empfunden, da das Christentum in der Moderne längst die Fesseln selbst einer breit verstandenen Kirchlichkeit gesprengt habe, es darum Christentum auch außerhalb der Kirche gebe. Theologie sei »Theorie des Christentums«, nicht »Kirchliche Dogmatik«.

Mit dieser Volkskirchendiskussion verwandt, aber deutlich unterschieden ist noch ein anderer Reibungsprozeß am Erbe des Kirchenkampfes. Gerade engagierte Kirchenreformer – stellvertretend für viele seien die Namen W.D. Marsch und E. Lange genannt – empfanden Unbehagen insbesondere an der Theologie K.Barths, oft in der offenkundig irrigen Annahme, sie sei die herrschende, ja die einzige der Generation der Väter. Hier werde nur von einer geglaubten, einer idealen Kirche geredet, ohne Bezug zur real existierenden und also auch ohne Anleitung zum Handeln in ihr.[13]

Die Aufnahme des Themas Israel als Anfrage an die Christologie impliziert als solche schon eine Stellungnahme in diesem Streit um die Relevanz dieses Erbes. Und in dieser Stellungnahme steckt – ob bewußt oder unbewußt – eine Deutung dieses Streits. Die verschiedenen Absetzbewegungen von der engen Verbindung zwischen Christologie und Ekklesiologie hatten gemeinsam, sich an der spezifischen, höchst »partikularen« Orientierung an der zufälligen Geschichtswahrheit Jesus Christus zu reiben, nach einer allgemeineren Grundlage christlichen und kirchlichen Selbstverständnisses zu suchen. Und die verschiedenen Versuche, das Verhältnis der Christen zu den Juden durch Arbeit an der Christologie zu erneuern oder überhaupt erst zustande zu bringen, hatten gemeinsam, nach der Relevanz des Judeseins Jesu (also des denkbar »Partikularsten«) für den Inhalt der Christologie, insbesondere der Versöhnungslehre, zu fragen. Diese Konstellation legt die Deutung dieser Absetzbewegungen als Entfernung auch vom Juden Jesus und seinem Volk zugunsten des eigenen Volkes (Volkskirche!) nahe. Allerdings hat auch die Bekennende Kirche im Verhältnis zu den Juden mit wenigen Ausnahmen ebenfalls nur versagt.[14]

Nicht nur, aber vor allem in Deutschland kommt noch hinzu: Das Absehen von der Beziehung zu Israel in der ekklesiologischen Diskussion war auch Verdrängung von Schuld. A. und M. Mitscherlich[15] hatten Mitte der 60er Jahre für die Bundesrepublik einen Kontrast beobachtet zwischen geradezu hektischer Aktivität im Privaten und Wirtschaftlichen und Passivität, Apathie, Interesselosigkeit gegenüber öffentlichen, alle angehenden Fragen und diesen Befund als große Verdrängungsanstrengung gedeutet. Die lebhafte Diskussion darüber, was Kirche sei, ohne Bezug zu Israel, ließe sich ähnlich deuten. Jedenfalls zeigt die Anstrengung, durch zahlreiche Aktivitäten sich als nützlich, hilfreich, wichtig zu erweisen (dogmatisch ausgedrückt: sich selbst zu rechtfertigen), die Bereitschaft zur Anpassung an den Markt, tiefe Unsicherheit. Zwar sind neben aller volkskirchlichen Orientierung am Privaten, am persönlichen Lebenslauf, viele dieser Aktivitäten nun doch auf öffentliche, auch weltpolitische Fragen gerichtet. Doch zum einen verdanken sie sich nicht einer theologischen Selbstverständigung von Gemeinden, sondern der Ersetzung mündiger Gemeinden durch professionelle Experten. Zum anderen zeigt gerade in ethischen Diskussionen – nicht nur, aber auch in der Kirche – die rasche Ernennung wechselnder Gruppen Bedrohter, Verfolgter, Benachteiligter, Gequälter zu »Juden von heute« in erschreckender Deutlichkeit, daß mit den zeitgenössischen Juden als Juden von heute gar nicht mehr gerechnet wird. In der Bundesrepublik dauert es bis zum Ende der 70er Jahre (in den USA geschah das etwas früher), ehe begonnen wird, die Schoah in ihrer ganzen Bedeutung wahrzunehmen, auch in den Kirchen. „Das Land hatte vierzig Jahre Ruhe" – mit diesem Zitat aus den Rahmentexten des Richterbuchs hat der Alttestamentler R. Rendtorff die merkwürdige Tatsache kommentiert, daß erst nach einer Generation Auschwitz unruhig machte.[16]

Wenn es so ist, daß die verschiedenen Versuche, das Judesein Jesu in der Christologie ernst zu nehmen, *implizit* nach der Bedeutung Israels für das christliche Selbstverständnis fragen, dann ist es sinnvoll, an dieser Frage auch *explizit* zu arbeiten. Welche Ekklesiologie entspricht diesen neueren Einsichten in der Christologie? Zu dieser innerkirchlichen Selbstverständigung will diese Arbeit beitragen.

Ich werde zunächst einen neutestamentlichen Text genauer betrachten, in dem die Frage nach dem Verhältnis der Christen zu Israel in den Zusammenhang des gesamtbiblischen Themas »Israel und die Völker« gestellt wird. Durch dieses Stück Schriftauslegung zu Beginn dieser dogmatischen Arbeit soll nicht ein Ideal von Kirche der real existierenden entgegengestellt werden. Doch erhoffe ich, bei neuen Fragen und Problemen durch neue Befragung der alten Texte der Bibel neue Orientierung und Weisung zu gewinnen. Diese Texte in den heutigen Kontext zu stellen, statt sie in dem ihrer Entstehung zu verstehen und auszulegen, mag biblizistisch wirken. Doch abgesehen davon, daß ich gar nicht wüßte, wie denn sonst Kirchen in neuen Situationen verbindliche Orientierung gewinnen sollten als durch neue Fragen an alte Texte, finde ich die Annahme höchst unhistorisch, diese Texte wären nur in einer bestimmten Situation sprechend und verständlich, in anderen aber nicht etwa anderes, sondern nichts sagend.

Im Zusammenhang der Bemühungen um eine Erneuerung des christlich-jüdischen Verhältnisses ist darüber hinaus – besonders gegenüber dem rheinischen Synodalbeschluß von 1980 – der Vorwurf erhoben worden, durch Annahme der Schoah als Datum, als Ausgangspunkt neuen theologischen Nachdenkens werde ein historisches Ereignis (und noch dazu ausgerechnet das furchtbarste Verbrechen der Menschheitsgeschichte) in den Rang einer Offenbarung erhoben, zur Norm auch der Schriftauslegung. Nun wäre ja in der Tat zu überlegen, ob nicht gerade die Bibel es Christen nahelegt, auch die nachbiblische Geschichte Israels als an sie gerichtete Botschaft zu hören. Doch zunächst geht es um etwas anderes: im Entsetzen über die Schoah, in der Erkenntnis, daß sie (jedenfalls auch) Folge einer christlichen Unheilsgeschichte war, im Bemühen um Umkehr und also auf der Suche nach neuen Wegen in der Schrift Weisung zu suchen.

Die biblische Verortung des Themas im Rahmen der Beziehung zwischen Israel und den Völkern nehme ich sodann auf, indem ich die Suche nach einem Selbstverständnis von Kirche neben Israel als eine ökumenische Frage betrachte. Die ökumenische Bewegung unseres Jahrhunderts hat es nicht als Selbstzweck betrachtet, verschiedene Kirchen einander anzunähern. Der Begriff wurde in der Breite des neutestamentlichen Sprachgebrauchs als bewohnte Welt verstanden, das Zusammenkommen und die Zusammengehörigkeit von Christen verschiedener Kirchen und Nationen als Vorwegnahme und Zeichen der Einheit der Menschheit. Welt(=Völker)mission und Weltverantwortung gehörten so von Anfang an zu den Grundmotiven dieser Bewegung. Das legt die Frage nahe, wie sich diese Bewegung im biblischen Spannungsverhältnis Israel – Völker versteht. Da sie (und auch der Ökumenische Rat der Kirchen als eine ihrer Organisationsformen) bisher kein eigenes ekklesiologisches Selbstverständnis entwickelt hat, sondern sich als Instanz der Anregung und Förderung der Begegnung von Kirchen versteht, wird es hier auch um Stellungnahmen und Selbstfestlegungen einzelner Kirchen gehen, die auch faktisch Beiträge zum ökumenischen Gespräch sind.

In einem dritten Schritt werde ich dann zwei neuere Versuche systematischer Theologie, das Verhältnis Kirche – Israel zu bestimmen, vorstellen und diskutieren. Hier wird es auch um die schon angedeutete Frage nach der Entsprechung von Christologie und Ekklesiologie im Blick auf Israel gehen und auch um die nach der Beziehung zwischen Kirchenverständnis und Eschatologie.

Abschließend kehre ich noch einmal zur Auslegung der Schrift zurück, diesmal zur Hebräischen Bibel. Ich werde das Buch der Psalmen daraufhin untersuchen, ob ihm Weisung zu entnehmen ist für Christen im Beziehungsgeflecht zwischen Israel und den Völkern. Da, wie schon gesagt, das Thema »Israel und die Völker« die ganze Bibel durchzieht, sei die Wahl dieses einen Buches kurz begründet. Mein erstes Motiv ist praktischer Natur. Kein anderes Buch der Hebräischen Bibel ist unter Christen so verbreitet und auch kirchlich so fest verankert wie die Psalmen, was sich nicht zuletzt in der zwar problematischen, aber doch bedeutsamen Tatsache zeigt, daß es viele Buchausgaben des Neuen Testaments mit Psalter gibt. Mit einer Psalmen-Auslegung knüpfe ich also an kirchliche (und zwar katholische, orthodoxe, protestantische) Realität, an kirchliche Praxis an, befrage und behafte Kirche bei ihrer Tradition und versuche so, ein Gespräch darüber zu eröffnen, ob wir denn auch – und wie – verstehen, was wir da lesen. Das andere Motiv ist die Tatsache, daß in jüdischer Tradition dieses fünfteilige Buch in Analogie zur Tora verstanden wird, also nicht nur als Gebetbuch, sondern auch als Weisung. Das ermutigt mich dazu zu versuchen, ihm Weisung auch für die Völker zu entnehmen.

Kapitel I

Ein Volk aus den Völkern –
Eine Auslegung von Apg 15,1-35

Ein Volk (*laos*, hebr.: *am*) aus Völkern (*ex ethnon*, hebr.: *gojim*) für seinen Namen. Diese Formulierung in Apg 15,14 ist auffällig, weil Lukas das Wort *laos* fast ausschließlich für das Gottesvolk Israel reserviert, *ethne* für die anderen Völker. Nie bezeichnet *laos* Nichtjuden, etwa die Heidenchristen als neues Israel. Sollte Apg 15,14 die einzige Ausnahme sein? Ist dieser Verschränkung der Begriffe *laos* und *ethne* etwas zu entnehmen über die Bestimmung einer Kirche aus den Völkern, über ihr Verhältnis zu Gottes Volk Israel? Tritt das Volk aus den Völkern gar an die Stelle dieses Volkes?

Ich werde die Bedeutung dieser Formulierung erkunden, indem ich zunächst den Kontext betrachte, in dem sie steht.

Am Ende von Apg 14 hatten Paulus und Barnabas der versammelten Gemeinde in Antiochia verkündet, »wie Großes Gott mit ihnen getan hat und daß er den Völkern eine Tür des Glaubens (oder: zum Glauben, Vertrauen) geöffnet hat« (14,27).

Ihre Missionserfolge verstehen sie also als große Taten Gottes-mit-ihnen, als Immanuel-Geschehen. Und dies Geschehen erweise, daß Gott einen Zugang für Völker eröffnet habe.

Doch da kommen (15,1) einige von Judäa herab und lehren die Brüder: Wenn ihr euch nicht beschneiden laßt nach dem Ethos Moses, werdet ihr nicht befreit. Erst in v 24 wird deutlich, daß es sich bei dieser Lehre um (nicht autorisierte) Weisung aus Jerusalem handelt. Möglicherweise steckt in der Bezeichnung »Brüder« für die noch Unbeschnittenen schon ein Hinweis des Erzählers auf den Ausgang der Kontroverse, die hier anhebt, mindestens aber auf das Problem. Jedenfalls geht es auch diesen Lehrern nicht darum, die geöffnete Tür wieder zu verschließen, sondern um Bedingungen für den Zugang derer aus den Völkern. Diese Zulassungsbeschränkung hat nun auch einiges für sich: Beschneidung gilt (neben dem Schabbat) biblisch als ewiges Zeichen des Bundes. Wer also aus der Völkerwelt sich zum Genossen dieses Bundes berufen meint, soll sich (wenn männlich) beschneiden lassen – oder will er zwar zum Gott, nicht aber zum Volk dieses Bundes gehören? Was wäre er dann?

Wenn nicht, dann nicht. Dieses doppelte »nicht« ist auffällig. Auch wer sich bemüht, biblische wenn-Sätze nicht als zwanghafte Bedingungslogik zu verstehen, sondern als Ausdruck des Verlangens, als Sehnsuchtsäußerung Gottes nach uns[1], wird in dieser doppelten Verneinung eher ein Hindernis, schroffe Abgrenzung hören als werbende Einladung. Die hier vorgetragene Lehre ist nicht: Wenn ihr euch doch nur beschneiden ließet, sofort würdet ihr befreit werden. Es scheint tatsächlich um eine Vorbedingung für die Befreiung zu gehen.

Daraufhin gibt es Streit. Wir erfahren allerdings noch nichts über die Argumente der Gegner dieser Forderung, die Argumente von Paulus und Barnabas. Aber wir hören, daß angeordnet wurde, sie und andere sollten hinaufziehen nach Jerusalem zu den Aposteln und Ältesten wegen dieser Streitsache.

Diese Entscheidung hat bereits inhaltliche Bedeutung. In Dt 17,8ff. wird bestimmt (hier wie im folgenden orientiere ich mich an der Übersetzung von Buber und Rosenzweig):

Wenn eine Sache (*davar*) deiner Rechtsfindung entrückt ist ... Streitsachen (*divrei rivot*, vgl. *zetema*, Apg 15,2) in deinen Toren, mache dich auf, zieh empor zu dem Ort, den Jhwh dein Gott erwählt ... Tue nach dem Wort (*davar*), das sie dir melden werden von jenem Ort, den Jhwh wählt, bewahrs zu tun, allwie sie dirs weisen (*jorucha*) gemäß der Weisung (*tora*), die sie dir weisen (*jorucha*).

Die Befolgung dieser Weisung bedeutet: Auch diese Gemeinde betrachtet Jerusalem als den Ort, den Jhwh erwählt hat, und will dort Weisung holen.[2] Entsprechend wird im folgenden von einem Aufstieg nach Jerusalem, von einer Verhandlung und Entscheidung dort und dann von einem Abstieg von Jerusalem herab berichtet. Die Entscheidung, nach Jerusalem hinaufzuziehen, um dort Weisung zu lernen, erinnert zugleich an die Vision der Völkerwallfahrt, Jes 2 und Mi 4: Zwar ziehen hier nicht die Völker hinauf, sondern Juden, aber sie ziehen als Vertreter der Völker, als ihre Anwälte.

Paulus und Barnabas werden von der *Ekklesia* geleitet, verabschiedet – auch das könnte wieder eine Vorwegnahme der Entscheidung sein, so wie sie dann in Jerusalem – noch vor Aposteln und Ältesten – von der *Ekklesia* empfangen werden.

Zuvor aber durchziehen sie Phönizien und Samaria, erzählen von der Kehre der Völker und machen damit den Brüdern *große Freude*. Das ist nun im lukanischen Zusammenhang ein Schlüsselwort: Das Evangelium ist davon umrahmt. Am Anfang (2,10) wird allem Volk (*panti to lao*) *große Freude* gekündet, am Ende (24,52) wenden sich die Jünger mit *großer Freude* nach Jerusalem, angesichts der in Aussicht gestellten Umkehr aller Völker (*panta ta ethne*, 24,47). Dieser Rahmen verbindet also mit dem Stichwort »große Freude« beide mich hier interessierenden Begriffe: *laos* und *ethne*.

Der Zusammenhang zeigt: Die Kehre der Völker ist nicht nur Folge des Evangeliums, sondern selbst ein kündendes Ereignis, selbst Evangelium: Die Nachricht von der Kehre der Völker ist gute Botschaft, macht große Freude.[3]

In Jerusalem angekommen werden sie von der Gemeinde, den Aposteln und Ältesten – *paredechthesan* (v 4): Ob dies bereits wohlwollende Billigung ihrer Kunde meint, so Zuntz[4], mag offenbleiben. Jedenfalls wiederholt sich der Konflikt von Antiochia jetzt in Jerusalem auf in jeder Hinsicht höherer Ebene: Wieder (wie in 14,27) künden Paulus und Barnabas, wieder (wie in 15,1) erhebt sich Kritik. Paulus und Barnabas künden, »wie Großes Gott mit ihnen getan hat«. Diese Formulierung verweist auf 14,27 und damit auch auf die dortige Deutung, »daß Gott den Völkern eine Tür zum Vertrauen geöffnet hat«. Nur im Mithören dieses Zusammenhangs wird verständlich, daß da welche aufstehen und sprechen: Man muß (*dei* – bei Lk: ein göttliches Muß) sie beschneiden und ihnen ansagen, die Tora des Mose zu halten – ohne den Zusammenhang mit 14,27 müßte man fragen: wen? Wer sind die *autous*?[5]

Die Forderung dieser Aufständischen macht klar: Es geht bei diesem Streit nicht bloß um die Beschneidung, sondern insgesamt darum, wie sich die Brüder aus den Völkern in Mose schicken, wie sie's mit der Tora halten. Weniger klar ist – bisher – die Gegenposition im Streit. Ihre Vertreter scheinen auf einer anderen Ebene zu argumentieren, indem sie in der Wendung der Völker ein Handeln Gottes bestaunen und preisen: Wie Großes Gott-mit-ihnen getan hat.

Nun versammeln sich die Apostel und Ältesten, um anzusehen diese Rede, diese Angelegenheit (*logos*, vgl. *davar*, Dt 17,8) zu betrachten. Wieder gibt es viel Streit, dann ist es an Petrus aufzustehen. Dieses gegeneinander Aufstehen zeigt, daß es sich hier um eine Wiederholung der *stasis* in Antiochia handelt.

Petrus beginnt mit einer Erinnerung – nicht sogleich an die Korneliusgeschichte, wie fast alle Kommentare meinen, sondern an die Erwählung Israels, »daß Gott von uralten, anfänglichen Tagen an (*aph' hemeron archaion*) euch ausgewählt hat«.[6] Doch fügt er sofort hinzu, daß diese Erwählung nicht Selbstzweck ist, sondern ein Ziel hat, das mit dem hier verhandelten Thema »Israel und die Völker« zu tun hat: Gott hat euch (Israel) erwählt, damit die Völker die Rede vom Evangelium hören und zum Glauben, Vertrauen kommen. Diese Zuordnung Israel – Völker wird in einer Parenthese noch einmal seltsam zugespitzt: »Durch meinen Mund« sollen die Völker dies Wort hören – und diese Konzentration auf den Mund des Petrus verweist in der Tat auf die Korneliusgeschichte, in deren Verlauf es nachdrücklich heißt: »Da öffnete Petrus den Mund« (10,34). Die Verbindung wird noch deutlicher, wenn wir hören, was der geöffnete Mund des Petrus damals dort in Caesarea zu sagen hatte: »daß Gott nicht *prosopolemptes* ist« – nicht nach der Person, dem Angesicht geht. Im Zentrum der Rede des Petrus jetzt hier in Jerusalem stehen hingegen zwei Hinweise auf Gottes Aktivitäten an den Herzen: »Der die Herzen erkennt« (v 8), »hat ihre Herzen gereinigt« (v 9). Beides zusammen spielt auf 1.Sam 16,7 an: »Der Mensch sieht in die Augen (LXX: *eis prosopon*), Jhwh aber sieht in das Herz.« Diese doppelte Anspielung gibt bereits einen ersten Hinweis auf die in diesem Zusammenhang große Bedeutung Davids, dessen Erwählung in 1.Sam 16,7 kommentiert und – auf die Erwählung Israels hin – verallgemeinert wird.

Die Formulierung »Gott, der die Herzen erkennt« verweist zudem zurück auf Apg 1,24, die einzige Parallelstelle; auch dort ging es um Erwählung. Die beiden Aussagen über Gott und die Herzen interpretieren sich gegenseitig: Erkennen der Herzen bedeutet zugleich ihre Reinigung. Wenn Gott das Herz eines Menschen erkennt, dann ist das ein Akt der Erwählung, aktive Beeinflussung, Beschlagnahme, Heiligung. Das zweimalige Stichwort »Herz« bildet einen Rahmen um zwei Aussagen, die – einmal positiv, einmal negativ – von »ihnen« und »uns« reden und so das Ausgangsthema »Israel und die Völker« aufgreifen:

Gott, der die *Herzen* erkennt, hat als Zeuge ausgesagt,
indem er *ihnen* den heiligen Geist gab wie auch *uns*,
und er hat nicht unterschieden zwischen *uns* und *ihnen*,
indem er durch Vertrauen ihre *Herzen* reinigte.

Auch im schlußfolgernden Teil der Rede (vv 10f.) werden zweimal »wir« und »sie« (v 10: Jünger) einander gegenübergestellt. Dabei zeigt die Formulierung »weder unsere Väter noch wir« (v 10), daß mit »wir« ganz Israel aller Generationen gemeint ist, nicht etwa nur die Judenchristen. Es ergibt sich also folgende Gliederung:

```
  Erwählung Israels ─────────── daß Völker hören und vertrauen ┐
  Herzenserkenntnis
   – ihnen wie uns
   – uns und ihnen
  Herzensreinigung ──────────────────────── durch Vertrauen    ┤
  Gott prüfen: sie (Jünger) – (unsere Väter und) wir
  befreit werden: wir wie sie ───────────── durch Vertrauen    ┘
  Hören: Zeichen und Wunder
```

Ausgehend von der Zielbestimmung der Erwählung Israels im Blick auf die Völker, daß sie hören und so Vertrauende werden, wird viermal ein Vergleich zwischen »uns« (Israel) und »ihnen« (Brüder, Jünger aus den Völkern) gezogen. Zunächst: Gott habe selbst als Zeuge in der Streitsache ausgesagt, indem er »ihnen« wie »uns« den heiligen Geist gab, keinen Unterschied machte zwischen »uns« und »ihnen«. Dieses »sie wie wir« war – ebenfalls anläßlich der Geistbegabung – nun schon in der Korneliusgeschichte das Hauptargument, die Frage des Zugangs von Völkern überhaupt seitdem auch nicht mehr strittig. Der jetzige Streit geht um die Zulassungsbedingungen: Beschneidung und Halten der Tora. Darauf geht Petrus ein, indem er in einem nächsten Schritt die Herzenserkenntnis durch Herzensreinigung interpretiert: Durch Vertrauen habe Gott ihre Herzen gereinigt. Damit wird die Zielrichtung von v 7 aufgenommen, daß die Völker Vertrauende werden. Zugleich wird die Gabe des Geistes als Stiftung des Glaubens, als vertrauenerweckend interpretiert. Durch den Gedanken der Reinigung wird der heilige Geist aber auch als heiligender Geist verstanden: als erwählend, aussondernd, in Anspruch nehmend. Bezogen auf die Frage der Beschneidung heißt die Antwort des Petrus: Sie sind schon beschnitten (=gereinigt, ausgesondert) – in ihren Herzen.[7] Bleibt die Frage des Haltens der Tora des Mose – in v 5 zurecht mit der Beschneidung verbunden. Auf diese Frage antwortet Petrus mit einer Gegenfrage: Was prüft ihr *Gott* (nicht etwa: die Völker oder die Völkerapostel), indem ihr ein Joch auf die Schultern der Jünger (wieder: Vorwegnahme der Entscheidung?) legt, das weder unsere Väter noch wir stark genug waren zu tragen?

Mit dem Vorwurf an die Kritiker, sie seien dabei, Gott zu prüfen, wird an die Behauptung angeknüpft, Gott selbst habe schon als Zeuge im Streit ausgesagt, die nachträgliche Auferlegung von Zulassungsbedingungen sei also der Versuch, diese Gottesentscheidung rückgängig zu machen. Die Formulierung »Gott prüfen« enthält aber zugleich eine inhaltliche Interpretation des Hinzukommens derer aus den Völkern. Der Begriff hat – wie das Murren und als seine theologische Interpretation – seinen Sitz im Leben in den Erzählungen von der Wüstenwanderung (Ex 17,2.7; Nu 14,22; Dt 6,16; 33,8; Ps 95,8f.; Mi 3,11) zwischen der Befreiung aus Ägypten und der Ankunft im verheißenen Land, und zwar insbesondere zwischen Schilfmeer und Sinai. Gott prüfen ist der Inbegriff des Mißtrauens der Befreiten gegen den Befreier, gegen die Macht seiner Befreiung. Es ist also das, was auf keinen Fall geschehen darf – mit dem umgekehrten Vorgang, daß Gott sein Volk (oder einzelne) prüft, verhält es sich anders. Damit wird die Kehre derer aus den Völkern mit dem Exodus verglichen und die Opposition dagegen mit jenen Versuchen, diese Befreiung rückgängig zu machen. Da sich der Vorwurf nicht an solche aus den Völkern richtet, die etwa dem neuen Weg, der Treue ihres Befreiers, nicht ganz trauen, sondern an Mitjuden angesichts der Kehre der Völker, muß man genauer sagen: Das Hinzukommen derer aus den Völkern wird als Exodushandeln Gottes unter den Völkern verstanden, aber im Blick auf Israel. Israel wird hier gefragt, ob es der Treue Gottes traut bei seinem Befreiungshandeln in der Völkerwelt.

Was bedeutet nun in diesem Exoduszusammenhang die Rede vom »Joch, das weder unsere Väter noch wir stark genug waren zu tragen«?[8] Wieder wird hier ein Vergleich gezogen zwischen Israel (unsere Väter und wir) und den (Jüngern aus den) Völkern. Im Zusammenhang der Rede und des Vorwurfs, Gott zu prüfen, bedeutet dieser Vergleich: Während Gott keinen Unterschied gemacht hat zwischen uns und ihnen, macht ihr doch einen Unterschied, indem ihr ihnen (den Völkern) ein Joch auflegt, das wir (Israel) nicht stark genug waren zu tragen. Hier ist daran zu erinnern, daß in 15,1 die Beschneidung (v 5 präzisiert: und das Halten der Tora) als Vorbedingung der Befreiung betrachtet wurde. Die Exodusgeschichte erinnert dagegen daran, daß auch Israels Befreiung nicht die Übernahme des Jochs der Gebote zur Vorbedingung hatte, sondern zur Folge.

Die – spätere – rabbinische Tradition unterscheidet zwischen dem Joch des Himmelreiches und dem Joch der Gebote: Zuerst hat Israel am Schilfmeer das Joch des Himmelreichs auf sich genommen – indem es Gott »vertraute« (Ex 14,31 vgl. 4,1.5.8.9.31; 19,9; Nu 14,11; 20,12), dann erst, am Sinai, das Joch der Gebote.

Das Stichwort »Vertrauen« gehört auch zu den Leitworten dieser Rede: Israel ist dazu erwählt, daß die Völker hören und vertrauen (v 7), und nun hat Gott ihre Herzen gereinigt durch Vertrauen (v 9). Die Nachricht von der Kehre der Völker ist auch darin Evangelium für Israel (vgl. v 3), daß es Israel daran erinnert, ebenfalls durch Vertrauen, durch Gnade befreit worden zu sein. Der Sinn der ständigen Vergleiche ist also nicht nur, zu zeigen: Ihnen geht es wie uns, sondern auch umgekehrt: Uns geht es wie ihnen. Diese Umkehrung wird dann im letzten dieser Vergleiche (v 11) auch explizit vollzogen: »Durch die Gnade des Herrn Jesus sind wir Vertrauende geworden, um (so) befreit zu werden auf dieselbe Weise wie auch sie.« Im staunenden Blick auf die Kehre der Völker, die sich auf nichts berufen können als auf »die Gnade des Herrn Jesus«, zeigt sich ein Zusammenhang zwischen Israels Vergangenheit, Gegenwart, Zukunft und der Jesusgeschichte: Auch Israel wurde befreit und wird befreit werden »durch die Gnade des Herrn Jesus«.[9] Während also zunächst die Kehre derer aus den Völkern nach dem Bild der Geschichte Israels als Exodusgeschehen verstanden wird, wird jetzt umgekehrt Israels Geschichte nach dem Bild des neuen Befreiungshandelns Gottes unter den Völkern verstanden.

Dieser Umkehrung entspricht, daß es nun (v 12) an Israel ist zu hören. Damit wird auf den Anfang der Petrusrede angespielt: Da (v 7) wurde als Ziel der Erwählung Israels genannt, »daß die Völker hören und vertrauen«, nämlich hören, was Gott in Israel getan hat, und daraufhin auch seiner Treue trauen. Jetzt aber schweigt Israel (wie zweimal betont wird, vv 12f.) und hört, was Gott in der Völkerwelt tat. Wieder berichten Barnabas und Paulus. Doch diesmal heißt es nicht: »wie Großes Gott-mit-ihnen getan hat«, sondern: »wie große *Zeichen und Wunder* Gott durch sie getan hat«.

Damit wird der Bezug zur Exodusgeschichte verstärkt, denn »Zeichen und Wunder« sind biblisch eine Chiffre für die Befreiung aus Ägypten.

Doch was hat diese als Exodus verstandene Bewegung unter den Völkern inhaltlich mit der Jesusgeschichte zu tun? Darauf geht die Rede des Jakobus ein.

Er beginnt mit einem Rückbezug auf die Rede des Petrus. Aber er nennt ihn Symeon.[10] Wenn Petrus sonst von Lukas bei seinem Geburtsnamen genannt wird, dann heißt er Simon. Da hier eine bewußte Formulierung des Lukas vorliegt – der lukanische Jakobus stützt sich im folgenden Schriftbeweis auf die LXX, was der »authentische« Jakobus nicht getan hätte – ist an einen Wink, eine Assoziation des Lukas hin zu einem anderen Symeon zu denken, der zu Beginn des Lukasevangeliums (2,32) eine zwiefache Funktion Jesu im Verhältnis Israel – Völker prophezeite:

Ein Licht zu erleuchten die Völker
und zur Herrlichkeit deines Volkes Israel.

Für diese Verbindung spricht nicht nur das Thema »Israel und die Völker«, sondern auch die Tatsache, daß – abgesehen von zwei kurzen Notizen (im Stammbaum Jesu, Lk 3,30, und in einer Liste von Propheten und Lehrern in Antiochia, Apg 13,1) – dies die einzigen Stellen sind, wo ein Symeon auftaucht.

Symeon, so Jakobus, habe ja berichtet und interpretiert, wie Gott zuerst darauf gesehen hat, ein Volk aus den Völkern für seinen Namen zu nehmen.[11] Ein rätselhafter Satz: in sich und auch als Zusammenfassung der Petrusrede.

Zunächst: Gott hat darauf gesehen, hat beabsichtigt, in den Blick genommen – in der LXX gibt dieses *episkeptesthai* ganz überwiegend das hebräische *pakad* wieder, das Buber mit »zuordnen« übersetzt: ein besonderes Eingreifen Gottes. So auch bei Lukas: Die Rede des Zacharias zu Beginn des Evangeliums, in der der Gott Israels dafür gepriesen wird, sein Volk aus der Hand seiner Feinde und Hasser befreit zu haben, ist von diesem Stichwort umrahmt (1,68.78; in 7,16 und 19,44 wird es erneut aufgegriffen). Auch in dieser Rede geht es darum, das neue Befreiungshandeln Gottes als im Einklang mit seinen früheren Taten und Zusagen zu verstehen: als »Erbarmen an unseren Vätern«, als »Gedenken seines heiligen Bundes« (1,72). In der Rede des Stephanus (Apg 7) sind die Beziehungen zwischen der Jesusgeschichte und dem Exodusgeschehen noch enger. Zwar ist es hier Mose, der sich aufmacht, nach seinen Brüdern zu »sehen« (*episkepsasthai*, v 23), doch in der Meinung, die Brüder verstünden, daß Gott durch seine Hand Befreiung gibt (v 25) – das *episkepsasthai* durch Mose steht hier bei Lukas für das *episkeptesthai* Gottes (Ex 3,16; 4,31 LXX).[12] Gerade Mose trägt in der Stephanusrede deutliche Züge christologischer Interpretation: »Diesen Mose, den sie abgewiesen ... – den hat Gott als Anführer und Löser entsandt« (v 35).

Sodann: *proton*, zuerst. Damit wird an die »uranfänglichen Tage« (v 7) in der Rede des Petrus angeknüpft und so noch einmal unterstrichen: Gott hatte von Anfang an bei der Erwählung Israels auch die Völker im Blick. Schließlich: ein Volk aus den Völkern für seinen Namen zu nehmen. Mit dieser Formulierung wird auf die Erwählungspredigt des Deuteronomiums angespielt – kein anderes Buch der Bibel hat den Gedanken der Erwählung Israels (und überdies, wie schon gezeigt, eines bestimmten Ortes) so breit, so programmatisch entfaltet. Dabei werden vor allem zwei Aspekte betont. Die Erwählung Israels hat nichts mit irgendwelchen Vorzügen oder Verdiensten Israels zu tun, verdankt sich allein der Liebe Jhwhs, seines Gottes: »Nicht weil euer ein Mehr wäre gegen alle Völker, hat Jhwh sich an euch gehangen, hat euch erwählt, denn ihr seid das Minder gegen alle Völker, sondern weil Jhwh euch liebt« (Dt 7,7f.)[13] – ein Motiv, das in der Petrusrede von der Gnade aufgenommen wird. Und die Erwählung Israels zielt auch auf die Völker. Es wird mit einer existenziellen Mission Israels unter den Völkern gerechnet:

4,6: Denn das ist eure Weisheit und euer Verstand vor den Augen der Völker,
die all diese Gesetze hören werden und sprechen:
Ja doch, ein weises und verstehendes Volk (*am*) ist dieses große Volk (*goj*).

Mit dem Rückgriff auf das Deuteronomium werden also einerseits die bisherigen Vergleiche mit dem Exodusgeschehen unterstrichen, andererseits die Deutung der Erwählung Israels als Aktion Gottes auch im Blick auf die Völker. Verschiedene Stellen sind vorgeschlagen worden, die Lukas bei dieser Formulierung vor Augen gestanden haben könnten, z.B.:

14,2: Denn ein heiliges Volk (hebr.: *am*; LXX: *laos*) bist du Jhwh, deinem Gott,
dich erwählte Jhwh, ihm ein Sonderguts-Volk zu sein,
aus allen Völkern (*ammim*, aber LXX: *ethnon*), die auf der Fläche des Erdbodens sind.

Hier hat schon die Septuaginta den hebräischen Text systematisiert und *ammim* programmatisch mit *ethne* übersetzt.

26,18f.: Und Jhwh hat sich dir heuttags anversprochen:
ihm ein Sonderguts-Volk (*am segula / laos periousios*) zu sein ...
dich als höchstes zu begeben über alle Völker (*gojim / ethnon*), die er gemacht hat,
zu einer Preisung, zu einem Namen, zu einem Ruhm,
und ein heiliges Volk (*am / laos*), du, Jhwh, deinem Gott zu sein.

Hier wird »ihm zu einem Volk« parallelisiert mit »zu einer Preisung, zu einem Namen, zu einem Ruhm«. Mag dieser Parallelismus vor allem bedeuten, daß Israel gerühmt und gepriesen wird, sich einen Namen macht, so deutet er doch auch an, daß es bei der Erwählung dieses Volkes auch um die Ehre und den Namen seines Gottes geht. Das könnte zur Deutung der Formulierung »ein Volk aus den Völkern für seinen Namen« beitragen. Speziell das Stichwort »nehmen« (*labein*) erinnert an zwei Stellen aus Dt 4:

4,20: Euch aber *nahm* Jhwh und führte euch aus dem Eisenschmelzofen, aus Ägypten,
ihm zu einem Eigentumsvolk (*am nachala / laos enkleron*)
zu werden.

4,32ff.: Denn frage doch nach bei frühen Tagen, die vor dir waren,
nach vom Tag, da Gott einen Menschen schuf auf der Erde,
nach vom Rande des Himmels bis zum Rande des Himmels,
ob etwas geschah wie dieses große Ding,
oder ob etwas erhört ward wie es: ...
ob ein Gott (LXX: der lebendige Gott[14]) erprobt hat zu kommen,
sich zu *nehmen* ein Volk (*goj / ethnos*) aus dem Innern eines Volkes (*goj / ethnos*)
mit Proben, mit Zeichen, mit Erweisen, mit Kampf,
mit starker Hand, mit gestrecktem Arm,
mit großen Furchtbarkeiten.

Es ist gerade dieses 4. Kapitel des Deuteronomiums, das möglicherweise nicht nur für diesen Vers, sondern für den ganzen Zusammenhang von Apg 15 den Hintergrund bildet. H. van de Sandt[15] hat vorgeschlagen, »Apg 15,6-21 im Licht von Dt 4,29-35« zu verstehen. Er erklärt so nicht nur die Formulierung »Zeichen und Wunder« (v 12) als Zitat aus Dt 4,34, sondern auch den viermaligen Hinweis in Apg 15 auf zeitliche Uranfänge (*aph hemeron archaion*, v 7; *proton*, v 14; *ap aionos*, v 18; *ek geneon archaion*, v 21) als Anspielungen auf die Aufforderung Dt 4,32: Frage doch nach den früheren Tagen (*hemeras proteras*), die vor dir waren, vom Tag an, da Gott einen Menschen schuf auf Erden ... Auch der Hinweis in v 21 auf die nicht nur zeitliche, sondern auch örtliche Verbreitung Moses (von Stadt zu Stadt) sei vor dem Hintergrund von Dt 4,32 zu verstehen: vom Rand des Himmels bis zum Rand des Himmels. Darüber hinaus habe Lukas in 15,7 das bei ihm seltene Wort *euangelion* statt *euangelizomai* verwendet, um das Wort »hören« unterbringen zu können und damit eine Anspielung auf Dt 4,33: »ob je ein Volk gehört habe (*ei akekoen ethnos*) die Stimme des lebendigen Gottes«, vgl. »ob solches je gehört wurde« (v 32). Während jedoch in Dt 4 von einem möglichen Exil Israels die Rede ist, aber in Aussicht gestellt wird: »Wenn du aber dort Jhwh, deinen Gott, mit ganzem Herzen suchen wirst, so wirst du ihn finden« (v 29), habe Lukas diesen Hinweis durch das Zitat Am 9,11f. ersetzt, weil es da die Völker sind, die Jhwh suchen.[16]

Diese Verbindungen zwischen Apg 15,14 und Dt 4 sind aus mehreren Gründen wichtig. Zunächst wird, wie schon gesagt, eine Analogie hergestellt zwischen der Befreiung Israels aus Ägypten (und der Offenbarung am Sinai) und der Kehre der Völker. Aber gerade die Formulierung Dt 4,34 »sich zu nehmen ein Volk (*goj / ethnos*) aus der Mitte eines (anderen) Volkes (*mikerev goj / ek mesou ethnous*)« gibt dem Exodusgeschehen eine eigenartige Deutung: Das Befreiungshandeln Gottes wird als Fraktionsbildung verstanden. Gott schafft sich ein Volk, indem er einen Teil eines Volkes herausnimmt, herausbricht. Diese Vorstellung hat Lukas durch zwei Änderungen gegenüber Dt 4,34 noch verstärkt: Er hat *ethnos* beim ersten Mal durch *laos* ersetzt, beim zweiten Mal durch den Plural. Gott hat also durch diese Aktion ein heiliges, ein Gottesvolk gewonnen, und er hat diese Befreiung durch Spaltung unter vielen Völkern unternommen. »Ein Volk (*laos*) aus den Völkern (*ethne*)« ist also ein Gottesvolk, gebildet aus denjenigen Fraktionen der Völker, die der Gott Israels aus den Völkern herausgelöst hat – eine beherzigenswerte Definition einer ökumenischen Bewegung.

Zum zweiten: Dt 4 ist vor allem eine eindringliche Einschärfung des Bilderverbots. Die Erinnerung daran, daß Israel am Horeb keine Gestalt gesehen, nur eine Stimme gehört habe, führt zu der Mahnung, nicht wie die Völker solche Gestalten zu bilden und anzubeten. Bei Nichtbefolgung dieser Mahnung droht Israel die Zerstreuung unter die Völker, wo es erst recht fremden Göttern dienen müßte. »Ein *laos* aus den *ethne*« meint also auch: Selbst in der Welt der Völker, denen doch Jhwh, der Gott Israels, alle diese Götter und Götzen »zugeteilt« hat (Dt 4,19), gibt es nun eine Fraktion, die erkannt und zu Herzen genommen hat, »daß Jhwh Gott ist im Himmel oben, auf der Erde unten, keiner sonst« (Dt 4,39). Dieser Zusammenhang verdeutlicht auch, warum es bei den folgenden Minimalgeboten für Menschen aus den Völkern zuerst um ihr Verhältnis zu den Götzen geht.

Zum dritten wird durch den Bezug zu Dt 4 die Kehre derer aus den Völkern als Entsprechung nicht nur zum Exodus, sondern auch zur Kehre Israels im Exil verstanden: »Dort werdet ihr Jhwh euren Gott suchen und ihr werdet ihn finden, wenn ihr ihn sucht aus deinem ganzen Herzen und aus deiner ganzen Seele in deiner Trübsal[17] ... und wirst dich kehren (*epistraphese* – vgl. *epistrophe ton ethnon*, Apg 15,3; *tois apo ton ethnon epistrephousin epi ton theon*, 15,19) zu Jhwh, deinem Gott und auf seine Stimme hören« (Dt 4,29f.). Mit dieser Analogie wird die Kehre der Völker zum Gott Israels als eine Art Heimkehr aus dem Exil, aus der Entfremdung verstanden, als Bekehrung aus Gott- und Israelferne.[18] In Dt 4 sind die Verhältnisse zwischen dem Gott Israels, seinem Volk und den anderen Völkern ambivalent. Einerseits wird Israels Wandel in den Geboten die anderen Völker beeindrucken (4,6-8; vgl. 26,19), andererseits hat der Gott Israels anderen Völkern andere Götter zugeteilt (4,19). Hier scheint die Ferne und

Getrenntheit der Völker vom Gott Israels ein Problem zu sein, ein Zustand der Entfremdung, vergleichbar dem Israels im Exil; etwas, das eigentlich nicht so sein, jedenfalls nicht so bleiben dürfte.

Diese Sicht der Beziehung zwischen Jhwh, Israel und den Völkern ist keine erst nachträglich, aufgrund faktischer Ereignisse neu gewonnene. Die Linie doppelter Entsprechungen – zwischen Exodus und Rückkehr Israels aus dem Exil einerseits, zwischen Wiederkehr Israels und einer Kehre der Völker andererseits – durchzieht schon die Hebräische Bibel. N. A. Dahl hat zwei Verse aus Ez 36 die »nächste Parallele zu Apg 15,14«[19] genannt: »Ich *nehme* euch aus den *gojim*« (v 24), »ihr werdet mir zum *am*« (v 28). Er macht darüber hinaus darauf aufmerksam, daß der ganze Abschnitt Ez 36,24-28 für die neutestamentliche Lehre von der Taufe und der Kirche eine große Rolle gespielt hat. Es heißt dort:

Ich sprenge reines Wasser auf euch,
daß ihr rein werdet:
von all euren Bemaklungen,
von all euren Dreckklötzen
reinige ich euch.
Ich gebe euch ein neues Herz,
einen neuen Geist gebe ich euch in das Innre,
das Herz von Stein schaffe ich aus eurem Fleisch weg,
ich gebe euch ein Herz von Fleisch.
Meinen Geist gebe ich euch in das Innre ...

Diese Rede von der Reinigung, von den Herzen, von der Gabe des Geistes erinnert stark an die Petrusrede (vgl. vv 8f.), auf die in Apg 15,14 verwiesen wird. Wiederum wird bei Verunreinigung vor allem an Götzen gedacht. Während Dahl die Formulierung »ein Volk für seinen Namen« durch Hinweis auf einen alten palästinischen Targum erklärt, in dem »ein Volk für mich/für ihn« durch »für meinen/seinen Namen« wiedergegeben wird,[20] übersieht er, daß gerade in Ez 36 Jhwhs Vorhaben, ein Volk aus den Völkern zu nehmen, eminente Bedeutung für seinen Namen hat. Nachdem in den Versen 17-19 in deutlicher Anlehnung an das Deuteronomium davon die Rede war, daß Jhwh Israel wegen seines Blutvergießens und wegen seiner Verunreinigung durch Götzen unter die *gojim* gestreut habe, heißt es:

Als sie aber zu den *gojim* kamen,
wohin sie gekommen waren,
stellten sie den Namen meiner Heiligung bloß,
indem man von ihnen sprach:
»Jhwhs Volk sind diese,
aus seinem Land mußten sie fahren!«
Da dauerte es mich

des Namens meiner Heiligung,
den bloßstellten die vom Haus Israel
unter den *gojim*, wohin sie gekommen waren.
Darum sprich zum Haus Israel:
So hat mein Herr, Jhwh, gesprochen:
Nicht um euretwillen tue ichs,
Haus Israel,
sondern für den Namen meiner Heiligung,
den ihr bloßgestellt habt unter den *gojim*,
wohin ihr gekommen seid.
Erheiligen will ich
meinen großen Namen,
den unter den *gojim* bloßgestellten,
den ihr bloßgestellt habt in ihrer Mitte.
Dann werden die *gojim* erkennen,
daß ich Jhwh bin,
Erlauten ists von meinem Herrn, Jhwh,
wann ich mich an euch vor ihren Augen erheilige.
(vv 20-23)

Hier wird deutlich, welche Bedeutung ein Volk (sein Tun und sein Geschick) unter den Völkern und aus den Völkern herausgenommen für seinen Namen hat und haben kann: Es soll diesem Namen Ehre machen, ihn nicht mehr blamieren, zur Heiligung dieses Namens beitragen und so auch zur Jhwh-Erkenntnis der Völker.[21] Für den Zusammenhang von Apg 15,14 mit Ez 36 spricht auch, daß Ez 37,21-23 die Rede vom »Nehmen« Israels aus den *gojim* und »Mir-zum-Volk«-Werden wieder aufgreift und (v 24) mit der Verheißung eines neuen David verbindet, ein Zusammenhang, der auch für Apg 15 wichtig ist. Die Parallele zwischen Apg 15,14 und Ez 36f. unterstreicht also die schon durch Dt 4 nahegelegte Analogie zwischen der Kehre der Völker und der Wiederkehr Israels, deutet an, welche Bedeutung ein Volk aus den Völkern für Seinen Namen haben kann, und weist voraus auf die Themen »Verunreinigung durch Götzen« und »Blutvergießen«.

Die interessanteste Parallele[22] zu Apg 15,14 findet Dahl jedoch in Sach 2,15, wo ausdrücklich verheißen wird, daß auch *gojim* für Jhwh zum Volk werden:

Viele *gojim* hangen Jhwh an
an jenem Tag,
sie werden mir zum Volk,
da ich einwohne dir inmitten.
– Dann wirst du erkennen,
daß mich Jhwh Zebaoth gesandt hat zu dir.

Nicht erst im Neuen Testament, sondern schon hier in der Hebräischen Bibel wird also eine Analogie gebildet zwischen der Herausnahme Israels als Volk aus den *gojim* und dem Ihm-zum-Volk-Werden der *gojim* selbst. Bei Sacharja steht diese Verheißung für die Völker im Zusammenhang mit der (die anderen Völker warnenden) Zusage an Israel: »Wer euch anrührt, rührt meinen Augapfel an« (2,12) und mit der Aussicht, daß die Völker, die Israel ausgebeutet haben, Israel zur Beute werden (2,13). Das zum Jhwh-Volk-Werden von *gojim* ist Konsequenz dieser Zusage und der Verheißung einer Einwohnung Jhwhs bei seinem Volk (2,14f.). Noch aus einem anderen Grund ist diese Stelle als Verstehenshilfe für Apg 15 (sogar für das ganze Neue Testament) wichtig. Zweimal (2,13.15) wird bei Sacharja in diesem Zusammenhang die traditionell-prophetische Erkenntnisformel »dann werden sie/werdet ihr/wirst du erkennen, daß ich Jhwh bin« umgewandelt zu »dann werdet ihr/wirst du (Israel) erkennen, daß Jhwh mich (den Propheten) gesandt hat«. Erst die Aktionen Jhwhs in der Völkerwelt legitimieren nachträglich die Sendung des Propheten. Apg 15 vor diesem Hintergrund zu verstehen, hieße: Erst ihre Wirkung in der Welt der *gojim*, die Kehre der Völker, könnte die Jesusgeschichte zu einer guten Nachricht für Israel machen (vgl. Apg 15,3).

Doch was bedeutet »für seinen Namen«? Ich hatte schon im Zusammenhang mit Dt 26,18 und Ez 36 gezeigt: Ein Volk »für seinen Namen« repräsentiert diesen Namen weltgeschichtlich, kann ihm entweder Ehre machen oder ihn desavouieren. Das hängt damit zusammen, daß dieser Name inhaltlich eine Dabeiseins-Zusage ist. Eine biblische Parallele zur Formulierung »Volk für seinen Namen« ist die Rede vom Ort und vom Haus für seinen Namen, besonders in 1.Kön 8: Der, den die Himmel der Himmel nicht fassen können, der hat nun doch zugesagt, an einem bestimmten Ort, in einem bestimmten Haus seinen Namen einwohnen zu lassen. Die Rede von seinem Namen ist also eng verwandt mit der Verheißung in Sach 2,14f., »daß ich einwohne dir inmitten«.

Wenn bei Lukas sonst betont vom Namen die Rede ist, ist fast immer der Name Jesus Christus gemeint – so auch in diesem Kapitel: »Menschen, die ihre Seele für den Namen unseres Herrn Jesus Christus überliefert haben« (v 26), besonders programmatisch ausgedrückt in Apg 4,12. Wie verhalten sich diese beiden Namen zueinander?[23] Neben dieser Stelle gibt es zwei Ausnahmen von der Regel. Im Lobgesang der Maria (Lk 1) heißt es über »Gott, meinen Befreier« (v 47): »Sein Name ist heilig« (v 49), was interpretiert wird durch »sein Erbarmen für Generation um Generation« (v 50). Beim Einzug Jesu in Jerusalem rufen seine Jünger (19,38; vorweggenommen und/oder eschatologisch interpretiert: 13,35): »Gepriesen, der kommt, der König, im Namen des Herrn!« Im Zusammenhang dieser beiden Stellen, vor allem aber von Apg 15,14, ist die Rede vom Namen »Jesus Christus« zu verstehen als Aktualisierung der im Namen Jhwh gegebenen Dabeiseins-Zusage.

Mit diesem ersten Satz der Rede des Jakobus soll die Petrusrede aufgenommen und interpretiert werden: *proton* nimmt die Rede von den »uranfänglichen Tagen« auf, die Formulierung »Volk aus den Völkern für seinen Namen« den Gedanken von der Erwählung Israels im Blick auf die Völker. Die Interpretation dieses Satzes hat gezeigt, daß *laos* nicht eine Ersetzung Israels durch ein Völkervolk signalisiert, sondern eine Analogie herstellt zwischen der Geschichte (Exodus, Wiederkehr aus dem Exil) und Hoffnung Israels (endzeitliches Dazukommen der Völker) und der Kehre der Völker. N.A. Dahl kommentiert: »We have not yet reached the stage where the churches of the Gentiles claim to be the people of God to the exclusion of the Jewish nation.«[24] Ein Text, in dem dieser Anspruch noch nicht erhoben wird, ist darum aktuell für eine Kirche, die ihn nicht mehr erhebt. Die Streitfrage der Beschneidung und des Haltens der Tora (15,1.5) ist damit noch nicht direkt beantwortet, indirekt aber wird eine Antwort angedeutet: Es geht um eine Israelbeziehung der Völker als *gojim*, als Nichtjuden.

Die noch offene Frage nach einem Zusammenhang zwischen dem Hinzukommen von *gojim* und der Jesusgeschichte soll offenbar ein Schriftbeweis klären. »Damit stimmen zusammen die Worte der Propheten, wie geschrieben ist«, fährt Jakobus fort und zitiert Am 9,11f. (LXX).[25] Während es jedoch bei Amos heißt: »an jenem Tag«, beginnt das Zitat bei Lukas mit: »Danach werde ich wiederkehren.«[26] Damit wird zum einen die Kehre der Völker (*epistrophe*, v 3) als Entsprechung und Folge einer Kehre Gottes interpretiert, zum anderen durch Angleichung der Vorsilbe – *anastrepso* statt *epistrepso* – an das dreimalige *an-* im Amoszitat betont, daß das Wort »wieder« hier Leitwort ist, was die Hinweise auf die »uranfänglichen Tage« (v 7) und »zuerst« (v 14) unterstreicht:

Danach werde ich wiederkehren,
und ich werde wiederaufbauen das zerfallene Zelt Davids,
und ich werde wiederaufbauen seine Trümmer,
und ich werde es wiederaufrichten/wieder zurechtbringen,
auf daß die übrigen der Menschen den Herrn suchen
und alle Völker (*panta ta ethne*), über die mein Name ausgerufen ist,
spricht der Herr, der dies macht bekannt seit Weltzeit (*ap' aionos*).

Der letzte Vers (15,18: *gnosta ap' aionos*) gehört nicht zum Amoszitat, sondern ist Jes 45,21 entnommen. Damit wird (nach vv 7 und 14) zum dritten Mal betont, daß der Gott Israels immer schon auch die Völker im Blick hatte. Außerdem wird auf den ganzen Abschnitt Jes 45,18-25 angespielt, in dem es ebenfalls um eine Kehre der Völker zum Gott Israels geht (*epistraphete pros me kai sothesesthe*, v 22).[27]

Im Amoszitat selbst wird ein Zusammenhang ausgesagt zwischen einer neuen Zuwendung Gottes, dem Wiederaufbau, der Wiederherstellung »des Zeltes Davids« und dem Hinzukommen (eines Rests) der *gojim*. Das Stichwort *kataloipos* gibt nicht nur bei Am 9,12, sondern in der LXX ganz überwiegend das hebräische *sche'ar, sche'erit* wieder. Es gibt demnach einen heiligen Rest auch der Völker. Damit wird das Thema der Befreiung durch Fraktionsbildung, das in der Beziehung zwischen Apg 15,14 und Dt 4,34 eine Rolle spielte, wieder aufgegriffen: Die Hinzukommenden aus den Völkern sind Minderheiten ihrer Völker, stehen aber (wie der Rest Israels) pars pro toto für diese Völker im Ganzen. Daß über alle Völker Gottes Name ausgerufen ist, verbindet das Amos-Zitat mit der Formulierung »ein Volk aus den Völkern für seinen Namen« (v 14). Doch was ist im lukanischen Zusammenhang mit dem Wiederaufbau des David-Zeltes gemeint?

David und die Verheißungen für ihn und sein Haus sind auch sonst für Lukas ein wichtiger Bezugspunkt zum Verständnis der Jesusgeschichte. Schon in der Geburtsankündigung werden Gottessohnschaft und Davidsohnschaft (in Anspielung auf 2.Sam 7) miteinander verbunden, wird Jesus aufgrund seiner Davidsohnschaft ein ewiges Königtum verheißen (Lk 1,32f.; vgl. Jes 9). Die Jesusgeschichte wird eingeführt als Bestätigung und Bekräftigung der Davidverheißung; Gottes Sohn ist Jesus, indem er (wie David, 2.Sam 7) pars pro toto sein Volk repräsentiert. Auch das Magnifikat, der Lobgesang der Maria (1,46-55), spielt insofern auf die Davidgeschichte an, als es das Hanna-Lied paraphrasiert, das in den Samuelbüchern eine Ouvertüre für die Davidgeschichte ist. Hier geht es um Umsturz, die Umwälzung der Machtverhältnisse zwischen Hohen und Reichen, Armen und Niedrigen. Auf das Lied des Zacharias (1,68-79) habe ich schon im Zusammenhang des Stichworts *episkeptesthai* (Apg 15,14) als Parallele hingewiesen. Hier wird die anbrechende Geschichte als Aufrichtung eines »Horn(s) der Befreiung im Haus Davids, seines Knechts« (v 69) interpretiert und diese Befreiung als Befreiung »von unseren Feinden und aus der Hand all unserer Hasser« (v 71), »daß wir ohne Furcht, der Hand der Feinde entrissen, ihm dienen« (v 75). Die Bedeutung der Davidsohnschaft ist hier die Befreiung Israels von Feinden und Hassern, damit es ohne Angst Israel sein kann. Die Geburtsgeschichte (Lk 2) verbindet beide Themen, die Machtfrage und das Verhältnis Israel – Völker. Sie verweist dreimal auf David (vv 4.11), präsentiert Jesus als kleinen David im Gegenüber zum Goliath Kaiser Augustus.

Auch in der Apostelgeschichte spielt der Bezug zwischen Jesusgeschichte und David eine große Rolle. Die Pfingstrede des Petrus (Apg 2) wie die erste Rede des Paulus (Apg 13) sind teilweise David-Predigten.

In beiden Reden (2,25-28; 13,35) wird Ps 16 (LXX 15) zitiert: »Du wirst nicht geben, daß dein *chasid* Verwesung sieht«, in beiden sodann festgestellt, daß David eben doch gestorben sei, er also hier prophetisch von der Auferweckung des Messias gesprochen habe.[28] Es ist also die Auferweckung, die Jesus als Davidsohn erweist, in ihm die Davidverheißung bestätigt. Nicht nur das Thema »Gabe des Geistes« verbindet Apg 2 mit Apg 15.

Das Joel-Zitat (2,17-21) ist vom Wort »alle« umrahmt: »alles Fleisch« (v 17) – »alle, die den Namen des Herrn anrufen, werden befreit« (v 21), und »alle Völker« ist auch Ziel und Höhepunkt des Amos-Zitats in Apg 15. Noch enger ist die Verbindung zwischen »den Namen des Herrn anrufen« (*epikalesetai to onoma kyriou*, 2,21) und »über die mein Name ausgerufen ist« (*epikekletai to onoma mou*, 15,17): Ein Volk für seinen Namen – ein Volk aller aus allen Völkern, die den Namen des Herrn anrufen. Während in Apg 15 der Wiederaufbau des David-Zeltes die Bedingung des Zugangs für alle ist, ist es in Apg 2 die Wiedererweckung des Davidsohns. Der Vergleich wird möglicherweise durch ein weiteres Zitat aus Ps 16 verstärkt: »Mein Fleisch wird wohnen, ruhen (*kataskenosei*) auf Hoffnung« (2,26), was sprachlich an *skene* (15,16) anklingt. Schließlich wird auch in der Petrusrede (2,22) die Formel »Zeichen und Wunder« verwendet, hier für die Taten Jesu.

In der Paulusrede (Apg 13) wird die Verbindung zwischen der Davidsohnschaft und der Auferweckung Jesu noch dadurch betont, daß es schon von der Erwählung Davids heißt, Gott habe ihn »erweckt« (*egeiren*, v 22; vgl. v 30). Doch wird auch eine andere Bedeutung Davids deutlich: seine Rolle als Repräsentant seines Volkes unter den Völkern. In v 34 wird Jes 55,3 zitiert: »(Ich werde geben) euch die Hulden (*ta hosia*; hebr.: *chasadim*) Davids, die getreuen« – der Text, auf den hier angespielt wird, heißt im Zusammenhang:

Ich werde euch schließen einen Weltzeitbund
die Hulden Davids, die getreuen.
Siehe! Zum Zeugen unter den Völkern (*ethnesin*) habe ich ihn gegeben
zum Fürsten und Vorsteher den Völkern (*ethnesin*).
Völker (*ethne*), die dich nicht kannten, werden dich anrufen
Völker (*laoi*), die dir nicht vertrauten, werden zu dir fliehen
wegen deines Gottes, des Heiligen Israels,
denn er wird dich verherrlichen. (Jes 55,3-5, nach LXX)

Der Schluß klingt nicht zufällig an die schon genannte Symeon-Weissagung (Lk 2,32) »zur Herrlichkeit deines Volkes Israel« an. Als sich Paulus und Barnabas (v 46) zu den Völkern wenden (*strephometha eis ta ethne*), berufen sie sich auf die andere Hälfte von Lk 2,32: auf das Jesaja-Wort vom Licht der Völker (v 47). Der Erfolg ihrer Wendung zu den Völkern, die Wende der Völker, steht in Apg 15 zur Debatte. Im David-Zusammenhang von Jes 55,3-5 wird deutlich: Paulus und Barnabas haben mit ihrer Wendung zu den Völkern eine Aufgabe ganz Israels übernommen.

Auch der Bericht von der Berufung des Paulus (Apg 9; vgl. 22; 26) nimmt indirekt Bezug auf die Davidgeschichte: Der Zuruf »Saul, Saul, was verfolgst du mich?« (9,3; 22,7; 26,14) spielt auf die zwei Erzählungen (1.Sam 24; 26) an, in denen David beweist, daß Saul ihn grundlos verfolgt. Entsprechend ist die erste Rede des Paulus (Apg 13) die einzige, die nicht nur auf die Erwählung Davids, sondern auch auf die Verwerfung Sauls eingeht: »Und nachdem er ihn (Saul) abgesetzt, hat er ihnen David zum König erweckt« (v 22).

In der exegetischen Diskussion zu Apg 15 ist umstritten, worauf sich die Rede von der Wiederherstellung des Zeltes Davids bezieht. Spielt Jakobus hier auf die Auferweckung Jesu an,[29] oder wird die Sammlung, die Wiederherstellung Israels in Form der Gemeinde Jesu als Wiederaufbau des Zeltes Davids verstanden?[30]

Besonders J.Jervell und G.Lohfink haben gemeint, als lukanische Konzeption zeigen zu können, es sei in der Begegnung mit Jesus und dem Zeugnis der Seinen nicht nur zu einer Krise, sondern geradezu zu einer Spaltung Israels gekommen. Die Jesusanhänger in Israel seien – nach dem Gesetz der Subtraktion – der heilige Rest, das endzeitlich wiederhergestellte Israel und damit (den Verheißungen gemäß) die Bedingung der Möglichkeit für die Völker, mit dazuzukommen. Lukas habe so Kontinuität und Bruch zugleich zwischen Israel und Kirche beschreiben können: Nicht sei die Kirche aus den Völkern das »neue« oder »wahre« Israel im Gegensatz zu einem Israel nur nach dem Fleisch. Lukas halte daran fest, daß nur das leibliche Israel Volk Gottes (*laos*) sein kann. Aber die jüdische Urgemeinde Jesu sei in der Tat das neue, nämlich erneuerte, wiederhergestellte Israel, das aus dieser Spaltung hervorging. Für diese Deutung der lukanischen Gesamtkonzeption sprechen Anklänge an das schismatische Befreiungshandeln Gottes nach Rm 9, auch an die dreimal betonte Rede vom *schisma* im Johannesevangelium.

Gerade diese Bezüge, vor allem der Überblick über die verschiedenen Davidbeziehungen der Jesusgeschichte bei Lukas, zeigen aber, daß die Alternative: Auferweckung Jesu oder Wiederherstellung Israels in der Form des »heiligen Rests« der Urgemeinde viel zu exklusiv gedacht ist. Auch bei Lukas ist mit der inklusiven pars pro toto-Struktur der Bibel zu rechnen, einer Kette von Stellvertretungen: Jesus ist darin Gottessohn, daß er Davidsohn ist. David aber heißt Repräsentant seines Volkes. Die Auferweckung Jesu bestätigt die Verheißungen für David und sein Haus und damit für ganz Israel. Sie ist Wiedererrichtung Israels pars pro toto in einer Person – darin ist den Kommentatoren zuzustimmen, die beim Wiederaufbau von Davids Zelt an die Auferstehung denken. Die Urgemeinde wiederum repräsentiert den Auferweckten bei seinem Volk, repräsentiert aber auch ganz Israel unter den Völkern, indem sie die Auferweckung bezeugt.

Die Bedingung der Möglichkeit für die Völker hinzuzukommen, ist also nicht ein Gericht über Israel, gar seine Verwerfung, so daß die Völker als sein Ersatz, als neues Israel ein altes, gescheitertes Israel ablösten. Das Hinzukommen der Völker verdankt sich vielmehr einer besonderen Zuwendung Gottes zu Israel, seiner Bestätigung und Bekräftigung, seinem Wiederaufbau. Daß nun auch faktisch *gojim* sich gewendet haben, bezeugt indirekt die Auferweckung als Bestätigung Israels. Das aber hängt daran, daß sie tatsächlich als *gojim* kommen, nicht selbst Juden werden.

»Deswegen urteile ich,« fährt Jakobus fort, »man solle die nicht plagen, die sich von den Völkern zu Gott kehren« (*epistrephousin epi ton theon*). Die Kehre der Völker (*epistrophe*, v 3) wird verstanden als Abkehr von den Völkern und Hinkehr zum Gott Israels, aber damit auch zu Israel. Darum geht es im folgenden um ein Minimum an Regeln, die ein Zusammenleben von *gojim* mit Israel ermöglichen sollen.

Meist wird dieses Minimum auf Lv 17f. zurückgeführt: Dort wird (17,8. 10.13.15; 18,26) gesagt, daß eine Bestimmung auch für »Gastsassen (*ger*, LXX: *proselytos*!) in eurer Mitte« gelte – in 17,8.10.13 heißt es überdies: *isch isch*, was in der rabbinischen Diskussion verstanden wurde als alle Menschen: nämlich Juden und Nichtjuden betreffend.

Die erste dieser Bestimmungen (Lv 17,1-9) bezieht sich zwar nicht auf Götzendienst, sondern auf die Opferstätte, doch zeigt v 7, daß es dabei nicht nur darum geht, wo, sondern auch wem geopfert wird: Nicht mehr sollen sie ihre Schlachtopfer (*laseʿirim;* LXX: *tois mataiois;* Buber: den Bockschraten) schlachten, denen sie nachhuren (*sonim;* LXX: *ekporneuousin* – der einzige ausdrückliche Hinweis auf Hurerei in Lv 17f., was den Zusammenhang von Hurerei und Götzendienst unterstreicht). Die zweite (Lv 17,10-16) verbietet das Essen von Fleisch, in dem noch Blut ist. Die dritte (Lv 18) verbietet sexuelle Beziehungen zu Verwandten (vv 6-18), zu menstruierenden Frauen (v 19), zu verheirateten Frauen (v 20), zwischen Männern (v 22), zu Tieren (v 23). Zwischen diesen sexuellen Bestimmungen steht aber auch eine, die wiederum auf fremde Götter verweist: das Verbot, Kinder dem Moloch zu opfern (v 21). Es wird begründet: »Den Namen deines Gottes sollst du nicht bloßstellen (vgl. Ez 36), ich bin Jhwh.« In den Rahmentexten von Lv 18 (vv 1-5.24-30) wird vor allem betont, daß es sich bei dem Gebotenen um einen Bruch mit der Praxis der Völker handelt, und verheißen: Wer diese Gebote tut, wird durch sie leben (v 5). Vor dem Hintergrund von Lv 17f. wäre also mit »Blut« Essen von Blut gemeint, »Ersticktes« dafür eine Ausführungsbestimmung und mit Hurerei die in Lv 18 verbotenen sexuellen Praktiken. Diese ursprünglich kultisch-rituellen Bestimmungen, so die überwiegende Meinung der Exegeten, seien nachträglich ethisiert worden, z.T. durch Anfügung der Goldenen Regel.

Demgegenüber haben D. Flusser und S. Safrai [31] die Ursprünglichkeit der »westlichen« Version (Codex Bezae) verteidigt. Gerade die drei Bestimmungen Götzendienst, Blut(vergießen = Mord), Hurerei entsprechen der jüdischen Tradition der Kardinalsünden, ein erster Versuch in der Diskussion um ein jüdisches Minimum für *gojim*, die dann im 2.Jahrhundert zu den sieben noachidischen Geboten führte. Ursprünglich seien die Gebote in

Apg 15,20 (vgl. v 29; 21,25) rein ethisch.[32] Die Anfügung der Goldenen Regel sei zwar nicht unbedingt ursprünglich, aber solchen Summarien gattungsgemäß.

Ich lasse die Frage nach dem historisch Ursprünglichen offen. Bei Lv 17f. geht es um die Frage, was von Fremden mindestens verlangt werden muß, damit sie inmitten Israels leben können, welcher Bruch mit der Praxis der Völker auch ihnen zugemutet werden muß. Die Hinzukommenden werden also betrachtet als Gastsassen inmitten Israels.[33] Bei den drei Todsünden geht es darum, welche Bedingungen erfüllt sein müssen, damit Israel unter den Völkern leben kann und nicht sterben muß – so die Bestimmung der rabbinischen Synode von Lydda (ca. 120): »Von allen Übertretungen der Tora gilt, daß, wenn man zu einem Menschen sagt: ›Übertritt, damit du nicht getötet werdest‹, er sie übertreten darf, um nicht getötet zu werden, ausgenommen Götzendienst, Unzucht und Mord.«[34] Jedenfalls geht es um die Bedingungen der Möglichkeit eines Volkes aus den Völkern: ein mit Israel assoziiertes, also bündnisfähiges Volk.

Ein solches Volk, das mit Israel leben, mit dem Israel leben kann, bedarf offenbar einiger Tabus. Das betrifft zunächst das Verhältnis zu anderen Göttern: Die Christen aus den Völkern sollen sich mit Götzen nicht »beflecken«, ihre Assoziation zu Israel und seinem Gott nicht verunklaren und verunreinigen durch Koalitionen mit konkurrierenden Mächten. Sie werden auf Religionskritik verpflichtet. Das Gebot, mit den Götzen zu brechen, wird in v 29 und 21,25 interpretiert durch das Verbot von »Götzengeschlachtetem«. Einer bloß geistigen Freiheit wird mißtraut, die sich mit inneren Vorbehalten, geistiger Reserviertheit begnügte. Das Volk aus den Völkern soll die heiligsten Güter der Völker öffentlich, materiell boykottieren, von diesen Gütern nicht einmal stillschweigend profitieren.[35]

Zum zweiten geht es um Sexualität. Den Männern aus den Völkern wird zwar nicht die Beschneidung, aber doch auch eine Einschränkung ungezügelter Männlichkeit auferlegt. Ob beim Stichwort Hurerei an Lv 18 gedacht ist (wo das Stichwort allerdings nicht fällt) oder eher an den Zusammenhang mit Götzendienst (das Beispiel Tempelprostitution zeigt, daß dieser Zusammenhang nicht bloß prophetische Bilderrede ist), an religiös aufgeladene Sexualität, jedenfalls betrifft das Verhältnis Israel – Völker auch das zwischen Männern und Frauen. Bei den Völkern sind Frauen – das erzählen die Geschichten von Sara und Rebekka (Gn 12; 20; 26), aber auch der Rahmen von Lv 18 – Freiwild männlicher Potentaten, bedroht wie Israel unter mächtigen Völkern.

Zum dritten (das Verbot des Erstickten hat keine eigene Bedeutung, sondern interpretiert »Blut«) geht es um die Einschärfung einer Ehrfurcht vor dem Leben. Das gilt natürlich vor allem dann, wenn beim Stichwort »Blut« an das Gebot: »Du sollst nicht morden« gedacht wird. Aber auch wer es als

Verbot, Blut zu essen, versteht, unternimmt es, durch alltägliche Ernährungsgewohnheiten sich daran erinnern zu lassen, daß »die Seele des Fleisches im Blut ist« (Lv 17,11.14; vgl. Gn 9,4-6, biblischer Ort noachidischer Gebote, wo die Verbote des Blutvergießens und Blutessens verbunden werden), trägt so zur Tabuisierung von Blut bei: zu Dämmen gegen Blutbäder und Blutrausch.

Wie auch immer diese Gebote im einzelnen zu verstehen sind: Es geht darum, das Leben dieses Völkervolkes so zu regeln, daß es mit Israel und Israel mit ihm zusammenleben kann.[36]

Jakobus schließt mit einer seltsamen Begründung: »Denn Mose hat seit uranfänglichen Generationen (*ek geneon archaion*) von Stadt zu Stadt die ihn verkünden, da er in den Synagogen von Sabbat zu Sabbat vorgelesen wird.« Zum viertenmal wird hier auf zeitliche Uranfänge verwiesen, wobei *ek geneon archaion* am engsten an *aph' hemeron archaion* (v 7) anschließt. Die Folge der Tage wird interpretiert durch die Folge der Generationen Israels – und durch die Folge seiner Sabbate. Die Formulierung »Sabbat für Sabbat vorgelesen« war zuletzt 13,27 zu hören, dort bezogen auf die Propheten. Der Zusammenklang beider Stellen zeigt, daß die ganze Schrift – Mose und die Propheten – immer schon die Erwählung Israels im Blick auf die Völker bezeugte. Zur zeitlichen Erstreckung kommt die räumliche: »Sabbat für Sabbat« und »Stadt für Stadt«. Nicht nur seit Generationen, sondern auch weltweit wird Mose verkündet. Das Wort verkünden (*keryssein*) wird sonst bei Lukas fast ausschließlich für die Verkündigung des Evangeliums vom Reich Gottes verwendet. Und auch das Evangelium wird Stadt für Stadt (Lk 8,1.4; 13,22) verkündet, durch Paulus (Apg 18,4) auch Sabbat für Sabbat. Diese Parallele im Kerygmatischen unterstreicht die Analogie zwischen dem Exodusgeschehen und der Kehre der Völker, die Assoziation zwischen dem Volk Israel und dem Volk aus den Völkern: Die weltweite Evangeliumsverkündigung entspricht der weltweiten Tora-Verkündigung. Der Zusammenhang wird durch v 36 unterstrichen. Nach Abschluß der Kontroverse schlägt Paulus dem Barnabas vor: Wir wollen kehren (*epistrepsantes*) und nach den Brüdern sehen (*episkepsometha*) von Stadt zu Stadt (*kata polin*). Die Formulierung »nach den Brüdern sehen« erinnert an Mose in der Stephanusrede (7,23). Dort stand das *episkeptesthai* durch Mose für das Eingreifen Gottes zugunsten Israels. Auch hier steht es für ein *episkeptesthai* Gottes: ein Volk aus den Völkern für seinen Namen zu nehmen (15,14).

Die Apostel und Ältesten zusammen mit der ganzen Gemeinde erwählen daraufhin zwei Männer aus ihrer Mitte (*ex auton*), die Paulus und Barnabas nach Antiochia begleiten sollen. Durch sie werden diejenigen ersetzt, die zu Beginn (15,1) nach Antiochia herabkamen. Von ihnen heißt es nämlich hier, daß sie ebenfalls »aus unserer Mitte« (*ex hemon*) kamen, aber unbeauftragt.

In einem Begleitschreiben wird das Minimum des Jakobus wiederholt – mit der schon besprochenen Verschiebung von »Götzen« zu »Götzengeschlachtetem«. Die Formulierung »es erschien dem heiligen Geist und uns gut« (v 28) erinnert dabei an das Argument von der nichtdiskriminierenden Gabe des Geistes in der Petrusrede, betont also das, was die Apostel und Ältesten mit den »Brüdern aus den Völkern« (*adelphois tois ex ethnon*, v 23) verbindet.

Dem Aufstieg nach Jerusalem entspricht nun der Abstieg und die Bekanntmachung der dort getroffenen Entscheidung. Daß die Adressaten sich freuen (v 31), erinnert an die »große Freude« in v 3. Der Freude Israels über die Kehre der Völker entspricht die Freude der Brüder aus den Völkern über die Ermutigung aus Jerusalem.

Der Bogen der Erzählung schließt mit v 35, wo zum zweitenmal nach 15,1 das Wort »lehren« fällt. Jetzt aber sind Paulus und Barnabas diejenigen, die lehren, und ihr Lehren wird parallelisiert durch »frohe Botschaft künden« (*euangelizomenoi*). Ihr Evangelium tritt an die Stelle der in 15,1 vorgetragenen Lehre, ist jetzt bestätigt als vom Zion ausgehende Weisung für die Völker, als »das Wort des Herrn« von Jerusalem.

Resümee

Mit der Formulierung »ein Volk (*laos, am*) aus den Völkern (*ethne, gojim*)« wird in Apg 15 die Tatsache theologisch gedeutet, daß das Evangelium von Jesus Christus dem Gott Israels Anhänger unter den Völkern gewonnen hat. Diese Tatsache wird als große Tat Gottes verkündet – ist so selbst Evangelium. Die Wendung unter den Völkern verdankt sich einer Hinwendung Gottes.

Mit dem Begriff *laos* wird eine Analogie gebildet zwischen diesem Volk aus den Völkern und dem Volk Israel, dessen Analogielosigkeit sonst sehr betont wird – Dt 4,32ff.: »Frage doch nach ... ob so etwas geschah«. Diese Analogiebildung geschieht durch sprachlich-literarische Assoziationen – zum Exodusgeschehen und zur Heimkehr Israels aus dem Exil.

Ziel dieser sprachlich-literarischen Assoziationen ist eine gesellschaftlich-politische Assoziation dieses Volkes aus den Völkern mit dem Volk Israel: eine Bundesgenossenschaft. Das Tora-Minimum, das diesem assoziierten Bundesvolk auferlegt wird, soll es bündnisfähig mit Israel machen: Das Verbot des Götzendiensts verpflichtet die Christen aus den Völkern zur Religionskritik; die Einschränkung der Sexualität bezieht zum einen die Frage der Bündnisfähigkeit aufs Intimste, erinnert zum anderen daran, daß das Verhältnis zwischen Israel und den Völkern auch das zwischen Männern und Frauen betrifft; die Tabuisierung von Blut schärft die Ehrfurcht vor dem Leben ein. Es handelt sich weder um moralische noch um kultische Gebote, sondern um Sozialethik im speziellen Sinn: Dieses Volk aus den Völkern soll so leben und handeln, daß es mit Israel, Israel mit ihm leben kann.

Im Unterschied zu anderen neutestamentlichen Texten, die von der Bedeutung der Jesusgeschichte für das Verhältnis zwischen Israel und den Völkern handeln, wird in Apg 15 nicht vom Hinzuströmen der Völker als ganzer und als solcher gesprochen, sondern von einer Fraktionsbildung in den Völkern: Teile verschiedener Völker bilden zusammen dieses Volk.

Nun findet sich trotz der betonten Analogielosigkeit der Erwählung Israels bereits in der Hebräischen Bibel diese Analogie zwischen Israels Befreiung aus Sklaverei und Exil und dem Hinzukommen der Völker – als Hoffnung. Auch in Apg 15 wird vierfach betont, daß Gott bei der Erwählung Israels immer schon die Völker im Blick hatte. Doch wird dort nicht nur das Eintreffen des Erhofften verkündet, sondern dieses Geschehen wird mit einer bestimmten Deutung der Jesusgeschichte verbunden. Sie wird verstanden als Wiederaufrichtung des Zeltes Davids. Die Hinwendung Gottes zu den Völkern bedeutet also keine Abwendung von Israel, sondern verdankt sich im Gegenteil einer besonderen Zuwendung des Gottes Israels zu seinem Volk.

Der hier hergestellten Verbindung zwischen der Jesusgeschichte als Davidgeschichte und der Entstehung dieses Volkes aus den Völkern wird nachzugehen sein. Zuvor aber ist eine andere Frage zu untersuchen. Ich hatte schon im Verlauf der Textauslegung darauf aufmerksam gemacht, daß es sich bei der Formulierung »ein Volk aus den Völkern« um eine Definition der ökumenischen Bewegung handeln könnte, eine Hilfe bei der Klärung ihres Selbstverständnisses, also bei der Erarbeitung einer Ekklesiologie der ökumenischen Bewegung. In ihr kommen nicht die Völker insgesamt zusammen, sondern Christen aus vielen Völkern. Sie ist darum zu befragen, wie sie ihre Weltverantwortung als ein Volk aus den Völkern im biblischen Beziehungsgeflecht zwischen Israel und den Völkern versteht und wahrnimmt: im Bund mit Gott als Bundesgenossin Israels.

Kapitel II

Das Volk Gottes und die Völker der Welt –
Die ökumenische Bewegung und Israel nach 1945

Die dogmatische Frage nach dem Auftrag einer Kirche Jesu Christi neben Gottes Volk Israel steht im Zusammenhang mit dem gesamtbiblischen Thema Israel und die Völker. Diese biblische Verortung des Themas legt es nahe, vor einer Befragung systematischer Theologen nach ihrer Verhältnisbestimmung von Kirche und Israel zunächst zu untersuchen, welche Bedeutung Israel für die ökumenische Bewegung unseres Jahrhunderts hat, haben könnte und sollte. Denn gerade der Aufbruch dieser Bewegung signalisiert die Wiederentdeckung von Weltbezug und Weltverantwortung der Christen – als Frage nach ihrer Sendung (so die Fragestellung des Internationalen Missionsrats), als Anfrage an ihren Glauben und Infragestellung ihrer konfessionellen Spaltungen (so »Glaube und Kirchenverfassung«) und als Frage nach ihrem praktischen Beitrag zur Heilung der Zerrissenheit der einen Menschenwelt (»Praktisches Christentum«). Die verschiedenen Bemühungen um Einigung zwischen Kirchen waren nicht Selbstzweck, sondern geschahen im Blick auf die erhoffte Einheit der Menschheit. Christen in der ökumenischen Bewegung unternahmen es, durch ihre Arbeit an der Einigung der Christen zeichenhaft vorwegnehmend die Einheit der Menschen zu bezeugen und praktisch zu befördern. Das bedeutet zum einen, durch Einigung unter den Kirchen die Einheit Gottes glaubwürdiger zu bezeugen, nicht ständig zu dementieren – und damit die geglaubte Voraussetzung der erhofften Einheit der Menschheit. Die christliche Ökumene ist also Zeugin Gottes in der Völkerwelt. Das bedeutet aber zum anderen, daß die beteiligten Kirchen in dieser Bewegung auch ihre Völker repräsentieren und versuchen, deren Konflikte stellvertretend auszutragen und zu lösen. Weltkonflikte sind darum für die ökumenische Bewegung der Stoff, an dem sie sich bewährt oder versagt. Die christliche Ökumene ist so auch Repräsentantin der Völker vor Gott. Beide Richtungen implizieren die Frage nach dem Ort und dem Auftrag der ökumenischen Bewegung im biblischen Beziehungsfeld zwischen Israel und den Völkern.

Ich werde im Folgenden der Entwicklung im Ökumenischen Rat der Kirchen entlanggehen, aber auch Beiträge einzelner Kirchen für eine ökumenische Selbstverständigung im Blick auf die Beziehung zu Israel besprechen.

Bereits 1937, als »Faith and Order« in Edinburgh, »Life and Work« in Oxford tagte, war verabredet worden, beide Bewegungen zu einem Ökumenischen Rat der Kirchen zusammenzuschließen. Ein Jahr später fand in Utrecht eine vorbereitende Konferenz statt, die einen »Ökumenischen Rat der Kirchen – im Aufbau« gründete. Die eigentliche Gründungsvollversammlung war für 1940 oder 1941 vorgesehen, doch der Beginn des Zweiten Weltkriegs 1939 machte das unmöglich. Gerade während des Krieges wurde die Beziehung zu Israel eine der wichtigsten praktischen Fragen dieses vorläufigen ökumenischen Rats. Der Generalsekretär Willem A. Visser't Hooft und der Flüchtlingssekretär Adolf Freudenberg versuchten in enger Zusammenarbeit mit dem Genfer Vertreter des jüdischen Weltkongresses Gerhart M. Riegner zum einen, möglichst viele der verfolgten Juden zu retten, zum anderen die Weltöffentlichkeit über das ganze Ausmaß der Verbrechen zu informieren.[1] In dieser Gründungsphase verstand und betätigte sich der Weltrat der Kirchen als praktische Hilfsorganisation und weltöffentliches Sprachrohr des verfolgten jüdischen Volkes.

1. Amsterdam 1948: Solidarität besonderer Art?

Die erste Vollversammlung des ÖRK fand 1948 in Amsterdam statt. Sie stand unter dem Motto: Die Unordnung der Welt und Gottes Heilsplan.[2] Das ist die Sprache der Prädestinationslehre. Es geht um die Suche nach der providentia dei inmitten offenkundiger menschlicher Konfusion. Schon das zeigt: Ökumene war damals nicht nur eine weitgehend nordatlantische, sondern protestantische, speziell reformierte Angelegenheit. Dieses Motto war der Versuch, im Chaos der unmittelbaren Nachkriegszeit, im zerstörten, von Flüchtlingsströmen geprägten Europa und auch in den Anfängen des kalten Krieges[3] Orientierung zu suchen und zu geben. Neben den Hauptsektionen, die alle von der Kirche sprachen – Die Kirche in Gottes Heilsplan; Die Kirche bezeugt Gottes Heilsplan; Die Kirche und die Auflösung der gesellschaftlichen Ordnung; Die Kirche und die internationale Unordnung –, tagten dort Komitees zu besonders dringlichen Fragen. Das waren neben rechtlich-technischen Gründungsfragen die Themen Frauen, Laien, das Verhältnis der Christen zu den Juden, Wiederaufbau und zwischenkirchliche Hilfe. Das Entsetzen über den Massenmord am jüdischen Volk macht es den Kirchen dringlich, sich über ihr Verhältnis zum jüdischen Volk zu verständigen. Der Bericht dieses Komitees erinnert nicht nur an die Ermordung von 6 Millionen Juden aus ganz Europa, sondern speziell an die 110 000 aus den Niederlanden und drückt damit aus: Der Ort, an dem wir uns hier versammeln, ist nicht mehr derselbe wie der, an dem schon 1940 die Gründung des Ökumenischen Rats hätte stattfinden sollen. Daß es sich bei der Beziehung der Christen zu den Juden um ein zentrales Thema handelt, wird noch deutlicher daran, daß von den Berichten dieser Gruppen der zum Thema »Christen und Juden« der einzige ist, der sein Thema direkt mit dem (doppelten)

Thema der Vollversammlung »Die Unordnung der Welt und Gottes Heilsplan« verbunden hat. Zum einen: »Kein Volk in dieser Seiner Welt hat bitterer an der *Unordnung* der Menschenwelt gelitten als das jüdische.« Zum anderen: »Gott hat uns mit den Juden in einer Solidarität besonderer Art verbunden, indem er in Seinem *Heilsplan* unser beider Bestimmungen miteinander verknüpfte.«[4] Diese enge Verbindung mit dem Gesamtthema der Versammlung, das ja als Zeitansage, als Orientierungsversuch und Aufgabenbestimmung der Kirchen in dieser unmittelbaren Nachkriegszeit gemeint war, läßt erwarten, daß ihr Verhältnis zu den Juden für eine solche Selbstverständigung grundsätzliche Bedeutung hat. Daß »kein Volk bitterer an der Unordnung der Menschenwelt gelitten« hat, müßte ja zu einer Bestimmung und theologischen Deutung dieser Weltunordnung beitragen. Und daß Gott »in Seinem Heilsplan unser beider Bestimmungen miteinander verknüpfte,« müßte ja für die Besinnung der Kirchen auf ihre Rolle in diesem Plan wichtig sein, sie müßten demnach ihren Ort in dieser »besonderen Solidarität« finden.

Nimmt man diese enge Verbindung zwischen dem Thema »Israel« und dem Hauptthema ernst, dann müßten die Sektionen nicht nur anders heißen – Israel und die Kirche in Gottes Heilsplan; Israel und die Kirche bezeugen Gottes Heilsplan; Israel und die Kirche in der Auflösung der gesellschaftlichen Ordnung; Israel und die Kirche in der internationalen Unordnung –, sondern entsprechend auch ganz anders diskutieren.

Doch dieser Anknüpfung ans Hauptthema folgt keine Durchführung. Es finden sich aber Andeutungen. Im Negativen der apodiktische, nur als ein theologischer zu verstehende Satz: »Der Antisemitismus ist eine Sünde gegen Gott und die Menschen«, er wird aber nicht entfaltet zu einer theologischen Deutung des Antisemitismus im Sinne von Sach 2,12: Wer euch antastet, tastet meinen Augapfel an.[5] Im Positiven: »Für viele (von uns Christen?) ist das Weiterbestehen eines jüdischen Volkes, das Jesus Christus nicht anerkennt, ein Geheimnis, das seine einzig zureichende Erklärung in dem Vorsatz der unveränderlichen Treue und Barmherzigkeit Gottes findet (Rm 11,25-29).« Dieser Satz zeigt die Wiederentdeckung der für das Verhältnis der Christen zu Israel entscheidenden Kapitel 9-11 des Römerbriefs. Aber auch hier werden keine Konsequenzen für christliches Selbstverständnis und künftiges Handeln »in einer Solidarität besonderer Art« deutlich. Für bisheriges Versagen der Kirche und für künftig zu verstärkendes Engagement wird in diesen Zusammenhängen überraschend ein völlig anderes Tätigkeitsfeld genannt: die Mission, die Evangelisation der Juden, insbesondere in der brennenden Sorge, diese Aufgabe nicht speziellen Arbeitsbereichen zu überlassen, die womöglich noch zu besonderen judenchristlichen Gemeinden oder Gruppen führen – so normal, integriert, selbstverständlich wie nur möglich soll sie sein.[6] Das ist ein auffälliges, auch etwas verwickeltes Phänomen: Das Entsetzen über die millionenfache Ermordung der Juden führt zu scharfer Verurteilung jedes Antisemitismus –

und eben dies zu einer möglichst vollständigen Leugnung jedes Unterschieds zwischen Juden und Nichtjuden (»hier ist weder Jude noch Grieche ...«), um nur ja nicht zu diskriminieren. Ganz anders die Konsequenz, die H.-J. Iwand aus dem Versagen der Christen gegenüber den Juden zog: Die Kirche habe den »Zusammenhang der Kirche Christi mit dem jüdischen Volk nicht beachtet«, lieber mit dem Begriff der »universalen Menschheit« operiert. »Nun besteht aber nach der Schrift die Menschheit aus Heiden und Juden. Die Juden sind ... immer noch die von Gott gesetzte Grenze gegen das Heidentum.« Iwand befürchtet – und das ist für das Thema »Ökumene und Israel« brisant –, daß wir »das Geheimnis der göttlichen Erwählung ... nicht verstehen und statt der auf dieser Erwählung ruhenden Universalkirche ethnisierende Volkskirchen schaffen«.[7] Hier stehen sich zwei sehr verschiedene Sichtweisen von Ökumene und Israel gegenüber: Während die Amsterdamer Erklärung eine »Solidarität besonderer Art« zwischen Christen und Juden zwar behauptet, sich aber praktisch vornimmt, an der faktischen Abschaffung Israels durch Judenmission zu arbeiten, sieht Iwand im »Zusammenhang der Kirche Christi mit dem jüdischen Volk« die Bedingung der Möglichkeit christlicher Ökumene (»Universalkirche«), da es ohne diese Verbindung nur zu »ethnisierenden Volkskirchen« käme.

Es gibt allerdings einen Punkt in der Amsterdamer Erklärung, in dem eine mögliche Rolle der Kirchen für Israel angedeutet, vage ertastet wird. Zur Gründung des Staates Israel heißt es, daß die Kirchen sich zwar ein »Urteil über die politischen Seiten des Palästinaproblems« nicht anmaßen, aber: »Wir erwarten jedoch von den Nationen, daß sie dieses Problem nicht als eine Sache politischer, strategischer oder wirtschaftlicher Zweckmäßigkeit behandeln, sondern als eine sittliche und geistige Frage, die das religiöse Leben der Welt im Innersten berührt.«[8] Hier erscheinen die versammelten Kirchen für einen Moment als Hermeneut, als Dolmetscher der – neuesten – Geschichte Israels im Forum der Weltvölker (und ihrer Regierungen) und erinnern sie an die geistige, ja religiöse Bedeutung dieses Ereignisses.

2. Evanston 1954: Streit um Israel

Sechs Jahre nach Amsterdam, auf der 2. Vollversammlung des ÖRK in Evanston, kam es zum Konflikt darüber, ob und wie die Kirchen von Israel sprechen. Die Vollversammlung stand unter dem Motto: »Christus – die Hoffnung der Welt«. Dies brachte zwei Akzentverschiebungen gegenüber Amsterdam. Zum einen eine christologische Konzentration: Christus – nicht: Gottes Heilsplan. K. Barth hatte schon in Amsterdam vorgeschlagen, 1. die Reihenfolge des Themas umzukehren, also von Gottes Heilsplan her die Weltordnung zu betrachten und 2. statt des Abstraktums »Gottes Heilsplan« lieber Jesus Christus zu sagen.[9] Und inzwischen hatte die Kommission

Faith and Order (1952 in Lund) entdeckt, es könne in der ökumenischen Bewegung nicht darum gehen, die einzelnen Lehrstreitigkeiten zwischen den Kirchen neu zu verhandeln, vielmehr müßten alle Kirchen sich Christus annähern und so auch einander. Damit bekam das »extra nos« Jesu Christi gegenüber den einzelnen Kirchen Vorrang vor dem »in nobis«, so daß die Vision einer ökumenischen Bewegung entstand, die ihr gemeinsames Zentrum außer sich hat. Schon diese Entscheidung, von E. Schlink als »kopernikanische Wende«[10] der ökumenischen Bewegung bezeichnet, hätte einschließen müssen, daß eine solche um ihre Mitte Jesus Christus sich sammelnde Ökumene zugleich auf ihre gemeinsame Wurzel Israel sich besinnt, wenn sie nicht Jesu Judesein als nebensächlich beiseite läßt. Das Volk Israel wäre Erinnerung an und Repräsentant des »extra nos« Jesu Christi.

Die andere Akzentverschiebung gegenüber Amsterdam war die Wiederentdeckung, jedenfalls eine stärkere Betonung der Eschatologie, der Zukunfts- und Hoffnungsdimension des Evangeliums, ein Sich-Ausstrecken nach der Zukunft des Gekommenen. Das war auch eine Reaktion auf den inzwischen zugespitzten kalten Krieg, die Atomkriegsgefahr, die Bedrängnis von Christen im Ostblock, besonders in China. Die Wiederentdeckung der Eschatologie war auch die Hoffnung von Bedrängten. Nicht zufällig war das Motto des Evangelischen Kirchentags in Leipzig kurz zuvor: »Fröhlich in Hoffnung«. Aber das schloß eine besitzkritische Sicht der Kirche ein, Kritik an einer Kirche, die sich vorzeitig zur Ruhe gesetzt hat, die sich nicht mehr entbehrend nach vorne ausstreckt, sondern selbstzufrieden und selbstgerecht genießt, was sie hat. Statt dessen die Vision einer Kirche als wanderndes Gottesvolk, als Pilgerfahrt in kritischer Solidarität mit den Hoffnungen und Hoffnungslosigkeiten anderer. Die Kombination dieser beiden Verschiebungen gegenüber Amsterdam ist deswegen bemerkenswert, weil sie zeigt, daß eine christologische Konzentration keineswegs das Blickfeld der Kirchen verengt, sondern – Hoffnung der Welt – gerade einer Verwechslung von Kirche und Reich Gottes wehrt. Die Kirche hat Jesus Christus nicht, er steht ihr wie der ganzen Welt gegenüber, nämlich: noch bevor.[11]

Speziell die Hinwendung zur Zukunft ist für das Thema »Kirche und Israel« aus zwei Gründen wichtig. Zum einen: Wenn es überhaupt in kirchlicher Tradition einen klassischen Ort für das Thema Israel gibt, dann ist es die Eschatologie. Das hängt mit der Wirkungsgeschichte der Kap 9-11 des Römerbriefs zusammen, die immer wieder Stoff und Grundmuster für Geschichtsphilosophie und -theologie, für das Konzept Heilsgeschichte bildeten – so daß eben im Zusammenhang der letzten Dinge auch immer wieder der Satz »ganz Israel wird gerettet werden« (Rm 11,26) zum Thema wurde und so Israel zum Indiz für und zur Erinnerung an noch Ausstehendes.

Zum anderen: Eine stärkere Betonung der Zukunft, des noch Ausstehenden, des Nicht-Habens, des noch nicht Geschehen, des Wartens und Eilens der Kirche würde ja auch die Möglichkeit eröffnen, sich nicht länger im Gegensatz zum beharrlich wartenden Israel zu definieren, vielleicht sogar: »mit dem jüdischen Nein zu Jesus Christus etwas Positives anzufangen«.[12]

Dennoch war im vorbereitenden Bericht zum Hauptthema, der in alle Welt verschickt wurde, zunächst von Israel keine Rede. Das veranlaßte verschiedene Einwände, u.a. vom theologischen Seminar K. Barths in Basel. Sein Textvorschlag schließt mit dem Satz: »Das Problem der Einheit der Kirche mit Israel ist das erste Problem der ökumenischen Einigung.«[13] Hier wird unterschieden zwischen der »Einheit« mit Israel und dem ökumenischen Prozeß einer »Einigung« von Kirchen. Damit wird den Kirchen der Ökumene zwar nicht auferlegt, mit Israel sich zu einigen, wohl aber bei ihrer »ökumenischen Einigung« ihre gemeinsame »Einheit« mit Israel als »Problem« zu bedenken. Ihr gemeinsam erstes Problem ist, daß diese Einheit zwar als Grund der Kirche geglaubt, faktisch aber ständig dementiert wird. Negativ wird also eine heidenchristliche Einigung unter gemeinsamem Vergessen Israels oder sogar eine antijüdische Einigung befürchtet. Positiv aber eine ökumenische Einigung im gemeinsamen Innewerden der Einheit mit Israel erhofft.[14]

Den Einwänden wurde, wenn auch in verwässerter Form, Rechnung getragen und dem Bericht folgender Passus zugefügt:

»Die Offenbarung der Treue Gottes gegenüber Seinen Verheißungen wurde uns in Seinem Verhalten zu Israel geschenkt. In seiner ganzen langen Geschichte lernte dieses Volk die mächtige Hand Gottes in Taten der Befreiung und des Gerichtes erkennen und die Hoffnung auf ein Reich hegen, in dem Gottes Wille geschehen werde. Diese unzerstörbare und lebenspendende Hoffnung ist es, die der ganzen Geschichte Israels ihre Einheit gibt und sie zur Geschichte einer einzigen Pilgerfahrt macht.«[15]

Die Geschichte Israels ist also zugleich Offenbarungsgeschichte Gottes und Lerngeschichte Israels. Dabei wird – und das mag politisch wie theologisch provoziert haben – nicht zwischen einer Geschichte Israels vor und nach Christus unterschieden, sondern ausdrücklich von Israels gelernter Hoffnung als Einheit seiner ganzen Geschichte gesprochen, die dann als »Pilgerfahrt« bezeichnet wird. Und diese Bezeichnung erinnert stark an das Bild von Kirche, das gerade in Evanston entworfen wird: wanderndes Gottesvolk, wartend und eilend. Damit werden Kirche und Israel nicht nur vergleichbar, sondern das real existierende Israel wird zum Paradigma einer anzustrebenden Gestalt von Kirche. Es ist jedenfalls auch das gegenwärtige, nicht nur das vergangene Israel, das der Kirche etwas zu sagen hat. Sie kann lernen von dem, was Israel gelernt hat.

Nach langer Debatte entschied die Vollversammlung mit 195 zu 150 Stimmen, diesen Abschnitt zu streichen. Daraufhin gaben 24 Delegierte eine eigene Erklärung über die »Hoffnung Israels« ab.[16] Sie betonen zunächst, ihr Anliegen sei »rein biblisch«, keine politische Stellungnahme zum Staat Israel, und versuchen so, den Einwänden und Befürchtungen besonders arabischer Christen zu begegnen. An Thema und Geist von Evanston anknüpfend wird sodann ein doppeltes Glaubensbekenntnis abgelegt: »Wir glauben, daß Jesus Christus der Heiland der *ganzen* Menschheit ist«, doch sofort hinzugefügt: »Wir glauben aber auch, daß Gott Israel erwählt hat, um seinen Heilsplan auszuführen.« Heiland der ganzen Menschheit ist Jesus Christus nur im Rahmen dieses Heilsplans, und dieser christliche Glaube der Erwählung Israels ist der Grund der Kirche: »Jesus Christus ist als Mensch ein Jude. Die Kirche Christi ist erbaut auf dem Grunde der Apostel und Propheten, die alle Juden waren.« Es ist der Grund der Kirche, der sie an Israel bindet: »Ein Glied der Kirche Christi zu sein, bedeutet daher, mit den Juden zusammengeschlossen zu sein in unserer einen unteilbaren Hoffnung auf Jesus Christus.« Mit dieser etwas unglücklichen Formulierung ist natürlich nicht gemeint, daß nichtchristliche Juden auf Jesus Christus hoffen, sondern daß es neben dem Grund der Kirche gerade die christliche Hoffnung – das Thema von Evanston – ist, die die Kirche an Israel bindet, mit den Juden zusammenschließt. Und die Betonung »eine unteilbare Hoffnung« deutet an: Eine Leugnung dieser Bindung wäre eine willkürliche, eine unmögliche Teilung der Hoffnung. Das wird noch unterstrichen durch den Satz: »Ob wir uns darüber ärgern oder nicht: Wir sind eingepfropft in den alten Baum Israel, so daß das Volk des neuen Bundes und des alten Bundes nicht voneinander loskommen.« Mag die Formulierung »nicht voneinander loskommen« unangemessen symmetrisch sein, wichtiger ist das Stichwort »ärgern«, denn das ist im neutestamentlichen Zusammenhang ein Schlüsselwort, eng mit der Kreuzigung verbunden: Hatte Jesus in seiner Antwort an Johannes den Täufer verheißen: »Selig, wer sich nicht an mir ärgert«, so hatte er vor seiner Verhaftung vorausgesagt: »In dieser Nacht werdet ihr alle euch an mir ärgern.« Vor allem aber hatte Paulus behauptet, das Wort vom Kreuz sei den Juden ein Ärgernis. Das wird hier umgedreht: Hier geht es um Nichtjuden, die sich an der spezifischen Israelbindung ihres Glaubens und ihrer Hoffnung ärgern. Allerdings hat diese »eine Hoffnung für Juden und Heiden in Jesus Christus« für die Verfasser einen sehr bestimmten Inhalt: »Unsere Hoffnung auf den kommenden Sieg Christi schließt in Christus unsere Hoffnung für Israel und den Sieg über die Blindheit seines eigenen Volkes ein.« Dieser »Sieg« über die von den Verfassern vorausgesetzte »Blindheit« meint Bekehrung: »Jesus Christus erwarten, heißt die Bekehrung des jüdischen Volkes erwarten«, doch hat diese Zukunftshoffnung für die Gegenwart die Auswirkung: »Und Ihn lieben, heißt das Volk der Verheißung Gottes lieben.« Der sehr bestimmte Inhalt dieser christlichen Hoffnung – Bekehrung Israels – hat also nicht eigene Bekehrungsversuche zur Konsequenz, sondern eine enge, eine Liebesbeziehung der

Christen zu den Juden. Zwar zitieren die Verfasser dieses Votums das amerikanische Komitee über die christliche Annäherung an die Juden, also eine judenmissionarische Gruppe mit dem Satz: »Die Kirche kann nicht ruhig sein, bis das Königtum Christi auch von Seinem Volk nach dem Fleisch anerkannt ist«, doch geht es ihnen nicht um Judenmission, sondern eben darum, daß die Kirche nicht ruhig sein kann – und so um das Gesamtthema von Evanston: Der Unruheherd der in Evanston angestrebten Unruhe der Kirche ist das nichtchristliche Israel. Nachdem die Verfasser so die drei grundlegenden Praxisformen christlicher Existenz – Glaube, Liebe, Hoffnung – als Bindungen an Israel verstanden haben, ist es nur logisch, daß sie den hier aufgebrochenen Streit als für die Ökumene entscheidende Frage – K. Barth: »das erste Problem der ökumenischen Einigung« – betrachten: »Wir können weder in Christus eins sein, noch können wir die Verheißung Gottes glauben und verkündigen, wenn wir sie nicht auch über dem Volke der Verheißung, die Abraham gegeben wurde, in Kraft sein lassen.«

Die Vollversammlung beschloß, diese Erklärung allen im Ökumenischen Rat vereinigten Kirchen zuzuleiten.

Visser't Hooft kommentiert den Streit: »Was steckte hinter alledem? Während der entscheidenden Abstimmung, als ich vom Podium aus beobachtete, wie die nationalen Delegationen stimmten, sagte ich mir: Hier geht Hitlers Geist um. Nicht etwa, daß irgendeiner vom hitlerischen Antisemitismus angesteckt gewesen wäre. Es hing ganz anders zusammen. Ich konnte sehen, daß die Kirchenmänner aus Ländern, die kürzere oder längere Zeit unter nationalsozialistischer Herrschaft gestanden hatten, praktisch alle überzeugt waren, Israel habe nicht nur in der bisherigen, sondern auch in der künftigen Heilsgeschichte einen zentralen Platz. Wer den satanischen Haß gegen die Juden erlebt hatte, für den gab die paulinische Deutung des Schicksals Israels im neunten, zehnten und elften Kapitel des Römerbriefes einen tiefen Sinn. Die anderen, die das schreckliche Drama der Ausrottung der Juden in Europa nicht aus eigener Anschauung kannten, teilten diese Auffassung nicht. Für sie blieb jede Aussonderung der Juden, jede Zuweisung eines besonderen geschichtlichen Platzes trotz bester Absicht immer eine Art Diskriminierung. Zusammen mit der kleinen Zahl nahöstlicher Christen, die politische Mißverständnisse befürchteten, bildeten sie die Mehrheit.

Das Abstimmungsergebnis provozierte einige Gefühlsausbrüche, aber in Wahrheit bestand für Selbstgerechtigkeit keinerlei Anlaß. Die Unterlegenen mußten zugeben, daß vor Hitler praktisch alle, Karl Barth nicht ausgenommen, Paulus in diesem Punkt nicht historisch, sondern mehr oder weniger allegorisch interpretiert hatten. Und die Mehrheit mußte einsehen, daß die Minderheit keineswegs beabsichtigte, die Juden zu diskriminieren, sondern von Scham darüber bewegt war, daß die Kirchen die volle Bedeutung der Judenfrage nicht rechtzeitig begriffen hatten. Aber der Klärungsprozeß würde Zeit brauchen.«[17] Das ist die Sprache des Diplomaten, aber er hat mit der Frage, ob von Israel historisch oder allegorisch bzw. materiell oder spiritualisiert gesprochen wird, einen entscheidenden Punkt benannt.

3. Bossey 1956: Christen entdecken sich als Völker

Der ÖRK hat den Konflikt, der in Evanston aufbrach, nicht auf sich beruhen lassen können und wollen. Der Zentralausschuß bat den gemeinsamen Ausschuß von Weltkirchenrat und Internationalem Missionsrat (damals noch getrennte Organisationen), eine Konsultation über »Christian convictions and attitudes in relation to the Jewish People« in Zusammenarbeit mit dem Committee on the Christian Approach to the Jews des IMR zu veranstalten. Diese Konsultation fand 1956 in Bossey statt und legte 1957 ihren Bericht dem Exekutivausschuß vor.[18]

Es entspricht dem christozentrischen Universalismus von Evanston, daß in einem ersten Abschnitt – »Die Souveränität Christi« – nicht Juden und Christen einander gegenübergestellt werden, sondern Christus der ganzen Welt, der ganzen Menschheit, und die wird, biblisch, als Juden und Heiden verstanden. Die Souveränität Christi wird entfaltet (a) in der Spannung zwischen schon angetretener Herrschaft und deren noch ausstehender Anerkennung durch Nationen und Völker, (b) als allen Menschen, Juden und Heiden, kundgetane und angebotene Gnade Gottes, (c) als Bußruf und (d) – dem Thema und dem Konflikt von Evanston entsprechend am ausführlichsten – als Verheißung. Die Verheißung der Königsherrschaft Christi wird sofort abgegrenzt gegen »die Erfüllung unserer eigenen menschlichen Hoffnungen, Wünsche oder ehrgeizigen Pläne, seien sie persönlicher oder nationaler Art«.[19] Die auffällige Formulierung »persönlicher oder nationaler Art« deutet bereits an, was im Verlauf des Berichts noch deutlicher wird und der in Evanston eröffneten universalen Weite sich verdankt: Im Gegenüber zu Israel, dem jüdischen Volk, entdecken sich die Völker als Völker – und die Christen unter ihnen werden, bevor sie überhaupt Israel als Anfrage an ihren Glauben wahrnehmen, mit dem Problem ihrer Verflochtenheit in Kollektive, ihres Verhältnisses zu den eigenen Nationen und Nationalismen konfrontiert.

Einerseits kann »die in Christus erfüllte Hoffnung ... unsere eigenen unmittelbaren Hoffnungen umstürzen«, andererseits können »Selbstsucht und Sünde des Menschen uns oft blind machen für das wahre Wesen unserer in Christus begründeten Hoffnung. Wegen unserer Blindheit können wir nicht erkennen, wie unsere Hoffnung erfüllt werden wird«.[20]

Christen entdecken ihre Blindheit – die Beschäftigung mit dem Thema Israel führt Christen dazu, sich nicht länger als Besitzende und Wissende gegen die Blindheit der Juden abgrenzen zu können.

Erst im zweiten Abschnitt – »Das Heil kommt von den Juden‹ (Joh 4,22)«[21], der einzige Teil mit einem biblischen Motto – geht es um das Verhältnis der Christen zu den Juden. Zunächst wird (a) die Relevanz des Alten Testaments für Anbetung, Gebet und Studien der Christen betont und ihm (b) inhaltlich »eine einzigartige Rolle« der Juden »als Träger Seiner Offenbarung«[22] entnommen: Ihre Geschichte bezeugt das Nicht-Scheitern von Gottes Verheißung. Für das Verhältnis der Christen zu den Juden folgt daraus (c), daß die Christen dem jüdischen Volk in besonderer Schuld verpflichtet sind, von ihm noch jetzt viel zu lernen haben, ihm noch jetzt mit Paulus (Rm 9,4f.) bezeugen: Sie sind Israeliten usw.

Das Heil, das von den Juden kommt, wird also inhaltlich verstanden als Offenbarung, nämlich a) in den Schriften des AT, b) in der in ihnen bezeugten, selbst bezeugenden Geschichte Israels und c) in einem gegenwärtigen Lernverhältnis der Christen gegenüber den Juden als Träger der Offenbarung: Die christliche Ökumene sieht sich hier als Lerngemeinschaft gegenüber Israel.

Nachdem in diesem zweiten Abschnitt ein besonderes Verhältnis der Christen zu den Juden von der Vergangenheit her begründet und so auch für die Gegenwart postuliert wird, geht es im dritten um die Zukunft und damit um das Thema von Evanston: »Das jüdische Volk im Verhältnis zur christlichen Hoffnung.«[23]

Darin wird (a) unter Berufung auf Rm 9-11 ein Zusammenhang gesehen zwischen der Wiederkunft Christi und der »Bekehrung«[24] Israels, Israels Existenz also als Erinnerung daran betrachtet, daß Christen Entscheidendes erst noch erhoffen. Sodann werden (b) aus Lk 2,32, Christus sei »ein Licht zu erleuchten die Heiden und zum Preis Deines Volkes Israel«, zwei Schlüsse gezogen. Zum einen, daß »sein eigenes Licht in der Welt nicht voll sichtbar sein und seine Kirche unvollständig sein wird, bis in der Vorsehung Gottes die Fülle des jüdischen Volkes hereingebracht ist«.[25] Die Abwesenheit Israels wird also als Mangel empfunden, als Erinnerung der Kirche an ihre Unvollständigkeit. Zum anderen haben zwar auch andere Kulturen zum Leben und Denken der Kirche beigetragen, die Kirche müsse aber »volles Gewicht geben dem grundlegenden jüdischen Glauben an den lebendigen Gott, der der Herr der Geschichte ist und über jeden Einzelnen und jedes Volk in der Geschichte«.[26] Kirche ist nicht Kirche ohne jüdischen Universalismus, ohne Teilnahme an Israels Mission unter den Völkern. Auch sie kann nicht Licht der Völker sein, ohne Israel zu verherrlichen.

Es folgen drei Abschnitte, in denen vor Berechnungen und Spekulationen hinsichtlich Zeitpunkt und Art des zweiten Kommens Christi gewarnt wird. Dabei wird (d) ein Vergleich gezogen zur Situation bei seinem ersten Kommen. Damals habe das jüdische Volk bestimmte, wenn auch verschiedene, messianische Hoffnungen gehabt, »und vor allem weil diese Hoffnungen unangemessen oder falsch waren, ›kam er in sein Eigentum und die Eigenen nahmen ihn nicht auf‹ (Joh 1,11)«.[27] Dies wird als Warnung verstanden, »daß wir nicht noch einmal blind gemacht werden durch unsere eigenen Definitionen und so unvorbereitet sind, wenn er kommt, um sein Eigenes zu beanspruchen«.[28] Wieder fällt das Stichwort »blind«. Zwar wird hier eine sehr traditionelle christlich-antijüdische Deutung des jüdischen Nein vorgetragen, aber nicht in Abgrenzung christlicher Sehkraft gegen jüdische Blindheit, sondern im Gegenteil: Die Christen identifizieren sich so sehr mit dieser damaligen Ablehnung, daß sie geradezu davor warnen, »noch einmal« blind zu sein. Wiederum ist nicht eine Gegenüberstellung der Christen zu den Juden das Thema, sondern vielmehr Jesus Christus, der – nicht etwa Juden und Christen, sondern – Juden und Heiden souverän gegenüber-(und bevor)steht. Schließlich wird (f) der Inhalt christlicher Hoffnung so zusammengefaßt: Die »Erfüllung seines Reiches und seiner Herrschaft in Herrlichkeit zu seinen, nicht zu unseren Bedingungen. Eines aber verkünden wir mit absoluter Sicherheit. Christus wird kommen. Christus wird regieren. Gott hat ihm alles übergeben. Seine Liebe umfaßt Juden und Heiden. Seine Kirche muß Juden und Heiden umfassen. Die Fülle der Juden wie der Heiden wird eingesammelt werden. Mit einer Freude und einem Sieg und einer Macht, die wir bis jetzt noch nicht sehen können, wird Christus die Welt für sein Reich beanspruchen«.[29] Wieder können auch Christen Entscheidendes noch nicht sehen. Wieder wird Christus der Welt, der ganzen Menschheit aus Juden und Heiden, gegenübergestellt, und die Kirche muß darum Juden und Heiden umfassen, um pars pro toto diese ganze Menschheit als Gegenstand der Liebe Christi zu repräsentieren. Der Bezug der Existenz des jüdischen Volkes zur christlichen Hoffnung besteht also zusammengefaßt darin, daß den Christen der Unterschied zwischen Christen und Nichtchristen relativiert wird zugunsten des wichtigeren Unterschieds zwischen Juden und Heiden: Die Heidenchristen entdecken sich als Heiden. Nicht eine christliche Welt haben Christen zu erwarten, zu erhoffen, sondern das Regieren des Christus.

Nachdem nun zunächst (1) die Souveränität Christi im Gegenüber zu Juden und Heiden betont, (2) die Rolle der Juden als Empfänger und Träger von Gottes Offenbarung in Vergangenheit und Gegenwart gewürdigt und (3) dem Bezug des jüdischen Volkes zur christlichen Hoffnung nachgegangen wurde, geht es in einem vierten Abschnitt um »die fortdauernde Existenz des jüdischen Volkes seit der Ankunft Christi«.[30] Sie wird zunächst (a) als historische Tatsache konstatiert, doch wird sofort hinzugefügt: »Und als Christen erkennen wir, daß Gott in dieser Tatsache seiner Kirche eine Botschaft geben will.«[31] Hier wird das Lernverhältnis der Christen zu den Juden als Träger von Offenbarung praktisch angewandt: Schon die bloße Existenz Israels »durch Jahrhunderte von Verfolgung und Leiden« enthält eine Botschaft Gottes an seine Kirche. Worin besteht sie?

Zunächst in der Einsicht in ihr eigenes Versagen: Sie habe nicht »die Liebe und Macht Christi dem Volk demonstriert, aus dem er kam«, habe im Gegenteil »der Welt ein Zerrbild des Juden präsentiert, und das war und ist ein Hauptfaktor im Antisemitismus«.[32]

Sodann (c) anerkennen die Verfasser, »daß das jüdische Volk oft Wahrheiten der Offenbarung Gottes durch das Alte Testament bewahrt hat, denen gegenüber Christen oft blind waren«. Das Judentum habe »insbesondere eine bleibende Botschaft für die Kirche in seiner Betonung der Offenbarung durch Gesetz und Propheten, daß Gott Herr ist über jeden Lebensbereich, materiell wie geistlich«.[33] Zum dritten Mal entdecken die Christen im Gegenüber zu Israel ihre Blindheit. Offenbar haben Christen Gott nicht Herr sein lassen über jeden Lebensbereich, insbesondere nicht den materiellen. Wiederum wird hier beim Stichwort »blind« ein traditioneller Antijudaismus kirchenkritisch gewendet: Traditionell nämlich wird von Christen – einem gewagten Midrasch des Paulus folgend – den Juden unterstellt, daß eine Decke auf ihren Herzen liegt, wenn Mose gelesen wird. Hier nun stellt sich heraus, daß es die Kirche ist, über deren Herzen und Augen eine Decke liegt, wenn sie Mose und die Propheten liest.

Über die »Anerkennung der Botschaft und des Beitrags des Judentums« hinaus wird dann (d) gefragt, ob nicht »die jahrhundertelange Bewahrung der Juden sowohl als ethnische wie als religiöse Gruppe (vor kurzem teilweise, aber drastisch geändert durch die Gründung des Staates Israel, mit welcher Zukunft können wir noch nicht sagen) von Gott dazu beabsichtigt ist, uns und ihnen neue Lehren bezüglich der Probleme von Rasse und Nationalität zu geben, die die Welt, in der wir leben, so schwer quälen«.[34] Worin diese Lehre bestehen könnte, wird etwas deutlicher, wenn in den folgenden Abschnitten nun doch auf die neue Situation eingegangen wird: »Unsere Unsicherheit über den Ausgang des jüdischen Nationalismus spiegelt unseren Mißerfolg auf der ganzen Welt wider, die Frage des Nationalismus zu lösen. Wir können kein volles Ja zu den Kräften des Nationalismus sagen, denn das würde bedeuten, die Kräfte von zusammengefaßter Selbstsucht und Feindschaft, die so viel Leiden verursachen, gutzuheißen. Andererseits kann man nicht ein volles Nein sagen, da die Kirche nicht einen vagen Kosmopolitismus bejaht; bei der Vision von dem neuen Jerusalem steht geschrieben: ›Kostbarkeit und Herrlichkeit der Völker bringt man dorthin‹ (Offb 21,26), und dies bedingt, daß von verschiedenen Völkern jedes seine eigenen besonderen Schätze und sein Erbe zu bringen hat. Die Antwort liegt zwischen einem Ja und Nein, und der jüdische Nationalismus vereinigt in einem Brennpunkt in extremer Form ein Problem, welches alle Völker angeht.«[35]

Der Versuch, sich angesichts der Gründung des Staates Israel über den »jüdischen Nationalismus«, die zionistische Bewegung klar zu werden, führt sofort zu Rückfragen an die Kirchen und ihr Verhältnis zu den Nationalismen der Völker und führt so in ein ökumenisches Dilemma: Kein volles Ja – schließlich stand das Entsetzen über die »Kräfte korporativer Selbstsucht und Gegensätzlichkeit und all das Leiden, das sie verursachten«, also insbesondere die beiden Weltkriege, am Anfang der ökumenischen Bewegung dieses Jahrhunderts. Kein volles Nein – schließlich nimmt die Ökumene teil an den weltweiten antikolonialen Befreiungskämpfen, die meist von irgendeiner Form von Nationaler Befreiungsfront geführt werden, in denen die Christen, schon um zu zeigen, daß ihr Christentum nicht Kolonialherrenideologie ist, keinem »vagen Kosmopolitismus« anhängen wollen.

Interessant ist aber nun nicht nur die Tatsache, daß es die Beschäftigung mit Israel ist, die die Verfasser in dies Dilemma führt, sondern vor allem die biblische Begründung, die gegen ein klares Nein, für eine Antwort zwischen Ja und Nein spricht. Theologischen Sinn bekommen Nationen hier nicht durch Rückgriff auf angebliche Schöpfungsordnungen, sondern – sozusagen im Gegenteil – eschatologisch. Die besonderen Schätze, das Erbe der Nationen ist dazu da, nach Jerusalem gebracht zu werden, dort aufgehoben zu sein. Die von Evanston her stark eschatologische Betonung führt also zu einer israelzentrierten Relativierung (im wörtlichen Sinn: In-Beziehung-Setzen) der Nationalismen der Völker. Ich halte dies für einen Höhepunkt nicht nur ökumenischer Israelerkenntnis, sondern ökumenischer Selbsterkenntnis im Gegenüber zu Israel.

Auch im fünften Abschnitt – »Juden und Heiden in der Kirche« – geht es um das Verhältnis der Christen zu ihren Nationen. Zwar wird zunächst (a) in Anlehnung an Gal 3,28 eine innerkirchliche Bevorzugung oder Benachteiligung von Juden, die Christen wurden, oder Heiden, die Christen wurden, abgelehnt, aber (b) sofort hinzugefügt, dies hieße nicht, alle Unterschiede in Hintergrund und Kultur seien verloren oder aufgelöst, frühere Loyalitäten abgeschafft: »So wie wir anerkennen, daß britische oder deutsche oder amerikanische oder chinesische Christen besondere Verantwortlichkeiten und Loyalitäten haben, so müssen wir auch anerkennen, daß dies für die meisten jüdischen Konvertiten gilt.«[36] Und so wird im folgenden Wert darauf gelegt, daß Juden, die Christen werden, keineswegs aufhören, Juden zu sein, zum Volk Israel zu gehören. Zwar werden hier »besondere Verantwortlichkeiten und Loyalitäten dem eigenen Volk gegenüber« bei britischen, deutschen, amerikanischen und chinesischen Christen als bekannt vorausgesetzt und darum und daraufhin auch jüdischen Christen Israel gegenüber eingeräumt, diese Loyalitäten also nicht im Blick auf Israel relativiert, aber auch in dieser Form wird Israel auch in diesem Abschnitt vor allem als Frage an die Kirchen nach ihrem Verhältnis zu den eigenen Völkern und ihren Nationalismen verstanden.

Der Exekutivausschuß hat diesen Bericht zwar entgegengenommen und zur Weiterarbeit veröffentlicht, aber nicht übernommen, weil er ihn nicht für ausgewogen, bzw. die Teilnehmer für nicht repräsentativ genug hielt.

4. Niederlande 1959: Beziehung zu Israel – eine nota ecclesiae

1959 hat die Niederländische Reformierte Kirche eine Studie über »Israel und die Kirche« veröffentlicht.³⁷ Schon vor dem Zweiten Weltkrieg hatte in den Niederlanden die Arbeit an diesem Thema begonnen, vor allem durch K. H. Miskotte, auch K. Kroon, A. J. Rasker, A. van Ruler, es war aber während der deutschen Besatzung noch dringlicher geworden.³⁸

So hat die NRK 1951 in ihrer Kirchenordnung bei ihrer Aufgabenbestimmung zwischen ihrer Sendung zu nichtchristlichen Völkern, dem Gespräch mit Israel und der Christianisierung des eigenen Volkes unterschieden und mit dieser Dreiteilung deutlich gemacht, daß sie ihre Beziehung zu den Juden nicht länger unter dem Missionsauftrag subsumiert.³⁹ Und sie hatte schon 1945 in ihrer Antwort auf das Stuttgarter Schuldbekenntnis die EKD leise darauf hingewiesen, daß in ihm das wichtigste Thema – der Mord an Gottes Volk Israel – nicht genannt wird.⁴⁰

Die Studie von 1959 beginnt mit den programmatischen Sätzen: »Die Kirche auf der ganzen Welt liest in ihrer Bibel von Gottes Handeln mit Israel in früher Zeit, die Jahrhunderte hindurch, bis zu dem Kommen Christi. Wir sind überzeugt, dass sie aus derselben Bibel lesen kann, wie Gott auch heute noch mit Israel handelt und es auch in Zukunft tun wird.«⁴¹ Der Ansatz dieser Studie ist also, vor allem von biblischen Einsichten auszugehen, und ihr Anspruch ist ökumenisch, zielt auf »die Kirche auf der ganzen Welt«. Zwar räumen die Verfasser sogleich ein, daß es die Schoah und die Gründung des Staates Israel waren, »die der Kirche für die besondere Berufung des jüdischen Volkes die Augen weiter geöffnet haben«, tun das aber »mit Beschämung« darüber, »dass es nicht in erster Linie die Heilige Schrift selbst war, die sie sehend gemacht hat für die Bedeutung, die Israel in Gottes Heilsplan auch für die Gegenwart und für die Zukunft hat«.⁴² In einem ersten Teil wird darum auch nach biblischer Orientierung über »Gottes Verhältnis zu seinem Volk« gesucht, und zwar entlang der Schlüsselworte »Einheit Gottes« als Bedingung der Möglichkeit und Verheißung für die Einung seines Volkes (und letztlich der Menschheit), »Bund«, »Universalismus« und »Erwählung«. Dabei legt die Studie großen Wert darauf, die enge Beziehung, die Liebesgemeinschaft zwischen Gott und Israel zu betonen, andererseits aber auch darauf, daß in dieser besonderen Beziehung auch die anderen Völker mit gemeint sind. Und ebenfalls hervorgehoben wird die völlige Weltlichkeit, Weltgeschichtlichkeit des biblisch bezeugten Geschehens – gegen jede Aufteilung zwischen Leib und Geist nicht nur, auch gegen jede Abtrennung eines aparten religiösen Bereichs im Gegenüber zu Krieg und Politik, Ehe und Wirtschaft usw. In diesem Zusammenhang kommt es auch zu neuen Einsichten in der Christologie: »Daher wurde auch Christus als König der Juden, als Rebell gegen die (offenbar israel- und gottfeindliche, M.L.) Weltpolitik verurteilt und ans Kreuz gebracht: Israel und sein Messias gehören zur gewöhnlichen Geschichte der Menschheit, denn in dieser gewöhnlichen Geschichte lässt Gott die ewige Geschichte seines Reiches zur Erfüllung kommen.«[43] Nicht an seinem Volk also stirbt Jesus, auch nicht sogleich für die (eher schon: an den) Sünden der Welt, sondern zunächst einmal als Repräsentant (König, Messias) seines Volkes, im Kontext von Gottes mit der Erwählung Israels begonnener oppositioneller (Rebell) Einmischung in die »Weltpolitik«.[44] Und aus diesen christologischen Einsichten wird für die Ekklesiologie sogleich gefolgert: »Damit wir das wissen und beherzigen, hat Gott der Herr das Volk Israel immer neben uns und mitten unter uns leben lassen; was unsere Augen hier im Fleisch sehen, ist uns ein Zeugnis dessen, das nicht sichtbar ist. Wir sollen nämlich stets daran denken, wieviel Gott dem Herrn am Fleisch gelegen ist.« Damit bekommt nicht nur Israel selbst christologische Struktur (in der Sichtbarkeit eines gewöhnlichen Volkes »mitten unter uns« verhüllt / offenbart sich das Handeln Gottes), sondern vor allem wird hier eine erste Antwort auf die Frage nach Sinn und Funktion des Nebeneinanders von Kirche und Israel gegeben: Israel neben der Kirche ist eine ständige Erinnerung an den Materialismus Gottes.

Bei einem solchen Gang durch die Bibel, so hieß es schon in der Einleitung, »stösst man dann von selbst auf die Schwierigkeit, dass in der Bibel nicht nur Israel, sondern auch die Kirche als Volk Gottes betrachtet wird«[45], und es kennzeichnet das bibeltheologische Vorgehen der Studie, daß so herum formuliert wird: Für aufmerksame Bibelleser besteht die »Schwierigkeit« nicht darin, daß es neben der Kirche auch noch Israel gibt, sondern umgekehrt. Der Frage nach dem »Verhältnis dieser beiden ›Völker‹ angesichts des Bundes Gottes«[46] widmet sich der zweite Teil der Studie. Zunächst wird hier die traditionelle christliche Gegenüberstellung von altem und neuem Bund abgewiesen, als sei ein gescheiterter alter Bund durch einen neuen ersetzt und abgelöst worden und als habe entsprechend ein neues Bundesvolk ein verworfenes altes abgelöst und ersetzt. Dazu wird auf Jer 31 verwiesen, Ursprung der Rede vom neuen Bund. Dort sei weder von einem neuen Bundespartner die Rede – es bleibt bei Israel und Juda – noch von einem neuen Bundesinhalt: »Der alte und der neue Bund besitzen dieselbe Thora, dieselbe heilige Weisung«. Die Rede vom neuen Bund meint also die Erneuerung des alten. Und aus diesem Fortbestehen der Tora wird für die Kirche gefolgert: »Wer aus dem neuen Bund leben will, kann also die Thora nicht vernachlässigen. Im Gegenteil, die kirchliche Predigt muss gerade diese Weisung Gottes in die Herzen legen, damit die Frage, wie wir auf seinen Wegen wandeln sollen, in unserem Leben den beherrschenden Platz einnehme.«[47] Im Sinne einer Erneuerung sieht die Studie in Jesus Christus einen neuen Bund: nämlich die Vergebung der Sünden. Sie hat Solidarität bewirkt zwischen Israel und den Völkern: Beide »müssen sich total solidarisch in der Schuld bekennen, und sie finden ihr Heil dann auch in einer totalen Solidarität in der Gnade«.[48] Allerdings klingt es gelegentlich so, als habe zwar nicht die Kirche, aber Jesus Christus das Volk Israel als Bundespartner Gottes abgelöst: »Die Schwäche des alten Bundes lag in dem Ungehorsam des Volkes Israel, die Kraft des neuen liegt in der Gerechtigkeit, der Untadeligkeit des neuen Bundespartners, Jesus Christus, der *der* Israel genannt werden kann.«[49] Doch ist er neuer Bundespartner nicht als beseitigender Ersatz seines Volkes, sondern als sein Repräsentant – »der Israel«. »Die universale Aufgabe, der Welt das messianische Heil zu verkündigen ... bleibt bei diesem Volk.«[50] Und so kann dann auch, so erst muß eigentlich nach dem »gegenseitige(n) Verhältnis des ›alten‹ und des ›neuen‹ Bundesvolkes«[51] gefragt werden. Hier wird zunächst das »Fortbestehen Israels« als »bleibende Erwählung« interpretiert. Die »Christen aus den Heiden« werden mit Proselyten verglichen: »Als Hinzukommende« haben sie »den heidnischen Glauben ihrer Väter verleugnet und sind übergegangen zum Dienst des Gottes Israels und haben so den Gott Jakobs, also den Gott eines anderen, zu ihrer Hilfe gewählt«.[52] Gojisch-christliche Existenz ist demnach exzentrisch, hat ihren zentralen Bezugspunkt bei »einem anderen«, in Jakob/Israel: »Sie werden Mitbürger, mit-erbaut, Miterben, mit-eingeleibt, Mitgenossen.«[53] Hier wird das Verhältnis zu Israel – in Erweiterung eines gerade protestantisch sehr eng gehaltenen Katalogs – zur nota ecclesiae erklärt: »Es ist ja doch ein Wesensmerkmal der Kirche, dass sie der Ort ist, wo die Versöhnung sich vollzieht, wo in Christus die Einheit zwischen Israel und den Völkern auf dem Plan ist. Fehlt dieses Merkmal – mit anderen Worten: gibt es eine Kirche, in der die Einheit mit Israel, die von Christus zustande gebracht ist, nicht ans Licht tritt, indem es an Liebe zu diesem Volk fehlt –, so ist sie nicht in vollem Sinne des Wortes Kirche.«[54] Und das bedeutet für unser Thema, da ja »unser Verhältnis zu Israel in ökumenischem Licht das erste Schisma« war, »dass eine ökumenische Bewegung sich von ihrem eigenen Ursprung abschneidet, wenn sie sich nicht mit dem Verhältnis zu diesem Volk beschäftigt. Denn ohne Israel kann die Kirche ihren ökumenischen Charakter nicht in vollem Masse erleben«.[55] Doch der eigentliche Grund für die exzentrische Existenz der Christen, der Ökumene ist Jesus Christus selbst, denn »Christus und Israel sind eins«[56] – sie waren es, als er kam, um sein Volk zu befreien von seinen Sünden, sie sind es vor allem in ihren Leidensgeschichten und werden es auch bei seiner Wiederkunft sein, wenn »das Lied des Mose und des Lamms« (Apk 15,3) gesungen wird. Im Verhältnis zwischen Israel und der Kirche steht also Christus zusammen mit seinem Volk seiner Kirche gegenüber und entgegen.

In einem dritten Teil geht es um »Kirche und Israel in der Geschichte«.[57] Hier wird einerseits die wachsende Entfremdung der Kirche von den Juden, ihr wachsender Haß gegen sie als »Prozeß der Spiritualisierung«[58] beschrieben, andererseits aber in unserem Jahrhundert eine »Wendung im theologischen Denken«[59] ausgemacht. Zu ihr gehöre eine Wiederentdeckung der Einheit zwischen Altem und Neuem Testament, also vor allem eine Wiederentdeckung des Alten Testaments. Dies bedeute auch eine Entdeckung des hebräischen Denkens, das als geschichtlich-dynamisch und eschatologisch charakterisiert wird, eine Wiederentdeckung des biblischen Realismus, Materialismus – nach Jahrhunderten der Spiritualisierung, Typologie und Allegorie. Das befreite zur Wahrnehmung des konkreten, realen statt eines »geistlichen« Israel.

Im vierten Teil – »Israel heute«[60] – wird die Kirche von Israel her in den Blick genommen. Die Kirche versucht, sich selbst mit den Augen Israels zu sehen. Sie fragt, was Juden »doch von einem messianischen Volk gewiss erwarten müssten«[61], und entdeckt so ihre Defizite: Mangel an Freude, aber auch Leidensscheu. Die Kirche strebt »nach einem bequemen Platz in der Gesellschaft«.[62] Konservativ in sozialen Fragen hat sie »die Botschaft von Glauben und Geduld in eine unbiblische Ergebung in Ausbeutung und rohe Bedrückung«[63] umgebogen, sich »einseitig auf das Jenseits und auf das individuelle Zeugnis von der zukünftigen Seligkeit der Seelen eingestellt«.[64] Außerdem: Mangel an Einheit – bereits im bibeltheologischen ersten Teil der Studie war die Bedeutung von Einheit, Einung im jüdischen Selbstverständnis betont worden. Der Kirche fehlt nicht nur die Einheit, sondern »sogar der Schmerz über ihre Uneinigkeit«[65], aber: »Ökumenische Einheit ist für die Begegnung der Kirche mit Israel die Frage von Sein oder Nichtsein.«[66] Schließlich: die Sprache der Kirche. »Als sich die Kirche des Westens in den ersten Jahrhunderten mit Nachdruck von Israel und auch von den jüdischen Christen im Mutterlande Palästina gelöst hatte, war sie ohne Schutz gegen die heidnischen Einflüsse von Weltkultur und Philosophie.«[67] An ihrer unbiblischen Sprache wird besonders erkennbar, was auch für die übrigen Punkte gilt, »dass die Kirche des Westens sich nicht ungestraft von Israel und von den jüdischen Christen hat distanzieren können.«[68] Mag dieser Blick von Israel her auf die Kirche auch von der Sorge motiviert sein, daß die Kirche keineswegs Israel eifersüchtig macht, vielmehr ein einziges Hindernis für mögliche jüdische Jesuserkenntnis ist, wichtiger scheint mir, daß hier überhaupt Israels Kriterien – was Juden »doch von einem messianischen Volk gewiss erwarten müssten« – zum Kriterium einer Selbstbeurteilung der Kirche werden, ihrer Unterscheidung von wahrer und falscher Kirche. Die Kirche ist auf Israel neben sich angewiesen, kann es nicht »ungestraft« ignorieren.

Nach diesem – imaginierten – Blick von Israel aus auf die Kirche folgt umgekehrt die Sicht der Kirche auf »Israel heute«, und zwar speziell auf den Staat Israel. Er ist den Verfassern der Studie in dreifacher Hinsicht ein Zeichen. Zunächst: »ein Zeichen unserer Ohnmacht ... Als dieses Volk in seiner nackten Existenz bedroht wurde, hätten wir für es eintreten und unser Leben für es einsetzen müssen«. Der Staat Israel – »eine beschämende Predigt«.[69] Zum anderen, in einer später durch den rheinischen Synodalbeschluß berühmt gewordenen Formel: »ein Zeichen von Gottes Treue«.[70] Doch anders als bei den Rheinländern wird hier auch bei diesem Zeichen – als Zeichen an die Christen – sein beschämender, aufdeckender, entlarvender Charakter betont: ein signum elenchticum. Daß »die Völker Israel keinen Platz gegönnt haben«, zeigt, daß sie »in ihren Übermensch-Theorien«[71] von Gott, von seiner Gnade und von sich als Sündern nichts wissen wollen. Demgegenüber hält Gottes Treue gerade an Israel als einer schwachen Minderheit fest. In seinem aufdeckenden Charakter hat dieses Zeichen zugleich christologische Struktur – das heidnische Übermenschentum im Spiegel von Gottes Treue zu den Schwachen, denen die Völker keinen Platz gönnen.[72] Dieser implizite Vergleich zwischen dem Staat Israel und Jesus Christus wird durch den Hinweis unterstrichen: »Für das Bewusstsein vieler Israelis ist der Staat Israel eine Bestätigung dessen, was dieses Volk immer gewusst hat oder hätte wissen müssen: dass Gott *durch* die Nacht zum Tage und *durch* den Tod zum Leben führt.«[73]

Anders verhält es sich mit dem dritten Zeichen – man kann sogar mit Fug fragen, ob es sich überhaupt um ein an Christen gerichtetes Zeichen handelt, oder ob hier die Christen sich die Köpfe der Juden zerbrechen. Das dritte Zeichen ist der Staat Israel darin, »dass das Volk von Gott her auf *einen neuen Weg* gesetzt wird, auf dem Gott ihm eine neue Gelegenheit schenkt, seine Erwählung zu erfüllen«.[74] Und worin diese Erfüllung bestände, davon hat die Studie sehr bestimmte Vorstellungen: Israel hat es »vor allen Dingen nötig, seinen Messias zu finden«, es ist nämlich »in seinem neuen Staat von der Versuchung bedroht, seine Erwählung abzuwerfen und in diesem erneuerten nationalen Leben jedem beliebigen anderen Volk gleich zu werden. Dieser Gefahr kann es nur dann entgehen, wenn es zu dem Bekenntnis Jesu von Nazareth als des Messias durchstösst.«[75] Man wird die Verfasser dieser Studie darauf hinweisen müssen, daß der Staat Israel von größeren Gefahren bedroht war und ist (im Jahre 1959, als die Studie erschien, bestimmt) als der, ein Volk wie alle anderen zu werden, daß gerade diese größeren Gefahren ihm dazu wenig Chancen ließen. Wichtiger aber für unser Thema scheint mir die Beobachtung: Je mehr die Christen den Juden Jesus entdecken, ihn nicht länger in ständigem Gegensatz zu seinem Volk verstehen, sondern mit ihm im Einklang, als seinen Sprecher und Vertreter unter den Völkern, darüber hinaus dann auch umgekehrt an seinem Volk christologische Strukturen wahrnehmen, desto schwerer wird es ihnen, das jüdische Nein zu Jesus als Messias (mit dem jüdischen Nein zur Kirche verhält es sich, wie gezeigt, anders) – gar nicht mal zu erklären, das müssen sie ja auch nicht, aber: – zu ertragen, gar: zu bejahen. Marcioniten haben es da leichter.

Am Schluß der Studie heißt es: »Bei der Untersuchung der Ursachen für die Verlangsamung im Fortgang des geistlichen Lebens in unserer Kirche werden wir das Fehlen der Offenheit für Israel und der Einheit mit Israel, die zum Wesen einer christlichen Kirche gehören, mit in Rechnung stellen müssen. Man könnte eifrig dabei sein, überall die Schäden zu flicken, und doch diesen einen fundamentalen Schaden übersehen.«[76] Hier wird der Gedanke einer gegenwärtigen Angewiesenheit der Kirche auf Israel formuliert, wird die Wurzel (Rm 11), das Heil, das von den Juden kommt (Joh 4), nicht historisiert auf Ursprungsgeschichte. Ein gegenwärtiger Mangel wird konstatiert, ein ganz praktischer: »Verlangsamung im Fortgang des geistlichen Lebens in unserer Kirche«. Das ist zwar vorsichtig zurückhaltend formuliert – der Fortgang ist verlangsamt, noch nicht ins Stocken geraten –, läßt aber doch erkennen, daß der Kernbereich betroffen ist, das, was Kirche zu Kirche macht: ihre geistliche Lebendigkeit. Beschreibungen, die jahrhundertelang den Stoff für antijüdische Karikaturen abgaben: Erstarrung, Mangel an Leben, an Geistbegabung, werden hier zur selbstkritischen Diagnose der Kirche, womit implizit diese Karikaturen als Projektionen entlarvt werden. Und angesichts dieser Diagnose wird vor der falschen Therapie gewarnt (die offenbar schon im Gang ist), in hektischer Betriebsamkeit (»eifrig dabei sein, überall die Schäden zu flicken«) nur an Symptomen zu kurieren, die wirkliche Grundursache des Mangels, »diesen einen fundamentalen Schaden (zu) übersehen«.

Die NRK hat versucht, das von ihr Gelernte auch ins ökumenische Gespräch einzubringen. Zur Diskussion über eine Erweiterung der »Basis« des Ökumenischen Rats der Kirchen während der Vorbereitung der Vollversammlung in Neu Delhi erklärt sie am 6. Februar 1961 ihr Bedauern, »daß manche anfechtbaren Formulierungen der früheren Fassung nicht beseitigt sind, wie etwa eine zu starke Betonung des Bekenntnisses zu Jesus Christus als Gott, ohne daß zugleich ein Wort über die Bedeutung seiner Menschlichkeit gesagt wird, oder das Fehlen eines Hinweises darauf, daß Jesus der Messias Israels ist«.[77]

5. Neu Delhi 1961: Christus außerhalb der Kirche

Die dritte Vollversammlung des ÖRK fand 1961 unter dem Motto »Jesus Christus – das Licht der Welt«[78] in Neu Delhi statt. Auf dieser Vollversammlung traten der IMR und damit viele der sog. jungen Kirchen sowie zahlreiche orthodoxe Kirchen dem ÖRK bei: Die ökumenische Bewegung begann ihren nordatlantischen Charakter zu verlieren. Das demonstrierte auch der Tagungsort: zum erstenmal in Asien, wo Christen am deutlichsten Minderheit sind. Doch es lag nicht nur an der indischen, sondern auch in der ökumenischen Luft, daß hier wie nie zuvor über den Einfluß Christi außerhalb seiner Kirche diskutiert, eine kosmische Christologie entdeckt und gefeiert wurde. Schon zuvor hatte K. Barth im dritten Teil der Versöhnungslehre – ebenfalls unter dem Stichwort Licht – diese Frage diskutiert, K. Rahner hatte sogar lauter anonyme Christen entdeckt. Diese Fragestellung hat große Bedeutung für das christlich-jüdische Verhältnis:

1. Wer in der Frage nach den Aktionen und dem Einfluß Jesu Christi außerhalb der Kirche nach biblischer Orientierung sucht, stößt unvermeidlich zunächst auf das Volk Israel als ein Stück Nichtkirche, dessen Erwählung und Berufung zum Zeugen biblisch bezeugt und also christlich geglaubt wird. F.-W. Marquardt hat es unter ausdrücklicher Bezugnahme auf die Diskussion in – und seit – Neu Delhi unternommen, dies in einem dogmatischen Experiment über die Gegenwart des Auferstandenen bei seinem Volk Israel zu zeigen.[79] Er zitiert zustimmend die Einschätzung H. Diems, die Rede vom kosmischen Christus habe »eine hilflose Verwirrung unter den Theologen angerichtet«[80], der neu entdeckte christliche Universalismus sei in Neu Delhi zwar proklamiert, aber nicht wirklich durchgearbeitet worden: »Die theologische Reflexion hält kaum Schritt, und man sieht ein theologisches Reiterregiment über den Bodensee galoppieren.«[81] Demgegenüber möchte er mit seiner Studie, mindestens aber mit ihrer Fragestellung, festeren Boden gewinnen, nicht nur im Verhältnis der Christen zu den Juden, sondern eben auch für die neue ökumenische Aufgabenbestimmung.

2. Die Frage wurde unter dem Motto »Licht der Welt« diskutiert. Diese Formulierung verbindet nicht nur eine Selbstvorstellung Jesu (»ich bin das Licht der Welt«) mit einer Verheißung an die Seinen (»ihr seid das Licht der Welt«), sondern beides auch mit der Aufgabenbestimmung Israels als Licht der (Völker-)Welt. Der Zusammenhang wird besonders deutlich im Parallelismus membrorum Lk 2,32: »enthüllendes/offenbarendes Licht den Völkern – und Herrlichkeit deinem Volk Israel«. Ähnlich wie das Stichwort Hoffnung in Evanston hätte also in Neu Delhi das Motto »Licht der Welt« eine Selbstverständigung der ökumenischen Bewegung über ihr Verhältnis zu Israel anregen müssen.

3. Die »kosmische Christologie« wurde in Neu Delhi – besonders im Referat J. Sittlers – vor allem den hymnischen Passagen des Kolosserbriefs entnommen. Ich lasse hier die Frage offen, wie sich hymnischer Lobpreis und theologische Lehraussage zueinander verhalten und verhalten können. Wichtiger scheint mir im jetzigen Zusammenhang: Der Kolosserbrief entwickelt seinen Lobpreis von Christus als Zusammenfasser und Versöhner des Alls aus der Botschaft von der in Christus geschehenen Versöhnung zwischen Israel und den Völkern: Der diese Kluft überwunden hat, der hat Alles versöhnt, Alle feindlichen Mächte besiegt – so die Logik dieses Hymnus.[82] Die Beziehung der Christen aus den Völkern zu Gottes Volk Israel

wäre demnach die Grundfrage vor aller Rede von der Weltbedeutung des Christus.

Dennoch gab es in Neu Delhi keine grundsätzliche Diskussion des christlich-jüdischen Verhältnisses, diesmal auch kein Minderheitsvotum. Allerdings wurde die Verurteilung des Antisemitismus von Amsterdam wiederholt – diesmal ergänzt durch eine ausdrückliche Zurückweisung der Lehre von der Schuld der Juden an der Kreuzigung.[83] Anlaß waren antisemitische Vorfälle in der BRD. G.M. Riegner hatte daraufhin bei Visser't Hooft interveniert.[84] Die Diskussion um diese Resolution zeigt, daß es der noch immer unverarbeitete Streit in Evanston war, der die Versammlung vor einer grundsätzlichen Diskussion zurückschrecken ließ: Pastor Christoph Schnyder vom Schweizerischen Evangelischen Kirchenbund schlug vor, die Resolution um den Satz zu ergänzen: »Vielmehr bleiben die Juden auserwähltes Volk (vgl. Röm. 9-11), was dadurch deutlich wird, daß sogar ihre Verwerfung auf Zeit zum Heil der Welt beitragen muß.« Daraufhin erklärt Visser't Hooft, »über die ... theologische Grundfrage sei die Meinung noch nicht einhellig. Wollte man diese Seite der Sache zur Sprache bringen, so könne das nur zu gegensätzlichen Äußerungen führen, wie sie sich in Evanston so deutlich gezeigt hätten. Begnüge sich die Vollversammlung jedoch mit einer einfachen Erklärung zum praktischen Problem des Antisemitismus, so sei eine völlige Einmütigkeit möglich.«[85] Die pragmatische Einschätzung, daß »über die theologische Grundfrage« eine solche »völlige Einmütigkeit« nicht zu erzielen sei, war sicher berechtigt, nicht nur, weil an dieser Grundfrage seit Evanston – abgesehen von der folgenlosen Konsultation in Bossey 1956 – nicht viel gearbeitet worden war, sondern auch darum, weil der Beitritt der Orthodoxen und der Dritte-Welt-Kirchen die Diskussion erschwert hätte. Wichtiger und seltsamer: Auch diejenigen, die eine grundsätzliche Neubesinnung einfordern, verknüpfen dies Thema in Neu Delhi nicht mehr, wie noch in Evanston, mit dem Hauptthema der Versammlung – Licht der Welt. In Analogie zum in Evanston gestrichenen Text ließe sich ja folgende Formulierung denken:

> Zum Licht der Völkerwelt wurde das Volk Israel von Gott geschaffen, erwählt, berufen. Doch die Völker ließen sich nicht aufklären von diesem Licht. Es hat ihnen nicht eingeleuchtet. Doch in Jesus Christus wurde dieses Licht weltwirksam: offenbarendes Licht für die Völker – nicht um Israels Licht in den Schatten zu stellen, sondern, im Gegenteil, zur Verherrlichung seines Volkes Israel. Und das gilt auch für die Seinen, denen er verheißen hat, ebenfalls Licht der Welt zu sein.

Auch die Befürworter einer Neubesinnung der Beziehung der Christen zu den Juden beanspruchen mit und erwarten von einer Bearbeitung dieser »theologischen Grundfrage« nicht mehr grundsätzliche Orientierung der ökumenischen Bewegung in ihrem aktuellen Stand, sondern versuchen, nur das zu ergänzen, was ihnen mittlerweile an Rm 9-11 aufgegangen ist.

6. Das Zweite Vatikanische Konzil 1965: Mit dem Stamm Abrahams geistlich verbunden

Mitte der 60er Jahre war es die katholische Kirche, die zu einer grundsätzlichen Neubesinnung ihres Verhältnisses zu Israel gelangte, und zwar auf dem Zweiten Vatikanischen Konzil. Die Geschichte der Entstehung der »Judenerklärung« und ihrer wechselnden Zuordnung zu verschiedenen Themenbereichen ist oft erzählt, sie und der endgültige Wortlaut auch theologisch kommentiert worden.[86] Es ist zunächst hervorzuheben: Die Neubesinnung auf ihr Verhältnis zu den Juden erfolgt im Zusammenhang einer Selbstbesinnung, ja einer erstmaligen Selbstdefinition der Kirche. Eine Kirche, die versucht, über sich selbst sich klar zu werden, muß auch ihr Verhältnis zu Israel klären. So wird bereits in der dogmatischen Konstitution über die Kirche, Lumen gentium, vom November 1964 – also ein Jahr vor Nostra Aetate – auf Israel Bezug genommen. Schon der Titel, die ersten Worte: Lumen gentium nimmt ja eine Bestimmung des Auftrags Israels auf, erinnert auch an das Motto der Vollversammlung von Neu Delhi, ist hier aber direkt auf die Kirche bezogen.

Im 9. Abschnitt dieser Erklärung wird an die Erwählung Israels erinnert, Gottes Bund mit ihm, seine Heiligung – aber sofort hinzugefügt: »Dies alles aber wurde zur Vorbereitung und zum Vorausbild jenes neuen und vollkommenen Bundes, der in Christus geschlossen, und der volleren Offenbarung, die durch das Wort Gottes selbst in seiner Fleischwerdung übermittelt werden sollte.«[87] Vorbereitung einerseits – ein historischer, vor allem aber ein pädagogischer Begriff: Geschichte als Erziehung des Menschengeschlechts. Dem entspricht die Interpretation des Bundes zwischen Gott und Israel, Gott habe sein Volk »Stufe für Stufe unterwiesen«[88], wie auch der seltsame Komparativ »vollere Offenbarung«. Nach Auffassung dieser Erklärung bedurfte der »neue und vollkommene Bund« der Vorbereitung: weltgeschichtlich-politisch als Bedingung der Möglichkeit seines objektiven Zustandekommens, pädagogisch als Bedingung der Möglichkeit seiner subjektiven Wahrnehmung. An dieser Deutung ist vor allem hervorzuheben, daß der neue Bund durch keinerlei Defizite des alten Bundes, gar sein Scheitern, motiviert wird. Anderserseits Vorausbild – ein Begriff der typologischen Schriftauslegung. Mit diesem Verfahren soll offenbar – anders als mit dem Begriff »Vorbereitung« – die bleibende Relevanz jedenfalls des biblisch bezeugten Teils der Geschichte Israels für die Kirche gesichert und beschrieben werden. Als Typos ist diese Geschichte prägend – mahnend und warnend, aber auch ermutigend und tröstend – für den Weg der Kirche. Im Vergleich zum Schema Verheißung und Erfüllung macht Typologie ein triumphales, besitzstolzes Selbstverständnis der Kirche eher unwahrscheinlich, ein im Spiegel des christlichen Alten Testaments selbstkritisches eher wahrscheinlich.

Die Rede vom neuen, vollkommenen Bund wird sodann durch Zitieren von Jer 31,31-34 begründet, und diese Verheißung wird sogleich mit dem Christusgeschehen identifiziert: »Diesen neuen Bund hat Christus gestiftet, das Neue Testament nämlich in seinem Blute.«[89] Er hat »sich aus Juden und Heiden ein Volk berufen, das nicht dem Fleische nach, sondern im Geiste zur Einheit zusammenwachsen und das neue Gottesvolk bilden sollte«,[90] und »dieses messianische Volk (ist), obwohl es tatsächlich nicht alle Menschen umfaßt und gar oft als kleine Herde erscheint, für das ganze Menschengeschlecht die unzerstörbare Keimzelle der Einheit«.[91] Der Charakter der Kirche, auch als Minorität Keimzelle der Einheit – also nicht nur Vorwegnahme der, sondern auch produktive Kraft zur Einung – des ganzen Menschengeschlechts zu sein, hängt daran, daß in ihr »im Geiste« die Einheit zwischen »Juden und Heiden« bereits zusammenwächst: Nur in diesem Sinn ist sie »messianisches Volk«.

Nun können aber die Bezeichnungen Israels als »Vorbereitung« und »Vorausbild« und der Kirche als »neues Gottesvolk«, »messianisches Volk« so verstanden werden, sie können eigentlich kaum anders verstanden werden, als habe Israel seine Zeit gehabt, sei seit Christus aber durch die Kirche überboten und abgelöst worden. Das aber wollten die Konzilsväter offenbar nicht lehren, und so fügen sie im 16. Artikel, in dem es um die Beziehungen der Kirche zu denen geht, »die das Evangelium noch nicht empfangen haben«, etwas unvermittelt hinzu, Israel sei »jenes Volk, dem der Bund und die Verheißungen gegeben worden sind und aus dem Christus dem Fleische nach geboren ist (vgl. Röm 9,4-5), dieses seiner Erwählung nach um der Väter willen so teure Volk: die Gaben und Berufung Gottes nämlich sind ohne Reue (vgl. Röm 11,28-29)«.[92] Die beiden Aussagen – Israel als »Vorbereitung« und »Vorausbild« einerseits, Israels bleibende, weil unwiderrufliche Erwählung und Berufung andererseits – stehen in diesem Dokument unverbunden nebeneinander.

Ähnlich ambivalent ist die Erklärung »Nostra aetate« vom Oktober 1965. Zunächst: Die Darstellung des Verhältnisses der Kirche zu den Juden fand ihren endgültigen Platz im Rahmen einer Erklärung über ihr Verhältnis zu den nichtchristlichen Religionen und so auch eines Katalogs angeblich allgemein-menschlicher, in Wahrheit aber deutlich nach dem Bild heidenchristlich-katholischer Antworten geformter religiöser Fragen.[93] Doch innerhalb dieses Rahmens wird nur um so deutlicher, daß die Beziehung zu den Juden eine besondere ist. Das zeigt nicht nur die Reihenfolge, die offenbar einen wachsenden Grad an Verwandtschaft ausdrücken soll: zunächst andere Religionen, besonders Hinduismus und Buddhismus, sodann der Islam, schließlich die Juden, auch nicht nur die besondere Wärme der Sprache gerade dieses Abschnitts, sondern vor allem der Wortlaut selbst. Die Beziehung zu den Juden ist nämlich die einzige der in diesem

Dekret besprochenen, die direkt mit dem Selbstverständnis der Kirche verbunden wird: »Bei ihrer Besinnung auf das Geheimnis der Kirche gedenkt die Heilige Synode des Bandes, wodurch das Volk des Neuen Bundes mit dem Stamme Abrahams geistlich verbunden ist.«[94] Es ist also – wie bei Lumen gentium – die Frage der Kirche nach sich selbst, »die Besinnung auf das Geheimnis der Kirche«, die zur Frage nach ihrem Verhältnis zu Israel führt. Mit der Formulierung »mit dem Stamm Abrahams geistlich verbunden« wird auf eine Äußerung Pius XI. im Herbst 1938 angespielt: »Durch Christus und in Christus sind wir aus Abrahams geistlichem Geschlecht. Geistlich sind wir Semiten.«[95] Es gehört demnach zum Selbstverständnis der Kirche, »geistlich« verbunden zu sein mit Israel – d.h. durch den Heiligen Geist, diejenige Kraft also, die überhaupt das Entstehen und Bestehen von Kirche ermöglicht, und also grundlegend. Israel seinerseits ist ein leiblicher Zusammenhang, eine Abstammungsgemeinschaft – »Stamm Abrahams«, bzw. in polemischer Umkehrung rassistischer Polemik: »Semiten«. Kirche sein bedeutet also Solidarität im Geist mit einem leiblichen Volk. Damit bin ich schon bei der anderen Besonderheit gerade dieser Beziehung im Rahmen des Verhältnisses zu den nichtchristlichen Religionen: In gewisser Spannung zu diesem Rahmen ist hier nämlich von der jüdischen Religion, also auch von möglichen jüdischen Antworten auf jene allgemein- religiösen Fragen keine Rede, sondern vom jüdischen Volk. Es ist gerade die *Geschichte* Israels – die Patriarchen, Mose und die Propheten –, in der die Kirche »die Anfänge ihres *Glaubens*«[96] findet. Dabei wird zum einen – die geistliche Verbundenheit mit dem Stamm Abrahams aufgreifend und ausführend – betont, »daß alle Christgläubigen als Söhne Abrahams dem Glauben nach in der Berufung dieses Patriarchen eingeschlossen sind«, zum anderen, »daß in dem Auszug des erwählten Volkes aus dem Lande der Knechtschaft das Heil der Kirche geheimnisvoll vorgebildet ist«.[97] Auch hier wird versucht, die Beziehung zwischen Israel und der Kirche als typologische Entsprechung auszusagen. Einerseits wirkt das so, als sei Israels Befreiung aus der Sklaverei nur geschehen, um »geheimnisvoll« das »Geheimnis« der Kirche »vorzubilden«. Andererseits aber ist das Exodusgeschehen in der Tat auch schon innerhalb der Hebräischen Bibel zum prägenden Bild geworden – für die Schöpfungsgeschichte; für die erhoffte Befreiung aus dem Exil. Jedenfalls dokumentiert die Kirche, daß sie das, was sie ihr »Heil« nennt, wirklich als *soteria*, also als *jeschua*: als Rettung, Befreiung aus der Sklaverei versteht, nicht anders als in Analogie zum Exodus verstehen kann.

In diesem Zusammenhang erinnert die Kirche daran, »daß sie durch jenes Volk ... die Offenbarung des Alten Testaments empfing«, in der Vergangenheit, fügt aber sogleich im Präsens hinzu: »und genährt wird von der Wurzel des guten Ölbaums, in den die Heiden als wilde Schößlinge eingepfropft sind«, und diese gegenwärtige Beziehung wird nicht typologisch, sondern christologisch begründet: »Denn die Kirche glaubt, daß Christus, unser Friede, Juden und Heiden durch das Kreuz versöhnt und beide in sich vereinigt hat«[98] – die durch Christus erreichte Versöhnung ist also vor allem die zwischen Israel und den Völkern. Die geistliche Verbundenheit der Kirche mit dem leiblichen Israel wird unterstrichen, wenn im folgenden betont wird, der Apostel Paulus habe – und die Kirche hat das »stets«, also gegenwärtig, »vor Augen« – »seinen Stammverwandten« (Rm 9,4f.) bescheinigt, ihnen gehöre die Sohnschaft, die Herrlichkeit usw. Zwar habe »Jerusalem die Zeit seiner Heimsuchung nicht erkannt«, »nichtsdestoweniger sind die Juden nach dem Zeugnis der Apostel (sic! Gemeint ist aber wohl: des Apostels) immer noch von Gott geliebt um der Väter willen; sind doch seine Gnadengaben und seine Berufung unwiderruflich. Mit den Propheten und mit demselben Apostel erwartet die Kirche den Tag, der nur Gott bekannt ist, an dem alle Völker mit einer Stimme den Herrn anrufen und ihm ›Schulter an Schulter dienen‹ (Zephanja 3,9)«.[99] In enger Anlehnung an Rm 9-11 wird hier klargestellt: Daß Israel überwiegend »das Evangelium nicht angenommen« hat, ändert an Gottes Bund mit diesem Volk nichts. Wichtiger scheint mir hier die Berufung auf Zeph 3,9:

Dann aber wandle den Völkern ich an
eine geläuterte Lippe
– daß sie alle ausrufen SEINEN Namen
mit geeinter Schulter ihm dienen. (Buber)

Die Kirche setzt ihre Hoffnung nicht auf einen Tag, an dem Israel mit der Kirche endlich Christus (an)erkennen wird, sondern erwartet die Einigung der Völker mit Israel, die Völkerwallfahrt und so auch die Einigung »Schulter an Schulter« der Völker untereinander.

Es folgt der kirchen- und weltgeschichtlich wahrscheinlich wichtigste Teil dieser Erklärung: die ausdrückliche Bestreitung der These von der Schuld der Juden an der Kreuzigung Jesu – wenn auch in Form zweier Zwar-aber- Sätze:

»*Obgleich* die jüdischen Obrigkeiten mit ihren Anhängern auf den Tod Christi gedrungen haben, kann man *dennoch* die Ereignisse seines Leidens weder allen damals lebenden Juden ohne Unterschied noch den heutigen Juden zur Last legen. *Gewiß* ist die Kirche das neue Volk Gottes, *trotzdem* darf man die Juden nicht als verworfen oder verflucht darstellen, als wäre dies aus der Heiligen Schrift zu folgern.«[100]

Es bleibt also auch in Nostra aetate bei der schon in Lumen gentium beobachteten Ambivalenz: Die beiden Aussagen: »Gewiß ist die Kirche das neue Volk Gottes« – »trotzdem« ist Israel nicht verworfen, stehen unvermittelt nebeneinander – obwohl gerade die betonten Verstärkungen »gewiß«, »trotzdem« nach einer Interpretation rufen.

7. Glaube und Kirchenverfassung, Bristol 1967:
Im Verhältnis zu Israel steht »das ganze Selbstverständnis der Kirche auf dem Spiel«

Die Kommission Glaube und Kirchenverfassung hat 1967 in Bristol einen Bericht über die Kirche und das jüdische Volk beschlossen, der vom Ausschuß für die Kirche und das jüdische Volk innerhalb der Abteilung für Weltmission und Evangelisation des ÖRK erarbeitet worden war.[101] Der Bericht nennt als sein Motiv, die bisherigen Verurteilungen jeden Antisemitismus' durch den ÖRK genügten nicht länger, notwendig sei vielmehr, »die theologischen Folgerungen und die umfassenden Fragen, die sich aus dem Verhältnis der Kirche und des Judentums ergeben, ausführlicher und systematischer zu durchdenken«.[102] Damit wird der pragmatische Kompromiß von Neu Delhi – jedenfalls in dieser Kommission, in der nicht mehr nur westliche Kirchen, auch orthodoxe, auch arabische vertreten sind – aufgegeben, die dort vermiedene theologische Grundsatzdiskussion nachgeholt. Und noch etwas wird nachgeholt: Dies gründlichere Nachdenken, so der Bericht, sei auf der Vierten Weltkonferenz dieser Kommission 1963 in Montreal gefordert worden, und zwar im Zusammenhang mit dem Thema »Die Kirche in Gottes Plan«. Damit wurde eine der Fragestellungen von Amsterdam 1948 aufgegriffen. Dort war eine Verknüpfung von Christen und Juden »in Gottes Heilsplan« zwar behauptet, bei den Beratungen in Sektion I »Die Kirche in Gottes Heilsplan« aber ignoriert worden. Auch dies ist inzwischen zum Problem geworden. Es gehört jetzt offenbar zur kirchlichen Selbstbesinnung, sich über das Verhältnis zu den Juden klar zu werden. Zwei Fragen besonders sollen in diesem Bericht geklärt werden: »1. In welcher Weise hat das Fortbestehen der Juden theologische Bedeutung für die Kirche? 2. In welcher Weise sollen Christen Juden gegenüber ihren Glauben bezeugen?«[103] Die erste Frage knüpft an den Anlaß des Berichts an, die Montrealer Beratungen über »Die Kirche in Gottes Plan«: Eine Kirche, die sich auf ihre Aufgabe im Weltgeschehen besinnt, stößt dabei auf das weltgeschichtliche Phänomen Israel, »das Fortbestehen der Juden«. Die zweite Frage spitzt die »theologische Bedeutung« dieses geschichtlichen Phänomens zu als Frage an die Kirche nach ihrer Sendung.

Dabei stellen die Verfasser vor ihren »theologischen Erwägungen« zunächst »geschichtliche Erwägungen« an, stellen also nicht systematisch Judentum und Christentum als fixe Positionen einander gegenüber, sondern skizzieren die Geschichte dieser Beziehung.[104] Sie halten also diese Geschichte für einen Teil der theologisch zu klärenden Situation. Das ist innerhalb des ökumenischen Gesprächs neu, entspricht aber der ersten der beiden Fragen, in der ja nach der theologischen Bedeutung des geschichtlich-faktischen Vorhandenseins der Juden gefragt wird. Man mag es problematisch, sogar bedrohlich finden, daß die bloße Existenz, also das schiere Überleben der Juden den Christen theologisch Kopfzerbrechen macht, tatsächlich hat aber eben dies zur Überprüfung der theologischen Urteile vom Ende Israels geführt.

In diesem historischen Teil wird eine Linie gezogen von der Entstehung des Christentums im Judentum, wachsender Entfremdung zugleich mit dem wachsenden Heidenanteil der Kirche, bis hin zu Feindschaft und Bekämpfung, der Farce der Religionsgespräche, Verfolgung, aber sogleich hinzugefügt, daß die Trennung der Christen von den Juden »nie absolut« war: Eine – freilich schmalere – Linie zieht sich von der Verwerfung Marcions durch die Alte Kirche,[105] theologischen Lernbeziehungen im Mittelalter (Aristoteles-Rezeption, Mystik) und, besonders exegetisch, im Zeitalter von Humanismus und Reformation, bis hin zur Israel-Liebe im Pietismus. Wie schon in der holländischen Studie von 1959 wird der Neuentdeckung biblischer Theologie in diesem Jahrhundert große Bedeutung beigemessen, die nicht nur, aber auch im Zusammenhang mit dem deutschen Kirchenkampf gesehen wird. Schließlich werden auch in diesem Bericht die Schoah und die Gründung des Staates Israel als entscheidende Anstöße zum neuen Nachdenken genannt. Die Schoah habe die Kirchen »zu der Frage genötigt, ob dieses lediglich die Folge natürlicher menschlicher Bosheit sei oder ob es auch eine andere, theologische Dimension habe«.[106] Auf die Staatsgründung und auf die seit Juni 1967 veränderte Situation im Nahen Osten soll zwar in diesem Bericht mangels Einmütigkeit nicht eingegangen werden, die Verfasser sind sich aber »dessen bewußt, ... daß auch die Frage des gegenwärtigen Staates Israel und seiner etwa vorhandenen theologischen Bedeutung aufgenommen werden muß«.[107]

In den theologischen Erwägungen, die den beiden Hauptfragen nach der Bedeutung des Fortbestehens Israels und nach dem christlichen Zeugnis gegenüber Juden nachgehen, wird offengelegt, wieweit der Konsens der Teilnehmer reicht und wo der Dissens liegt.[108] Ihren Konsens formulieren die Verfasser in zwei ausdrücklichen Glaubensbekenntnissen und ihrer Entfaltung. Zunächst: »Wir glauben, daß Gott das Volk Israel geschaffen hat.«[109] Bei der Entfaltung dieses Glaubenssatzes wird vor allem die Funktion der Erwählung Israels im Blick auf die anderen Völker betont: »Der Gott der ganzen Erde und aller Völker« »erwählte dieses einzelne Volk« dazu, »als sein Bundespartner und besonderes Werkzeug zu dienen«.[110] Ihm hat er seinen Willen kundgetan, damit es danach lebe und so »gleichsam eine lebendige Offenbarung für andere«[111] werde. »In seinem Handeln mit Israel hatte Gott die anderen Völker im Auge; dies war der Weg, auf dem er zu ihnen kam.«[112] Anders, mit der späteren Formel des Systematikers H.-J. Kraus ausgedrückt: Gott kommt in Israel zur Welt. Dem biblischen Zeugnis wird auch entnommen, Israel sei in seiner Untreue oft ein »unvollkommenes Werkzeug«, das

»Gottes Willen auf Erden oft eher verdunkelte als offenbarte«, doch habe es auch dadurch Zeugnis abgelegt: Zeugnis für Gottes Gericht »als eine(r) Form seiner Gnade«, »Zeugnis auch für Gottes Treue und Liebe, die sein Volk nicht losließ, selbst wenn es sich von ihm abwandte«.[113]

Zum anderen: »Wir glauben, daß in Jesus Christus Gottes Offenbarung im Alten Testament zu ihrer Erfüllung kommt.«[114] Bei der Entfaltung dieses anderen Glaubenssatzes wird Jesus in deutlicher Parallele und zugleich im Kontrast zum über Israel Gesagten als Repräsentant seines Volkes dargestellt: Er war – im Gegensatz zu einem »unvollkommenen Werkzeug« – »das vollkommene Werkzeug für Gottes Plan«, »in ihm erschuf er seinen echten Partner«, als »Stellvertreter erfüllt er Israels Aufgabe des Gehorsams«.[115] Damit wird auch erklärt, daß »nun auch die Heiden zur Liebe und zum Dienst Gottes gerufen« wurden, »denn wenn in Jesus Christus wirklich die Zeit erfüllt ist, dann müssen auch die Völker an Gottes Heil teilbekommen«.[116]

Auf die Frage nach der theologischen Bedeutung des Fortbestehens der Juden antworten die Verfasser gemeinsam, daß »sein bloßes Dasein trotz aller Versuche, es zu vernichten« ein »lebendiges und sichtbares Zeichen für Gottes Treue« ist, und so zugleich »ein Hinweis darauf, daß er auch jene festhält, denen es nicht möglich ist, ihn in seinem Sohn zu erkennen«. Die Juden »erinnern uns ständig daran, daß Gottes Plan und Verheißung noch nicht vollständig in Erfüllung gegangen ist und daß wir noch viel für die Welt zu erhoffen haben«.[117] Zum zweiten Mal, nach der niederländischen Studie von 1959, taucht hier die Formulierung »Zeichen der Treue Gottes« auf, zwar nicht bezogen auf den Staat Israel, sondern aufs faktische Dasein der Juden, ein Dasein allerdings trotz Vernichtungsversuchen – und so geht es indirekt doch auch um den Staat. Zugleich wird Israel hier als Stellvertreter aller angesehen, die nicht an Christus glauben, sein Dasein so zum Anlaß, nicht nur für Israel, sondern für »die Welt« noch viel zu erhoffen.[118]

Einig sind sich die Beteiligten also darin, daß Kontinuität besteht zwischen biblischem Israel und heutigem jüdischen Volk. Schon dieser Konsens versteht sich keineswegs von selbst.[119] Nicht einig sind sie sich über die Konsequenzen: Die einen meinen, als Volk Gottes habe die Kirche als Leib Christi aus Juden und den Völkern Israel abgelöst. Die anderen sehen eine Spaltung im Volk Gottes: Ein Teil Israels wurde mit den Heidenchristen zusammen Kirche, ein Teil besteht als nichtchristliches Israel fort. Derselbe Dissens entsteht an der Frage der Mission: Diejenigen, die den Leib Christi betonen, halten daran fest, den Juden wie allen anderen noch nicht Dazugehörenden das Evangelium zu verkünden. Diejenigen, die bei Kirche eher an Volk Gottes denken, verstehen sich zusammen mit den Juden als ein – wenn auch gespaltenes – Volk. »Alle, die so denken, sind der Meinung, daß sich die Einstellung der Kirche zu den Juden theologisch und prinzipiell unterscheiden müsse von der zu allen anderen Menschen, die nicht an

Christus glauben; es handle sich hier mehr um eine Art ökumenische Aufgabe, um den Riß zu heilen, als um missionarisches Zeugnis in der Hoffnung auf Bekehrung.«[120]

Hier wird deutlich: Das Verhältnis der Ökumene zu Israel hängt ab vom jeweiligen Selbstverständnis der Kirche. Aber auch umgekehrt: Das Verhältnis zu Israel beeinflußt auch kirchliche Selbstdefinitionen im Ganzen. Eine Kirche, die sich vor allem sakramental und so konsequent eschatologisch-endgültig versteht, läßt neben sich für Israel keinen Raum. Einer Kirche, die sich vor allem funktional und so historisch-vorläufig versteht, fällt das leichter.[121] Umgekehrt: Eine Kirche, die Israel neben sich ignoriert, neigt dazu, sich selbst mit Jesus Christus oder mit dem Reich Gottes zu verwechseln. Zu fragen ist, wie in einem Dokument, das so betont nach der theologischen Bedeutung von Geschichte fragt – nach der Rolle der Kirche im Weltgeschehen, nach dem Fortbestehen Israels –, es überhaupt zu einer ungeschichtlich sakramentalen Selbstdefinition von Kirche kommen konnte. Offenbar wurde von einigen Teilnehmern der Grundrichtung des Berichts zum Trotz die Rede von der Erfüllung der Zeit als so etwas wie das Ende der Geschichte verstanden. Die Verfasser sind sich wiederum darin einig, ihre Gegensätze nicht auf sich beruhen lassen zu können, denn »wir sind uns bewußt, daß in dieser Frage das ganze Selbstverständnis der Kirche auf dem Spiel steht«.[122] Und das bedeutet im Blick auf die wachsende Bedeutung der Dritte-Welt-Kirchen in der ökumenischen Bewegung: »Jeder, der Christus annimmt und ein Glied seiner Kirche wird, bekommt damit an dieser besonderen Beziehung (sc. zu den Juden) teil, indem er mit dem Judentum konfrontiert wird. Das bedeutet, daß das Problem, mit dem wir uns in diesem Bericht beschäftigen, nicht allein den sogenannten westlichen Kirchen gestellt ist, sondern daß es jeden Christen ungeachtet seiner rassischen, kulturellen oder religiösen Herkunft angeht.«[123]

Dies wird näher ausgeführt in einem weiteren Abschnitt, in dem nach der ökumenischen Bedeutung des Themas gefragt wird. Zunächst wird noch einmal grundsätzlich betont, daß das »Gespräch mit dem Judentum« Fragen aufwirft, »die den Grund und das Herz des christlichen Glaubens berühren«, ja sogar, daß »es keinen einzigen Lehrsatz in der christlichen Theologie gibt, der nicht in irgendeiner Weise von dieser Konfrontation mit dem Judentum berührt und beeinflußt wäre«.[124] Sodann wird an einzelnen Beispielen skizziert, worin eine Lernbeziehung der ökumenischen Bewegung zu Israel bestehen könnte: Zunächst in der Auslegung des (christlich so genannten) Alten Testaments, aber bessere Einsichten hier könnten auch dazu verhelfen, auch das Neue »tiefer und völliger zu verstehen und so einseitige und unterschiedliche Vorstellungen zu überwinden, die sie (die Kirchen) voneinander getrennt halten«.[125] Weiter könnte das Gespräch mit Juden zu neuen Einsichten führen zum Verhältnis von Schrift und Tradition, ein »Problem, das so lange Ursache der Trennung zwischen Christen gewesen ist«.[126] Daß Juden »Recht und Gerechtigkeit in dieser Welt« betonen, »erinnert die Kirchen an die göttliche Verheißung einer neuen Erde (also: nicht nur eines neuen Himmels, M.L.) und warnt sie davor, ihre eschatologische Hoffnung einseitig in außerweltlichen Begriffen auszudrücken«.[127] Dabei sollte »die jüdische Vorstellung vom Menschen als Gottes Bundespartner ... die Kirchen veranlassen, ihre alte Streitfrage über die Mitwirkung des Menschen zum Heil neu zu durchdenken«.[128] Schließlich »nötigt« nicht erst das Gespräch mit, sondern schon »die Existenz von Juden ... die Kirchen, ihre eigene Auffassung von Erwählung zu klären«, und das »kann jene, die die vorlaufende Gnade Gottes betonen, denen näherbringen, die den Hauptakzent auf die menschliche Glaubensentscheidung legen«.[129] Hier zeigt sich – in einigen ersten tastenden Versuchen zwar, aber doch deutlich – die Vision einer ökumenischen Bewegung als einer Versammlung von Kirchen, die die Unterschiede zwischen ihnen nicht mehr nur im gemeinsamen Blick auf Jesus Christus relativieren, sondern auch im gemeinsamen Blick auf und im gemeinsamen Gespräch mit Israel.

8. Die weitere Entwicklung im ÖRK: Israel wird Nebenthema – strikt getrennt vom übrigen Programm

Der Bristol-Report war die letzte Äußerung von Faith and Order zu unserem Thema.[130] Er fand allerdings zunächst wenig Beachtung. Er erschien zwischen der Genfer Konferenz zu Kirche und Gesellschaft (1966) und der Vollversammlung in Uppsala (1968: »Siehe, ich mache alles neu«): Die ökumenische Bewegung war wie nie zuvor mit den Anfragen der Dritten Welt konfrontiert, suchte die Weltverantwortung der Kirche in einem revolutionären Zeitalter zu bestimmen. In diesem Nord-Süd-Konflikt erschien das Verhältnis der Christen zu den Juden als eine nordatlantische Angelegenheit,[131] die Diskussion überdies erschwert durch die Situation im Nahen Osten nach dem Junikrieg 1967.

Die einschneidende Bedeutung dieses Ereignisses wird deutlich an einem Streit, der anläßlich dieses Krieges in einer kleinen Nebenökumene ausbrach: in der Christlichen Friedenskonferenz. Ihr Arbeitsausschuß hatte im Juli 1967 in Zagorsk eine Erklärung »zur Situation im Nahen Osten« veröffentlicht, deren erster Satz postuliert: »Bei Überlegungen zur Friedensregelung im Nahen Osten sind historische, theologische und aktuell-politische Argumente strikt auseinanderzuhalten.«[132] Was mit diesem Gebot der strikten Unterscheidung – es gehört sonst nicht zu den Zielen der CFK, sondern zu dem von ihr Bekämpften – inhaltlich gemeint ist, wird sogleich deutlicher ausgeführt: »Was auch immer Christen als Volk des Neuen Bundes von der Treue Gottes zum Volk des Alten Bundes zu bezeugen haben, darf sie nicht hindern zu erkennen: der Staat Israel ist ein moderner säkularer Staat wie jeder andere ... Es ist vor jedem Versuch zu warnen, dem Krieg des Staates Israel eine religiöse Verklärung zu geben, die daran vorbeigeht, daß auch alle anderen Völker der Erde, gleich welcher Religion und Rasse, unter der Verheißung und dem Gebot Gottes stehen.«[133] Es könnte also etwas,»was ... Christen ... zu bezeugen haben«, Erkenntnis nicht etwa fördern, sondern hindern und statt zur Erkenntnis zu religiöser Verklärung führen und zwar, wie es in einer im Blick auf »die Situation im Nahen Osten« nicht ganz selbstverständlichen Formulierung heißt, des Krieges des Staates Israel. In der Tat scheinen die Verfasser vorauszusetzen, der Staat Israel habe im Juni 1967 unvermittelt und unbegründet einen Krieg vom Zaun gebrochen, weisen darum zunächst darauf hin, daß »alle Kriege und militärischen Interventionen, die jedesmal die Welt an den Rand der Atomkatastrophe führen können, unerlaubte und unethische Mittel der Politik sind«[134] und »territoriale Eroberungen, die in einem Aggressionskrieg gemacht werden«,[135] keine völkerrechtliche Relevanz haben. Sodann gehen sie noch einen Schritt zurück und behaupten, »daß die in den Vereinten Nationen zusammengeschlossene Gemeinschaft der Völker eine Mitverantwortung dafür trägt, daß den arabischen Staaten im Nahen Osten die Existenz des Staates Israel aufgezwungen wurde«.[136] Mag die Forderung, daß »der kalte Krieg auch in der Form von Grenzprovokationen und Drohpropaganda beendet wird«[137] und die nach »Verzicht auf rassistische, religiöse und nationalistische Überheblichkeit«[138] grundsätzlich beiden Seiten gelten, so zeigt doch die erläuternde Hinzufügung »und die Achtung vor der kulturellen Eigenart der islamischen Welt«[139], daß auch hier nur an eine Seite gedacht war. In diesem Zusammenhang erklären die Verfasser für »notwendig«, was sich allenfalls als Utopie bezeichnen läßt, nämlich »daß der Staat Israel in Solidarität mit den arabischen Staaten allen Einmischungsversuchen imperialistischer nicht-nahöstli- cher Mächte und Interessengruppen entgegentritt«.[140] Schließlich wird »die Nahostkrise« in Zusammenhang gebracht mit dem Krieg der USA in Vietnam, mit dem Militärputsch in Griechenland (ebenfalls 1967 und möglicherweise von der CIA mitorganisiert), mit der Intervention der USA in der Dominikanischen Republik 1965 und dem Putsch und den Massakern in Indonesien im selben Jahr. Zusammenfassend wird kommentiert: »Sie (die Nahostkrise) ist ein Beweis dafür, daß die konservativen Mächte in der ganzen Welt sich den Befreiungskämpfen der Völker widersetzen.«[141] Aus diesem Zusammenhang wird dann positiv gefolgert: »Für den Frieden im Nahen Osten arbeiten, heißt, sich für die Beendigung der USA-Intervention in Vietnam einzusetzen«, und negativ: »Wer zu Vietnam und Griechenland schwieg und schweigt, hat kein Recht, zu den Fragen des Nahen Ostens zu reden.«[142] Der Krieg im Juni 1967 im Nahen Osten wird also eingeordnet in eine weltweite Strategie des Imperialismus gegen Befreiungsbewegungen der Völker, wobei die arabische Nationalbewegung wie speziell die palästinensische Befreiungsbewegung als antikoloniale Bewegung (wie die Nationale Befreiungsfront Vietnams) wahrgenommen wird. Möglicherweise hat zu dieser umfassenden wie seltsamen Sicht der Dinge die Tatsache beigetragen, daß Nasser – neben Tito und Nehru – zu den Gründungsvätern der Blockfreienbewegung gehörte.

Gegen diese Erklärung erhob sich sofort Protest von westlichen (westberliner und westdeutschen) Mitgliedern der CFK, von Leuten also, die jedenfalls nicht zu Vietnam und Griechenland geschwiegen haben. In dieser Gegenerklärung wird nicht nur die politische Analyse des Nahostkonflikts durch den Arbeitsausschuß der

Die ökumenische Bewegung und Israel nach 1945

CFK korrigiert, sondern auch betont: »Es genügt nicht zu sagen, daß der Staat Israel ein moderner, säkularer Staat wie jeder andere ist. Die Christenheit muß bezeugen, daß Gottes Treue auch heute über dem Volke Israel in Kraft geblieben ist. Auch das israelitische Volk im säkularen Staat Israel steht unter dieser Verheißung und kann darum mit anderen Völkern nicht ohne weiteres auf eine Stufe gestellt werden. Christliche Erkenntnis, die nicht von Gottes Bund mit Israel ausgeht, wird den Aussagen der Bibel und den politischen Realitäten nicht gerecht und droht dem Antisemitismus zu verfallen.«[143]

In einer etwas ausführlicheren Stellungnahme empört sich H. Gollwitzer vor allem über die Formulierung »was auch immer«: »Mit ›was auch immer‹ macht sie das, was Christen ›von der Treue Gottes zum Volk des Alten Bundes zu bezeugen haben‹, zu einer ›theoretischen Bagatelle ohne Auswirkungen für politische Stellungnahme (und dies in der Erklärung eines Kreises, der früher für die politische Relevanz des christlichen Glaubens wichtige Erkenntnisse erarbeitet hat!). Als einzige Auswirkung kann man sich offenbar nur die ›religiöse Verklärung‹ vorstellen, die man schleunigst abwehrt mit dem Hinweis auf die übrigen Völker, mit dem man sich jede Reflexion auf die Besonderheit Israels erspart, die man ja durch jenes ›was auch immer‹ von vornherein zur Unerheblichkeit verurteilt hat.«[144] In der Tat läßt sich kein Thema denken, zu dem die CFK einen Satz in der Struktur »was auch immer Christen zu bezeugen haben, darf sie nicht hindern zu erkennen« sagen würde. M.W. hat sie das auch zu keinem anderen Thema getan. Und nach allem, was die CFK ausmacht, muß ihr ein solcher Satz das Genick brechen. F.-W. Marquardt spießt bereits das Stichwort »strikt« des Auseinanderhaltens von historischen, theologischen und aktuell- politischen Argumenten auf: »Der Ausdruck ›strikt‹ setzt hier das Prinzip. Denn nun muß es ein Auseinanderhalten um jeden Preis geben, auch um den Preis der Wahrheit und Sachangemessenheit; nun kann nicht mehr gefragt werden, ob und wie etwa die historischen, theologischen und aktuell-politischen Dimensionen des Geschehens vielleicht auch zusammengehören möchten.«[145] Den Was-auch-immer-Satz kommentiert Marquardt: »Als wäre je unser Versuch, eine Erwählung auch des modernen Israel zu denken und zu lehren, gleichbedeutend mit einem Absprechen der Verheißung und des Gebotes Gottes für andere ›Völker der Erde‹ gewesen! Ein solches exklusives Erwählungsverständnis ist nicht nur Mißverständnis dessen, was wir von Israel sagen, sondern auch dessen, was Israel von sich selbst, seiner eigenen Erwählung lehrt und behauptet; es ist – immerhin auf einer ›christlichen Friedenskonferenz‹! – ein bemerkenswertes Mißverständnis der Erwählung überhaupt, vermutlich gerade auch der eigenen. ... Der Hinweis, daß der Staat Israel ein moderner Staat ›wie jeder andere‹ sei, ist sowohl eine Banalität wie ein Ausdruck sträflicher Unwissenheit. Er beschreibt gerade nur die gegenwärtige Wirklichkeit dieses Staates, ist aber in diesem Staat selbst, der sich bis heute keine geschriebene Verfassung gegeben hat, gerade nicht als Prinzip ausgedrückt worden. Daß Israel ›säkularer Staat‹ ist und sein will, ist nirgends geleugnet oder bestritten, ob Israel säkularer Staat ›wie jeder andere‹ sein will und sein kann, ist jedenfalls eine in Israel bewußt offengelassene Frage. Sie ausgerechnet als christliches Postulat an Israel heranzutragen, also Israel von außen zu einem ›Staat wie jeder andere‹ zu machen, ist ein höchst makabrer Vorgang. Er beweist, daß man von der vollen historischen, theologischen und aktuell-politischen Realität Israels keine Ahnung hat und auch nicht haben will: Immer noch definiert man Israel von außen, wenn nicht total spiritualistisch wie in der christlichen Tradition, dann total politisch unter ›striktem‹ Absehen von der theologischen Dimension ... Aber nur falsche Theologie blendet mögliche Erkenntnisbereiche einfach ab, während gerade die Erkenntnis, aber auch das Verständnis der Säkularität Israels nicht eine untheologische oder antitheologische, sondern nach unserer Überzeugung die theologische Aufgabe schlechthin ist, eine Aufgabe, deren angemessene Lösung wir noch dazu überhaupt nur theologisch für möglich halten, nämlich dann, wenn es nicht nur um das theologische, sondern auch um das historische und aktuell-politische Argument gehen soll. Das theologische impliziert sie beide, während das rein politische Argument sich exklusiv gegen die beiden anderen verhält ...«[146] – genau dies war sonst, war bisher geradezu die Methodologie der CFK, insbesondere J.L. Hromadkas.

In der Zagorsker Diskussion sagte Hromadka: »Der Staat Israel hat sich 1956 auf die Seite der Reichen gestellt, und jetzt wieder.«[147] Über Israels Beteiligung am Krieg 1956, für Hromadka natürlich auch wegen der gleichzeitigen Ereignisse in Ungarn schmerzlich wichtig, ließe sich viel reden, nicht zuletzt darüber, daß Israel damals ausgerechnet von den USA (also den – im Gegensatz zu England und Frankreich – wirklich Reichen) zum Rückzug aus dem Sinai gedrängt wurde. Im Zusammenhang mit 1967 ist der Satz barer Unsinn. Natürlich kann man gerade J.L. Hromadka persönlich keinen Antisemitismus unterstellen: Er gehört zu den theologischen Entdeckern Israels und weist mit Recht daraufhin, er »habe ... mit denen zusammengearbeitet, die in der Ökumene für Israel eintraten«[148], gehörte auch zu den Unterzeichnern des Minderheitsvotums in Evanston. Aber der Zusammenklang von Israel, also den Juden, den Reichen und dem US-Imperialismus bedient antisemitische Klischees. Jedenfalls zeigt sich am Konflikt in der CFK deutlich, was für die ökumenische Bewegung im Ganzen gilt: Die neuentdeckte Solidarität zwischen Christen und Juden gerät nicht nur in Konkurrenz zur ebenfalls neu entdeckten, ebenfalls mühsam erkämpften Option für die Armen, sondern erliegt ihr sogleich. Gerade sie wurde in Genf 1966 und Uppsala 1968 besonders wichtig. Auch in der großen Ökumene, im ÖRK, wird zunehmend, bis auf den heutigen Tag nach diesem fatalen Schema verfahren: Was auch immer Christen – über die Erwählung Israels, über Solidarität der Christen zu den Juden gelernt und also: – zu bezeugen haben, darf sie nicht daran hindern, zu erkennen. Theologische und politische Einsichten werden »strikt« getrennt.

Es war der niederländische Theologe H. Berkhof, der dann in Uppsala doch auf das Verhältnis der Christen zu den Juden zu sprechen kam in einer Kritik speziell am westlichen Christentum, das durch gedankenlose Rede von Jesus Christus als Herr, Sieger, Mitte und Fülle der Zeit usw. den Eindruck erweckt, als sei er schon am Ziel, als seien das nicht alles Bekenntnis- und also Hoffnungs- und Zukunftssätze, sondern Tatsachenbehauptungen, so daß aus dem lebendigen Herrn ein universales christozentrisches Prinzip wird. Er nennt dann die Juden die Gruppe, die im Namen desselben Gottes diese Ansprüche hartnäckig zurückgewiesen habe: »Zu unserem Schaden haben wir die Wahrheit in diesem jüdischen Protest übersehen.«[149] Es ist, soweit ich sehe, das erste Mal, daß innerhalb der ökumenischen Bewegung versucht wird, mit dem jüdischen Nein etwas Positives anzufangen – auch wenn Berkhof es negativ ausdrückt: Es hat der ökumenischen Bewegung geschadet, diesen Protest zu überhören. Sie wäre anders dran, besser, hätte sie das jüdische Nein gehört und zu Herzen genommen – sich ihm unterzogen. Berkhof kontrastiert ein »universales christologisches Prinzip« und den »lebendigen Herrn«. Offenbar haben sich Christen damit beruhigt, den »universalen« Sieg Christi für prinzipiell erreicht zu halten, während ihr »lebendiger Herr« weiter kämpfte, weiter litt und in beidem Verbündete suchte. Der »jüdische Protest« dagegen wird so mit der Stimme des »lebendigen Herrn« zwar nicht identifiziert, aber doch deutlich parallelisiert.

Obwohl Berkhofs Kritik speziell dem westlichen Christentum galt – die Gefahr vorzeitiger Selbstberuhigung war dort offenbar besonders augenfällig –, erwies sie sich in den folgenden Jahren als bedenkenswert auch für die ökumenische Bewegung im ganzen. Sie geriet bald nach dem euphorischen Aufbruch von Uppsala in die Krise. Nachträglich stellte sich heraus, daß sich in Uppsala eine höchst heterogene Koalition zusammengefunden hatte: Der apokalyptische Zuruf: »Siehe, ich mache alles neu«, war von den einen als Ansage eines revolutionären Kairos gehört worden, als Ermutigung in den weltweiten Befreiungskämpfen zu Theologien der Befreiung, der Revolution. Ihr Leitwort war »Gerechtigkeit«. Anderen war er das Motto einer zwar universal gedachten, aber deutlich an europäischen Maßstäben orientierten Modernisierung. Ihr Leitwort war »Entwicklung«.[150] Die bald darauf vom Club of Rome angestoßene Debatte über die Grenzen des Wachstums, vor allem die tatsächlichen Ölkrisen (für die Dritte Welt dramatischer als für Europa und die USA), die explosionsartig wachsende Verschuldung brachten beide Ansätze in die Krise. Vermutlich aufgrund dieser faktischen Probleme der Orientierung und der Praxis kam noch eine weitere Entzweiung hinzu: die wachsende Kritik derer, die einen »kirchlichen Ökumenismus« für das eigentliche Ziel der ökumenischen Bewegung halten, an dem, was sie polemisch »säkular-Ökumenismus« nennen. Vor diesem Hintergrund bekam das Motto der Vollversammlung 1975 in Nairobi »Jesus Christus befreit und eint« etwas von einer Beschwörungsformel. Der Gang des ÖRK von Uppsala nach Nairobi ist oft mit dem biblischen Bild von Exodus und Wüstenwanderung bezeichnet worden. Dabei fällt auf, daß »Wüste« zwar für die nicht nur sprichwörtliche Dürre steht, nicht aber mit der Gabe der Tora verbunden wird. Das Merkwürdige ist nun: Fast alle Dokumente, die das von Christen im Gespräch mit Juden Gelernte verzeichnen, nennen unter anderem die starke Betonung diesseitiger Bewährung, die praktische Arbeit für Frieden und Gerechtigkeit. Viele sehen überdies die traditionelle Trennung zwischen Religiösem und Weltlichem kritisch in Frage gestellt. Dennoch spielt weder im Streit zwischen den verschiedenen Ökumene-Konzepten noch in dem über Entwicklung oder Gerechtigkeit das von Juden Gelernte oder zu Lernende inhaltlich eine Rolle.

Es fehlt so etwas wie die Diskussion einer ökumenischen Halacha – bei den Befreiungstheologen sowohl wie bei den Entwicklungspolitikern und -technikern. Die einen neigen dazu, die verkehrte Welt apokalyptisch zu überwinden statt zu verändern,[151] die anderen können der biblischen Botschaft keine Wegweisung entnehmen, sondern nur die Motivation für Schritte, deren Maßstäbe sie anderswoher beziehen. Daß dieser Mangel empfunden wurde, zeigt die in und seit Uppsala geführte Diskussion um einen neuen Lebensstil.

Das Motto der Vollversammlung von Vancouver (1983) »Jesus Christus – das Leben der Welt« zeigt – besonders im Vergleich zu den früheren Formulierungen »Hoffnung« oder »Licht der Welt« –, daß die ökumenische Bewegung sich – und die Menschheit – aufs allerelementarste zurückgeworfen sieht: Das nackte Leben, das schiere Überleben ist in Frage gestellt durch wachsende Verelendung, immer riskanter beschleunigte Aufrüstung, zunehmend wahrgenommene ökologische Gefährdungen. Dort wurde verabredet, »die Mitgliedskirchen in einen konziliaren Prozeß gegenseitiger Verpflichtung (Bund) für Gerechtigkeit, Frieden und Bewahrung der Schöpfung einzubinden«. Der Begriff »Bund« scheint hier nur eine – etwas unvermittelt hinzugefügte – Umschreibung für die gegenseitige Verpflichtung zwischen Kirchen zu sein. Doch wurde damit ein biblisches Hauptwort aufgegriffen. Es hat nicht nur eine wechselvolle Geschichte in biblischer und systematischer Theologie, es gehört auch zu den wichtigsten Stichworten im christlich-jüdischen Verhältnis. Das galt immer schon in der Diskussion über alten und neuen Bund, wurde aber zu Beginn der 80er Jahre neu angestoßen durch die Formulierung des rheinischen Synodalbeschlusses, »daß die Kirche durch Jesus Christus in den Bund Gottes mit seinem Volk hineingenommen ist«. Doch in diesem Prozeß spielte das Verhältnis der Christen zu den Juden keine Rolle. Was es für die verschiedenen Menschheitsbedrohungen bedeutet, daß nach biblischer Auffassung die Menschheit aus Israel und den Völkern besteht, inwiefern der Friede Israels ein Kriterium für die bewohnbare Erde ist, war nicht einmal die Frage. Nicht das Verhältnis des ÖRK zum jüdischen Volk wurde in diesem Prozeß zur wichtigsten Frage, sondern das zur römisch-katholischen Kirche.

Doch ging die Arbeit am christlich-jüdischen Verhältnis weiter – nicht auf den großen Vollversammlungen, aber in Kommissionen und Seminaren. Seit 1971 ist die Konsultation Kirche und jüdisches Volk Teil der Abteilung »Dialog mit Menschen anderer Religionen und Weltanschauungen«, ist so auch organisatorisch vom Kontext Mission getrennt, dafür aber eingeordnet in das Verhältnis zu allen anderen Religionen, was dem spezifischen Problem Christen-Juden nicht gerecht wird.

Ebenfalls in den 70er Jahren bildete sich auch auf jüdischer Seite ein Dialog-Gremium, das internationale jüdische Komitee für interreligiöse Konsultationen, so daß nun nicht mehr Christen unter sich sich Gedanken über ihr Verhältnis zu den Juden machten, sondern wirklich Christen und Juden miteinander zu sprechen begannen. Hervorzuheben sind in den 70er Jahren gemeinsame Seminare von Juden und von Christen aus der Dritten Welt, besonders aus Afrika. Dabei stellte sich heraus, daß es keineswegs so kommen mußte, das Verhältnis zu den Juden nur aus der europäischen Schuldgeschichte zu verstehen. Vielmehr erwiesen sich Juden und z.B. afrikanische Christen oft als einig in ihrer Kritik am weißen europäischen Christentum, wie der jüdische Bibelwissenschaftler S. Talmon [152] sie formulierte. Er hat den Eindruck, »daß das westliche Christentum im Prinzip die Verbreitung des vorwiegend im Neuen Testament wurzelnden christlichen Glaubens in der heidnischen Welt fortführt, während das afrikanische Christentum eher an das ursprüngliche, aus der Hebräischen Bibel hervorgegangene Judenchristentum anknüpft«.[153] Das Neue Testament, so zitiert Talmon Rosenzweig, sieht »die Welt schlechthin in der Krise ... vor das Gericht gestellt; im Gegensatz zu seinen pointierten Paradoxien bot die aus der ganzen Breite eines Volkslebens und in der ganzen Breite einer Nationalliteratur erwachsene jüdische Bibel mit ihrer selbst noch in der scheidenden und ausscheidenden prophetischen Polemik lebendigen tiefen Schöpfungsgläubigkeit tragfähigen Grund für ein Bauen in und an der Welt«,[154] und er interpretiert: »Die jüdische Bibel umfaßt die Totalität menschlichen Seins, während das Neue Testament ... auf Spitzenleistungen religiösen Erkennens hinzielt ... Die alttestamentliche Literatur, mit Ausnahme vielleicht der Weisheitsschriften, ist von Grund auf optimistisch. Eine solche Einstellung führt hin zum Aktivismus.«[155] »Die Hebräische Bibel erkennt dies *und* das an, das Neue Testament fordert dies *oder* das«,[156] und so ist das Christentum durch eine »ungeduldige Eschatologie« gekennzeichnet, eine »Religion des kurzen Weges mit radikaler Ethik«, das Judentum »als eine Religion des langen Weges mit gemäßigter, dem Leben angemessener Ethik ... Das Judentum nimmt Geschichte ernst«.[157] Auch die Auffassungen von Individuum und Gemeinschaft, von Zeit, Geschichte, Generationen verbinden – laut Talmon – das afrikanische Christentum mit dem Judentum gegen das europäische Christentum.[158] Hier entstand ein spezieller jüdisch-christlicher Dialog als afrikanisch-israelische Affäre am Nordatlantik vorbei.

9. Lutherischer Weltbund

Mitte der 60er Jahre begann auch im Lutherischen Weltbund die Arbeit am Verhältnis der Christen zu den Juden, die im Lutherjahr 1983 zu einer teils getrennt, teils gemeinsam formulierten Erklärung von Juden und Christen führte.[159] Für die Lutheraner galt es zunächst, den Antisemitismus des alten Luther zu bearbeiten und mit Hilfe lutherischer Theologie (nämlich als theologia gloriae, nicht crucis) zu kritisieren. Darüber hinaus wurde aber auch die Frage diskutiert, ob nicht die ursprünglich hermeneutische Unterscheidung von Gesetz und Evangelium zu einer dogmatischen Abwertung des »Gesetzes«, einem negativen Verständnis des ganzen Alten Testaments geführt habe. Nicht diskutiert wurde m.W. die höchst unevangelische Bedingungslogik, die gerade bei Lutheranern aus der Glaubensgerechtigkeit massive Werkgerechtigkeit gemacht, nämlich die ganze befreiende Wirkung des Evangeliums an die Bedingung geknüpft hat: Sie müssen dran glauben.

Gleichzeitig begann im Lutherischen Weltbund eine Diskussion über die Ekklesiologie, besonders darüber, ob die in der Zeit der Reformation (vor allem in der CA) aufgestellten Mindestbedingungen fürs Kirchesein – reine Verkündigung des Evangeliums, rechte Verwaltung der Sakramente – auch hinreichende Bedingungen sind, ob nicht auch Fragen ihrer Ordnung und ihrer Praxis Kriterium sein müßten [160] – eine Fragestellung, die strenge Lutheraner zweifellos eine »judaisierende« nennen würden. Doch auch hier verliefen die beiden Diskussions- und Lernprozesse, soweit ich sehe, voneinander »strikt« getrennt.

10. Evangelische Kirche im Rheinland 1980:

Jesus Christus –
der Jude, der die Völker der Welt mit dem Volk Gottes verbindet

Ebenfalls Mitte der 60er Jahre hat in Deutschland die rheinische Kirche (und in ihr besonders H. Kremers) die EKD bedrängt, eine Kommission zum Thema »Christen und Juden« einzusetzen. Aus der Arbeit dieser Kommission ging dann 1975 die EKD-Studie »Christen und Juden«[161] hervor, auf die ich hier nicht eingehe. Viel wichtiger als sie sind nämlich die Folgerungen, die wiederum die rheinische Kirche aus ihr zog. Sie setzte einen Synodalausschuß ein, in dem – kirchengeschichtlich und -rechtlich revolutionär – auch Juden Vollmitglieder waren, zunächst nur, um Konsequenzen aus der Studie zu erarbeiten. Es entstand eine ausführliche Thesenreihe, an der, neben der Verwerfung der Judenmission, vor allem auffällt, daß erst jetzt, in den späten 70er Jahren, das volle Ausmaß der Bedeutung der Schoah spürbar wird.[162] Aus dieser Thesenreihe ging dann der rheinische Synodalbeschluß vom Januar 1980 »Zur Erneuerung des Verhältnisses von Christen und Juden« hervor.[163] Nachdem in vier Punkten genannt ist, was die Synode zum Umdenken gebracht hat, inwiefern sie sich mit diesem Beschluß einer »geschichtlichen Notwendigkeit« stellt, wird in einigen bekenntnisartigen Sätzen unter anderem gesagt:

»Wir bekennen betroffen die Mitverantwortung und Schuld der Christenheit in Deutschland am Holocaust.«

»Wir bekennen uns zu Jesus Christus, dem Juden, der als Messias Israels der Retter der Welt ist und die Völker der Welt mit dem Volk Gottes verbindet.«

»Wir glauben die bleibende Erwählung des jüdischen Volkes als Gottes Volk und erkennen, daß die Kirche durch Jesus Christus in den Bund Gottes mit seinem Volk hineingenommen ist.«

Hier ist das Verhältnis der Christen zu den Juden zum Gegenstand und zum Inhalt eines christlichen Bekenntnisses geworden. Zunächst einmal eines Schuldbekenntnisses, von der rheinischen Kirche ausgesprochen, aber stellvertretend auch für die »Christenheit in Deutschland«. Zum zweiten aber, und das jedenfalls betrifft nicht nur die Christenheit in Deutschland, wird die Beziehung zwischen Israel und den Völkern zum Thema eines Christusbekenntnisses, gehört also ins Zentrum des christlichen Glaubens. Mit dieser betont christologischen Verhältnisbestimmung unterscheidet sich der rheinische Synodalbeschluß von anderen hier besprochenen Erklärungen. Nicht nur durch Prädestination in »Gottes Heilsplan« (Amsterdam 1948), auch nicht nur über die Eschatologie (Evanston 1954), auch nicht nur über den Begriff »Volk Gottes«, sei es in seiner Spaltung (Bristol 1967), sei es in typologischer Entsprechung zwischen altem und neuem Gottesvolk (Zweites Vatikanum 1965), ist die Kirche mit Israel verbunden, sondern durch Jesus Christus selbst. Die rheinische Kirche bekennt, daß das Judesein Jesu für ihren Glauben wesentlich ist. Daß Jesus Jude ist, sagt etwas über den Inhalt der von ihm vollbrachten Versöhnung. Sie betrifft das Verhältnis zwischen »Volk Gottes« und »Völkern der Welt«. Das wird an dem Parallelismus zwischen den beiden Hälften dieses Christusbekenntnisses deutlich: Jesus Christus ist darin »als Messias Israels« (des Volkes Gottes) »der Retter der (Völker-)Welt«, daß er das Volk und die Völker verbindet. Die Kirche bekennt zudem die bleibende Erwählung Israels als Gegenstand ihres Glaubens, versteht sich selbst daher auch nicht mehr als ein neues Gottesvolk – Israel ersetzend, beerbend –, aber auch nicht als Ergebnis einer Ausweitung, Universalisierung einer zuvor bloß partikularen Geschichte, sondern umgekehrt: als bloß sekundär dazugekommen, assoziiert. Während es im vierten Abschnitt der Thesen, der diesem Bekenntnissatz zugrundeliegt, heißt: »Wir dürfen nicht mehr von einem ›alten‹ und einem ›neuen‹ Gottesvolk reden, sondern nur von dem einen Gottesvolk, das als Israel Gottes dem Ruf in Gottes Zukunft folgt«, »Israel Gottes« also einen Oberbegriff für Israel und die Kirche bildet, wird darauf im Synodalbeschluß selbst verzichtet: Kirche ist nicht Israel, glaubt vielmehr die bleibend unterscheidende Erwählung Israels, kann darum ihre eigene Beziehung zu Gott nicht mehr unvermittelt, sondern nur über Israel vermittelt, in Assoziation zu Israel erkennen.

Für die Frage der Beziehung der ökumenischen Bewegung zu Israel besonders wichtig ist das Verhältnis der beiden zuletzt genannten Bekenntnissätze zueinander: Im Bekenntnis zu »Jesus Christus, dem Juden« ist von

Christen und Kirche noch keine Rede, sondern »die Völker der Welt« werden dem »Volk Gottes« gegenübergestellt.[164] Im Glaubenssatz über die »bleibende Erwählung des jüdischen Volkes« wird zwar das Stichwort »Gottes Volk« wieder aufgegriffen, doch stehen ihm hier nicht die Völker gegenüber, sondern die Kirche, die sich als »in den Bund Gottes mit seinem Volk hineingenommen« versteht. Der Zusammenhang und -klang dieser beiden Bekenntnissätze macht deutlich: Die Kirche versteht sich als denjenigen Teil der Völker, der sich durch Jesus Christus mit dem Volk Gottes hat verbinden lassen, sich nicht nur mit Gott hat versöhnen lassen, sondern auch mit seinem Volk. Wenn sich die Kirche als »in den Bund Gottes mit seinem Volk hineingenommen« versteht, dann pars pro toto: stellvertretend für die Völker der Welt.

Daß die rheinische Kirche hier wirklich grundsätzlich bekannt hat, zeigt die jetzige Diskussion darüber, ob eine Verhältnisbestimmung der Kirche zu Israel schon in den Grundartikel der Kirchenordnung gehört.[165] Der rheinische Synodalbeschluß hatte Folgen. Er erregte nicht nur Anstoß bei einigen Universitätstheologen, sondern regte auch einige Kirchen in Deutschland und in der übrigen Ökumene zu ähnlichen Beschlüssen an.

Resümee

a) Der ökumenischen Bewegung wird in den letzten Jahren oft bescheinigt, mindestens in eine Krise, wenn nicht ins Stocken geraten zu sein. Der jetzige Generalsekretär des ÖRK, Konrad Raiser, hat daraufhin in seiner Zeit als Bochumer Professor zwischen Genf und Genf eine Zwischenbilanz der ökumenischen Bewegung gezogen, Symptome der Krise – »Unschlüssigkeiten« – auf ihnen zugrundeliegende Probleme hin untersucht und nach Auswegen aus der Krise gesucht.[166] Seine Diagnose ist: In den Jahren nach der Vollversammlung in Uppsala 1968 ist ein nicht nur allgemein geteilter, sondern auch erhellender Deutungsrahmen, der der ökumenischen Bewegung half, Wirklichkeit zu erkennen und zur Praxis anzuleiten, durch neue Herausforderungen an seine Grenzen gestoßen und in Frage gestellt worden. Diesen Zusammenhang gemeinsamer Orientierungspunkte nennt er »christozentrischen Universalismus«. Das Christusgeschehen wird verstanden als das Ereignis, in dem Gott sich mit allen Menschen solidarisierte, in dem einen Jesus Christus die ganze Menschheit angenommen hat. Nur in der Konzentration auf diese Person und dieses Ereignis ist christlicher Universalismus, christlich der Gedanke der einen Menschheit denkbar: einig darin, im Gegenüber zu ihm als Gottes Feinde, als Gottes Verdränger entlarvt, einig aber auch darin, in ihm versöhnt und befreit zu sein. Raiser betont, daß auch dies Konzept als Antwort auf eine Krise entstand: Der ursprüngliche Optimismus einer kontinuierlichen Ausbreitung des Christentums – Evangelisation der Welt in dieser

Generation – war durch die Katastrophen der beiden Weltkriege erschüttert, erst recht die europäische Tradition des corpus christianum. Nicht mehr Christen- und Kirchentümer standen im Mittelpunkt, sondern Christus – auch im kritischen Gegenüber zu den Christen. Sowohl die Erschütterungen, die zur Konzentration auf Jesus Christus anstießen, wie das Christusgeschehen selbst sind geschichtliche Ereignisse, und so gehörte zu diesem neuen Orientierungsversuch ein Interesse an Gottes Handeln in der Geschichte. Raiser nennt darum als weiteres Kennzeichen dieses Deutungsrahmens »Geschichte als zentrale Deutungskategorie« – nicht so, als ließen sich geschichtliche Ereignisse als solche unmittelbar als Handeln Gottes, als seine Offenbarung verstehen – gerade dagegen war ja die christologische Konzentration gerichtet. Wohl aber sollten geschichtliche Ereignisse als Herausforderungen und Anforderungen für christliche Erkenntnis und Praxis wahrgenommen werden. Es geht, in Miskottes Worten, darum, wie Gott sich in der Welt von der Welt unterscheidet. Da dies Interesse am Handeln Gottes in der Geschichte ein praktisches ist, nennt Raiser als weiteren Schwerpunkt dieser Theologie die »Konzentration auf die Kirche«. Sie gilt zwar nicht als die Verkörperung oder Verlängerung des Christus. Gerade in dieser Hinsicht war ja die christologische Konzentration kirchenkritisch. Aber das Interesse am geschichtlichen Handeln Gottes führt darum zur Konzentration auf die Kirche, weil sie als Gemeinschaft dazu verpflichtet ist, dieses Handeln zu bezeugen, sich an ihm – an der missio dei – zu beteiligen. Doch scheint, folgt man Raiser, dieser so beschriebene Neuansatz im Lauf der Zeit wieder ungefähr dort gelandet zu sein, von wo er aufbrach: Aus dem Interesse am geschichtlichen Handeln Gottes wurde – über das Konzept der Heilsgeschichte – ein lineares Fortschritts- und Entwicklungsdenken, überdies keineswegs christo-, sondern eurozentriert, und entsprechend wurde unter Universalismus zunehmend eine faktisch-technisch, insbesondere kommunikationstechnologisch zusammenrückende, zusammenwachsende Welt und Menschheit verstanden: technischer Fortschritt als Realisierung der Verheißung der einen Menschheit. Und aus der Konzentration auf die Kirche im Sinne ihrer Verpflichtung und Berufung wurde – zwar keine Rückkehr zum corpus christianum oder zur Zielbestimmung Christliche Welt, aber – eine Verwechslung von Christus und Christentum, ein ekklesio- statt christozentrischer Universalismus. Es ist klar, daß diese Form von »christozentrischem Universalismus« in den 70er und 80er Jahren in die Krise geriet. Dieses Verständnis von Geschichte wurde in Frage gestellt nicht nur durch Rückschläge in Befreiungskämpfen, sondern vor allem durch die zunehmende Einsicht in die Gefährdungen allen Lebens – und zwar gerade durch technischen Fortschritt. Dieses Verständnis von Universalismus war widerlegt durch die Entdeckung, daß die Welt und die Menschheit technisch zwar tatsächlich zusammenwuchsen, aber in Form eines unterdrückenden totalen Systems, einer Antiökumene nach dem Bild der neutestamentlichen Rede von Ökumene für den Zusammenhang des römischen Imperiums. Und die Ersetzung des Christus durch das Christentum geriet in die Krise durch die Erkenntnis des bleibenden Charakters religiösen Pluralismus. Insgesamt also ist, wie vor der Entwicklung jenes christozentrischen Universalismus, ein etwas naiver Optimismus in die Krise geraten. Für Raiser aber sind alle Elemente des bisherigen Konsenses in Frage gestellt: die Konzentration auf Jesus Christus, der Universalismus, die Orientierung an der Geschichte, die betonte Rolle der Kirche. Und so sucht er neue, durch die neuen Herausforderungen korrigierte Orientierungspunkte: Gegenüber der Konzentration auf Jesus Christus erinnert er daran, daß die Schrift insgesamt nicht christozentrisch, sondern theozentrisch zeugt, betont die trinitarisch ausgesagte Sozialität Gottes selbst, insbesondere die Rolle des Heiligen Geistes; gegenüber der zentralen Bedeutung der Geschichte empfiehlt er den umfassenderen, menschliche und außermenschliche Natur umgreifenden Begriff »Leben«. In diesem Zusammenhang modifiziert er, vielfältige Bedrohungen des Lebens aufgreifend, die herkömmliche Umschreibung von Ökumene als bewohnte Erde zum Postulat: bewohnbare Erde. Anknüpfend an Überlegungen und Meditationen Philipp Potters konzentriert er sich dabei mehr und mehr auf das Bild vom Haus (*oikos*). Das hat den Vorteil, daß sich so der Ökumenebegriff mit der Überlebensfrage Ökologie und der Gerechtigkeitsfrage Ökonomie verbinden läßt. Dabei stößt er u.a. auf Eph 2,19-22:[167]

So seid ihr nun nicht mehr Fremdlinge und Beisassen,
sondern ihr seid Mitbürger der Heiligen und Hausgenossen Gottes,
aufgebaut auf dem Grundstein der Apostel und Propheten
und der Eckstein dazu ist der Christus Jesus.
In ihm wird der ganze Bau sich zusammenfügen und wachsen zu einem heiligen Tempel im Herrn.
In ihm werdet auch ihr mit eingebaut in eine Behausung Gottes im Geist.

Zwar notiert Raiser den Zusammenhang dieser Bilderrede mit dem Thema des Epheserbriefs: das durch Christus zustandegebrachte Hinzukommen der Völker zu Israel, Friede und Versöhnung zwischen Israel und den Völkern. Doch scheint ihn dieser Zusammenhang nicht zu interessieren, er konzentriert seine Überlegungen rasch auf die Implikationen einer Hausgenossenschaft mit Gott. Er versteht also die Begriffe »Mitbürger der Heiligen (=Israels)« und »Hausgenossen Gottes« nicht als Parallelismus membrorum: als zwei einander auslegende Weisen, dasselbe zu sagen, also als notwendigen, untrennbaren inneren Zusammenhang.

Für den Epheserbrief hängt die Möglichkeit für Christen, aus den Völkern in Wohn- und Lebensgemeinschaft mit Gott zu kommen, an ihrer politischen Bündnisfähigkeit (*sympolitai*) mit Israel. Kern und Maß ihrer Politizität ist ihre Beziehung zu Israel. Es mag an seiner Unterschätzung dieser Grundvoraussetzung des politischen Engagements von Christen liegen, daß Raisers Ausführungen zur »ökumenischen Hausgenossenschaft« – er spricht von Haushalt, von Gott als Hausvater, von Großfamilie, vom Haushalter, der den Hausherrn vertritt, von Hausordnung – etwas hausbacken klingen.[168]

Mit Recht weist Raiser darauf hin, daß er mit seinen Überlegungen zu einem neuen Rahmen der Wahrnehmung von Wirklichkeit, des Denkens und der Praxis der ökumenischen Bewegung keineswegs frei phantasiert, sondern nur Linien und Tendenzen zu beschreiben und in einen Zusammenhang zu bringen versucht, die ohnehin bestehen:

Schon die Vollversammlung in Vancouver (1983) hatte sich auf den Begriff »Leben« konzentriert und mit der dort vereinbarten Thementrilogie »Gerechtigkeit, Frieden und Bewahrung der Schöpfung« drei Hauptbedrohungen des Lebens angesprochen. Und die in Canberra (1991) hatte, nach zahlreichen Vollversammlungen mit christologischem Motto, erstmals den Heiligen Geist in den Mittelpunkt gerückt und zugleich betont von »Schöpfung« gesprochen. Auch die Debatte um die Eucharistie im Zusammenhang mit den Lima-Texten geht in diese Richtung. Darum lohnt es sich, der Frage nach der Bedeutung Israels für die ökumenische Bewegung im Gespräch mit dieser Diagnose und diesen Therapievorschlägen nachzugehen.

1. Konzentration auf Jesus Christus

Raiser begründet seine Relativierung der bisherigen Konzentration auf die Person Jesu u.a. damit, daß das Zeugnis der ganzen Schrift nicht christozentrisch, sondern theozentrisch sei. Dieser Inhaltsangabe der Bibel muß widersprochen werden: Die Bibel Alten und Neuen Testaments ist ebensosehr auf Israel hin zentriert wie auf Gott. Gerade erst im Gegenüber, im Bund von Gott und Israel, und im Spannungsverhältnis zwischen Israel und den Völkern zeigt sich, wer dieser Gott ist: Was er tut, was er will. Die neutestamentliche Konzentration auf Jesus Christus spitzt diese Konstellation, dieses Gegenüber zu auf die Person eines bestimmten Juden. In ihm hat sich der Gott Israels seines Volkes angenommen, sich mit ihm solidarisiert. Und der vertritt sein Volk unter den Völkern. Die Konzentration auf Jesus Christus ist darum eine heidenchristliche Notwendigkeit. Der Jude Jesus steht ein für die Eigenart des Gottes Israels, nicht zuletzt für dessen Festlegung auf die besondere Israelgeschichte. Seine Fremdheit hindert daran, erschwert es zumindest, diesen Gott mit eigenen Wunschvorstellungen zu vertauschen und zu verwechseln. Der Jude Jesus erinnert die Christen aus den Völkern daran, daß sie keine Juden sind, sondern Hinzugekommene, deren Zugehörigkeit zu diesem Gott eine Beziehung zu diesem Volk impliziert. Freilich muß sofort hinzugefügt werden: Das hat er faktisch bisher nicht bewirkt, nicht erreicht. Geschichte und Stand der Beziehungen der ökumenischen Bewegung zu Israel zeigen: Die ökumenische Bewegung hat in Jesus Christus zwar den Vertreter Gottes bei den Menschen und den der Menschheit vor Gott gesehen. Sie hat ihn aber nicht als Vertreter seines Volkes unter den Völkern gesehen. Täte sie das, sie wäre zwar weiter eine auf Christus konzentrierte, wäre zugleich aber eine um das – in der ökumenischen Bewegung abwesende – Volk Israel herum sich sammelnde Bewegung: eine Ökumene der Völker wallfahrt zum Zion. Das würde auch die Bedeutung der Religion relativieren: Die Christen aus den Völkern wären nicht mehr primär die Vertreter der christlichen Religion innerhalb der Pluralität der Religionen, sondern Vertreter ihrer Völker bei Israel, zugleich in ihren Völkern Mitarbeiter am Zustandekommen eines mit Israel ausgesöhnten, nicht mehr gemeinsam gegen Israel verschworenen Völkerbundes. Nicht nur bei Raiser, überhaupt im gegenwärtigen Stand der ökumenischen Bewegung ist der Zweifel an der christologischen Konzentration verbunden mit einem Sich-Ausstrecken, einem Hilferuf nach Heiligem Geist. Das ist Ausdruck einer Mangelerfahrung: Mangel an Orientierung, an Lebenskraft, auch an Erfahrungen von Gottes Gegenwart. Ein Hilfeschrei in dürftiger Zeit, in Zeiten der Stagnation, der Resignation – nichts mehr vom Optimismus, die Sache Gottes sei in den Händen der Menschen gut aufgehoben, in den Händen mündiger Stellvertreter. Für diese Mangelerfahrung – Gotteserfahrung im Modus der Abwesenheit, der Sehnsucht – ist die programmatisch forcierte Forderung nach und Förderung von Spiritualität eher Indiz als Abhilfe. Der Heilige Geist läßt sich nicht herbeiorganisieren, wohl aber: dämpfen. Ich erinnere an die Diagnose der Niederländischen Reformierten Kirche von 1959: »Bei der Untersuchung der Ursachen für die Verlangsamung im Fortgang des geistlichen Lebens in unserer Kirche werden wir das Fehlen der Offenheit für Israel und der Einheit mit Israel, die zum Wesen einer christlichen Kirche gehören, mit in Rechnung stellen müssen.«[169]

2. Universalismus

Christlicher Universalismus, biblisch und jüdisch belehrt, zielt keineswegs darauf, daß alle Menschen Christen werden. Aber er zielt auf die Menschheit im ganzen. Christen sind keine Bewohner einer Insel der Seligen – so wenig wie Juden. Die Einheit Gottes, wie sie in Israels Schma-Sagen bekannt wird, zielt auf die Einung der Menschheit und kommt in ihr erst zum Ziel, wie im zweiten Teil des Alenu erhofft. Diese Einung wird vorweggenommen im christlichen Abendmahl. Was christlicher Universalismus zu Recht wollte, was aber angesichts der Anti-Ökumene des »globalen Systems« in die Krise geriet, das möchte Raiser retten durch das, was er »eucharistische Verknüpfung« nennt: Im Abendmahl werden die Vielen – die bleibend Verschiedenen, die sogar wegen unterschiedlicher Aufgaben immer verschiedener werden können – ein Leib. Die Eucharistie »verknüpft« nicht nur die Teilnehmer am Ort, sondern verbindet sie auch mit der weltweiten Christenheit, mit der Menschheit, sogar mit der Schöpfung im Ganzen. Mit dieser Verknüpfung strebt Raiser nach einem Modell von Gemeinschaft – genauer: einer praktischen Entsprechung der von Christus schon vollbrachten Versöhnung – ohne Vereinheitlichung, ohne Unterschiede einzuebnen. Er strebt einen anderen Universalismus an statt der falschen Totalität des globalen Systems. Er will die Utopie versöhnter Verschiedenheit praktisch antizipieren. Die herrschende Totalität, das falsche Allgemeine ist darin Verblendungszusammenhang, daß es zwar tatsächlich und zunehmend Vereinheitlichung der Menschen-, der Völkerwelt bewirkt, dies aber im höchst partikularen Interesse weniger. »Da aber jene Totalität sich gemäß der Logik aufbaut, deren Kern der Satz vom ausgeschlossenen Dritten bildet, so nimmt alles, was ihm nicht sich einfügt, alles qualitativ Verschiedene, die Signatur des Widerspruchs an.«[170] Abweichung als solche, auf Partikularem zu bestehen ist so schon Widerstand. Wenn dies Partikulare auch nicht die ganze Wahrheit ist, so steht es in seiner widerständigen Partikularität doch ein für die Wahrheit des Ganzen: für Zukunft.

Im biblischen Erwählungs-, Stellvertretungs-, Verweisungszusammenhang ist Israel dies obstinat Partikulare – notfalls allein. Solange bis Jhwh

vernichtet auf diesem Berg (=Zion)
die Gesichtsverhüllung,
die alle Völker (*ammim*) einhüllt,
die Maske,
die alle Völker (*gojim*) bedeckt
(Jes 25,7).

Notfalls allein. Doch nun könnte es Verbündete haben: Eine ökumenische Bewegung, die dazu beiträgt, daß Israel ohne Angst und also ohne Assimilation Israel sein kann in seinem Land und in allen Ländern; Christen, die ihre Völker an Christi statt bitten: Laßt euch versöhnen mit Israel. Eine solche Bundesgenossenschaft könnte Christen dazu verhelfen, zwischen Universalismus und Totalitarismus, Absolutismus zu unterscheiden, wäre selbst Beispiel für versöhnte Verschiedenheit.

Das Abendmahl ist dafür tatsächlich Modell, zum einen, weil »die Vielen« im neutestamentlichen Sprachgebrauch die Völker meint, zum anderen, weil es das christliche Gedenken der Befreiung vom Regime der Sünde und des Todes verbindet mit dem jüdischen Pessach: dem Gedenken der Befreiung aus dem geschlossenen System der Sklaverei.[171]

b) Es ist keine Frage, daß vieles im Gespräch zwischen Christen und Juden Gelernte erst durch die Schoah angestoßen wurde. Was daraufhin an neuen biblischen Einsichten über den Zusammenhang zwischen der Ökumene der Völker und Gottes Volk Israel gewonnen wurde, das geht als biblische Theologie die ganze Ökumene an, soll mit ihr geteilt, kann ihr nicht erspart werden. Aber wie ist es mit der Schoah selbst? In einigen ökumenischen Erklärungen der letzten Jahre werden westliche Christen davor gewarnt, ihre Schuldgeschichte – kaum erkannt – nun auch gleich der übrigen Welt aufdrängen zu wollen. Auch Hans Ucko, in Genf für den christlich-jüdischen Dialog zuständig, hat davor gewarnt, die Arbeit am christlich-jüdischen Verhältnis mit der vor allem europäischen Geschichte christlicher Schuld an den Juden zu verbinden und zu motivieren.[172] Zwar sieht er eine direkte Linie von 2000 Jahren christlicher Judenfeindschaft nach Auschwitz.[173] Dennoch hält er das Thema Schuld für zu begrenzt für »eine Fortsetzung des Dialogs« – zeitlich und psychologisch: »Das kann eine Zeitlang so gehen, aber der Krug geht nur so lange zum Brunnen, bis er bricht. Ein schlechtes Gewissen ist im allgemeinen keine fruchtbare Erde für eine gegenseitige Bereicherung ... Die Reue begrenzt die Reichweite«, vor allem aber räumlich: »Sollte Schuld *point de départ* für die jüdisch-christliche Beziehung sein, wird ein großer Teil der Christenheit diesen Dialog als unwirklich und auf falsche Voraussetzungen gebaut empfinden.«[174] Ucko möchte die christlich-jüdischen Beziehungen darum vom Thema »Schuld« trennen, weil er die Frage nach ihrem Verhältnis zu den Juden für eine notwendige Frage für alle Christen hält, »mögen sie Inder, Schweden oder Nigerianer sein ... ob sie aus Amman oder Seoul, Dresden oder Accra, Oakland oder Quito kommen«[175]. Die Frage nach ihrem Verhältnis zu den Juden ist ihnen allen durch ihren Glauben, durch ihre Bibel gestellt. Und diese Frage will Ucko retten und geltend machen, indem er sie von der nach der christlichen Schuld trennt. Er zitiert F. Lovsky mit dem Satz: »Die Relation zum Judentum ist die Nabe der Ökumene.«[176] Dieses Bild kommt meinen Überlegungen oben über eine um das – abwesende – Israel herum sich versammelnde ökumenische Bewegung nahe. Die Frage ist jedoch, ob die von Ucko beabsichtigte Trennung möglich und angemessen ist.

1. Nimmt man Uckos These von 2000 Jahren christlichem Antijudaismus als Bedingung der Möglichkeit von Auschwitz ernst, dann muß man ja damit rechnen, daß dieser Antijudaismus in völliger Selbstverständlichkeit mit der christlichen Botschaft in alle Welt exportiert wurde. Woher weiß denn z.B. F. Belo so genau, was das »priesterliche System von Reinheit und Unreinheit« ist?[177] Nur aus seiner Praxis? Nicht auch aus der angeblich historisch-kritischen Exegese, mindestens seit Wellhausen? M. Stöhr hat untersucht, was palästinensische Befreiungstheologen auf ihren Schreibtischen schon vorfinden, wenn sie sich zwischen Praxis und Praxis an sie setzen.[178] Ucko hatte die Frage gestellt: »Müssen palästinensische Christen erst westliche Christen werden, um am jüdisch-christlichen Dialog teilnehmen zu können?«[179] Stöhr zeigt: Bei diesem Thema sind sie es schon, waren es immer.

2. Auch wenn bisher »Theologie nach Auschwitz« weitgehend eine nordatlantische Angelegenheit ist, bleibt ja die Frage, was gerade diese Theologie zum Gespräch der ganzen ökumenischen Bewegung beiträgt. P. Schüttke-Scherle ist dieser Frage nachgegangen. Er interpretiert zunächst die koreanische Minjung-Theologie und die »Theologie nach Auschwitz« je für sich als »kontextuelle« Theologien. Beide sind durch eine konkrete Situation herausgefordert und reagieren auf sie. Er versucht dann aber, sie miteinander ins Gespräch zu bringen. Denn die Frage, wie verschiedene an jeweils verschiedenen Kontexten sich entzündende Theologien zu einer gemeinsamen »ökumenischen Theologie« beitragen, ist für die ökumenische Bewegung von grundsätzlicher Bedeutung.[180]

3. Und nun ist Theologie nach Auschwitz, anders als Ucko meint, doch etwas anderes als ein Ritual der Reue, des Schuldgefühls. Es geht um Versuche, die Schoah als Krise aller christlichen Theologie und des Christentums selbst wahrzunehmen – und zugleich die Welt nach der Schoah als eine grundsätzlich veränderte Welt. Mit diesem Ziel ist sie selbst – in Schüttke-Scherles Begriffen – ökumenische, nicht nur kontextuelle Theologie. Die Frage nach der theologischen Bedeutung christlicher Schuld an den Juden ist so die Frage, ob Auschwitz Krise der christlichen Theologie ist.[181]

c) Die Frage nach der Beziehung der ökumenischen Bewegung zu Israel ist aber vor allem eine praktische Frage an die Christen: nach ihrer Bewährung. Sie müßten erweisen, daß sie zu solidarischer Bundesgenossenschaft mit Gottes Volk Israel nicht nur berufen, sondern auch faktisch befreit und in der Lage sind. Ihre Praxis müßte zeigen, daß sie tatsächlich die Völker vor Israel repräsentieren und unter den Völkern dafür sorgen, daß Israel inmitten der Völker in Frieden leben kann. Ihr Messiasbekenntnis müßten sie dadurch bezeugen, daß sie in der Völkerwelt an realer, materieller Weltveränderung in messianischer Richtung auf Gerechtigkeit und Frieden mitwirken.[182] Es war nicht zufällig ein Jude, der den methodischen Grundsatz aufstellte: »Die Frage, ob dem menschlichen Denken gegenständliche Wahrheit zukomme – ist keine Frage der Theorie, sondern eine *praktische* Frage. In der Praxis muß der Mensch die Wahrheit, i.e. Wirklichkeit und Macht, Diesseitigkeit seines Denkens beweisen. Der Streit über die Wirklichkeit oder Nichtwirklichkeit des Denkens – das von der Praxis isoliert ist – ist eine rein *scholastische* Frage.«[183] Michael Wyschogrod hat den Teilnehmern eines Evangelischen Kirchentages zugerufen: »Ob Jesus der Messias ist, das hängt von euch ab!«[184] Er hat damit traditionelles jüdisches Selbstverständnis als Bundespartner Gottes auf Christen übertragen. Im Midrasch wird Jes 43,12: »Ihr seid meine Zeugen, spricht Jhwh, und ich bin Gott« so interpretiert: »Wenn ihr meine Zeugen seid, dann bin ich Gott; wenn ihr nicht meine Zeugen seid, dann bin ich nicht Gott.«[185]

Kapitel III
Eine Kirche aus den Völkern – Zwei systematische Entwürfe zur Ekklesiologie im christlich-jüdischen Verhältnis

Wann immer die ökumenische Bewegung oder einzelne Kirchen nach ihrem Verhältnis zum Volk Israel fragten, stellte sich heraus, daß es bei dieser Frage nicht um ein Randthema geht, nicht nur um eine Beziehung nach außen, sondern um den Kern kirchlichen Selbstverständnisses und um die Bedingungen der Möglichkeit einer ökumenischen Bewegung.

Israels Gegenwart wird – wenn überhaupt – als Frage wahrgenommen, als Infragestellung kirchlicher Wirklichkeit und christlicher Theologie:

Hat die Kirche, haben die Kirchen sich vorzeitig zur Ruhe gesetzt, etabliert, sich selbst mit dem Reich Gottes verwechselt?

Haben Christen in ihren antijüdisch sich abgrenzenden Selbstdefinitionen versucht, Gott seiner Freiheit zu berauben, den Juden Jesus zu beschlagnahmen, jedes extra nos sich einzuverleiben?

Und die im Zuge dieser antijüdischen Abgrenzung entwickelten typologischen Gegenüberstellungen Geist – Fleisch, Geist – Buchstabe, Evangelium – Gesetz, Freiheit und Liebe – Werkgerechtigkeit und Pflicht: Haben sie nicht alles Materielle, Geschichtlich-Politische der biblischen Botschaft spiritualisiert, individualisiert, entweltlicht zu reiner Innerlichkeit?

Ist das Christentum so zur Religion geworden: zur Stabilisierung ungerechter Verhältnisse, Sinnstiftung für sinnlose Zustände, nur noch Gemüt einer herzlosen Welt?

Ist dann das Konzept Volkskirche Ausdruck dieser Israelvergessenheit, Israelverdrängung: Leugnung der speziellen Bindung an dieses besondere Volk, diese partikulare Geschichte zugunsten der Assimilation ans je eigene Volk?

Und sind gerade diese »ethnisierenden Volkskirchen« (H.-J. Iwand) das entscheidende Hindernis einer wirklich ökumenischen Bewegung?

Was aber wäre positiv Aufgabe und Sendung einer Kirche aus den Völkern, die sich zum Juden Jesus bekennt? Was ihre Weltverantwortung, ihre Verantwortung also gegenüber Israel, gegenüber den Völkern, vor Gott?

Was würde eine Lebensbeziehung zu Israel für Glaube, Hoffnung und Liebe einer Völkerkirche bedeuten – dogmatisch ausgedrückt: für die Ekklesiologie im Spannungsfeld zwischen Christologie, Eschatologie und Pneumatologie?

Fragen, die einer Kirche bei der Wahrnehmung, beim Nicht-länger-Verdrängen von Israels Gegenwart sich aufdrängen, die daraufhin einer vernehmungsfähigen Systematischen Theologie Arbeit machen.

Ich werde – stellvertretend für nicht sehr viele – Arbeiten zweier Systematiker vorstellen, denen die Beziehung der Kirche zu Israel zur Grundfrage der Ekklesiologie geworden ist, die sie für eine ökumenische Frage halten – quer zu allen zwischenchristlichen Fraktionen und Friktionen –, die daran arbeiten, den jahrhundertealten ökumenischen Konsens im Antijudaismus zu überwinden zu einem neuen Konsens: einer Ökumene in Solidarität mit Israel.

1. Hans-Joachim Kraus

Hans-Joachim Kraus hat zunächst Altes Testament in Hamburg gelehrt, dann Systematische Theologie in Göttingen. In diesem Wechsel der Disziplin drückt sich sein doppeltes Interesse aus: Als Exeget fragt er über die historisch-kritische Erforschung der Bibel hinaus nach der Konzeption einer Biblischen Theologie, die die beiden Teile der christlichen Bibel (zusammen und je für sich) nicht auseinanderreißt, sondern integriert.[1] Und als Systematiker ist er bemüht, Dogmatik in biblischer Denkform zu treiben. Mit beiden Fragestellungen knüpft er zugleich an seine speziell reformierte Tradition an, belehrt durch Karl Barth.

Er war mit dem Rabbiner Robert Raphael Geis befreundet, hat mit ihm zusammen Dokumente jüdisch-christlicher Begegnung in Deutschland vor 1933 herausgegeben.[2] Beide gehörten 1961 zu den Gründern der Arbeitsgemeinschaft Juden und Christen beim Deutschen Evangelischen Kirchentag, deren Vorsitzender Kraus wurde – der wichtigste, lange Jahre auch der einzige Ort theologischen Gesprächs zwischen Juden und Christen in Deutschland nach 1945. Während ihrer ersten tiefen Krise, des sog. Purim-Streits 1963/64, als R. R. Geis an fast allen seinen christlichen Freunden irre wurde, bei ihnen nicht mehr zwischen Mordechai und Haman unterscheiden konnte, gehörte Kraus zu den wenigen Christen, denen Geis unbeirrt vertraute.[3] Als Vorsitzender des Moderamens des Reformierten Bundes legte Kraus 1982 fünf Thesen zum christlich-jüdischen Verhältnis vor und brachte damit einen Diskussionsprozeß im Reformierten Bund in Gang, der nach langen, z.T. schweren Auseinandersetzungen 1990 zur Verabschiedung von sieben Leitsätzen »Wir und die Juden – Israel und die Kirche« führte.[4]

1983 erschien seine »Systematische Theologie im Kontext biblischer Geschichte und Eschatologie«.[5] Der Titel deutet es bereits an: Kraus versucht, in seiner dogmatischen Arbeit auf jede Stütze durch Metaphysik, Ontologie, alles Statische, Vertikale zu verzichten, statt dessen der biblisch bezeugten Bewegung auch in der theologischen Begriffsbildung zu entsprechen –

biblische Geschichte.⁶ Diese Bewegung versteht Kraus als Bewegung des Kommens Gottes und seines Reiches, als »Geschichte des Kommens Gottes zu seinem Volk und zum Kosmos«⁷, als befreienden, revolutionären Angriff auf alle bestehenden Verhältnisse – Eschatologie.⁸ Es gehört zu diesem Programm, daß Jesus hier durchgängig als *der* Christus bezeichnet wird: Kraus betont so, daß es sich um einen Titel, eine Funktion, nicht um einen Namen handelt, möchte am biblisch-jüdischen Kontext dieses Begriffs festhalten.⁹ Auch die ebenfalls das ganze Buch durchziehende Religionskritik entspricht diesem biblisch-geschichtlichen Ansatz. Die Orientierung an biblischer Geschichte und Eschatologie hat für Kraus u.a. zur Folge: Er versteht auch seine eigene Arbeit als Dogmatiker geschichtlich, läßt sich durch die geschichtliche Situation herausfordern. Die Betonung der Eschatologie bedeutet für ihn nicht Entweltlichung, Ausstieg aus, Befreiung von, Ende der Geschichte, sondern Einweisung in die Geschichte: als Täter. Als erste der Provokationen der geschichtlichen Situation heute, auf die er mit seiner Dogmatik reagieren will, nennt er Auschwitz: »Es ist ein Skandal ohnegleichen, daß der durch Auschwitz gekennzeichnete, in die sechs Millionen gehende Massenmord an den Juden, an den ›Kindern Israels‹, Theologie und Kirche nicht wachgerüttelt und die Fundamente alles Glaubens und Denkens erschüttert hat. Wo ist in der Systematischen Theologie, in der Dogmatik der Kirche, auch nur eine Spur neuen Fragens zu erkennen? Wo? Geringe Anfänge bei Outsiders können nicht von der Tatsache ablenken, daß im sichtbaren und bestimmenden Trend die Fragen, die mit völlig neuer Intensität vom Judentum an die Kirche ausgehen, noch nicht gehört, geschweige denn aufgenommen worden sind.«¹⁰ Damit ist eine andere Konsequenz schon angedeutet: Kraus interessiert sich nicht nur für den biblisch bezeugten Teil der Geschichte Israels, sondern auch für das gegenwärtige Judentum. Gerade christliche Judenfeindschaft hat die »verblendete Christenheit« bisher daran gehindert, die »fundamentale und kategoriale Bedeutung«, »die Aktualität« des Teils der Bibel, den auch Kraus Altes Testament nennt, »für eine die dogmatischen Invarianten ausscheidende, an der Bewegung des kommenden Reiches orientierte Theologie« zu erkennen.¹¹ Die Kirche ließ das Alte Testament »nur noch als Dokument der Weissagung auf Christus und als Ankündigung des Erb- und Partnerwechsels hinsichtlich der Erwählung gelten«.¹² Und so »hat der griechisch-römische, abendländische Trend zum Überweltlichen, Transzendenten, Metaphysischen jedes Verständnis für das von Gott selbst gewiesene Entscheidungsfeld der Geschichte zunichte gemacht«.¹³ »Das Grundübel der gesamten christlichen Theologie ist die Leugnung, die Verdrängung oder die im Substitutionswahn vollzogene Inanspruchnahme der Erwählung Israels. Biblisch kann niemand von Gott reden, der die Erwählung Israels negiert, mißachtet oder für aufgehoben erklärt.«¹⁴ Doch nicht nur als personifizierte Erinnerung an verdrängte Teile der Bibel ist ihm das gegenwärtige Judentum wichtig, sondern als heilsame Infragestellung des Christentums überhaupt: »Israel hat schon immer gefragt, wo andere nicht mehr fragten. Das Heidentum ist fraglose Feier des Gegebenen. Und Christentum ist eine Spielart dieses Heidentums, wenn es die fraglose Feier des Gegebenen zelebriert ... entartet zur stagnierenden ›Religion‹, wenn es sich nicht vom Judentum immer neu mit auf den Weg nehmen läßt: der Zukunft Gottes entgegen, seinem kommenden Reich ... auch das schweigende Dasein der Juden wird den Christen zur Frage und zur Infragestellung jeder verharrenden Gläubigkeit und selbstsicheren Existenz.«[15] Das Judentum »erinnert die Christen daran, daß das Reich Gottes noch nicht zum Ziel der Weltvollendung gelangt ist. Es mahnt, aufzustehen aus dem Schlaf des Verharrens und einzutreten in die Bewegung des kommenden Reiches«.[16] Doch geht es Kraus nicht nur um das Judentum als kritische Frage an die Kirche, sondern auch um einen positiven Zusammenhang und Zusammenhalt: »Die christliche Kirche ist auf den Weg Israels gestellt; sie ist mit Israel verbunden in der Tiefe ihres Ursprungs, ihrer Sendung und Erwartung. Israel ist der christlichen Gemeinde über alle Maßen wichtig ... seine Existenz ist die Revolution des welterneuernden Gottes in der Geschichte der Völker«, Israel ist »der Zeuge des lebendigen Gottes in der Geschichte seiner Taten«, und so hat »Gottes Geschichte mit Israel ... dem Juden für immer einen character indelebilis verliehen«[17], ist »die Existenz des Judentums ... der einzige Gottesbeweis«.[18]

»Gott kommt in Israel zur Welt«[19] – mit dieser Formel faßt Kraus zusammen, daß es (1) in der ganzen biblisch bezeugten Geschichte um das eschatologische Thema des Kommens Gottes und seines Reiches geht, dieses Geschehen (2) nur in der partikularen Erwählungs- und Bundesgeschichte Israels erkennbar ist, diese Geschichte aber (3) aufs Ganze zielt, universale Bedeutung hat.

In diese Geschichte, diese Bewegung hinein stellt Kraus auch die christliche Trinitätslehre, wehrt auch hier alles Metaphysische, Ontologische, Spekulative ab. Die Trinitätslehre ist für ihn notwendig, um die »Einheit Gottes in der Geschichte seines Kommens«[20] zu wahren und, insbesondere, das Kommen Jesu im Rahmen dieser Geschichte zu verstehen: »In ihm handelt Gott. In ihm, dem Messias, ist der Gott Israels seinem Volk und aller Welt gegenwärtig.«[21] Auch das Kommen Jesu subsumiert also Israel nicht unter die Menschheit, sondern Gott ist »aller Welt« dadurch gegenwärtig, daß er »seinem Volk« gegenwärtig ist: Gott kommt in Israel zur Welt. Zwar rechnet er damit, daß auch diese Form christlicher Trinitätslehre »im Gespräch mit dem Judentum auf heftige Kritik stoßen wird«[22], doch hält er einen »verantwortlichen Dialog mit dem Judentum«, ein »Gespräch mit Israel« über das schon im Alten Testament bezeugte Kommen Gottes »als Ereignis seiner Selbstunterscheidung« – »eigentlich die Wurzel der Trinitätslehre« – für möglich und nötig.[23] Sein Ziel ist dabei offenbar nicht, Juden von der Trinitätslehre zu überzeugen, aber er hält die Frage, ob sie sich Juden gegenüber verständlich machen läßt, für ein Kriterium ihrer Schriftgemäßheit.

So ist dann seine eigentliche Dogmatik, nach den programmatischen und methodologischen Prolegomena, trinitarisch gegliedert, wobei die Titel der drei Teile Kraus' Bemühen um ein biblisch-geschichtliches Verständnis der Trinität andeuten: »Der Gott Israels in der Bezeugung seines Kommens«[24], »Jesus Christus in der Proklamation seiner Sendung«[25], »Der Heilige Geist in seinem Wirken in Kirche und Welt«[26]. Jeder dieser drei Teile beginnt mit einer dezidiert alttestamentlichen Besinnung und endet mit einem eschatologischen Ausblick.

Dabei setzt die Gotteslehre ein – vor der Besprechung Gottes als Schöpfer – mit ausführlichen Auslegungen des Namens[27] und der Gebote[28] Gottes – zwei Weisen der Selbstvorstellung und Selbstunterscheidung des Gottes Israels. Dem Abschnitt über den Namen Gottes entsprechen im christologischen Teil die Kapitel »Der befreiende Gott«[29] und »Der freie Mensch«[30]. Kraus nimmt damit die Intention der altkirchlichen Zwei-Naturen-Lehre auf, möchte aber auch hier biblisch-geschichtlich statt metaphysisch-ontologisch das Verhältnis von Gott und Mensch in Jesus nicht mit Hilfe des Naturenbegriffs, sondern in Auslegung des Namens des Gottes Israels verstehen.[31] Dabei entspricht dem »nur dialektisch auszusagenden Ereignis von Identität und Nicht-Identität des Namens mit dem sich vorstellenden Gott«[32] das »Geheimnis und Wunder der Identität und Nicht-Identität (des Christus) mit Gott«.[33] Und so kann Kraus die Aufgabe der Trinitätslehre noch einmal anders beschreiben: als »Einzeichnung des Namensgeheimnisses Gottes in die Geschichte seines Kommens«.[34] Und dem Abschnitt über die Gebote Gottes entspricht im christologischen Teil eine Auslegung der Bergpredigt.[35] Sie ist für Kraus' Verständnis der Bedeutung Jesu im Verhältnis zwischen Israel und den Völkern darum relevant, weil er sie – mit Hilfe einer anderen Bergszene: Mt 28 – als messianische Tora an alle Völker[36] versteht: als die vom Zion ausgehende Weisung der Völkerwallfahrt.[37]

Auch im pneumatologischen Teil wird deutlich, daß für Kraus die Gebote Gottes zu seiner Selbstvorstellung gehören: Den Abschnitten über die Gebote Gottes und über die Bergpredigt entsprechen dort drei Kapitel, in denen so etwas wie eine Weisung des Geistes entfaltet wird: »Der Geist der Heiligung«[38], »Der Geist der Wahrheit«[39], »Der Geist der Liebe«[40].

Seiner Intention gemäß, die Trinitätslehre als Versuch aufzufassen, die Einheit Gottes in der Geschichte seines Kommens auszusagen, und überdies im Einklang mit der Tradition, daß die Werke der Trinität nach außen unteilbar seien, vermischen und überlappen sich inhaltlich die formal getrennten Aspekte »Gott Israels«, »Jesus Christus«, »Heiliger Geist«. So ist die Konzentration der Gotteslehre auf das Kommen Gottes und seines Reiches zwar alttestamentlich belegt, aber christologisch begründet. Dem entspricht in der Christologie die Interpretation des Kommens Jesu als Kommen Gottes und seines Reiches zu seinem Volk und den Völkern. Mit Origines nennt Kraus Jesus »autobasileia«: In seiner Person ragt die neue Welt Gottes schon in die alte hinein und greift sie an. Andererseits kommt die Christologie nicht ohne Pneumatologie aus: Kraus greift die biblische und altkirchliche Tradition der Geist-Christologie auf: Gesalbter, Messias ist Jesus darin, daß er mit der Gabe des Geistes gesalbt ist, und zwar, im Unterschied zu anderen geistbegabten Rettern und Befreiern, ohne Maß (Joh 3,34).[41] Mit dieser pneumatologischen Christologie werde »einerseits dem jüdischen Gesprächspartner eine neue Verständnismöglichkeit erschlossen, andererseits ein neuer, von hellenistisch-physischen Deutungen absehender Ansatz zum christologischen Dogma ›vere homo – vere Deus‹ gegeben.«[42] Beides gehört offenbar zusammen: Auch hier ist jüdische Verstehensmöglichkeit Kriterium für Schriftgemäßheit.

Der pneumatologische Teil verbindet Gotteslehre und Christologie. Einerseits bezeichnet Kraus das »Kommen des Geistes«[43] als Kommen Gottes. Er zitiert zustimmend K. Barth: »Der Heilige Geist ist Gott selbst in seiner in der Offenbarung bestätigten Freiheit, seinem Geschöpf gegenwärtig zu sein, ja persönlich innezuwohnen und dadurch dessen Begegnung mit ihm selbst in seinem Wort zu vollziehen und in diesem Vollzug möglich zu machen.«[44] Andererseits bedeutet das Kommen des Geistes »authentische und wirksame Selbstbezeugung des Auferstandenen«.[45]

Den inneren Zusammenhang der drei Teile und die christologische Zuspitzung seiner Trinitätslehre kann Kraus auch anders beschreiben: »Der Jude Jesus von Nazareth trägt in sich das Geheimnis der Sohnschaft Israels (Ex. 4,22f.; Hos. 11,1), in der wiederum das Mysterium des *Adam* aufbewahrt war.«[46] Gott »sucht in Israel den Menschen, sein Geschöpf; vom Partikularen geht sein Heilswille aus ins Universale«.[47] In dem einen »Christus Jesus ist Gott, der in sich selbst Beständige, *für alle Welt* der Beständige und Treue, als der er sich in Israel erzeigt hat«.[48] »Was sich in der Partikularität des erwählten Volkes ereignet hat, drängt hin zur universalen Bestätigung.«[49] »Das Ereignis des Kommens des Christus steht im Zusammenhang des Kommens des Gottes Israels zu den Völkern.«[50] Und so sind »die Wirkungen des vom Gott Israels und seinem Christus ausgehenden Geistes ... universal und grenzenlos.«[51] Gott kommt in Israel zur Welt.

Eine explizite Ekklesiologie findet sich im pneumatologischen Teil.[52] Kraus merkt kritisch an, daß die Frage, »welche Bedeutung Israel und dem Judentum in der Ekklesiologie zukommt«, meist verdrängt wird: »In vielen dogmatischen Opera ist in dieser Hinsicht ein Totalausfall festzustellen. Israel und das Judentum kommen im ›normalen‹ dogmatischen Denken der Kirche überhaupt nicht vor. Die Folgen dieser wahrhaft fundamentalen Irrtümer sind unabsehbar. Sie sind der Ursprung einer Selbstsicherheit und einer Denkweise, die das ›Christentum‹ als religiöse Weltanschauung erscheinen läßt.«[53] Die positive Bedeutung Israels für die Ekklesiologie wird bereits in diesem kritisch-negativen Blick aufs »normale« dogmatische Denken der Kirche erkennbar: »Fundamental« sind die Irrtümer einer Israel ignorierenden Ekklesiologie – positiv gewendet heißt das: Eine Verhältnisbestimmung Kirche-Israel gehört zu den Grundlagen der Ekklesiologie. Die Ignorierung Israels (ver)führt die Kirche zu offenbar unberechtigter »Selbstsicherheit«, macht aus dem Christentum eine »religiöse Weltanschauung« – eine Israel wahrnehmende Ekklesiologie würde also die Sicherheit der Kirche mindestens stören, die religions- und ideologiekritische Frage nach der gesellschaftlichen Funktion des Christentums stellen: religiöse Weltanschauung? Nur eine Interpretation der Welt? Gemüt einer herzlosen Welt, Geist geistloser Zustände? Opium?

Gegenüber diesem kritisierten »Totalausfall« beginnt Kraus seine Ekklesiologie mit dem Leitsatz: »Auszugehen ist von der biblischen Zweiteilung der Menschheit in Israel und die Völker, Juden und Heiden. Die Ekklesiologie hat einzusetzen mit einer Besinnung auf dieses Faktum; sie hat den ›heidnischen‹ Ursprung der Christenheit auszusprechen.«[54] Kraus begründet und interpretiert diese »biblische Zweiteilung« mit einer Variation seines Leitmotivs: »Gott kommt in Israel zur Welt der Völker«[55] und beruft sich dabei auf Joh 4,22: »Das Heil kommt von den Juden.« Das Kommen Jesu hat also die Erwählung und Besonderheit Israels nicht zum Abschluß gebracht, sondern bestätigt. Kraus erinnert an zahlreiche Versuche, diese biblische Zweiteilung zu »tilgen«.[56] Dies habe sich aber im Nationalsozialismus als »fürchterlicher Irrtum« herausgestellt. Da wurde nämlich die Kirche, sagt Kraus in Wendungen, die an die Verleugnung Jesu durch Petrus erinnern, »von den modernen (faschistischen) Heiden her ... plötzlich angesprochen auf ihre Zugehörigkeit zu Israel, zum Alten Testament und zu dem Juden Jesus von Nazareth. Viele Christen verleugneten das Alte Testament, fast alle ließen die in den Tod getriebenen Juden im Stich, sie zogen sich zurück in einen ungefährlichen Christusglauben, oft in eine dem Heidentum angepaßte Religion.«[57]

Seinen Vorsatz, »den ›heidnischen‹ Ursprung der Christenheit auszusprechen«, setzt Kraus um in einer Auslegung von Eph 2,11f.:

Darum denkt daran, daß ihr, die ihr der Herkunft nach zuvor Heiden gewesen seid und als »Unbeschnittene« bezeichnet wurdet von denen, die »Beschnittene« genannt sind nach Herkunft und von Menschenhand – daß ihr zu jener Zeit ohne Christus wart, ausgeschlossen vom politischen Gemeinwesen Israel und fremd den Testamenten der Verheißung; daher ihr keine Hoffnung hattet und wart ohne Gott in der Welt.[58]

Hier werden Nichtjuden von Israel her angeredet, und dieser jüdische Blick auf die anderen Völker ist für Kraus leitend bei seinem Versuch, »den ›heidnischen‹ Ursprung der Christenheit auszusprechen«, gibt ihm die Antwort auf die Frage: »Was ist überhaupt Heidentum?«[59] Die einzelnen Stichworte aus Eph 2,12 dienen ihm als eine Art Beichtspiegel für christliche Theologie, denn »vor dem Eintritt in die Ekklesiologie sollten christliche Theologen sich eindringlich fragen lassen und fragen, wo sie heute noch betroffen sind, wenn ihr heidnisches Ursprungswesen mit den Worten gekennzeichnet wird: ›Ohne Christus, ausgeschlossen von der Politeia Israel und fremd den Testamenten der Verheißung, ohne Hoffnung und ohne Gott in der Welt.‹«[60] Für seine Auslegung von Eph 2,12 ist dabei die Formulierung »heute noch« entscheidend: Nicht um Phänomene eines vor- oder außerchristlichen Heidentums geht es ihm, sondern um den Aufweis von Heidentum als Israel-Entfremdung im heutigen Christentum.

So stellt er zum Thema »ohne Christus« dem christlichen »Christusbild«, einem »in dogmatische und kirchliche Fesseln gelegten allerchristlichsten Christus«, entweder als »Heiland der frommen Seelen« oder als »Herrscher der Unterdrückungen«, jedenfalls einem »Christus der großen, mächtigen und alleinseligmachenden Kirche ... den im Alten Testament erwarteten und verheißenen Messias« gegenüber, »den mit Gottes Geist gesalbten Retter der Armen, der Verfolgten, der Unterdrückten und der Leidenden«, der als »König der Gerechtigkeit und des Friedens ... eine reale, tief ins Weltgeschehen eingreifende Wende« bringt. Kraus fragt: »Wissen Christen wirklich, in welchem Ausmaß sie diesen Christus verleugnet und also als ›Heiden‹ ohne den Messias Israels sich erwiesen haben?«[61] Die Gegenüberstellung zeigt, welche politische Relevanz Kraus' Insistieren auf einem funktionalen, biblisch-jüdisch belehrten Verständnis des Christus-Titels hat, macht auch deutlich, was in seiner kritischen Abgrenzung gegen israelvergessene Ekklesiologien mit »Christentum als religiöser Weltanschauung«, »ungefährlichem Christusglauben«, »dem Heidentum angepaßte Religion« gemeint war. Die Formulierung »allerchristlichst« spielt hier wohl nicht nur auf Selbstbezeichnungen christlicher Herrscher an, sondern meint auch: nichtjüdisch, antijüdisch. Dieser Christus des christlichen Christusbildes – ob als Trost der Seele oder als Legitimation unterdrückender Herrschaft, so oder so als kirchlicher Besitz – ist eine religiöse Wirklichkeit, der biblische Messias Israels eine politische Befreiergestalt. Die Gegenüberstellung gibt so auch dem Streit um die Formulierung »Messias Israels« im rheinischen Synodalbeschluß von 1980 einen politischen Kontext. Dabei geht es nicht um einen theoretischen Vergleich verschiedener Messias-Verständnisse: »Verleugnen« meint Untreue, Im-Stich-Lassen, verweigerte Solidarität. Diese Israelvergessenheit meint für Kraus auch Bibelverdrängung.

Eine ähnliche Gegenüberstellung unternimmt Kraus zum Stichwort »Po-

liteia Israel«: Für Israel, »für das Volk Gottes im Alten Testament sind Geschichte und Politik die entscheidenden Bereiche des Lebens und der Bewährung«, Texte wie der von der Völkerwallfahrt zum Zion, Jes 2,2-5, zeigen außerdem, »daß der Gott Israels« über das Volk Israel hinaus »leidenschaftlich interessiert ist am politischen Leben, an den politischen Nöten der Völker, die keinen Frieden finden« – »kennzeichnend für das heidnische Wesen der Christen ..., die vom Gott Israels und seinem Volk nichts wissen«, ist hingegen, daß ihnen Politik ein eigengesetzlicher Bereich ist und »Gott in das Jenseits, in die Religion, in die Kirche und in die fromme Seele eingesperrt wird und also in der Politik nichts zu sagen hat«.[62] Auch hier wird einem heidnisch gebliebenen, nämlich religiös-jenseitig interessierten Christentum, das den Gott Israels zu domestizieren, sich seiner zu bemächtigen versucht (Gott wird eingesperrt), der »leidenschaftlich« politisch interessierte Gott Israels und sein in seiner geschichtlich-gesellschaftlich konkreten, diesseitigen Weisung wandelndes Volk, dem Politik ein »entscheidender Bereich der Bewährung«, der praktischen Wahrheitsfrage ist, gegenübergestellt. Dabei scheint Kraus »ausgeschlossen von der Politeia Israel« direkt gleichzusetzen mit: abgesondert von der Politik. Er versteht diesen Punkt in seinem Beichtspiegel also nicht als Frage nach dem politischen Verhältnis oder der Beziehungslosigkeit der Christen zu Israel. Er geht auch bei der Jesaja-Vision von der Völkerwallfahrt zum Zion nicht der Frage nach, wie die »politischen Nöte der Völker, die keinen Frieden finden«, mit ihrem Unfrieden mit Israel zusammenhängen könnten. Allerdings fügt Kraus in einer Anmerkung, eine andere umstrittene Formulierung des rheinischen Synodalbeschlusses verteidigend, an: »Wenn vom ›Staatswesen Israel‹ die Rede ist, dann gehört es sich gewiß für einen durch das Alte Testament belehrten Christen, seine heidnische Geschichtsauffassung abzulegen und zu fragen, was ihm nun auch die Staatengründung Israels in unserer Zeit zu sagen hat. Dieses Ereignis ist ganz gewiß ein ›Zeichen der Treue Gottes gegenüber seinem Volk‹. Dieses Zeichen ist für die Christenheit Anlaß zum Dank, daß Juden nach dem Grauen der Verfolgung und Vernichtung eine politische Heimat gefunden haben, zugleich Anlaß zur Bitte, daß sie in diesem Staat, aber auch in der Zerstreuung in aller Welt bewahrt werden vor Krieg und Verfolgung.«[63] Einer nicht näher bezeichneten »heidnischen Geschichtsauffassung«, die aber offenbar die Gewißheit impliziert, daß die Gründung des Staates Israel den Völkern und den Christen unter ihnen nichts zu sagen hat, wird hier die Praxis des Gebets, als Dank für Israels politische Heimat und als Fürbitte für Israel, gegenübergestellt. Und diese Praxis könnte ein erster Schritt nichtreligiöser politischer Solidarität mit Israel sein. Doch wird auch hier kein inhaltlicher Zusammenhang zwischen der Politikferne und der Israelfremdheit heidnischer Christen deutlich.[64]

»Ausgeschlossen von der *politeia Israel*« wird in Eph 2,12 parallelisiert mit »fremd den Testamenten der Verheißung«, den verheißungsvollen Bundesschlüssen entfremdet. Kraus paraphrasiert: Heiden »wissen nichts von der in der Geschichte unserer Welt durch Erwählung ausgelösten, in der Horizontalen verlaufenden Bewegung. Ihnen ist es völlig fremd, daß der Gott Israels durch in die Zukunft weisende Verheißungen seine Sache auf Erden vorantreibt – hin zu einem letzten, zukünftigen Ziel, dem Sinnziel der Schöpfung. ›Heiden‹ suchen Gott oben, in der Vertikalen. ›Heiden‹ wollen in den Himmel kommen. ›Heiden‹ suchen die ewige Seligkeit in der Seele, im Geist und in den Kräften der Natur. Doch die Verheißungen des Alten Testaments, die einen neuen Himmel und eine neue Erde heraufführen, kennen sie nicht.«[65] Die Bundesschlüsse werden als Erwählung interpretiert. Die Erwählung Israels hat eine horizontale, also geschichtliche Bewegung ausgelöst. Und diese Geschichte Israels und durch sie, ihren heimlichen roten Faden, auch die Weltgeschichte wird durch Verheißungen nicht nur beleuchtet und kommentiert, sondern »vorangetrieben«. So sind es diese Verheißungen, »die einen neuen Himmel und eine neue Erde« nicht nur vorher-, an- und zusagen, sondern »heraufführen«: Verheißungen als geschichtliche Produktivkraft. Heiden, die von der Erwählung Israels nichts wissen, wissen auch nichts von Geschichte – und geben auch nichts auf sie, suchen Gott – religiös, metaphysisch – »in der Vertikalen«: oben, nicht vorn; in zeitlos-ewiger Seligkeit der Seele, nicht in den Tagen der Jahre unseres leiblichen Lebens; im Geist, nicht im Materiellen; in der Natur, nicht in der Geschichte als »Bereich der Bewährung«.

Ohne Erkenntnis der Erwählung, ohne Beteiligung an der Bundesgeschichte Israels, und so: ohne Verheißungen sind sie auch »ohne Hoffnung«. »Als hoffnungslos schreiben sie alles ab, was in der Weltgeschichte und in der Politik geschieht.«[66] Resignation, Fatalismus, politische Lethargie ist die heidnische Sünde der Christen (des Teils der Völker, der sich durch »das Alte Testament und das Judentum belehren«[67] läßt), die sie im Spiegel der Verheißungs- und Hoffnungsgeschichte Israels erkennen.

Und diese Hoffnungslosigkeit ist zugleich Gottlosigkeit, Atheismus: »Wer diese große Hoffnung für die Welt nicht teilt, der ist ›gottlos‹«,[68] so kombiniert Kraus den letzten mit dem vorletzten Punkt der Liste von Eph 2,12 (man könnte das Stichwort »*atheoi en to kosmo*« auch als Zusammenfassung des Ganzen verstehen) und kommentiert: »Man höre in der christlichen Kirche endlich einmal damit auf, von ›Gottlosigkeit‹ immer nur so zu sprechen, daß in erster Linie der theoretische Atheismus des Ostens gemeint ist, indessen der praktische Atheismus des Westens, der tief in die Kirche hineinreicht (sc. Hoffnungslosigkeit, Resignation, Fatalismus – Israelferne, M. L.), übersehen und verharmlost wird!«[69]

Entsprechend dem Gefälle des Epheser-Textes »einst wart ihr – nun aber seid ihr« folgt auch bei Kraus dem kritischen Blick auf »den heidnischen Ursprung der Christenheit« – der aber bei Kraus kein Rückblick ist, sondern Gegenwartsanalyse – eine positive Grundlegung der Ekklesiologie in einer Auslegung von Eph 2,13ff.:

> In Christus Jesus aber seid ihr jetzt, die ihr zuvor ferne wart, nahe geworden durch das Blut Christi. Denn er ist unser Friede, der aus beiden eines gemacht und abgebrochen hat den Zaun, der dazwischen war, nämlich die Feindschaft.[70]

Kraus interpretiert diesen Frieden zwischen den Nahen und den Fernen vor dem Hintergrund von Jes 57,19: »Friede, Friede den Fernen und den Nahen, spricht der Herr, ich will sie heilen«, versteht das Zustandekommen dieses Friedens also als eine Aktion des Gottes Israels selbst und betont zunächst, daß dieses »nun aber«, die »in Christus Jesus« veränderte Situation, nicht einfach gegenstandslos macht, was zuvor über die – bleibende – biblische Zweiteilung der Menschheit in Israel und die Völker ausgeführt wurde: Daß die Fernen (die Nichtjuden) nahe geworden sind, macht sie nicht zu Juden; daß der Christus »aus beiden eines gemacht« hat, meint kein Einerlei. »Die Einheit der Getrennten ... schafft nur einer: der Gott Israels selbst.«[71] Der jüdisch belehrte Alttestamentler Kraus spielt hier an auf das jüdische Verständnis des Schma Israel, auf den Zusammenhang und Zusammenklang zwischen *echad* (einer) und *ichud* (Einung). Negativ gewendet: »Kein Mensch (kann) zwischen Israel und den Völkern, zwischen Juden und Heiden Frieden stiften«, keine »humanistische Idee«, erst recht nicht der »kirchliche Alleinheitsanspruch«: »Niemand kann die Grenze wegwischen.«[72]

Er überlegt sodann, was das heißen könnte: »nahe geworden durch das Blut Christi«, und paraphrasiert: »Durch die Lebenshingabe des Juden Jesus von Nazareth sind die ›Fernen‹ hineingeholt worden in das Erwählungsgeheimnis Israels.«[73] Die Eröffnung eines Zugangs für »Entfremdete und Gottlose ... in das Haus Gottes« Israel (Kraus greift hier auf Eph 2,19 »Mitbürger der Heiligen und Hausgenossen Gottes« vor) hat mit dem Tod des Juden Jesus zu tun, was Kraus mit Hilfe von Jes 53,11 interpretiert: »Christus Jesus hat ... sein Leben hingegeben ›für viele‹«[74] – »viele« meint im biblischen Sprachgebrauch oft die Völker. Eintritt in dieses Haus bedeutet zugleich Einweihung in ein Geheimnis, in das »Erwählungsgeheimnis Israels«. Mit der Formulierung »Erwählungsgeheimnis« spielt Kraus zugleich auf das »Namensgeheimnis« Gottes an, das »in die Geschichte seines Kommens einzuzeichnen« er für die Aufgabe der Trinitätslehre hält. Daß es sich bei der Geschichte Israels um die Mitte der Weltgeschichte handelt, das sieht man ihr nicht an.[75] Daß es gerade der Tod Jesu ist, der diesen Zugang ermöglicht, signalisiert den Neuankömmlingen, daß das Erwählungsgeheimnis zugleich das »Leidensgeheimnis Israels« ist: Wer durch die »Lebenshingabe« dieses Juden »hineingeholt« wurde, »der bekommt Anteil«, der nimmt Anteil, nimmt auch teil »an dem Leiden derer, die gezeichnet sind als die Kinder des Gottes Israels und die von den Völkern und ›Heiden‹ geschlagen und verstoßen werden«.[76] Gerade mit seinem Leiden und Sterben, gerade vor dem Hintergrund von Jes 53 vertritt also Jesus sein Volk unter den Völkern, die es schlagen und verstoßen: Der Sohn repräsentiert die »Kinder des Gottes Israels«, die durch ihr Leiden unter den Völkern als Kinder dieses Gottes »gezeichnet« sind. Dieses Leiden zu teilen, ist die Platzanweisung für die Hinzukommenden aus den Völkern: »Dort ist der Platz der Christen, dort am Kreuz, und nicht auf den Höhen des Sieges, der Anerkennung und der umfassenden religiösen Ansprüche.« Das würde jede theologia crucis sagen, daß das Kreuz des Christus auch dem Leben der Christen eine Signatur gibt, sie noch nicht siegreich triumphieren, mit Anerkennung nicht rechnen, religiöse Besitztümer nicht beanspruchen dürfen. Fremd der herkömmlichen Dogmatik ist aber, daß für Kraus »dort am Kreuz« bedeutet: »an der Seite der Juden, in der durch das Blut Christi besiegelten Leidensgemeinschaft«.[77] Und so variiert und erweitert er seine Interpretation von Eph 2,13: »Durch die Lebenshingabe des Juden Jesus von Nazareth sind die ›Fernen‹ hineingeholt worden in das Erwählungs- und Leidensgeheimnis Israels«,[78] bringt für Israel wie für Jesus und die Seinen Erwählung und Leiden zusammen.[79]

»Er ist unser Friede« (Eph 2,14) versteht Kraus darum ganz parallel für das Verhältnis zwischen Israel und den Völkern und das zwischen Gott und allen Menschen: »In ihm und durch ihn ist die Trennung aufgehoben und der Zaun abgerissen zwischen Israel und den Völkern«, und »in ihm versöhnt sich Gott mit allen Menschen. In ihm steht nichts mehr zwischen Gott und Mensch.«[80] Die »Versöhnungsbotschaft« des Evangeliums »ist und bleibt unlösbar gebunden an den Frieden, der zwischen Israel und den Völkern gestiftet ist«,[81] und entsprechend »sind Christen unlösbar mit Israel und mit den Juden verbunden ... warten mit dem Gottesvolk der Erwählung auf die Erfüllung aller Verheißungen Gottes«[82]: Christen sind demnach diejenigen, die die in Jesus geschehene Versöhnung zwischen Israel und den Völkern wahrgenommen haben. Gerade im Verhältnis der Christen zu den Juden hebt Kraus an Eph 2,17 hervor, »daß Christus gekommen ist, im Evangelium den Frieden zu *verkündigen*«[83] und folgert: »Alles hängt am Wort, an der Botschaft, an der Verkündigung ... Christen haben den Juden ... keine sichtbaren Beweise vorzuführen.«[84] Entsprechend betont er bei Eph 2,18: »Durch ihn haben wir Zugang alle beide in einem Geist zum Vater« vor allem das Stichwort »Geist«: »Einigung der ›Nahen‹ und der ›Fernen‹ ereignet sich immer nur dort, wo beide in Gott ihren Vater, im Vater ihren Herrn und vor dem gemeinsamen Herrn und Vater sich selbst als Kinder finden – *in der Kraft seines Geistes.*«[85] Auch hier besteht ein Zusammenhang zwischen »Zugang zum Vater« und »Einigung« zwischen Israel und den Völkern: Christen können Gott nur Vater nennen mit Juden als Geschwistern. Schließlich nennt er Eph 2,19: »So seid ihr nun nicht mehr Gäste und Fremdlinge, sondern Mitbürger der Heiligen und Gottes Hausgenossen« eine »jede Ekklesiologie begründende Aussage«, die er so interpretiert: »Christen sind in einem sekundären, zweitrangigen Sinn ›Volk Gottes‹. Gott war längst am Werk, bevor es Kirche gab. Die ›Fernen‹ werden in eine ihnen ganz und gar fremde Welt hineingenommen.«[86] Und Kraus warnt: »Wer diese Zusammenhänge leugnet oder auch nur einen Augenblick von ihnen absieht, der verfehlt die Fundamente, auf denen die christliche Kirche steht, und konstituiert eine Ekklesiologie, die nichts mehr mit der biblischen Geschichte zu tun hat.«[87]

Allerdings kann man im folgenden den Eindruck gewinnen, daß Kraus selbst durchaus einen Augenblick von diesen Zusammenhängen absieht: Weniger von der unlösbaren Verbundenheit der Christen zu den Juden ist da die Rede, mehr von ihrer sie verpflichtenden Beziehung zur Zukunft, zum Reich Gottes: Als »Gemeinde der Endzeit« ist die *ekklesia* »Vorhut des kommenden Reiches der Freiheit«, »eine erste Darstellung der neuen Menschheit – vorläufig und unvollkommen, aber gleichwohl Anzeichen und Anfang des Künftigen«, »Ankündigung des kommenden Reiches Gottes«, »Anfang und Gegenwart der neuen Schöpfung.«[88] Denn »in der Taufe wird der Glaubende herausgeholt aus den Lebenszusammenhängen des alten Äon und in die Erstgestalt und den Vorraum des kommenden Reiches der Freiheit ... hineingebracht«.[89] So ist die *ekklesia* »das neue Gottesvolk der Endzeit«, und zwar »internationales Gottesvolk«, in dem »Menschen aller Rassen und Klassen, Völker und Nationen« zusammentreffen: »Die ekklesia ist ›die Internationale‹, an der sich das Schicksal der Menschheit entscheidet«,[90] »unter allen anderen Völkern und ihrer Geschichte ein besonderes Volk mit einer besonderen Geschichte«[91], das sich nie und nirgends mit natürlichen oder nationalen Teilen der Menschheit deckt: »Stets hat die internationale (ökumenische) Verbundenheit den Vorrang vor der jeweiligen Verbundenheit und Verpflichtung gegenüber Volk und Staat.«[92] Kraus beruft sich beim Thema »Gottesvolk« auf Martin Buber: »Das Christentum ist ›hellenistisch‹, insoweit es die Konzeption des ›heiligen Volkes‹ aufgibt und nur noch eine personale Heiligkeit kennt. Die individuelle Religiosität gewinnt dadurch eine bislang unerhörte Intensität und Innerlichkeit.«[93] Auch Kraus geht es um die Abwehr von Individualismus und Innerlichkeit, um Gemeinde als »verändert lebende und Veränderung bewirkende Gruppe, als das die Völkerwelt beunruhigende, die Revolution des Reiches Gottes vorantragende und vorantreibende neue Gottesvolk«.[94]

Die stark eschatologische Ausrichtung dieser Ekklesiologie zeigt sich auch in der scharfen Unterscheidung, die Kraus zwischen institutioneller Kirche und charismatischer Gemeinde vornimmt:[95] Während die charismatische Gemeinde als Gruppe die »klassenlose Gesellschaft« vorwegnimmt, ohne »Herrschaft«, »Hierarchie«, »Führungsanspruch«, »privilegiertes Amt«, sogar ohne »Vorbehalte hinsichtlich des persönlichen Besitzes und Eigentums«, als »perhorreszierte Minderheit … ihrem gekreuzigten Herrn« nachfolgt und teilnimmt »an den Siegen der Auferstehung, die auf ihrem umkämpften Weg aufleuchten«,[96] sind die Kennzeichen der institutionellen Kirche – wie jeder Institution – »Organisation und Herrschaft, Tradition und Ordnungsrecht, unbedingter Kontinuitätswille und unablässige Vorsorge im Blick auf den zukünftigen Bestand«.[97] Die charismatische Gemeinde hebt sich in ihrem neuen Zusammenleben ab »von ihrer in Gewaltherrschaft und Kriegen existierenden Umwelt«[98] – die institutionelle Kirche »existiert im Medium der Religion … ist geübter Sachwalter des Religiösen … paßt sich an und paßt sich ein: dem Volk, dem Staat, dem Strom der Zeit, den herrschenden Ideen«[99] –, Volkskirche also, und die das Buch durchziehende Religionskritik ist vor allem Kirchenkritik, speziell am Konzept Volkskirche.[100] Doch lehnt Kraus die institutionelle Kirche nicht – romantisch, anarchistisch – grundsätzlich ab: »In ihr wird Tradition bewahrt, aktualisiert und weitergegeben, eine organisatorische Verbindung der Gemeinden vollzogen und eine ökumenische Zusammenarbeit der Kirchen versucht.«[101] Sie ist so nicht nur äußere »Form«, sondern geradezu »Ermöglichungsgrund für das Ereignis charismatischer Gemeinde«.[102] Für dieses Ereignis nennt Kraus schließlich fünf Kennzeichen – »notae« oder »signa« der »vera ecclesia«: 1. »Unverfälschte Verkündigung des Evangeliums und die Antwort der Gemeinde in Gebet, Lob und Bekenntnis«, 2. Taufe und »Tischgemeinschaft mit dem erhöhten, gegenwärtigen Kyrios«, 3. »Lebensfolgen des Evangeliums in den Anfängen eines veränderten Lebens … neuen Zusammenlebens«, 4. »Nur als Vorhut des kommenden Reiches der Freiheit ist sie wahre Gemeinde«, 5. Sie ist »Kirche für andere … Kirche für die Welt, oder sie ist keine Kirche mehr«.[103] Neben der ausdrücklichen Erwähnung der Antwort auf die Verkündigung sind vor allem die letzten drei Zeichen auffällig. Sie gehen über die klassisch reformatorischen (z.B. CA VII) hinaus und betonen die Relevanz von Praxis und Sozialgestalt der Kirche, ihre Ausrichtung auf Eschatologisches und dadurch auch ihre Selbstrelativierung, ihre politisch-gesellschaftliche Wirksamkeit. Noch auffälliger ist allerdings das Fehlen eines Merkmals: Nach allem in der Grundlegung dieser Ekklesiologie über die unlösbare Verbundenheit der Christen mit den Juden Gesagten wäre so etwas wie Solidarität oder Lebensgemeinschaft mit Israel als nota ecclesiae zu erwarten.

Wie verhält sich nun die betont revolutionär-eschatologische und religionskritische Ausrichtung dieser Ekklesiologie zu ihrer ebenso betont israelbezogenen Grundlegung? Kraus fragt selbst: »Und Israel? … Das *eine* Gottesvolk besteht aus Juden und Christen. Es ist gespalten in Synagoge und Kirche …«[104], »Jesus ist primär der Christus Israels. In dem verheißenen Messias spricht Gott das endzeitliche Ja zu seinem erwählten und geliebten Volk.«[105] Es ist offenbar das Stichwort »endzeitlich«, das den auf Israel bezogenen Ausgangspunkt dieser Ekklesiologie mit der eschatologischen Zielrichtung ihrer Durchführung verbindet: Das Kommen Jesu, insbesondere seine Kreuzigung und Auferweckung, ist für Kraus mehr als eine der vielen Initiativen Gottes in der Bundesgeschichte mit seinem Volk, nämlich sein »endzeitliches Ja« zu diesem Volk, seine endgültige Solidarisierung mit ihm und insofern Beginn der Endzeit und damit Bedingung der Möglichkeit jenes »sekundären, zweitrangigen«[106] Gottesvolkes aus den Völkern. Unter dieser Bedingung kann sich die *ekklesia* überhaupt nur Endzeit-bezogen, eschatologisch verstehen.

Kraus denkt sich die Beziehung zwischen beiden Teilen des gespaltenen Gottesvolkes in Anlehnung an Paulus als ein gegenseitiges Reizverhältnis: »Kirche und Synagoge haben einander ›eifersüchtig‹ zu machen (Rm. 11,14).«[107] Doch im Rahmen einer christlichen Dogmatik geht es natürlich nicht so symmetrisch zu, wird vielmehr primär nach der kritischen Bedeutung Israels für die Kirche gefragt: »Die Kirche ist unterwegs, begleitet von der Synagoge, die ständig nach der Realität der Versöhnung und der neuen Welt fragt, an die Christen unter der Macht der Auferstehungsbotschaft glauben«[108], ist möglicherweise nur solange und in dem Maße wirklich *unterwegs*, wie sie von dieser kritischen Befragung begleitet wird. Kraus zitiert D. Bonhoeffer: »Der Jude hält die Christusfrage offen«,[109] sorgt also durch seine schiere Existenz dafür, daß diese Frage als »Frage nach der messianischen Wirklichkeit, nach dem ›konkreten Messianismus‹ (M. Buber)«,[110] die eine Kirche ohne kritisch fragende jüdische Begleitung für längst beantwortet halten könnte, wirklich eine offene Frage bleibt, die der Beantwortung durch praktische Bewährung bedarf: »Das Tun des Gerechten und Guten (ist) das Kriterium des Messianischen.«[111] Kraus unterwirft sich diesem Kriterium und stellt sich so der Bewährungsprobe durch die Christusfrage, die Israel offen hält – nicht weil er Israel imponieren will, sondern weil er die in, mit und durch Israel gestellte Frage, die Infragestellung der Kirche für angemessen hält. Darum legt er so großen Wert auf faktisch-praktische Veränderung: Selbstveränderung, Gesellschaftsveränderung, Weltveränderung. Darum ist er auf der Suche nach einer der Revolution des Reiches Gottes entsprechend selbst revolutionären Kirche. Darum bekämpft er so vehement alle Formen der religiösen Legitimierung, der Stabilisierung des Bestehenden.

2. Paul van Buren

Paul M. van Buren, in den 60er Jahren bekannt als einer der US-amerikanischen Gott-ist-tot-Theologen,[112] ist seit dem Ende der 70er Jahre dabei, eine »Theologie der jüdisch-christlichen Wirklichkeit« zu schreiben. Bisher sind drei Bände erschienen, auf die im folgenden – weitgehend in den laufenden Text integriert – durch die Ziffern I – III verwiesen wird.[113]

Mit dem betonten Stichwort »Wirklichkeit« im Untertitel des Gesamtwerks ist schon einer der Gründe genannt für van Burens Wendung vom Thema »Evangelium und moderner Mensch« zum Thema »Juden und Christen«. Gerade einem Theologen, der so an der Bedeutung von Theologie für die Realität, an der Wahrnehmung von Wirklichkeit in der Theologie interessiert ist, mußte es auffallen und theologisch zu denken geben, daß es das jüdische Volk nach wie vor gibt – allen dogmatischen Sätzen der Kirche vom Ende Israels, von seiner Ablösung und Ersetzung durch die Kirche zum Trotz.

Der andere Grund folgt aus dieser Wahrnehmung jüdischer Realität: Wer auch nur irgend etwas weiß von der Geschichte des jüdischen Volkes, besonders in diesem Jahrhundert, verliert den Respekt vor den Errungenschaften der Moderne, kann jedenfalls den modernen Menschen nicht mehr als die schlechthinnige Instanz anerkennen, vor der sich Theologie und Kirche zu verantworten hätten.[114]

Zu dieser Wendung van Burens paßt, daß er sich in dieser Theologie im ständigen, mal expliziten, mal impliziten Gespräch mit Franz Rosenzweig befindet: In der entschlossenen Wendung zum Judentum dieses aufgeklärten, idealistischen, assimilierten Juden, seiner Kritik an apologetischer, »atheistischer« Theologie, seiner Wiederentdeckung der Kategorie der Offenbarung scheint van Buren sich wiederzufinden.[115]

Dem entspricht auch, daß van Buren nun Theologie nicht mehr als Apologetik, sondern als kirchliche Dogmatik betreibt: Aufgabe von Theologie sei nicht, den christlichen Glauben vor der übrigen Welt zu verteidigen, sondern zur innerkirchlichen Verständigung über den zu gehenden Weg beizutragen (I,4).[116] Zwar hält van Buren an der Weltverantwortung von Theologie und Kirche fest, sie könne aber erst wahrgenommen werden, wenn zuvor anderes geklärt ist (I,44), insbesondere die Beziehung der Christen zu ihrem »bedeutsamsten Anderen, dem jüdischen Volk« (I,5).[117]

»Discerning the Way« heißt darum der erste Band dieser systematischen Theologie: die Prolegomena dieser Dogmatik. Theologie ist das Gespräch unter Leuten, die gemeinsam unterwegs sind. Daß überhaupt von einem gemeinsamen Weg die Rede sein kann, verdankt sich der Offenbarung des Gottes Israels. Er berief zunächst nur einen Menschen, diesen Weg zu gehen. Aus ihm ging ein Volk hervor, das diesen Weg weiterging und geht. Die christliche Kirche verdankt ihre Existenz der Tatsache, daß der Gott Israels in Jesus Christus neben dem Weg Israels auch einen Weg für Nichtjuden[118] eröffnet hat.

Theologie ist also immer theologia viatorum, Halacha. Nicht Metaphysik oder Kosmologie ist darum ihr Bezugsrahmen, sondern Geschichte (I,5). Die Metapher vom Weg, die diesem Buch nicht nur den Titel gab, sondern es auch durchzieht, ist selbst Botschaft.[119] Diese Bestimmung der Aufgabe von Theologie als Kirchentheologie, als Beitrag zum selbstkritischen Gespräch über den einzuschlagenden Weg bedeutet, daß es in allen Teilen dieser Theologie auch um das Thema dieser Arbeit geht: die Frage nach der Rolle und dem Auftrag einer Kirche aus den Völkern neben Gottes Volk Israel. Zur Klärung ihres Weges soll diese Theologie beitragen. Der Untertitel der drei Bände »Eine Theologie der jüdisch-christlichen Realität« meint also nicht, hier werde von außen oder von oben auf beide Wirklichkeiten geblickt. Vielmehr soll der Weg einer Kirche aus den Völkern im Blick auf die Wirklichkeit Israels geklärt werden in der »Überzeugung, daß in der historischen Entwicklung eines kontinuierlichen und blühenden Judentums und einer wachsenden und blühenden Heidenkirche, Seite an Seite und einander zum Trotz, Gottes Hand zu entdecken ist« (I,61).

In den Prolegomena geht es ihm um die Bedingungen der Möglichkeit von Theologie: eines solchen Gesprächs auf dem Weg und über den Weg. Das Leitwort »Weg« zeigt zum einen van Burens Interesse an Christen und Juden im historischen Prozeß: Auch die Bibel ist Teil dieses Prozesses, der unabgeschlossen ist. So beschäftigt sich van Buren ausführlich mit dem christlichen Bibelverständnis, dem Verhältnis von Schrift und Tradition, mit Offenbarung als Geschichte (auch der Neuinterpretation von Tradition) und Geschichte als Offenbarung. Er ist daran interessiert, daß die Kirche fähig wird, auch nachbiblische Ereignisse der Geschichte Israels (vor allem: die Schoah und die Gründung des Staates Israel) als Botschaft Gottes zu verstehen. Eine Kirche unterwegs muß auch Zeichen der Zeit erkennen.

Zum anderen impliziert die Rede vom »Weg« den Vorrang wirklichen Gehens, praktischen Tuns vor dem Reden und Denken, vor der kritischen Reflexion durch Theologie, den Vorrang also der Halacha vor der Aggada. Van Buren ist besorgt, daß die Kirche nicht wirklich voranschreitet, Praxis verweigert, ihre Verantwortung gegenüber vergangenen und zukünftigen Generationen nicht wahrnimmt, weil sie alles Entscheidende für schon getan hält. In diesem Zusammenhang setzt er sich kritisch mit der traditionell christlichen Entgegensetzung von Glaube und Werken auseinander (I,20).

Zur Verständigung über die Bedingungen der Möglichkeit solchen Gesprächs gehört aber auch die Frage nach dem Selbstverständnis der Nichtjuden auf diesem Weg. Schon die Bezeichnung Nichtjuden zeigt: Sie können sich nur verstehen in Beziehung zu dem Weg, den die Juden lange vor ihnen begonnen haben zu gehen und weitergehen. Es ist die Hebräische Bibel, die sie (von Israel aus gesehen) als die (anderen) Völker, als Gojim, als Nichtjuden in den Blick nimmt: »Unsere Identität als Kirche liegt in der Tatsache, daß wir Israels HERRN anbeten, und so zu und von ihm sprechen« (I,35).

Nicht nur um das Selbstverständnis dieser Nichtjuden auf dem Weg, den ihnen der Gott Israels eröffnet hat, geht es in dieser Vorverständigung, sondern in diesem Zusammenhang auch um ihr Verständnis dessen, der sie auf diesen Weg gebracht hat, den Geber, den Bereiter des Wegs (I,68). Hier entwickelt van Buren seine Trinitätslehre. Sie ist ihm darum so zentral, weil sie nicht nur den Zugang von Nichtjuden zum Gott Israels ausdrückt, sondern vor allem das Zugehen dieses Gottes auf die Völker als – gegenüber der Erwählung und Geschichte Israels – »weitere Bewegung«, sein »Sich-Ausstrekken« (I,69), »wirklich Selbstbestimmung, Ausdruck seiner selbst, in einem Wort, Sein eigener Akt ... seine Selbst-enthüllende Aktivität« (I,70): Gott zieht »mittels Seines Geistes und durch Seinen Sohn (by His Spirit and through His Son)« (I,69f.) Nichtjuden zu sich. Die Trinitätslehre drückt also aus, wie es dazu kam und kommt, daß Nichtjuden zum Gott Israels gezogen werden. Deswegen gehört sie schon in die Prolegomena.

Dies Verständnis der Trinitätslehre als Ausdruck der historischen Realität der Existenz einer Kirche aus den Völkern – »by His Spirit, through His Son« – bestimmt auch die Reihenfolge, in der van Buren die drei »Seinsweisen« Gottes – wie er mit K. Barth statt »Personen der Trinität« sagt – bespricht: Er beginnt mit dem Geist. Denn das, was die Kirche aus den Völkern zuallererst beschäftigen und erstaunen muß, wenn sie sich über ihren Weg mit dem Gott Israels klarzuwerden versucht, ist, daß es sie überhaupt gibt, daß der Gott Israels sich auch den Völkern zugänglich gemacht hat. Das aber war und ist eine Aktion des Geistes. Van Buren erinnert an Überlegungen des alten K. Barth über eine »Theologie des dritten Artikels« und zitiert zustimmend Luthers Kleinen Katechismus: »Ich glaube, daß ich nicht aus eigener Vernunft noch Kraft an Jesus Christus, meinen Herrn, glauben oder zu ihm kommen kann, sondern der Heilige Geist hat mich durch das Evangelium berufen.«

Van Buren versteht also den Geist vor allem als selbstenthüllende, selbstoffenbarende Aktivität des Gottes Israels gegenüber den Völkern und so als Bedingung der Möglichkeit für sie, überhaupt von diesem Gott zu reden. Diese Begründung für die Vorrangstellung des Geistes ist darum auffällig, weil van Buren an mehreren Stellen seines Werks (I,40; II,6ff.215 u.ö.) die Auffassung K. Barths (und, wie er meist hinzufügt, F. Rosenzweigs[120]) kritisiert, daß Offenbarung vor allem Gottes Selbstoffenbarung sei: Offenbarung sei vielmehr immer Offenbarung von etwas: Gottes Wille, sein Auftrag usw. Hier aber, bei der Entfaltung der Trinitätslehre als Voraussetzung auch für Nichtjuden, mit dem Gott Israels zu tun zu bekommen, geht es ihm genau darum: die Selbstoffenbarung des Gottes Israels, von dem Heiden zuvor nichts wußten – der Geist als »Selbst-Gabe« Gottes (I,74). Mit der Formulierung »Selbst-Gabe« ist auch gesagt: Der Geist ist nicht nur der Weg und die Weise einer Selbstkundgabe Gottes, sondern auch seine Dabeiseinsweise. Van Buren vergleicht die Rolle des Geistes in der Kirche mit der der Schechina im Judentum (I,75). Diese Dabeiseinsweise schließt die

Möglichkeit der Abwesenheit ein, die Geistbeziehung der Kirche kann die Form des Wartens und der Sehnsucht annehmen (I,78).

Im zweiten Schritt seiner Entfaltung der Trinität geht es um Jesus als Sohn Gottes. Der Beziehungsbegriff »Sohn« drückt zunächst die Beziehung ganz Israels zu seinem Gott aus: Jesus ist Sohn Gottes wie ganz Israel Sohn Gottes ist. Israel bleibt Grundlage der Sohnschaft Jesu und auch des Anspruchs der Kirche auf Sohnschaft – als Geschwister Jesu und so Israels. Doch ist Jesus darüber hinaus noch in besonderem Sinn Sohn Gottes: »Dieser Jude war und ist für die Kirche derjenige, der eine, in dem sie konfrontiert ist mit Gott als dem, der wählt, auch Gott der Kirche zu sein« (I,78). Jesus repräsentiert also nicht nur die intime Beziehung Israels zu seinem Gott vor den Völkern, sondern auch Gott selbst: »Ein toter Jude an einem heidnischen Galgen hängend ist (der Ort), wo es zahllosen Heiden gegeben war, ins Herz des Gottes Israels zu sehen« (I,86). Das aber wurde möglich nicht durch die Kreuzigung, sondern durch Ostern, die Erscheinungen des Auferstandenen: als Gottes Bestätigung des Gekreuzigten und so auch als Gottes Bestätigung des Hinzukommens der Völker. Schon die Kreuzigung war ein Hinzutreten der Völker, ein negatives – vertreten durch Pontius Pilatus. »Ostern zeigt die Bereitschaft und Fähigkeit Gottes, diesen heidnischen Eingriff zu nutzen ... und diese negative und brutale heidnische Intervention umzukehren in einen Segen für zahllose andere Heiden« (I,85f.). Die Deutung der Auferweckung des Gekreuzigten – in Anlehnung an Gn 50,20 – als Gottes Umplanung zum Guten des von Menschen böse Geplanten ist traditionell, doch van Buren spitzt sie zu auf die Beziehung zwischen Israel und den Völkern, versteht Tod und Auferweckung Jesu nicht allgemein als Versöhnung der Menschen mit Gott, sondern spezifisch als Versöhnung gerade in diesem Verhältnis.

Die Rede von Jesus als Sohn Gottes bedeutet also nicht, daß Jesus selbst Gott ist, sondern soll ausdrücken, daß es sich bei dem durch Jesus bewirkten Hinzukommen der Völker um eine Tat Gottes, seinen »wirksamen Ruf an die Völker« (I,82) handelt, ein »echtes novum« (ebd.). Doch er zögert, dieses Ereignis ein eschatologisches zu nennen: Zwar hat es »zu tun mit Gottes Endziel, mit seinen letzten Absichten, wenn es mit Gottes Willen überhaupt etwas zu tun hat« (ebd.), es ist aber selbst nicht das Ende – nicht das Ende des Bundes mit Israel, das Hinzukommen der Völker beruht auf der Gültigkeit dieses Bundes –, nicht das Ende der Geschichte, sondern für die Völker erst ihr Beginn, der Anfang ihres Wegs mit dem Gott Israels.

Van Buren erinnert in diesem Zusammenhang an die Weissagung Simeons (Lk 2,32), Jesus werde »ein Licht zu erleuchten die Völker und zur Verherrlichung seines Volkes Israel« sein, und folgert aus diesem parallelismus membrorum einen Proportionalsatz: »Soweit die Kirche Jesus nicht verstanden hat als zur Herrlichkeit seines Volkes Israel beitragend, hat er der Völkerkirche kein Licht gegeben, sondern nur Dunkelheit oder höchstens verzerrtes Licht« (I,85). Die Sendung der Kirche in der Völkerwelt, ihr Erfolg oder Mißerfolg, hängt also an ihrer Beziehung zu Israel, daran, ob sie Jesus als Beitrag zur Verherrlichung Israels versteht – und ihm darin folgt.

Schließlich: »Gott, unser Vater« (I,86ff.). Hier kommt van Burens Trinitätslehre zu ihrem Ziel. Sie soll sicherstellen, daß der Gott, den Christen ihren Vater nennen, kein anderer ist als der Gott Abrahams, Isaaks und Jakobs. Sie soll erklären, wie es dazu kam und kommt, daß Nichtjuden den Gott Israels als ihren Vater anrufen. Sie bekennen ihn als dreieinig, »weil Er so unser Gott ist und so uns Nichtjuden dazu gebracht hat, Seinen Weg zu gehen, neben seinem Volk« (I,87). Da van Buren großen Wert darauf legt, daß wir es in dieser Geschichte wirklich mit Gott selbst zu tun haben, hält er an Wesenstrinität gegen ein ökonomisches Verständnis fest. Er versteht seine Formel: der Gott Israels habe »by His Spirit and through Jesus Christ, the Jew of Nazareth« sich selbst auch zu unserem Vater gemacht, zugleich doxologisch, als Dankgebet (I,88). Es geht ihm also nicht darum, zwischen dem Wesen und den Taten Gottes zu unterscheiden, sondern um die Betonung, daß sich in diesen Taten sein Wesen ausdrückt, die Nichtjuden es also mit Gott selbst, keinem anderen als dem Gott Israels zu tun bekommen, keinem, der aufgehört hätte, der Gott Israels zu sein. »Das Geheimnis der Trinität«, so faßt van Buren zusammen, »ist das Geheimnis eines historischen Ereignisses – die Sammlung einer Heidenkirche in die Anbetung des Gottes Israels« (I,92). Einerseits also ein historisches Ereignis, andererseits dessen Geheimnis: das, was man ihm nicht ansieht. Wie van Buren zuvor den Heiligen Geist mit der Schechina verglich, so vergleicht er jetzt die zentrale Bedeutung der Trinitätslehre für die Kirche mit der der Sinaioffenbarung für Israel: »Beide Male wird das Wunder der Offenbarung darin gepriesen, daß Er Seine Anbeter zu Sich zieht« (I,93).

Christliche Theologie, so lassen sich die Prolegomena zusammenfassen, ist das selbstkritische und sich orientierende Gespräch von Nichtjuden, die durch Jesus Christus auf einen Weg mit dem Gott Israels gerufen sind. Daß es der Gott Israels ist und bleibt, der auch ihr Herr und Vater geworden ist, macht es nötig, daß sich diese berufenen Nichtjuden nicht nur über diesen Gott, sondern auch über ihr Verhältnis zu diesem Volk verständigen. Der zweite Band dieser systematischen Theologie ist darum eine »Christliche Theologie des Volkes Israel«. Nicht ein »Bericht über jüdische Lehre« ist gemeint (II,13), und schon gar nicht »jüdische Theologie« (II,16). Eine christliche Theologie des Volkes Israel fragt vielmehr »nach der Pflicht und der Fähigkeit der Kirche, des jüdischen Volkes Zeugnis von Gott zu hören« (II,1: Leitsatz des ersten Kapitels). Die Erwählung Israels, Gegenstand christlichen Glaubens, macht sie notwendig (ebd.). Van Buren zieht hier einen Vergleich zur Christologie: »In beiden Fällen fragt die Kirche nach ihrer Treue, auf das Wort des HERRN, des Gottes Israels, zu hören und ihm zu gehorchen« (II,21).

Das Ziel einer solchen christlichen Theologie des Volkes Israel ist »die Definition des Beitrags Israels zum Dienst der Kirche für Gott und, als dessen Teil, ihres Dienstes für Israel« (II,1: Leitsatz des ersten Kapitels).

Van Buren unternimmt es also, das Zeugnis Israels, nicht nur das seiner biblischen und rabbinischen Schriften, auch seines Lebens, seiner Geschichte, auch seines Neins zum Christentum, als Botschaft des Gottes Israels an seine Heidenkirche, als Weisung zu hören und auszulegen. Er nimmt damit die Erwählung Israels zum Licht der Völker ernst und betrachtet die Kirche als den Teil der Völker, der sich diesem Licht öffnet und aussetzt, von diesem Licht sich erleuchten (im Englischen zugleich: aufklären) läßt. Dabei wird deutlich: Der Vergleich zur Christologie bezieht sich nicht nur auf die Notwendigkeit einer solchen Israellehre, sondern auch auf ihre Funktion und ihr Vorgehen: Dieser Band ließe sich auch als Christologie des Volkes Israel bezeichnen, und zwar nicht nur als implizite oder formale. Hatte er in den Prolegomena, besonders in seiner Trinitätslehre, Jesus vor allem als Repräsentanten des Gottes Israels dargestellt, als denjenigen Juden, in dem dieser Gott Nichtjuden begegnet, so betont er in diesem Band seine Rolle als Vertreter seines Volkes in der Völkerwelt: Jesus ist Israel-für-Nichtjuden.

Van Buren hält sich zunächst an die biblische Reihenfolge und beginnt mit »Israels Zeugnis von der Schöpfung«, macht damit deutlich, daß christliche Theologie nicht mit einer allgemeinen Schöpfungslehre unter Absehung von Israel beginnen, sondern von Schöpfung nur reden kann als Teil von Israels Zeugnis, der Tora des Mose. Israels Zeugnis von der Schöpfung ist zugleich Bekenntnis, Tora und Evangelium, denn von Gott als Schöpfer des Himmels und der Erde redet Israel aufgrund seiner eigenen Erschaffung und Befreiung, die es erst durch die Sinaioffenbarung erkennt. Ähnlich verhält es sich mit dem Schöpfungszeugnis der christlichen Kirche: Erst aufgrund von Ostern, erst aufgrund ihrer eigenen Erschaffung durch den Geist aus der Finsternis des Heidentums, ihrer Berufung vom Tod ins Leben kann sie von Gott als Schöpfer sprechen. Daß Israel durch Treue zur Tora Gott als Schöpfer bezeugt, erinnert die Kirche daran, daß Treue zu Jesus Christus die Form ihres entsprechenden Zeugnisses ist.

Israels Zeugnis von der Schöpfung ist auch zu entnehmen, daß sie zwar gut, daß sie aber nicht vollständig, noch nicht vollendet ist. Van Buren versteht Gn 1–11 als Zeugnis von der Gefährdung der Schöpfung und den Beginn der besonderen Israel-Geschichte ab Gn 12 als Israels Berufung zur Mitarbeit mit Gott an der Erlösung, der Vollendung der Schöpfung durch sein Leben mit der Tora. Van Buren räumt ein, daß er hier Israels Wandel in der Halacha stärker teleologisch, auf Hoffnung, auf Vollendung hin versteht als viele Stimmen jüdischen Selbstverständnisses das tun, beruft sich aber darauf, daß eine christliche Theologie des Volkes Israel eben nicht selbst jüdische Theologie ist (II,115). Jedenfalls entnimmt er diesem Tatzeugnis der Mitarbeit nicht nur die Einladung an die christliche Kirche zur Hoffnung auf eine noch ausstehende Erlösung, sondern auch die Erinnerung daran, daß Hoffnung, die nicht zur Mitarbeit führt, keine ernsthafte Hoffnung ist.

Daraus ergibt sich als nächstes Thema »Israels Erwählung – und die Völker« (II,116ff.). Van Buren betont zunächst, daß die Erwählung – von Abraham an – Gebot, Einberufung, Beauftragung zu einem Ziel ist. Zum anderen macht die Erwählung Israels Geschichte zur Offenbarung: »Israel erzählt von Gott, indem es seine eigene Geschichte mit Gott erzählt« (II,122). Auf Israels Zeugnis zu hören heißt also, auf diese erzählte Geschichte zu hören. Gott hat dieses besondere Volk, diese besondere Geschichte erwählt, um sich der ganzen Welt kundzutun, seine universalen Ziele zu erreichen. In Israels Erwählung sind also paradigmatisch alle Völker mitgemeint und angesprochen: Gott »zeigt seine wirksame Liebe für alle Völker, indem er Israel liebt« (II,125). Im Blick auf die anderen Völker erinnert van Buren zunächst an den Noachidischen Bund, ein minimales Angebot für die Völker. Doch kann er darin überhaupt keine angemessene Grundlage für die Kirche erkennen, denn diesem Bund fehlt jede persönliche Beziehung zwischen den Partnern. Er wird so der Erfahrung der Kirche mit ihrer Beziehung zu Gott nicht gerecht. Van Buren fragt sich hier sogar, ob Israel das jemals akzeptieren könne, springt also für einen Moment aus einer christlichen Theologie des Volkes Israel in Überlegungen zu einer jüdischen Theologie des Christentums (II,132).

Ganz anders verhält es sich mit dem Abraham-Bund (II,136ff.). Hier findet van Buren den Ort für das Selbstverständnis einer Kirche aus den Völkern neben Israel. Die ganze Jesusgeschichte und die durch sie entstandene Völkerkirche sind eine einzige Aktion Gottes, seine Verheißung an Abraham zu erfüllen, er werde zum Segen aller Geschlechter auf Erden, zum Vater vieler Völker. Das zeigt van Buren an Entsprechungen zwischen der Akedat Itzchak und der Kreuzigung und Auferweckung Jesu (II,142-146) und in einem Gang durch den Römerbrief (II,146-148). Für die Kirche aus den Völkern bedeutet das, sich als Bestätigung der Verheißung an Abraham und seine Nachkommen zu verstehen, also nicht als Ersetzung Israels, sondern als zusätzlich zur Mitarbeit mit Gott bei der Vollendung der Schöpfung berufen, in respektvollem Dialog mit Israel als älterem, erfahrenerem Bruder lernend, worin diese Mitarbeit besteht.

Doch zum Volk Gottes wird Israel erst am Sinai. Van Buren unterstreicht nachdrücklich die zentrale Bedeutung des Sinaibundes für alle Generationen Israels. Auch die Befreiung aus der Sklaverei wird erst vollständig durch die Gabe der Tora am Sinai, denn die Freiheit bedarf der Form und des Inhalts, ist kein *tohuwabohu*. Eine Theologie der Völkerkirche, die direkt aus dem Exodusgeschehen schließt, daß Gott der Befreier aller Unterdrückten ist, und einen Bogen um Sinai und Tora macht, hat dem Zeugnis Israels nicht richtig zugehört, und es ist die Aufgabe einer christlichen Theologie des Volkes Israel, sie darauf hinzuweisen. Israels Zeugnis für die Kirche, besonders für Protestanten, besteht in seiner Annahme der Tora, seiner Bereitschaftserklärung: Wir tun's.

Worin besteht dieses Volk-Gottes-Sein Israels, sein Heiliges-Volk-Sein (»holy peoplehood«, II,159)? Zunächst darin, daß es als ganzes Volk erwählt ist und dieser Erwählung immer wieder zu entsprechen versucht. Und das zeigt sich daran, daß sein kollektives Leben als Volk, nicht nur das Leben individueller Juden, von Tora geformt, geprägt ist. Darum kann dieses Volk nicht wie alle Völker sein. Daß dieses Volk als Volk erwählt ist, unterscheidet es von der Kirche. Sie kann sich nur Volk Gottes nennen, wenn sie zugleich klarmacht, daß sie dieses Wort in anderem Sinn benutzt als dem, der für Israel gilt: Sie ist nicht als Volk, als Nation berufen, sondern aus vielen Völkern und Nationen zusammengerufen, um eine Gemeinde in den Nationen (»within the nations«, II,165) zu sein.

Van Buren faßt die Funktion Israels als heiliges Volk in seinem Auftrag zusammen, ein Königtum von Priestern zu sein, ein Gott vermittelndes Volk: »Solange das jüdische Volk in der Welt existiert, soll die Welt wissen, daß Gott seine Schöpfung nicht aufgegeben hat. Ein Versuch, Gottes heiliges Volk zu zerstören, ist darum ein Versuch, eine Welt ohne Gott zu haben« (II,165). Positiv ausgedrückt: »Gott hat dieses Volk dazu erwählt, sein Licht zu sein für die Nationen, für alle Völker seiner Schöpfung. Das *Volk* ist dieses Licht, nicht bloß seine Schriften; sein Leben, nicht nur einige seiner Worte« (II,166). Für die Kirche kommt es also darauf an, die schiere Existenz dieses Volkes als Botschaft zu hören, »diese Existenz zu entziffern« (II,170f.). Sie kann daran zunächst lernen, daß Gott nicht fertig ist mit dem, was er mit der Berufung Abrahams begann, mit dem Sinaibund fortsetzte: »Das Volk Israel ist die sichtbare Realität dieses Bundes« (II,171). Sie kann, sodann, daraus inhaltlich schließen, »daß Gott immer noch an der Vollendung seiner Schöpfung ... in der Weise der Besonderheit, der Partikularität arbeitet« (ebd.), und daraufhin ihren »Universalismus« überdenken – worunter van Buren als kirchliches Ziel versteht, daß alle Menschen Christen werden, die ganze Welt zur Kirche. Schon deswegen kann sie das nicht länger wollen, weil das eine Welt ohne Juden wäre. Und das heißt positiv, »sich in ihrer ganzen Begrenztheit ... ihre Partikularität als Minderheit in Gottes Welt zu akzeptieren« (II,175). Van Buren entnimmt also dem Volksein Israels als Botschaft Gottes an die Kirche das Prinzip Besonderheit, indem er eine Strukturanalogie bildet: Wie das Volk Israel eine Minderheit unter den Völkern bildet, so die Kirche – nicht unter den Völkern, sondern – innerhalb ihrer jeweiligen Völker. Damit stellt sich die Frage nach der Bedeutung einer ökumenischen Bewegung als einer Internationalen aus Christen vieler Völker, ihres Verhältnisses zu diesen Völkern und zum Volk Israel. Dabei übernimmt van Buren eine christlich-antijüdische Gegenüberstellung von »Partikularismus« und »Universalismus«, nimmt sie für bare Münze, wertet sie bloß um: Während traditionelles christliches Selbstverständnis von einer »Universalisierung« einer zuvor bloß »partikularen« Geschichte redet, sieht van Buren im Fortgang der Israelgeschichte eine Kritik am Universalismus, eine Ermutigung zur Partikularität von Kirche. Nun wäre van Buren der letzte, der der besonderen Israelgeschichte universale Bedeutung absprechen würde. So ist die Frage der Weltbedeutung einer sich – neben und wie Israel – als Gottes Minorität verstehenden Kirche noch offen.

Doch da Israel Licht der Völker sein soll, nicht nur der Christen in den Völkern, sucht van Buren in Israels Volksein auch nach einer Botschaft für die Völker, insbesondere die der »Dritten Welt« – und sprengt damit den Rahmen dessen, was er sich als Ziel einer christlichen Theologie des Volkes gesetzt hat: die Kirche fähig zu machen, das Zeugnis Israels zu hören. Die Völker als solche sollen an Israel erkennen, daß Gott am Volksein festhält (»God has not given up on peoplehood«), sie sollen darum ihr eigenes Volksein ernst nehmen, darin »die Hand des Schöpfers von Himmel und Erde« (II,176) sehen. Und speziell die unterdrückten Völker könnten von Israel, besonders von der zionistischen Bewegung, lernen, »ihre Sache selbst in die Hand zu nehmen« (II,177). Allerdings sei diese Einladung Gottes in Gestalt des jüdischen Volkes auf taube Ohren gestoßen: Gerade die Dritte Welt habe »ignoriert oder vergessen, daß die Juden das paradigmatisch unterdrückte Volk der westlichen ›Zivilisation‹ seien und daß es zwar eine jüdische Tradition gibt und eine äußerst gegensätzliche christliche Tradition, nie aber eine ›jüdisch-christliche Tradition‹« (ebd.). Van Buren illustriert, was er meint, an einer Begegnung, die zu seinem Schmerz nie zustande kam: zwischen der zionistischen und der Black-Consciousness-Bewegung (II,179ff.). Schwarze und Juden teilen die Erfahrung der Unterdrückung und Diskriminierung, vor allem die, von außen, von anderen definiert, mit Projektionen anderer beladen zu werden. Beide haben es darum als Anfang von Befreiung, von Emanzipation betrachtet, sich selbst zu definieren, ihr Selbstverständnis selbst zu bestimmen und auszudrücken. Beide waren aber mit ihren eigenen Leidensgeschichten so beschäftigt, daß sie einander nicht gehört haben. Allerdings sieht van Buren darin ein hoffnungsvolles Zeichen, daß gerade die nordamerikanischen schwarzen Christen – Let my people go! – sich in einem Maße mit dem Volk Israel identifiziert haben, wie das weiße Christen nie getan haben (II,180). Und so könnte eine – an den Weißen vorbei – von Israel belehrte schwarze »Theologie der Befreiung Verbindungen schaffen zwischen schwarzen Christen und Juden, die eine ganze neue Ära in der Beziehung zwischen Kirche und jüdischem Volk eröffnen würden« (II,183).

Wie bei der Botschaft an die Kirche entnimmt van Buren als Botschaft an die Völker dem Volksein Israels ein Prinzip: diesmal das des Volkseins, *peoplehood*. Er betont zu Recht, daß er keineswegs natürliche Theologie betreibt, nicht mit einer generellen Offenbarung rechnet – wohl mit einer außerkirchlichen Quelle von Offenbarung, aber keineswegs generell, sondern spezifisch in der Existenz und Geschichte des Volkes Israel. Das unterscheidet ihn von den Volks- und Volkstumstheologen des 19. und 20. Jahrhunderts – weswegen ich mich auch bemüht habe, »peoplehood« nicht mit Volkstum zu übersetzen: Erst durch Israelerkenntnis können die Völker Sinn und Zweck ihres eigenen Volkseins erkennen. Auch wenn in diesem Abschnitt auffällig viel von Gott als Schöpfer die Rede ist, wird man darum bei *peoplehood* nicht an eine jener »Schöpfungsordnungen« denken – eher, im Sinne Bonhoeffers, an ein Mandat: eines von vielen Praxis- und Bewährungsfeldern der Zusammenarbeit mit Gott bei der Vollendung der Schöpfung. Für van Buren hat Schöpfung weniger mit Natur zu tun als mit Geschichte. Und so ist sein Begriff *peoplehood* auch kein ethnischer oder gar rassischer, sondern ein historischer – wie überhaupt beim englischen, speziell amerikanischen *people* – anders als beim deutschen *Volk* – weniger an *ethnos* und mehr an *demos* zu denken ist. Im europäischen Kontext ist hingegen »nationale Selbstbestimmung« die Lizenz zur Ermordung und Vertreibung von als fremd Definierten, um nicht »überfremdet« zu werden.[121] Und so kann gerade in diesem Kontext von Selbstdefinition, Selbstbestimmung, Emanzipation keine Rede sein: Die Einzelnen bekommen die Pistole auf die Brust gesetzt, sich national zu bekennen.

Dennoch bleiben Fragen: Van Buren selbst hatte den Befreiungstheologen vorgeworfen, sich nur am Exodus zu orientieren, den Sinai zu ignorieren. Sollen nun die Völker als solche tun, was die Theologen lassen sollen? Oder meint van Buren, daß die Völker zwar nicht zum Sinai ziehen, aber zum Zion, dort Weisung lernen? Was sollen sie dort lernen? Ihr eigenes Volksein ernstzunehmen? Ich fürchte, dazu bedarf es keiner Weisung vom Zion. Zunächst müßten sie dort lernen, nicht jeweils ihr eigenes Volk als erwählt zu betrachten, nur vermittelt über ihre Beziehung zu Israel mit Gott zu tun zu bekommen. Sodann werden sie sich im Gegenüber und im Unterschied zu Israel immer sofort als die Völker, im Plural, verstehen, ihr eigenes Volksein also nicht nur im Blick auf Israel, sondern daraufhin auch aufeinander relativieren. Denn beim Thema Identifikation mit Israel ist ja nicht nur, hoffnungsvoll, an die schwarzen Christen in den USA, sondern auch, warnend, an die Buren in Südafrika zu denken: dem britischen Pharao mit seinen Konzentrationslagern entronnen, die sieben – schwarzen – Völker Kanaans ausrottend oder vertreibend. Aber nun hat van Buren ja recht damit, daß die Erwählung Israels biblisch pars pro toto für die Völker bezeugt wird, insofern auch als paradigmatische Geschichte. Warum sollten also nicht andere Völker als Völker im Lichte der Geschichte Israels (nicht nur der biblisch bezeugten) ihre eigene Geschichte verstehen, nach Zeichen der Befreiung suchen, nach Gründen für Gericht fragen, Kriterien für Recht und Frieden übernehmen, sich warnen lassen, daß Zukunft durch Ungerechtigkeit verspielt werden kann, die Zusammenhänge zwischen Mann-Frau-Beziehungen und dem Fortgang oder Stocken der Geschichte lernen usw.? Die Hebräische Bibel ist in der Tat von der Hoffnung erfüllt, daß sich die Völker in diesem Sinn von Israel als dem Licht der Völker aufklären lassen. Doch ist dieselbe Bibel auch ein Zeugnis davon, daß die Völker das de facto nicht taten, die Finsternis, die noch auf der Völkerwelt liegt, dieses Licht notorisch nicht begriffen hat. Und van Buren betont ja selbst, daß das Neue Testament gerade dies als Wunder bestaunt, daß nun doch einigen aus den Völkern in dem einen Juden Jesus das Licht Israels aufgegangen ist. Keinen Geringeren als den Heiligen Geist sieht er da am Werk. Nicht zufällig sieht van Buren in seinem Beispiel gerade schwarze Christen und Theologen als Agenten einer möglichen Israel- und daraufhin Selbsterkenntnis bei den Völkern. So wäre es nicht nur im Einklang mit dem Ziel einer christlichen Theologie des Volkes Israel, sondern auch sachgemäß, beim Thema »Israel als Licht der Völker« nach der Rolle und Bedeutung von Christen und Kirchen – und ihrer ökumenischen Bewegung – zu fragen: nicht als »drittes Geschlecht« zwischen Israel und den Völkern, aber als Hermeneut, Dolmetscher (der Geschichte und Existenz) Israels in den Völkern, als Botschafter seiner Botschaft, eben als Minderheit, nicht als »Volkskirche«.

Dieselben Fragen und Probleme stellen sich beim nächsten Thema: der Bedeutung des Landes (II,184ff.). Van Buren verbindet beide Themen – »Volk« und »Land« –, indem er Land und Staat Israel – in Anspielung auf Mt 5,14f. – den »Leuchter für das Licht« nennt. Daß Gott nicht nur ein Volk erwählte, sondern für dieses Volk auch ein Land, bedeutet, daß er sich nicht im Geisterreich der Ideen offenbaren wollte, sondern in der Praxis, in der Geschichte in ihrer ganzen (auch moralischen) Zweideutigkeit, daß er am irdischen Leben, an Fragen der Landwirtschaft, des Geldes, der Politik, des Rechts, der Sexualität mehr interessiert ist als an religiösen Vorstellungen. Doch bleibt das Land Gottes Gabe und Aufgabe, Israels Land bleibt Gottes Land: Israel, außerhalb des Landes entstanden, hat das Land immer wieder verloren, wenn es seiner Aufgabe nicht gerecht wurde – und blieb doch auch im Exil auf dieses Land bezogen. Mit Recht versteht van Buren Gn 2 als eine Anthropologie aus israelischer Erfahrung: *adam* ist dazu geschaffen, die *adama* zu bedienen. Wie er zuvor aus dem Volk das Abstraktum *peoplehood* gewann, so hier aus dem Land *landed life, landedness*: Geschichte und Zeugnis Israels sind »geerdet«, keine nur geistige Wirklichkeit, sondern irdisch, materiell. Wieder entnimmt van Buren diesem Zeugnis zwei Botschaften, eine an die Kirche, eine an die Völker als solche. Die

Kirche soll zunächst einmal als Gegenstand auch ihres Glaubens bestätigen, daß Gott diesem Volk dieses Land gegeben hat, nicht länger die biblischen Landverheißungen spiritualisieren – damit sie auf die Kirche passen – oder Israel nur als Judentum, als Religion betrachten (II,204). Sie soll, sodann, anerkennen, daß auch sie zu geschöpflich-geschichtlichem Dienst berufen ist, in Machtkämpfe und Politik verwickelt. Mag sie über die Richtung und Ziele ihres politischen Engagements – wie Israel – streiten, nicht strittig sollte sein, daß auch sie politisch kämpft und kämpfen muß. Zum dritten aber, und in gewissem Kontrast zu van Burens sonstiger Hauptsorge, die Kirche könne ihre Berufung zur Praxis verfehlen und verweigern: Daß Israel der Welt am besten dadurch dient, daß es einfach Israel ist (»by being, not by doing«), soll die Kirche lehren, »daß ihr erster Dienst an der Welt ist, Kirche zu sein, treu ihrem Gott und dem Leben, zu dem sie berufen ist. Sie muß von Israel hören, durch Vertrauen zu leben, nicht durch geschäftige Aktivität« (II,206). Die biblische Sicht der Weltgeschichte, nach der es immer so aussieht, als würde die ganze Welt, als würden alle Völker, auch Berge, Flüsse ständig gespannt, mit angehaltenem Atem darauf warten, was als nächstes mit diesem winzigen Volk geschieht, soll auch sie zu diesem Vertrauen ermutigen (II,208f.).

Die Völker sind durch Israels Zeugnis vom Land als Teil seines Zeugnisses von der Schöpfung eingeladen, »eine ähnliche Entdeckung zu machen« (II,195): Auch sie haben einen bestimmten Platz, »strenggenommen nicht ihren eigenen« (ebd.), sollen »in ihrem Land leben mit gleichem Bewußtsein ihrer Verantwortung gegenüber dem Schöpfer und dem Land, das er gibt« (II,199). Auch hier rechnet van Buren nicht mit einer naturwüchsigen Erkenntnis der Völker, sondern hofft auf eine geschichtlich durch Israel vermittelte. Doch auch hier wäre zu überlegen, ob die Völker nicht zunächst Israels antiheidnisches Zeugnis hören müßten als Infragestellung ihrer nationalen Mythen und Fiktionen, ihres Selbstverständnisses als autochthon, ehe sie ihre Länder nicht als Besitz, sondern als Ort für Arbeit, für Geschichte, für Begegnungen mit Gott und mit Israel verstehen können.[122] Wiederum ist die Frage, wie und wodurch die anderen Völker dazu kommen könnten, in Israels Existenz als Volk in seinem Land ein Licht für ihr Leben in ihren Ländern zu sehen. Van Buren nennt verschiedene Gründe, warum sie das bisher nicht tun (II,202ff.): den ständigen Kriegszustand im Nahen Osten mit seinen verzerrenden Folgen für die israelische Gesellschaft, die Rezeption des Staates Israel als Vorposten des westlichen Imperialismus usw. Ein entscheidendes Hindernis nennt er nicht: Es hat bisher keine ökumenische Bewegung gegeben, die die Völker angeregt und angeleitet hätte, in Israels Existenz ein Licht zu sehen. Es hat aber in fast allen Ländern Kirchen gegeben, die das Gegenteil taten und tun.

Daß van Buren erst nach den Themen Volk und Land sich ausdrücklich dem Thema Tora zuwendet (II,210ff.), zeigt, daß hier dem Theologen van Buren der Historiker van Buren ins Wort fällt, ihm aber auch erneut theologisch Arbeit macht: Als Theologe nimmt er Israels Selbstverständnis ernst, die ganze Tora, schriftlich und mündlich, sei am Sinai gegeben und empfangen worden. Er hat darum auch im Zusammenhang der zentralen Bedeutung des Sinaibundes von Tora und Geboten gesprochen. Als Historiker ist er fasziniert vom Prozeß der Entstehung mündlicher Tora als freiem, kreativem Umgang mit der Tradition, ihrer ständigen Umformung. Das interessiert ihn wiederum als modernen Theologen – tief bewegt von Bonhoeffers Formel: *coram deo* existieren *etsi deus non daretur*. Und für eine christliche Theologie des Volkes Israel ist gerade dies auch theologisch wichtig: Nicht um eine Theologie der Tora kann es, sondern um Israels Leben mit und in der Tora als sein tätiges Zeugnis muß es ihr gehen: um »Israels Leben in Großzügigkeit« (II,210). Das meint zunächst: Gottes Großzügigkeit, die Tora als Gnadengabe Gottes an Israel. Die Tora ist darum zentral für den Bund Gottes mit Israel, weil sie beide Partner nicht nur aneinander bindet, sondern auch definiert. So besteht Israels Antwort auf die Großzügigkeit Gottes in einem von Tora geformten Leben. Die Intimität der Beziehung zwischen Gott und Israel, die die Tora bewirkt, ermöglicht nun auch kreative Teilnahme Israels an der Bundesgeschichte: »bundesgemäße Freiheit« (covenantal freedom, II,224). Der Bund ist zwar eine Partnerschaft von Ungleichen, aber doch echte Partnerschaft. Gottes Wort der Tora ist nicht im Himmel geblieben, er hat es irdischen Menschen übergeben. Er hat seinen Bund geschlossen mit Menschen aus Fleisch und Blut, und das bedeutet zweierlei: Er hat sein Wort Menschen in ihrer ganzen Unvollkommenheit und Fragwürdigkeit zu freiem Umgang überlassen, und er hat sich an eine bestimmte leibliche Abstammungsgemeinschaft gebunden. Statt nun anzuerkennen, daß Gott die Tora Israel gegeben hat und nicht den Völkern, hat die Kirche – sich als Ablösung und Ersetzung Israels verstehend – Erwählung und Verheißungen spiritualisiert und moralisiert, um mit der Tora, mit ihrer Bibel überhaupt etwas anfangen zu können. Israel hat dem widersprochen schlicht durch sein Fortbestehen als Israel in seinen Generationen, in seiner Toratreue – z.B. keine Unterscheidung zwischen sog. »ethischen« und sog. »zeremoniellen« Geboten akzeptierend. Und dieses Zeugnis Israels stimmt mit dem überein, das die Kirche auch von Jesus hätte hören können: Gerade an ihm hätte ihr aufgehen müssen, daß Gottes Wort ganz und gar »in die Hände der Menschen überliefert wurde« und daß »Gottes Knecht berufen ist, seine ganze Existenz in den Dienst dieses Wortes zu stellen« (II,229). Israels Nein zur Kirche erinnert sie an die Inkarnation. Darum heißt der Abschnitt, der von Jesus und der Tora handelt: »Inkarniertes Gebot und Antwort« (II,230). Daß van Buren beim Thema »Tora« von impliziter zu expliziter Christologie übergeht, hängt damit zusammen, daß er zweierlei will: Er will daran festhalten, daß die Tora

Israel gegeben ist, nicht den Völkern, und er will dennoch Israels Tora-Leben als Botschaft an die Kirche verstehen, und zwar durch Jesus, »der am zentralsten Israel gegenüber der Völkerkirche repräsentiert« (II,231). Jesus und Tora, das heißt zum einen: Jesus ist das »inkarnierte Wort des Gebots«, »Jesus ist für die Kirche, was die Tora für Israel« ist (II,235), zum anderen: »die Inkarnation geschöpflicher Verantwortung« (II,236). Jesus repräsentiert also für die Kirche zugleich die Tora und Israels Antwort auf die Tora. Die Völkerkirche ist nicht direkt zur Tora berufen, sondern in die Nachfolge des toratreuen Juden Jesus: Wie Israels Leben von der Tora geformt ist, so soll ihr Leben von Christus geformt sein. Eine aufmerksame Wahrnehmung von Israels weltlichem, alltäglichem Leben mit der Tora kann sie daran erinnern, daß auch sie mit ihrem ganzen Leben in die Nachfolge gerufen, zu keiner Trennung von religiösen und weltlichen Lebensbereichen berechtigt ist. Damit hat van Buren sein doppeltes Ziel erreicht: Die Tora bleibt Privileg Israels, dennoch hat Israels Tora-Leben der Kirche etwas zu sagen.

Ähnlich verhält es sich bei der weitergehenden Fragestellung: Israel und Jesus (II,240ff.). Schon beim Thema »Jesus und Tora« hatte van Buren auf den Unterschied aufmerksam gemacht zwischen den Erzählungen von Jesus als Tora-Lehrer, der sein Volk nicht etwa zu weniger, sondern zu mehr Tora-Treue anleitet (II,230f.), und den Überlegungen des Paulus über »die Beziehung zwischen Jesus und der Tora in Gottes Plan« (»Gerechtigkeit Gottes getrennt von, nicht im Gegensatz zur Tora«, II,231ff.). Beim Thema »Israel und Jesus« entdeckt er einen vergleichbaren Kontrast: Der irdische Jesus wußte sich nur an Israel, speziell zu den verlorenen Schafen des Hauses Israel, gesandt, zur übrigen Welt nur über Israel (II,244ff.), die Wirksamkeit des Auferweckten aber geschah, wiederum vor allem durch die Interpretation des Paulus, fast ausschließlich unter den Völkern (II,246ff.). Das sei aber nur scheinbar ein Widerspruch: Die »Öffnung zu den (bzw.: für die) Heiden sollte aus der Mitte des Herzens Israels heraus stattfinden« (II,248), und das Engagement Jesu für die Integration und Erneuerung Israels zeigt ihn als solche Mitte. »Die Kirche ist darauf angewiesen, daß Jesus das Herz Israels war und ist« (II,248). Denn so repräsentiert er ganz Israel: »Jesus ist Israel-für-die-Kirche« (II,249).[123] Indem er Israel als Gottes erwählten Zeugen repräsentiert, ist Jesus zugleich Wort Gottes: »Das Wort von der Demut und Großzügigkeit Gottes« (II,249ff.) – in der Schöpfung, in seinem Bund mit Israel, in der Niedrigkeit Jesu selbst. Als Gottes Wort an die Kirche ist Jesus ein Aufruf, zum einen mit Jesus gleichförmig zu werden (conformation to Jesus, II,259). Indem Jesus Israels Rolle, Gott in der Welt bekannt zu machen, bestätigt und exemplarisch ausübt, ist er »Gottes Weg für die Völker, mit Preis und Dank vor ihn zu kommen« (II,260), und so findet die Kirche ihre Identität nur »in ihm«, sie muß »Gott erlauben, sie zu ihm (auf ihn) hin zu formen« (II,261). Zum anderen ein Aufruf, sich Israel zuzugesellen (co-formation with Israel, II,261): Die Kirche ist nur mit Gott zusammen, indem sie mit Israel zusammen ist. Damit ist schon impliziert, was van Buren noch einmal ausdrücklich betont: Daß Jesus Israel für die Völker ist, heißt nicht, »daß die Kirche das jüdische Volk selbst nicht braucht ... Jesus ist Israel für die Kirche als ein Jude und so als einer von und eins mit seinem Volk« (II,263). Sein Volk zu ignorieren hieße also, »den auferstandenen Juden zu ignorieren« (II,264).

Zum Zeugnis, das die Kirche dem Tora-Leben Israels zu entnehmen hat, gehört auch das Nein, das Israel in seiner Tora-Treue zum Christentum sagt (II,268ff., vgl. 228ff.).[124] Es geschieht der Kirche zugute, denn »ohne ein Wort zu sagen, durch seine bloße Existenz« diagnostiziert Israel, »daß die Kirche an der Krankheit der Spiritualisierung leidet« (II,285), die van Buren an der christlichen »Dichotomie« (ebd.) zwischen Gesetz und Evangelium, der entsprechenden zwischen Glaube und Werken und an einem christlichen Verständnis von Erlösung – als »im Geist« oder »proleptisch« oder »im Prinzip« schon geschehen – vorführt. Auch das Zeugnis des jüdischen Nein stimmt mit dem überein, was die Kirche auch vom Juden Jesus hätte lernen können und sollen. Van Buren zeigt das in einer Auslegung des Vaterunser, das der Kirche ja als ein Gebet, das ein Jude Juden lehrte (damit sie nicht plappern wie die Völker, Mt 6,7), überliefert ist (II,288ff.). Es erinnert sie daran, daß sie nicht zur Hoffnung auf ein Jenseits berufen ist, sondern dazu, wie Israel »dafür zu arbeiten und zu beten, daß sein Reich der Gerechtigkeit komme und sein Wille, Gerechtigkeit und Liebe, auf Erden geschehe, getan wird« (II,268).[125]

Nachdem van Buren nun verschiedene Aspekte des Lebens und Selbstverständnisses Israels als Botschaft Gottes (nicht nur, aber hier spezifisch) an die Kirche aus den Völkern gedeutet hat, kommt er zum Ziel seiner christlichen Theologie des Volkes Israel: Er möchte klären, so hatte er anfangs gesagt, welche Bedeutung Israel für Auftrag und Sendung, Dienst und Mission der Kirche hat. Dazu faßt er zunächst zusammen, was er als »Israels Mission« erkannt und herausgearbeitet hat: Israel bezeugt durch seine Existenz, daß die Schöpfung noch unvollendet ist, es bezeugt so zugleich »die Notwendigkeit, die Grenzen und Möglichkeit von geschöpflicher Kooperation in der Arbeit für Gottes Zukunft für seine Schöpfung« (II,295: Leitsatz von Kapitel 10). Israel bezeugt dies durch seine Existenz: Das heißt zum einen, Israels Leben im lebendigen Bund mit dem lebendigen Gott zeigt, daß die Geschichte, die mit der Erwählung Israels begann, noch nicht zu Ende ist. Das heißt zum zweiten, die Spannungen, in denen Israel existiert, Konflikte mit den Nationen und innere Konflikte, sind Teil seines Zeugnisses. Durch seine Existenz: Das heißt zum dritten, Israels Zeugnis besteht nicht nur im Tora-Leben religiöser Juden (van Buren nennt es »heilige Weltlichkeit«), sondern genauso auch in der »weltlichen Heiligkeit«

der Nichtreligiösen, denn das jüdische Volk ist unteilbar: »Wenn die Völkerkirche Israels Zeugnis an diesem Punkt nicht hört, mißversteht sie alles andere ... Gott hat sich nicht eine Religion erwählt, sondern ein Volk in seiner ganzen weltlichen, irreligiösen Wirklichkeit« (II,316).

Was dieser Wirklichkeit gegenüber Aufgabe der Kirche ist, definiert van Buren zunächst in einer Faustformel, wieder in Form eines Vergleichs, eines Proportionalsatzes: »Gott hat die Kirche dazu berufen, für das Volk Israel das zu sein, was das Diaspora-Judentum für den jüdischen Staat ist« (II,318). Einerseits profitiert die jüdische Diaspora geistig vom jüdischen Staat: Sie empfängt nicht nur geistig-geistliche Anregungen, sondern die Existenz des Staates Israel stärkt das Selbstbewußtsein, auch das Gefühl von Sicherheit vieler Juden in aller Welt. Andererseits unterstützt die Diaspora auch den Staat, materiell und – nicht unkritisch, aber verläßlich – politisch. Die Kirche profitiert nicht nur vom jüdischen Volk, sie ist theologisch abhängig von der Existenz dieses Volkes. So ist auch sie nach ihrem Dienst an Israel zu befragen.[126]

Der Inhalt dieses Dienstes, ihrer eigentlichen Mission an Israel ergibt sich aus der Mission Israels: Die Kirche soll Israel dabei helfen, seine Mission zu erfüllen, sie soll Israel helfen, Israel zu sein, in wahrer Freundschaft, nämlich in Anerkennung seiner Erwählung – im Gegensatz zur falschen Freundschaft der Aufklärung, den Juden als Einzelnen, auch dem Judentum als Religion alles zu geben, nicht aber dem Volk Israel. »Das mag nicht alles sein, das zu tun die Kirche berufen ist, doch wenn dies fehlte, verlöre ihre ganze Mission ihr Zentrum« (II,334). Denn die Kirche ist – angefangen mit Paulus – nichts anderes als Gottes Mission unter den Völkern, sein Versuch mit dem, was er in Israel begann, alle Völker zu erreichen. Doch die Kirche nach Paulus hat die Verwurzelung ihrer Sendung im Bund Gottes mit Israel vergessen, war nicht länger »Israels Christenheit« (II,324).

Worin besteht nun im Gegensatz zu ihrer Völkermission der besondere Auftrag der Kirche gegenüber Israel, ihr Dienst? Van Buren unterscheidet zwischen einem äußeren und einem inneren Dienst der Kirche an Israel, bezogen auf äußere und innere Nöte und Gefährdungen dieses Volkes. Was er mit äußerem Dienst meint, illustriert er am Beispiel der jüdischen Anti-Defamation-League und ihres Kampfes gegen Diskriminierung von Juden und verzerrten Darstellungen des Staates Israel. Und das ist nicht nur ein Beispiel: Für die Kirche ist die Existenz der ADL ein Grund, sich zu schämen, denn gerade dies wäre ihre Mission, ihr erster und mindester Dienst an Israel. Sie wäre dazu geeignet. Sie weiß von der Erwählung Israels. Und sie ist zugleich selbst heidnisch, kennt die antijüdischen Ressentiments der Völker von sich selbst. Was er mit innerem Dienst an Israel meint, sagt er – begründet – zurückhaltender, vorsichtiger. Er bezieht sich auf die innere Gefährdung Israels durch Assimilation, Vernachlässigung oder sogar Leugnung seiner Erwählung. Auch hier wäre es Aufgabe der Kirche, Israel dabei zu helfen, Israel zu bleiben oder wieder zu werden. Er zeigt dies an den Beispielen des kirchlichen Umgangs mit Mischehen und aus ihnen hervorgehenden Kindern und mit Konvertiten.

Gerade dieser Dienst – nicht jene »seltsame moderne Idee der Judenmission« (II,324) – wäre das Zeugnis der Kirche von Jesus Christus. Wieder geht van Buren zu expliziter Christologie über. Bisher hatte er den Dienst der Kirche an Israel abgeleitet aus Israels Mission und ihren Gefährdungen, hatte die Angewiesenheit der Kirche auf Israel betont. Jetzt begründet er diesen Dienst noch einmal anders, nämlich christologisch. Er erinnert an die Aktivität Jesu, die verlorenen Schafe des Hauses Israel zurück in ihr Zuhause zu ziehen, sieht auch darin die Kirche zur Nachfolge gerufen. Er erinnert vor allem an das Zeugnis des Paulus (Rm 15,8f.), daß Christus ein Diener der Juden sei, und überlegt, was Jesus für sein Volk getan, nicht getan hat, noch tun möchte.

Durch Jesus sind Millionen von Nichtjuden zur Erkenntnis des Gottes Israels gekommen. Ein Teil von Israels Existenzzweck ist so Tatsache geworden. Doch ob das gut für Israel war, ein Dienst an seinem Volk, diese Frage kann nur Israel beantworten. Paulus hat mit Ja geantwortet, doch die Frage ist noch offen. Jedenfalls hat Jesus sein Volk nicht erlöst, es nicht in eine erneuerte Schöpfung, nicht das messianische Zeitalter gebracht. Er könnte allerdings gerade dabei sein, seine Völkerkirche in den Dienst seines Volkes zu bringen. Die Frage, was Jesus für Israel in seiner gegenwärtigen Krise, in seiner unsicheren Zukunft noch tun könnte, ist also nicht nur offen, sie ist vor allem eine Frage an die Kirche: »Wird Israel in seiner Not allein stehen und vielleicht allein leiden, oder wird der Leib des Dieners des jüdischen Volkes, der Leib Christi, mit ihm und zu ihm stehen vor der Welt und vor Gott? Die Frage, was Christus noch tun könnte für sein Volk, gibt er an die Kirche zurück« (II,352).

Es ist deutlich geworden: Diese »christliche Theologie des Volkes Israel« ist Christologie. Zum einen formal, strukturell: Zwar wird das jüdische Volk nicht direkt als fleischgewordenes Wort Gottes bezeichnet, aber doch in seiner leiblich-geschichtlichen Existenz als Botschaft Gottes an die Völker verstanden, besonders an die Christen unter ihnen. Zum anderen aber auch material, inhaltlich: Jesus selbst wird als Repräsentant, als Verkörperung, als Stimme seines Volkes für Nichtjuden wahrgenommen. Van Burens häufige Kritik an der Formulierung »Messias Israels« des rheinischen Synodalbeschlusses kann darum als Streit um Worte betrachtet werden, denn nichts anderes hatte die rheinische Kirche gemeint.[127] Diese Christologie betont das »extra nos« Jesu Christi: Als Israel redet Jesus die Kirche von außen an, kritisch und verpflichtend. Demgegenüber unternimmt van Buren es in seiner ausdrücklichen Christologie – »Christus im Kontext«[128], dritter Band des Gesamtwerks – zwar nicht, dem »extra nos« nun ein »in nobis«

oder »pro nobis« an die Seite zu stellen, aber doch von innen her, vom christlichen Selbstverständnis aus zum selben Ergebnis zu kommen: Die Kirche aus den Völkern ist (nicht nur, aber zuerst) zum Dienst an Gottes Volk Israel berufen. Denn Christologie und Selbstverständnis und Verhalten von Kirche hängen für van Buren zusammen – wie allerdings dieser Zusammenhang funktioniert, ist nicht recht klar. Während er an einer Stelle sagt, eine Kirche, die Jesus als Lehrer versteht, werde sich als seine Schüler, die ihn als Herrn bekennt, als seine Knechte verstehen (III,37), der Zusammenhang zwischen Christologie und Ekklesiologie also als umgekehrte Entsprechung verstanden wird, rechnet van Buren an anderen Stellen mit einer sehr direkten Entsprechung: Eine Kirche, die Jesus als Sieger ausruft, betrachte sich selbst als siegreich, triumphal, die ihn als König bezeichnet, wolle selbst regieren (III,22f.). In seiner »Theologie des Volkes Israel« überwog das erste, kritische Verständnis der Funktion von Christologie für das Selbstverständnis von Kirche: Eine Kirche, die Jesus als Repräsentanten seines Volkes hört, wird nicht selbst Israel, sondern entdeckt, daß ihr Verhältnis als Nichtjuden zum Gott Israels sie auch in eine Beziehung zu seinem Volk bringt. In seiner Christologie überwiegt das zweite, affirmative Verständnis: Eine Kirche, die erkannt und bekannt hat, daß der Bund zwischen Gott und seinem Volk fortbesteht, muß mit ihrem Selbstverständnis auch ihre Christologie korrigieren, damit die Art ihrer Rede von Christus dieser neu wahrgenommenen Wirklichkeit – der jüdisch-christlichen Realität – entspricht.

Entsprechend setzt van Buren seiner Arbeit an der Christologie zwei positive Ziele, stellt ihr zwei affirmative Vorsätze voran: 1. Jeder christologische Satz soll Gott dem Vater die Ehre geben. 2. Jeder christologische Satz wird den Bund zwischen Gott und Israel bestätigen, wird darum im apostolischen Zeugnis dem Thema »Solidarität« zwischen Jesus und seinem Volk Priorität geben vor dem Thema »Konflikt« (III,viiif.). Beide Vorsätze zielen auch auf die Kirche, verstehen Christologie als ihr Selbstverständnis: Auch sie soll mit ihrer ganzen Existenz Gott die Ehre geben, nicht etwa eigene Ehre suchen, sie soll den Bund zwischen Gott und Israel bestätigen.[129]

Mit diesen beiden Zielen wird die klassische Christologie, werden vor allem also die Entscheidungen der Alten Kirche, einer kritischen Revision unterzogen. Dabei bedeutet die Grundentscheidung, den Bund zwischen Gott und Israel zu bestätigen, zum einen die Aufgabe, die Spannung deutlich und fruchtbar zu machen, die zwischen der Neuheit der Jesusgeschichte und der Kontinuität des Bundes besteht (III,184ff.). Das Neue dieser Geschichte ist ihre Wirkung, daß sich Nichtjuden als Nichtjuden dem Gott Israels angeschlossen haben. Doch diese Neuheit erweist sich in der Kontinuität des Bundes Gottes mit Israel als das »verborgene Ziel der Tora« (ebd. in Anspielung auf Rm 10,4), denn die Geschichte, die mit der Berufung Abrahams begann, zielte immer schon auch auf die Völker. Dieser Spannung entspricht, daß van Buren einerseits Israel, andererseits die Kirche als »Kontext Jesu Christi« darstellt (Kapitel drei und vier). Im Zusammenhang mit »Israel als Kontext« wird das aufgegriffen, was bereits im 2. Band erarbeitet wurde: Jesus ist nicht nur Gottes, sondern auch Israels Gabe an und darum auch Anspruch auf die Kirche (III,73ff.). Doch betont van Buren in der Christologie noch stärker die Bedeutung des gegenwärtigen Israel: Da es der Kirche nicht nur um den historischen Jesus geht, sondern um den jetzt lebenden, begegnenden, ist auch nicht nur das Israel des ersten Jahrhunderts, sondern auch das jetzige sein Kontext, ohne den sie ihn nicht versteht.[130] Die Kirche soll nicht nur Jesus, sondern entsprechend auch sich selbst in der Spannung von Neuheit und Kontinuität des Bundes verstehen: Sie ist nicht Israel, sondern etwas Neues, kann aber dieses Neue nur im Zusammenhang mit dem Bund Gottes mit Israel verstehen. Das Zeugnis Israels hilft ihr dabei auf zweierlei Weise: Israels Nein zum Christentum unterstreicht, daß mit Jesus wirklich etwas Neues begonnen hat, sein Weiterleben als Israel bezeugt die Kontinuität des Bundes (III,199).

Die andere Aufgabe, die sich aus diesem Vorsatz ergibt, besteht darin, das Jesusgeschehen selbst bundesgemäß zu verstehen. Bundesgemäß heißt zum einen, es im Sinne dieser Kontinuität als Gottes Bestätigung seines Bundes mit Israel anzusehen. So soll die Kirche die Auferweckung des Gekreuzigten nicht länger antijüdisch als Gottes Bestätigung seines von Israel abgewiesenen Sohnes deuten, sondern politisch als Gottes Bestätigung des von der römischen Besatzungsmacht getöteten Repräsentanten seines Volkes und so als Teil des politischen Kampfes Gottes zur weltweiten Durchsetzung seines Willens. Und das bedeutet, daß die Kirche selbst in diesem Kampf engagiert ist. Bundesgemäß heißt zum anderen, dieses Geschehen nicht als einseitige Aktion Gottes zu verstehen – »über unsere Köpfe hinweg« nennt van Buren das mehrfach –, sondern als Bundesgeschehen: ein Geschehen also, das nur im Zusammenwirken beider Bundespartner geschieht. Denn das hat van Buren vor allem vom nachbiblischen Judentum gelernt: Der Bund beruht auf Gegenseitigkeit, Wechselseitigkeit. Gott hat in diesem Geschehen zwar die Initiative, aber er ist auf die Antworten seiner Partner angewiesen, versucht, diese Antworten wieder neu für seine Ziele zu nutzen. Dieses Verständnis des Bundes als gegenseitige Abhängigkeit hat mehrere Konsequenzen. Es ermöglicht van Buren, das zusammenzubinden, was er im ersten Band über Jesus als Repräsentanten des Gottes Israels und was er im zweiten über Jesus als Repräsentanten seines Volkes vor den Völkern gesagt hat: Das Jesusgeschehen bundesgemäß zu verstehen bedeutet, es sowohl als Gottes Initiative wie als Israels Antwort zu hören, als Bundesgeschehen. Van Buren drückt das wieder in einem Proportionalsatz aus: Jesus ist für die Kirche, was der Sinai für Israel ist (III,5). Er entnimmt Phil 2,9 sogar, der Gott Israels habe seinen

Namen – J_HWH_ – auf Jesus übertragen, ihn in ihm wirksam gemacht.[131] Mit diesem Verständnis Jesu als Verkörperung von Gottes Ruf und Israels Antwort für die Völker nimmt van Buren in bundesgemäßer Sprache das Anliegen der Alten Kirche auf, von Jesus als »wahrem Gott und wahrem Menschen« zu sprechen. Doch das Bemühen um bundesgemäße Interpretation betrifft nicht nur die Beziehung zwischen Jesus und Gott, sondern auch die zwischen Gott und den Christen, der Kirche. Schon für Ostern gilt laut van Buren, daß die Bestätigung durch die Zeugen der Erscheinungen des Auferweckten konstitutiv dazugehört – ohne das »Amen« dieser Zeugen keine Auferweckung. Und das gilt genauso für heute, für die heutige Kirche: Gott hat sich durch das Hinzurufen von Nichtjuden auch von diesen neuen Bundespartnern abhängig gemacht, die Kirche ist mitverantwortlich für Erfolge und Fehlschläge Gottes bei der Durchsetzung seines Willens. Hier verweist van Buren nicht mehr nur selbstkritisch, sondern durchaus zustimmend auf sein früheres Werk »The Secular Meaning of the Gospel«: Was er damals mit der Mündigkeit der Menschen begründete, kann er jetzt mit Gottes Selbstbestimmung zum Bund und dessen Gegenseitigkeit erklären. Die Betonung der gegenseitigen Beeinflussung beider Partner und also der Mitverantwortung auch der menschlichen Partner dieses Bundes hat vor allem Folgen für die Eschatologie, die christliche Hoffnung. Zunächst: die Kirche soll nicht länger vom Jesusgeschehen als ein für allemal geschehen reden, als wäre damals, dort schon über alle Zukunft entschieden. Ostern ist nicht der Sieg Gottes, schon gar nicht der endgültige, sondern bezeugt die Beharrlichkeit (persistence) Gottes bei der Verfolgung seiner Ziele. Die Kirche soll Jesus nicht als Ende oder als Mitte der Geschichte verstehen, sondern als Beginn ihrer Teilnahme an einer schon zuvor begonnenen Geschichte und diese Geschichte ganz ernst nehmen. Und das bedeutet für die Zukunft: Sie soll nicht deswegen nicht über die Zukunft sich zu sicher sein, weil sie Gottes Zeitplan nicht kennen kann, sondern weil Gott einen solchen Plan gar nicht hat, haben kann. Da Gott sich auf bundesgemäßes Handeln festgelegt hat, hängt die Zukunft nicht nur von ihm ab, sondern auch von seinen Bundespartnern, ist also auch für Gott noch offen. Natürlich sieht van Buren auch, daß das gesamte Neue Testament das Jesus-Ereignis, insbesondere die Auferweckung, als Einbruch der neuen Welt Gottes, des *olam haba*, in diese Welt, den *olam hasä*, bezeugt. Gerade dies war für Paulus Bedingung der Möglichkeit, das endzeitliche Hinzukommen der Völker auszurufen. Dieses eschatologische, apokalyptische Verständnis ist van Buren nicht nur fremd, er hält es vor allem durch den Fortgang der Geschichte, insbesondere der jüdischen, aber auch der christlichen, für widerlegt. Er kann diesem Zeugnis für heute nur entnehmen, daß es Jesus gegeben war und ist, Gottes Zukunft zur entscheidenden Frage der jeweiligen Gegenwart und insofern gegenwärtig zu machen. Entsprechend ist für die Kirche nicht »was dürfen wir hoffen?« die entscheidende Frage, sondern: Was sollen wir – jetzt – tun? Dabei kann ihr Israels halachische Tradition helfen: »Die Kirche muß ernsthaft über Struktur und Charakter des Talmud meditieren« (III,139). Sie kann sie freilich nicht direkt übernehmen, denn sie ist der Weg des Gottes Israels für Nichtjuden. Die Kirche ist nicht in den Sinaibund der Gebote und der Beschneidung berufen. Während Israel Gott dient durch Befolgung der Tora, soll die Kirche Gott dienen in der Nachfolge Jesu. Damit stellt sich natürlich die Frage, wie sie denn dem toratreuen Juden Jesus nachfolgen soll, ohne selbst toratreu, also jüdisch zu werden. Van Buren verweist auf Jesu Zusammenfassung der Tora in zwei Torazitaten, den Geboten, Gott und den Nächsten zu lieben (III,148ff.). Zwar war dies ein Beitrag zum innerjüdischen Gespräch über die Tora, doch sieht van Buren darin auch eine Einladung für Nichtjuden. Gerade die Unbestimmtheit beider Liebesforderungen gibt ihnen Raum, eigene, nichtjüdische Formen und Aktivitäten der Liebe zu Gott und zum Nächsten zu finden, Raum für Kreativität – analog, aber nicht gleich der halachischen Kreativität Israels. Während van Buren im 2. Band Israels Leben mit der Tora stark auf Zukunft und Hoffnung hin interpretiert hat, betont er in seiner Christologie im Blick auf eine allzu zukunftsgewisse Kirche die Bedeutung gegenwärtiger halachischer Praxis, nüchtern und ohne eschatologische Überschwenglichkeit.

Das Thema Eschatologie hat auch mit van Burens anderem Vorsatz zu tun: Christologie – und die Praxis der Kirche, die christologisch ihr Selbstverständnis ausdrückt – soll Gott allein die Ehre geben. Kirche ist notwendig christozentrisch – sie »ist Kirche Christi oder sie ist gar nichts« (III,106). Aber diese Notwendigkeit ist, wie die Kirche selbst, zeitlich. Die Grenze der Christozentrik ist Gott selbst. Immer wieder verweist er auf 1.Kor 15,28: »Wenn ihm alles unterworfen sein wird, dann wird der Sohn sich dem unterwerfen, der ihm alles unterworfen hat, auf daß Gott sei alles in allem.« Dieser Vision des Paulus widmet er sich im letzten Kapitel der Christologie ausführlich. Wieder reibt er sich an der »apokalyptischen« Sicht des Paulus, daß Christus mächtig und siegreich seine Feinde unterwirft.[132] Eine Kirche, die im Angesicht des Gekreuzigten die Herrlichkeit des Gottes Israels erkannt hat, sollte nicht Macht- und Rachephantasien hegen – auch wenn sie für Unterdrückte und Gequälte psychologisch begreiflich sind –, sondern darauf trauen, daß Gottes Kraft in der Schwachheit mächtig ist, seine Ehre, seine Herrlichkeit gerade in seiner Demut besteht – so wie im Johannesevangelium die Kreuzigung Jesu als seine Verherrlichung bezeichnet wird. Nicht nur sein Verständnis des Bundes als gegenseitige Abhängigkeit macht van Buren zurückhaltend gegenüber jeder Eschatologie, auch nicht nur seine Sorge, eine von der Zukunft träumende Kirche könnte die Gegenwart, ihre gegenwärtigen Aufgaben versäumen. Er möchte auch Machtansprüchen und -gelüsten der Kirche wehren. Van Buren kann sich christologische Sätze von Jesus als Sieger nur als Ausdruck eines triumphalen kirchlichen Selbstverständnisses denken, nicht als kirchenkritische. Van Burens Distanz zur Eschatologie ist der wichtigste Unterschied zwischen seiner Systematischen Theologie und der von H.-J. Kraus, die fast ganz und gar Eschatologie ist.[133] Wie sich die Ekklesiologie einer Völkerkirche zur Christologie einerseits, zur Eschatologie andererseits verhält, wird zu diskutieren sein. Doch zunächst soll der Beitrag van Burens zum Thema dieser Arbeit kurz zusammengefaßt werden.

1. Kirche ist diejenige Gruppe von (vorwiegend) Nichtjuden, die durch den Juden Jesus Zugang zum Gott Israels gefunden haben: derjenige Teil der Völker, dem in diesem Juden Israel als Licht der Völker eingeleuchtet hat. Sie ist darum in ihrem Selbstverständnis, in ihrer Berufung abhängig von und angewiesen auf dieses Volk. Sie bleibt von diesem Volk unterschieden, bleibt nichtjüdisch, doch kann sie mit dem Gott Israels nichts zu tun haben, ohne mit dem Israel Gottes zu tun zu bekommen.

2. Sie ist notwendig christozentrisch: Nur in ihm, d.h. nicht nur: von ihm repräsentiert, sondern auch in seiner Nachfolge, in der Bereitschaft, von ihm sich formen und prägen, ihm sich gleichgestalten zu lassen, kommt sie vor Gott. Umgekehrt hört sie in ihm nicht nur die Stimme des Gottes Israels, sondern auch die Antwort Israels: Der Bund zwischen Gott und Israel ist ihr in ihm gegenwärtig. Sie hat es in ihm mit ganz Israel zu tun und hört so auch im Zeugnis des gegenwärtigen Israel, auch in seinem Nein zum Christentum, sein gegenwärtiges Zeugnis.

3. Der Heilige Geist ist diejenige Aktion und Wirkweise des Gottes Israels, die ihr die Augen und Ohren dafür geöffnet hat und immer wieder öffnet, in diesem gekreuzigten Juden den Gott Israels zu erkennen. Er ist die Macht Gottes, die sie zu ihm und so auch zu seinem Volk gezogen hat und zieht. Diese Erfahrung des Heiligen Geistes dient ihr als Kriterium bei der Unterscheidung der Geister.

4. Das Wort der Versöhnung, dem sie sich verdankt und das auszubreiten sie berufen ist, bezieht sich nicht allgemein auf Gott und die Menschen, sondern spezifisch auf Gottes Volk und die Völker der Welt. Ihre Mission, ihre Sendung unter den Völkern besteht darin, sie auf den Gott Israels und seine Offenbarungsgeschichte mit seinem Volk aufmerksam zu machen und so der Versöhnung zwischen dem Volk und den Völkern zu dienen.

5. Nur im von Israel abgeleiteten und unterschiedenen Sinn ist auch sie Volk Gottes – als Gemeinde aus vielen Völkern Berufener. Nicht als Volkskirchen christlicher Völker existiert sie, sondern als Minderheit in vielen Völkern wie Israel unter den Völkern. Von Israel und von Jesus läßt sie sich befreien von allen heidnischen Unterscheidungen zwischen religiösen und profanen Bereichen zu voller Weltlichkeit, Diesseitigkeit. Sie ist beteiligt am politischen Kampf des Gottes Israels darum, daß sein Wille geschehe auf Erden, ein Kampf, der mit der Erwählung Israels begann, dessen Ernst und Schärfe ihr in der Kreuzigung Jesu aufging. Darin ist sie darauf ange-

wiesen, eigene, nichtjüdische Halacha zu entwickeln: Verständigung und Verabredung über die nächsten Schritte auf dem ihr gebotenen Weg.

6. Nicht das Ganze, aber Zentrum und Anfang ihrer Mission ist ihr Dienst an Israel. Wie ihr Herr Diener der Beschneidung war und ist, so soll auch sie dem jüdischen Volk dienen. Sie soll Israel helfen, Israel zu sein – in der Abwehr äußerer Gefahren, aber auch durch Bestärkung gegenüber inneren Gefährdungen.

7. Doch ist es ja noch nicht so weit. Van Buren schreibt Theologie der jüdisch-christlichen Wirklichkeit. Zwar hat ein Umdenken begonnen – van Buren will sich mit seiner Theologie daran beteiligen –, viele Kirchen haben sich inzwischen zur bleibenden Erwählung Israels, zum ungekündigten Bund bekannt, doch nur ein Teil der Christen hält die Angewiesenheit auf Israel für ein Wesensmerkmal der Kirche. Van Buren erinnert an den Bristol-Report der Kommission Faith and Order des Ökumenischen Rats der Kirchen von 1967,[134] bemerkt, daß die dort dokumentierten tiefen Differenzen quer zu den traditionellen Konfessionsgrenzen verlaufen, und überlegt, ob die Frage des Verhältnisses zu Israel zum neuen Kriterium einer Mitgliedschaft in der ökumenischen Bewegung werden könnte (III,7).

Resümee

Die Interpretation von Apg 15 hat gezeigt, daß die Rolle und die Aufgaben einer Kirche Jesu Christi im Zusammenhang stehen mit dem gesamtbiblischen Thema »Israel und die Völker«. Die Kirche wird verstanden als ein internationales, mit Israel assoziiertes Gottesvolk, als Volk aus den Völkern für seinen Namen.

Das hatte zur Frage an die ökumenische Bewegung nach ihrer Rolle und ihrer Verantwortung in der Völkerwelt geführt und nach ihrer Bündnisfähigkeit mit dem jüdischen Volk. Der Blick auf die Beziehung der Kirchen zu Israel einerseits, auf die gegenwärtigen Unsicherheiten und Unschlüssigkeiten der ökumenischen Bewegung andererseits legte den Verdacht nahe, die Israelvergessenheit oder sogar -verdrängung der ökumenischen Bewegung könnte einer der Gründe ihrer Krise sein. Und in diesem Verdacht steckt die Hoffnung, die Entdeckung des Judentums und die Veränderung des christlich-jüdischen Verhältnisses könnte die Kirchen und die ökumenische Bewegung über ihren Ort und ihren Weg neu orientieren.

Beide hier vorgestellten systematischen Theologien halten die Beziehung der Christen zu den Juden für grundlegend. Nicht nur, aber primär in dieser Beziehung bewährt sich oder versagt die Ökumene. Und beide bringen diese Beziehung in Zusammenhang mit der biblischen Zweiteilung der Menschheit in Israel und die Völker. Es geht ihnen also nicht nur um das Verhältnis zweier Religionen, sondern um Weltgeschichte und Politik.

Im Unterschied zu dem von Konrad Raiser skizzierten Paradigmenwechsel halten beide an der Konzentration auf Jesus Christus fest. Allerdings in sehr verschiedener Weise.

H.-J. Kraus sieht im Kommen Jesu den endzeitlichen Angriff Gottes auf die bestehenden Verhältnisse. Er spricht von *dem* Christus, um am biblisch-jüdischen Messias-Begriff festzuhalten, betont die politisch-geschichtliche, weltverändernde Bedeutung dieses Titels. Für Kraus steht das Kommen Jesu (wie auch das Kommen des Geistes) im Zusammenhang mit dem verheißenen Kommen Gottes und seines Reiches zu seinem Volk und so zu den Völkern. Jesu Kommen, sein Tod und seine Auferweckung bedeuten für Kraus die völlige und endgültige Solidarisierung des Gottes Israels mit seinem Volk. Sie ermöglichte und bewirkte das Hinzukommen der Völker. Kraus' Ekklesiologie entspricht dieser stark eschatologisch geprägten Christologie: Ekklesia ist für ihn eine Internationale, die sich an der Weltrevolution des Gottes Israels beteiligt. Christliche Ökumene ist die universale Wirkung der partikularen Geschichte, die Gott in und mit Israel begann.

Anders van Buren. Er bestreitet heftig alle Verbindungen zwischen dem Christus der Christen und dem Messias Israels, läßt diese Frage nicht einmal offen. Er mißtraut allem Eschatologischen, verzichtet darauf. Die Ausrichtung auf Zukunft und Hoffnung, so van Buren, hat die Christen viel zu oft dazu verführt, ihre gegenwärtigen Aufgaben zu versäumen, Geschichte gar nicht mehr ernst zu nehmen. Jedenfalls nach Auschwitz findet van Buren es geradezu unanständig zu behaupten, irgendetwas sei durch und in Jesus Christus ein für allemal entschieden und vollbracht. Ganz besonders unheimlich ist ihm alles Apokalyptische. Er kann da nur – verständliche, aber theologisch nicht verantwortbare – Rachephantasien von Unterdrückten und Gequälten erkennen. Die Frage an van Buren ist dann: Was versteht er unter der Auferstehung Jesu, wenn nicht den Einbruch der kommenden Welt? Wenn ich ihn recht verstehe, dann ist Jesus ins »Amen« seiner Bekenner und Zeugen auferstanden. Dieses, wie er es nennt, »bundesgemäße« Verständnis der Auferstehung führt ihn zu einer sehr direkten Identifizierung Jesu mit der Kirche als seinem Leib. Alle Hoffnungsnamen der Kirche für Jesus kann er darum nur als Selbstglorifizierung einer triumphierenden Kirche verstehen, die zu Lasten Israels und seines Gottes geht, nicht als Kirchenkritik.

Jedenfalls einerseits. Denn die Schwierigkeit besteht darin, daß van Buren zwei Christologien geschrieben hat, eine extra nos und eine in nobis – und beide sind sich nicht ganz einig: In seiner Theologie des Volkes Israel präsentiert er Jesus als kirchenkritische Stimme Israels, als Israel für die Heiden – extra nos. In seiner eigentlichen Christologie scheinen Jesus und die Christologie so etwas wie Ausdruck des Selbstverständnisses der Kirche zu sein. Van Buren will die Christologie begrenzen, wie er die Eschatologie dämpfen will, um das triumphale Selbstbewußtsein, die besitzstolze Sicherheit, die Machtgelüste der Kirche zu bekämpfen. Entsprechend kritisch sieht er den Begriff »Universalismus«, kann in ihm nur den Totalitarismus und Imperialismus einer Kirche erkennen, die alle Menschen zu Christen machen will.

Kraus teilt die Kritik an einer nach Macht und Besitz strebenden Kirche. Er teilt auch die Sorge, die Kirche habe sich vorzeitig zur Ruhe gesetzt, versäume gegenwärtige Aufgaben, legitimiere oder feiere sogar das Bestehende, statt es anzugreifen und umzustürzen. Doch er sieht ganz andere Gründe für ein solches Christentum: nicht zuviel der Hoffnung, sondern Hoffnungslosigkeit. Er sieht in diesem beharrenden Christentum ein von Israels Geschichte kaum berührtes, jedenfalls nicht mitgerissenes Heidentum: ohne Christus, ohne Israel, ohne verheißungsvolle Bundesgeschichte, ohne Gott. Darum sein Bemühen, alle statischen Glaubenssätze aufzulösen in Worte der Bewegung, in Geschichte und Eschatologie. Und darum liegt ihm an einer Lernbeziehung der Christen zu den Juden als heilsamer Infragestellung kirchlichen Besitzdenkens. Auch seine Religionskritik ist Kritik an der in diesem Sinn heidnisch gebliebenen Kirche.

Hier ist eine Entscheidung zu treffen. Soll die ökumenische Bewegung in der Krise auch ihrer Hoffnung van Burens Skepsis, seinem faktischen Verzicht auf Eschatologie, jedenfalls auf futurische, folgen? Soll sie auch ihren Universalismus aufgeben? Ich verkenne nicht, daß diese Vorschläge van Burens Reaktion auf die tiefe Infragestellung allen Christentums durch die Schoah sind. Ich sehe auch die Parallelen zwischen van Burens Überlegungen über einen Rückzug Gottes zugunsten größerer Verantwortung für seine Geschöpfe und der kabbalistischen Tradition des *zimzum*, die selbst eine Reaktion auf die Katastrophe von 1492 war und die der jüdische Gnosisforscher Hans Jonas in seinen Überlegungen zu Gott nach Auschwitz aufgegriffen hat.[135]

Und ich halte es für möglich, daß hinter van Burens kühlen lakonischen Worten tiefe Verzweiflung steckt. Dennoch kann ich ihm nicht folgen. Die lurianische Kabbala wie ihre Aktualisierung durch Hans Jonas sind jüdische Reaktionen auf von Juden erlittene, von Christen angerichtete Katastrophen. Es wird etwas völlig anderes, wenn Christen daraus christliche Theologie machen. Zu behende ist mir van Burens Ausrufung des mündigen Menschen, zu umstandslos sein Anknüpfen an seinem früheren Werk. Auschwitz ist auch eine Krise des Aufklärungspathos vom mündigen, souveränen Menschen. Jedenfalls wehre und sträube ich mich dagegen, daß eine christliche Theologie nach Auschwitz auch nur so klingt, als könne sie mit Auschwitz etwas Positives anfangen. Die Frage ist, ob die einzige Antwort auf die Infragestellung des Christentums ein reduziertes Christentum mit gedämpfter Hoffnung ist; ob das nicht ein Überlaufen zu Gottes Feind, dem Tod, also ein erneutes Im-Stich-Lassen Gottes und seines Volkes wäre; ob nicht gerade ihre radikale Gefährdung die Hoffnung auf Gottes Verheißungen wichtiger und wertvoller macht. Umgekehrt wäre Kraus zu fragen, ob er, der Auschwitz als Herausforderung und Anstoß seiner theologischen Arbeit benennt, sich durch die Schoah wirklich hat in Frage stellen lassen; ob er immer klar genug zwischen Hoffnungssätzen und Tatsachenbehauptungen unterscheidet; ob er die biblische Zweiteilung der Menschheit in Israel und die Völker, von der er in seiner Ekklesiologie ausdrücklich ausgeht, in seinem weltrevolutionären Universalismus immer durchhält oder gelegentlich aus dem Auge verliert.

Ebenfalls im Unterschied zu Konrad Raiser halten beide hier vorgestellten Theologien ganz entschieden an Geschichte als zentralem Orientierungsrahmen und als Feld der Bewährung für Christen fest. Sie orientieren sich dabei aber nicht an einer allgemeinen Weltgeschichte, sondern spezifisch an der Geschichte Israels vor und nach Christus als ihrem heimlichen roten Faden. Gerade das aber könnte der ökumenischen Bewegung helfen, die Verwechslung der geschichtlichen Taten Gottes mit einer Idee des Fortschritts zu vermeiden – und entsprechende Verzweiflungen. Mit dem von Raiser vorgeschlagenen Übergang zum allgemeineren Begriff »Leben« könnten beide wenig anfangen. Was Leben heißt, was Mensch, was Schöpfung, wüßten beide ohne die Tora des Mose, ohne die Geschichte Israels, ohne den Namen seines Gottes nicht zu sagen.

Eine solche Orientierung von Nichtjuden an den geschichtlichen Wegen des Gottes Israels und seines Volkes ist für beide nur auf der Grundlage der christlichen Trinitätslehre möglich. Beide verstehen sie aber nicht länger metaphysisch-ontologisch, sondern geschichtlich-funktional: Sie soll die Christen aus den Völkern stets daran erinnern, daß es der Gott Israels ist, dessen Ruf sie gehört haben, auf dessen Weisung sie hoffen – der Gott Israels, dessen Geschichte mit seinem Volk längst vor der Entstehung der Kirche begann und extra eam weiterging und weitergeht. Während Kraus die Trinitätslehre durch Anknüpfung an die Tradition der Selbstunterscheidungen Gottes biblisch und jüdisch plausibel zu machen versucht, sieht van Buren in ihr wie in der christologischen Konzentration eine spezifisch heidenchristliche Notwendigkeit. Dabei geht es ihm aber nicht nur um eine heidenchristliche Rezeption, sondern er hält gegenüber einer nur ökonomischen Trinitätslehre an der Wesenstrinität fest, um zu betonen, daß es sich beim Dazukommen von Nichtjuden durch das Evangelium von Jesus Christus um das Handeln Gottes handelt. Damit aber hat er das Problem, daß in der Kirche zwei Wahrheiten gelten: eine judenchristliche und eine heidenchristliche. Die biblische Sicht der einen Menschheit als unterschieden in Israel und die Völker hätte dann Konsequenzen auch für die Wahrheitsfrage, auch für die Gotteserkenntnis.

Doch van Buren umgeht das Problem. Er rechnet gar nicht mit jüdischen Christen, läßt ihnen keinen Platz in seiner Theologie. Seine ganze Theologie beruht darauf, daß die christliche Kirche der Weg des Gottes Israels mit Nichtjuden ist – und nur mit ihnen. Darum sein heftiger Protest gegen das christliche Bekenntnis zu Jesus als Messias. Darum seine Schwierigkeit, eine Halacha der Nachfolge des toratreuen Jesus zu formulieren, die jedenfalls dezidiert nicht jüdisch sein soll. Auch in dieser systematischen Ausschließung jüdischer Christen kann ich ihm nicht folgen, und zwar aus mehreren Gründen: Zum einen zeigt ja gerade die Geschichte zwischen Christen und Juden, welche verheerenden Folgen es hat, wenn eine theologische Theorie für Menschen, die es gibt, keinen Platz läßt, sie theoretisch abschafft, weil sie die Theorie stören. Zum anderen beruht die ganze Kirche auf dem Zeugnis jüdischer Christen im Neuen Testament, nicht nur historisch als Bedingung der Möglichkeit ihrer Entstehung, sondern auch als eine der Quellen ihrer Verkündigung: Dieses Zeugnis ist also immer präsent. Schließlich: Gerade bei der Frage nach der Rolle und Aufgabe einer Ökumene von Christen aus vielen Völkern im Beziehungsgeflecht zwischen Israel und den Völkern scheint es mir eine wichtige Tatsache zu sein, daß es in jeder Generation jüdische Christen, wenn auch wenige, gab und gibt. Das ist keine Quantité négligeable, weil bei einem so bedeutsamen Zeichen Zahlenverhältnisse allein kein theologisches Argument sein können.

Die Frage ist, ob eine Ekklesiologie der Ökumene als Volk aus den Völkern zu einem theologischen Ausschluß jüdischer Christen zwingt. Wir hatten gesehen, daß Apg 15 von einem solchen mit dem jüdischen Volk assoziierten Gottesvolk aus den Völkern verlangt, so zu leben, daß es mit Israel, Israel mit ihm leben kann. Die Gegenwart jüdischer Christen macht aus der Kirche kein drittes Geschlecht aus Juden und Heiden, sondern wäre die innere Bewährungsprobe dessen, was nach außen gegenüber nichtchristlichen Juden ihre Aufgabe ist: versöhnte Verschiedenheit. Auch jüdische Christen müßten ihre Rolle in der Beziehung zwischen Israel und den Völkern finden.

Die Möglichkeit zweier Wahrheiten in der Trinitätslehre und in der Christologie führt wie die Übernahme der biblischen Unterscheidung zwischen Israel und den Völkern zu der Frage: Was ist dann christlicher Universalismus? Denn beides widerspricht dem von der Aufklärung durchgesetzten Universalismus der einen Wahrheit wie der einen Menschheit. Doch hatte ja Raiser gezeigt, wie dieser Universalismus der Aufklärung in der ökumenischen Bewegung in die Krise geriet durch den Druck des Pseudouniversalismus, der Antiökumene des geschlossenen globalen Systems. Eine sich an Israel orientierende Ökumene könnte zu einem anderen als dem von der Aufklärung diktierten Begriff des Universalen kommen, ohne reaktionär hinter die Aufklärung zurückzufallen. Ich erinnere an Iwands Kritik am Begriff der universalen Menschheit, der den »Zusammenhang der Kirche Christi mit dem jüdischen Volk nicht beachtet«, und an seine Befürchtung, Christen könnten »das Geheimnis der göttlichen Erwählung ... nicht verstehen und statt der auf dieser Erwählung beruhenden Universalkirche ethnisierende Volkskirchen schaffen.«[136] Bei der Suche nach einem anderen, biblisch und jüdisch belehrten Universalismus könnte die ökumenische Bewegung von dem lernen, was T. W. Adorno und M. Horkheimer zur »Dialektik der Aufklärung«[137] erarbeitet haben. Angestoßen durch die Schoah untersuchen sie, wie Aufklärung und Emanzipation umschlagen in Barbarei und Unterdrückung – und vor diesem Problem steht auch die ökumenische Bewegung angesichts des globalen Systems. Sie kritisieren ein gewaltsames Denken, das durch subsumierende Oberbegriffe Herrschaft ausübt, Unterschiede einebnet, Besonderheiten vernichtet.

Weil beide hier vorgestellten Theologien an der Geschichte als Feld der Bewährung für Christen festhalten, suchen beide nach Weisung für die Christen aus den Völkern, nach Tora für die Völker. Beide machen, reformiert wie jüdisch belehrt, die lutherische Entgegensetzung von Gesetz und Evangelium nicht mit. Kraus greift unbefangen den Dekalog auf, also Tora vom Sinai, verbindet ihn mit der Bergpredigt und einer Weisung des Geistes und sieht ihre Verbreitung im Horizont der prophetischen Vision, daß die Völker zum Zion ziehen und Weisung lernen. Van Buren orientiert sich nicht an dieser – eschatologischen! – Vision, sondern am Abrahambund. Den Bundesschluß und die Tora vom Sinai will er als Besonderheit Israels bewahren und schützen, darum den Völkern weder auferlegen noch zugestehen. Der Noahbund und die noachidischen Gebote werden, so van Buren, der besonderen Jesus-Christus-Beziehung der Christen zum Gott Israels nicht gerecht. So sucht er Weisung für die Völkerkirche in ihrer Jesus-Beziehung und schlägt dafür das Doppelgebot der Liebe vor. Darüber hinaus aber rechnet er mit einer direkten, nicht durch die Kirchen und ihre ökumenische Bewegung vermittelten Lernbeziehung der Völker zu Israel, jedenfalls bei den Themen Volk und Land. Dieser Möglichkeit nachzugehen erforderte neben einer christlichen Theologie des Volkes Israel auch eine der Völker: eine Rechtfertigungs- und Befreiungstheologie des Heidentums. Dies leistet van Buren nicht, und das kann auch ich in dieser Arbeit nicht leisten.

Das Problem, daß ein Volk aus den Völkern einerseits Weisung braucht, die es zu einem mit Israel assoziierten Gottesvolk, zu Bundesgenossen des Gottes Israels und seines Volkes erst sozialisiert, daß es aber andererseits Israels Tora vom Sinai weder übernehmen kann noch soll, hat van Buren erkannt, aber nicht gelöst. Ich werde im folgenden versuchen, einem biblischen Buch solche Weisung zu entnehmen. Dabei knüpfe ich an die biblische Vision der Völkerwallfahrt an. Wie sich mit dem Berg Sinai die Erinnerung an die Aussonderung Israels verbindet, so mit dem Berg Zion die Hoffnung auf die weltweite Auswirkung dieser besonderen Geschichte: das Tora-Lernen der Völker. Ich greife zugleich van Burens Bemerkung auf, daß es sich bei der christlichen Trinitätslehre nicht nur um eine Lehre handelt, sondern um Doxologie, um ein Dankgebet.[138] Das Buch der Psalmen, hebräisch: *tehillim*, Preisung, lehrt Eschatologie als Doxologie, als jubelnde, schwärmende Preisung nicht des Bestehenden, sondern des Künftigen. Zugleich wird in diesem Buch gegenwärtiges Unglück und Unrecht, das dieses ersehnte Ziel radikal in Frage stellt, beklagt und angeklagt. Das Buch bietet so eine Alternative sowohl zu van Burens skeptischem Verzicht auf Eschatologie wie zu Kraus' allzu unerschütterter Gewißheit. Als Gebetbuch ist es eine Sprach- und Denkschule für Christen aus den Völkern, also ein Beitrag zu ihrer Sozialisierung, und da Gebet die erste Tat des Glaubensgehorsams ist, ist es auch Anweisung zum Handeln, Tora. Das Buch der Psalmen verbindet das Thema »Tora« mit dem Thema »der Gesalbte«, stellt beide Themen in die Beziehung zwischen Israel und den Völkern und verknüpft sie mit dem Zion. Alle diese Themen werden zudem als Ausrufung und Auslegung des Namens des Gottes Israels verstanden. Das Buch der Psalmen bietet darum Weisung für ein Volk aus den Völkern für seinen Namen.

Kapitel IV

Eine Tora der Völkerwallfahrt –
Das Buch der Psalmen als Sozialisation
der Völker in den Bund Gottes mit Israel

In Apg 15 wird mit einem Amos-Zitat ein Zusammenhang zwischen dem Wiederaufbau des Zeltes Davids und dem Hinzukommen der Völker hergestellt. Bei der Interpretation blieb die Frage offen, worin dieser Zusammenhang besteht und was der häufige Bezug auf David in der neutestamentlichen Interpretation des Jesus-Ereignisses eigentlich bedeutet. Für das Thema »Kirche Jesu Christi in der Beziehung zwischen Israel und den Völkern« ist dabei die Beobachtung wichtig, daß nicht nur immer mehr einzelne Psalmen, sondern schließlich das ganze Buch David zugeschrieben wurde,[1] denn im Buch der Psalmen spielt das Drama der Beziehung zwischen Israel und den Völkern eine große Rolle, viel prominenter jedenfalls als in den Daviderzählungen der Samuelbücher.

Ich will in diesem Kapitel versuchen, das Buch der Psalmen als Weisung für die Völker, als Sprachschule für neu Hinzugekommene aus den Völkern zu verstehen: Zunächst als Gast- und Nebenhörer, als Forum, dann auch als Mitsprechende lernen sie, ihren Platz, ihre Rolle im Bund zu finden, schließlich mit Israel den Namen des Herrn anzurufen und auszurufen, ihm zu klagen, ihn anzuflehen, seine Nähe, sein Antlitz zu suchen, seine großen Taten zu preisen.

Für eine solche Lektüre der Psalmen als Tora vom Zion für die Völker gibt es mehrere Gründe:

1. In jüdischer Tradition wird durch die Fünfteilung des Psalmenbuches eine Analogie, eine Entsprechung zwischen Tora und Psalmen gebildet, damit auch zwischen Mose und David, zwischen Sinai und Zion.[2] Das ist nun wichtig im Zusammenhang einer Ekklesiologie nach dem Bild der Völkerwallfahrt zum Zion:[3] Wir haben es hier mit der Tora des Gesalbten im Blick auf die weltweite Bedeutung des Zion zu tun.

In extremer Form wurde die Auffassung vom Buch der Psalmen als »zweite Tora« von Saadiah Gaon (882-942) in seiner Auseinandersetzung mit den Karaiten entwickelt, einer extremen sola-scriptura-Richtung im Judentum, die deswegen auch kritisierte, daß im Gottesdienst von Menschen formulierte Gebete verwendet werden statt des biblischen Gebetbuches: der Psalmen. Saadiah hat sich nicht damit begnügt, die Berechtigung der formulierten Gebete zu verteidigen, sondern überhaupt bestritten, daß es sich beim Buch der Psalmen um ein Gebetbuch handelt. Nur der Form nach seien die Psalmen menschliche Anrufungen Gottes, in Wirklichkeit aber Gottesrede an Menschen, Unterweisung, Tora. Wenn er sich mit dieser Auffassung auch nicht durchgesetzt hat, so war er doch so einflußreich, daß »alle folgenden jüdischen Exegeten dieses Buchs gewissermaßen seine Nachkommen sind«.[4]

2. Damit wäre die Ekklesiologie einer Bundesgenossenschaft von Christen aus den Völkern mit Israel stärker mit der Christologie verbunden und also mit dem Motiv, das sie zum Zion hin in Bewegung bringt, als dies bei den noachidischen Geboten der Fall ist, die F.-W. Marquardt für einen Zugang der Christen aus den Völkern zum Bund Gottes mit Israel vorgeschlagen hat.[5]

3. Auch wenn in diesem Buch rein quantitativ mehr geklagt als gepriesen wird: Der Name des Buches *tehillim*, Preisung ist Programm und verweist auf die doxologische Dimension einer Ekklesiologie, jeder Theologie: Damit aber ist die Ekklesiologie nicht nur mit der Christologie verbunden, sondern auch mit der Eschatologie. Dazu paßt, daß im NT oft, wenn es um die Bedeutung Jesu Christi für das Verhältnis zwischen Israel und den Völkern geht, doxologisch geredet wird: Lk 2,29-32; Rm 9,5; 11,33-36; Eph 1; Apk 5,2-4: Lied Moses und des Lammes.

4. Die Entscheidung K. Barths, seine Ethik der Versöhnungslehre[6] – und es ist im Zusammenhang dieses Themas wichtig, daß es gerade die Ethik der *Versöhnungs*lehre ist – als eine Ethik der Anrufung zu bestimmen, scheint mir wichtig und beherzigenswert, außerdem die Gewähr zu bieten, daß eine Orientierung am Psalmenbuch (auch wenn Barth dem Vaterunser entlang geht) keineswegs zu reiner, sozusagen ethisch indifferenter Doxologie führen muß.

5. Schließlich ein formaler Gesichtspunkt: Die Grundform hebräischer Poesie, der parallelismus membrorum, also die Notwendigkeit, alles zweimal, noch einmal anders zu sagen, ruft nach Zweistimmigkeit, Doppelchörigkeit. Schon diese Sprachform scheint mir eine Einladung an uns aus den Völkern, die zweite Stimme zu übernehmen. Besonders auffällig ist dabei, daß unter den Doxologien, die die fünf Teile des Buches markieren, bei den ersten dreien (41,14; 72,19; 89,53) sogar das Amen verdoppelt wird: *amen weamen*.

Es ist in den letzten Jahren zwar noch nicht üblich, aber doch eine wachsende Tendenz geworden, das Buch der Psalmen tatsächlich als Buch zu verstehen, die einzelnen Psalmen nicht mehr nur einzeln – wie es seit H. Gunkel sich durchgesetzt hatte – nach ihrer Form und Gattung zu bestimmen und zu vergleichen, sondern den Kontext zu berücksichtigen, in dem sie stehen, nach Stichwortverbindungen zu suchen. Die Psalmen als Buch zu lesen heißt deshalb, den Sitz im Leben einzelner Psalmen nicht mehr primär im

Kult zu suchen, das Buch also allenfalls als Gesangbuch des Zweiten Tempels zu betrachten, sondern ihre Funktion vom Buch selbst her als ihrem primären Kontext zu bestimmen und so das Buch als Lesebuch, als Unterweisung zu verstehen.[7] Damit folgt die Psalmenexegese einer Entwicklung der Schriftauslegung überhaupt, die in den USA B. S. Childs[8] als »kanonische Fragestellung« eingeführt und betrieben hat, die in Deutschland R. Rendtorff[9] und bezogen auf die Psalmen vor allem N. Lohfink und E. Zenger aufgenommen haben. Gerade diese beiden haben die neue Zugangsweise auch mit der inhaltlichen Frage nach dem Verhältnis zwischen Israel und den Völkern verbunden.[10] Diesem Neuansatz schließe ich mich mit dem folgenden kurzen Gang durch das Buch der Psalmen an, in dem ich nach Weisung und Unterweisung auch für uns Christen aus den Völkern frage. Der Konzentration auf diese Fragestellung zuliebe werde ich viele andere Aspekte unberücksichtigt lassen. Doch werde ich nach Verbindungen zwischen den Psalmen suchen und nach dem Zusammenhang des Gesamtbuches und dem Aufbau seiner fünf Teile fragen, zum einen, um den Grad an Willkür, dem Buch nur das zu entnehmen, was ich hören will, so gering wie möglich zu halten, zum anderen, um zeigen zu können, daß es gerade der Zusammenhang des Buches ist, dem hier Weisung zu entnehmen ist. Dabei werde ich mich im Wesentlichen an Bubers Übersetzung orientieren, da sie Stichwortverbindungen auch im Deutschen erkennbar macht.

Buch 1 (1–41):
Der Gesalbte – ein bedrängter Gebeugter,
stellvertretend für sein Volk, stellvertretend für alle Gebeugten

Das Buch wird eröffnet mit zwei Psalmen, die durch Stichworte aufeinander bezogen, miteinander verklammert sind: Die Seligpreisung »O Glück« umrahmt beide Psalmen. Im Kontrast dazu ist vom »Weg« die Rede, der »sich verliert« (1,6) bzw. auf dem man »verlorengeht« (2,12). Eine gewisse Parallele besteht außerdem (besonders in Ps 119 unterstrichen) zwischen *tora* und *chok* (1,2; 1,7). Schließlich bildet das Wort *hagag* (1,2; 2,1) einen Kontrast zwischen denen, die Tag und Nacht die Tora besinnen, und den Nationen, die ins Leere sinnen. In beiden Psalmen geht es also um den Gegensatz zwischen denen, die glücklich gepriesen werden, und denen, deren Weg verlorengeht bzw. die auf dem Weg verlorengehen. Im ersten Psalm wird typologisch dem Weg des Frevlers als vergänglich und verloren der Weg des Bewährten als fruchtbar und beständig gegenübergestellt. Neben dem Murmeln über der Tora handelt es sich vor allem um einen Boykott: dreimal »nicht«. Auch im zweiten Psalm geht es um einen Kontrast: Den Völkern, Nationen, insbesondere ihren Königen, auch Richtern, die gegen

Jhwh und seinen Gesalbten toben, ins Leere sinnen, stellt gerade Jhwh, der über diese Aktivitäten nur lachen kann, gerade seinen Gesalbten als König, ja als Sohn entgegen, und zwar auf dem Zion, dem Berg seiner Heiligung.[11]

Durch diese Verklammerung wird deutlich gemacht: Wir sollen bei dem Tag und Nacht über der Tora murmelnden Bewährten zugleich an den auf Zion eingesetzten gesalbten König denken (vgl. Dt 17,14-21), aber auch umgekehrt: Der hier angesprochene Gesalbte ist repräsentativ für alle Bewährten, alle sich an Ihm Bergenden, so wie die ränkelnden Könige stellvertretend für ihre ins Leere sinnenden Nationen stehen. Und so ist – für uns Nebenhörer aus den Völkern beunruhigend – bei den Frevlern, deren Weg sich verliert, zugleich an Völker und Nationen und ihre Könige zu denken, die auf dem Weg verlorengehen.

Die beiden ersten Psalmen haben, anders als die meisten anderen Psalmen des ersten Buches, keine auf David bezogenen Überschriften. Sie enthalten – wiederum im Unterschied zu den meisten folgenden – keine Anrufung Jhwhs, sondern eine Seligpreisung des Bewährten, eine Beistandsverheißung für den Gesalbten und den Zion und schließlich eine Mahn- und Warnrede an die Könige der Völker. Der Zusammenhang dieser drei Aussagen, darin aber vor allem die dritte, ist für unser Thema besonders wichtig: Wir aus den Völkern sind von vornherein mit im Blick, nicht nur (in der dritten Person) als gegen Jhwh und seinen Gesalbten vergeblich Konspirierende, sondern auch als direkt Angesprochene: Begreift's (laßt euch aufklären), laßt euch belehren. Wir sind also nicht nur eingeladen, sondern dringend aufgefordert, hier in die Schule zu gehen.

Durch die Voranstellung von Ps 1 vor das ganze Buch der Psalmen wird aber auch angedeutet, daß die Verheißung für das Murmeln über der Weisung nun auch den Lesern des vorliegenden Buches der Psalmen gilt. Auch dieses Buch ist als Tora, als Weisung zu lesen, nicht nur als Gebetsformular, nicht nur als menschliche Anrufung Gottes, sondern auch als Zuruf Gottes an Menschen.[12]

Daß es sich bei den beiden ersten Psalmen um eine programmatische Einleitung, eine Hör- und Lesehilfe sowohl für das erste Buch des Psalters[13] wie auch für das gesamte Buch handelt, zeigen die Verbindungen zum Ende des ersten Buches (Ps 40f.) wie zum Ende des Buches der Psalmen überhaupt (Ps 149): Der Jubelruf »O Glück«, der die beiden ersten Psalmen umrahmt, wird in Ps 40f. wiederaufgenommen (zuvor allerdings schon in den Psalmen 32-34, wovon noch zu reden sein wird): »O Glück des Mannes, der Jhwh als seine Sicherheit setzt« (40,5), »O Glück dessen, der auf die Schwachen bedacht ist (*sakal* wie in 2,10: im Blick auf den Schwachen aufgeklärt)« (41,2). Auch das Stichwort »Lust haben an der Weisung« wird wiederaufgenommen: »Zu tun dein Gefallen, mein Gott, habe ich Lust, deine Weisung ist in meinem Innern inmitten« (40,9). Und dem entspricht nun auch umgekehrt ein Lusthaben

Gottes: »Ich habe erkannt, daß du Lust hast an mir« (41,12). Inhaltlich aber wird das Thema überraschend neu interpretiert: »Da! (*hinne*) Ich komme mit (oder in) der Rolle eines Buches, über mich (oder: auf mir) ist's geschrieben« (40,8). Hier findet also geradezu eine Identifizierung des »Ich« mit dem Buch statt: Das Ich der Psalmen entpuppt sich als der Bewährte, wie er im Buche steht. Und die Fesseln und Stricke, die die Völker und Nationen und ihre Könige in Ps 2 zerreißen wollten, die haben sie in Ps 149 erst recht, sie sind sogar zu Eisenketten geworden – womit zugleich das Stichwort vom »eisernen Stab« wiederaufgenommen wird. Diese Fesselung der Könige ist in Ps 149 mit dem Thema von Ps 1 verknüpft. Die Ketten bestehen nämlich darin, daß an ihnen »geschriebenes Recht« (v 9) geschieht.

Wer nach dieser Einführung erwartet, es werde im nun folgenden Buch fortwährend das Glück des Tora studierenden Bewährten besungen, seine strotzende Lebenskraft, das Glück aller, die sich an Ihm bergen, der Triumph des auf Zion eingesetzten Gesalbten über Völker und Könige – muß überrascht, ja bestürzt sein: Das »Ich«, das nun zu Wort kommt, ist das Ich eines Bedrängten, in die Enge getrieben von Feinden und Frevlern, nach Befreiung schreiend. Der Beginn (3,2) ist wie ein Motto: »Wie viele sind meine Bedränger geworden.« Dabei wird deutlich: Zum einen kommt das Ich repräsentativ für ganz Israel zu Wort: »über dein Volk deinen Segen« (3,9), »sie verzehren mein Volk« (14,4). »Wer gibt vom Zion her Befreiung Israels! Wann Jhwh kehren läßt Wiederkehr seinem Volk, wird Jakob jauchzen, wird sich Israel freuen« (14,7); zum anderen scheint entscheidende Gegenmacht gegen die Bedrängnis ein Sprach- und Sprech-, ein Zurufverhältnis zwischen Jhwh und dem Ich zu sein: »Ich rufe, er antwortet« (3,5) – als Vertrauensvotum; »wann ich rufe, antworte mir« (4,2), »lausche, Jhwh, achte auf mein Seufzen, merk auf die Stimme meines Stöhnens« (5,2f.) – als Bitte. »Erkennts nun ... Jhwh hört es, wann ich zu ihm rufe (4,4), »weichet von mir ... denn gehört hat Jhwh die Stimme meines Weinens, gehört hat Jhwh mein Flehen« (6,9f.) – als Ausweis gegenüber Bedrängern.

Auch die Bedränger sind durch ihr Sprechen gekennzeichnet: »Viele sprechen: Keine Befreiung ist dem bei Gott« (3,3), »viele sprechen: Wer läßt uns Gutes sehen?« (4,7), »Prahler« (5,6), »Täuschungsredner« (5,7), »in ihrem Mund ist kein Festes ... ihr Rachen ist ein offenes Grab, ihre Zunge glätten sie« (5,10), »Wahnspiel reden sie jedermann mit seinem Genossen, glatter Lippe, mit zweierlei Herz reden sie. Ausrotte Jhwh alle glatten Lippen, die großrednerische Zunge! Sie, die sprechen: Durch unsere Zunge sind wir überlegen, unsere Lippen sind mit uns, wer ist uns Herr!« (12,3ff.). Dagegen sind »Sprüche Jhwhs reine Sprüche, Silber, ausgeschmolzen« (12,7).

An diese Bedeutung des Redens, des Sprechens knüpft der überraschend hymnisch einsetzende Ps 8 an. Er ist umrahmt durch den preisenden Ausruf: »Jhwh, unser Herr, wie herrlich ist dein Name in allem Erdland« (vv 2.10), schreitet fort von allem Erdland zu den Himmeln – »Werk deiner Finger« (v 4), um angesichts dessen zu staunen: »Was ist der Mensch (*enosch*, Buber: das Menschlein), daß du sein gedenkst, der Menschensohn (*ben adam*), daß du zuordnest ihm« (v 5), beschreibt dessen königliche (»kröntest ihn«, v 6), ja fast göttliche Rolle. Zuvor aber wird das Verhältnis von gewaltigen Himmeln und kleinem Menschen noch anders bestimmt: »Aus dem *Mund* der Kinder, der Säuglinge« – also der Schwächsten – »hast du eine Macht gegründet, um deiner Bedränger willen, zu verabschieden Feind und Rachgierigen«(v 3). Hier werden zum einen – damit an die Hilferufe anknüpfend – gerade die mündlichen Äußerungen der Bedrängten zur Gegenmacht, zur Aufrichtung der majestätischen Würde des Menschen, zum anderen sind aus den Bedrängern »deine Bedränger« geworden. Es ist dieser Macht- und Gegenmacht-Kontext, in dem zum ersten Mal, und zwar hymnisch-doxologisch, die universale Bedeutung des Namens (vv 2,10) besungen wird.

Daran knüpfen die nun folgenden Psalmen an, in denen die universale Manifestation der Herrlichkeit seines Namens konkretisiert, und d.h.: politisiert wird. Betrachten wir zunächst die unmittelbare Umgebung dieses Psalms: Nicht nur vom preisenden Ausruf an seinem Anfang und Ende ist er umrahmt, sondern auch von Psalmen, in denen von Jhwhs Gericht die Rede ist: Ps 7 und Ps 9/10 – fast als ein Psalm zu betrachten (so auch die LXX), weil beide zusammen ein alphabetisierendes Gedicht bilden. Beide sind deutlich aufeinander bezogen: Ps 9 beginnt wie Ps 7 endet, und der dazwischen stehende Ps 8 erscheint weniger als eine Unterbrechung, vielmehr als Umsetzung des Vorsatzes, dem Namen Jhwh, des Höchsten, zu harfen (7,18; 9,3). Doch während in Ps 7 das Gericht über die Völker Nebenthema, Ausgangspunkt für den Ruf nach dem Recht des Einzelnen ist – »Jhwh, der Urteil spricht den Völkern, rechte für mich« (v 9) –, ist es in Ps 9f. umgekehrt: »Denn du entbotest mir Recht und Urteil, saßest auf dem Stuhl als ein Richter des Wahrspruchs, beschaltest Völker«(9,5f.). Dabei wird in Ps 9/10 das Stichwort Mensch (*enosch*) aus Ps 8 wiederaufgenommen: »Nimmer trotze das Menschlein«(9,20), »die Völker sollens erkennen: Das Menschlein sind sie« (9,21), »daß nicht weiter Schrecken verbreite der Mensch« (10,18). Auch der staunende Ausruf »... daß du sein gedenkst« (8,5) taucht, z.T. sozusagen sub contrario, wieder auf: »Denn als einer, der Bluttat heimsucht, hat er derer gedacht, nicht vergessen hat er den Schrei des Gebeugten« (9,13), »nicht in die Dauer wird vergessen werden der Dürftige« (9,19), es ist der Frevler, der in seinem Herzen spricht: »Gott vergißt« (10,11), offenbar nicht ohne Anhaltspunkt, weshalb appelliert werden muß: »Nimmer vergiß die Gebeugten!« (10,12). Dieses Gedenken und nicht Vergessen wird nun als tätiger Eingriff, als göttlicher Aufstand eingefordert: »Steh auf, Jhwh!« (9,20; 10,12; auch schon in 3,8; 7,7 – schließlich wird in 12,6 sogar die Zusage gehört: »Ob der Vergewaltigung des Gebeugten, ob des Ächzens der Dürftigen jetzt stehe ich auf, spricht Jhwh«.)

In den folgenden Psalmen ist es dann die neben *enosch* zweite Bezeichnung für den Menschen aus 8,5: Sohn, Söhne des Menschen (*bne adam*), die wiederaufgenommen und aus dem hymnischen in einen polemischen Kontext überführt wird: Jhwh blickt prüfend vom Tempel, ja vom Himmel herab auf die Adamssöhne (11,4; 14,5), Gemeinheit kam obenauf bei den Adamssöhnen (12,9).

Noch in anderer Hinsicht bedeutet die universale Perspektive des 8. Psalms für die folgenden eine Politisierung. In Ps 9f. werden, die Verklammerung der Psalmen 1 und 2 hatte es schon angedeutet, Frevler und Völker miteinander parallelisiert: »Beschaltest die Völker, machtest den Frevler schwinden« (9,6), »zum Gruftreich müssen die Frevler kehren, alle Völker, die Gottes vergessen« (9,18). Es ist aufschlußreich, daß hier das Stichwort *avad*=verlorengehen, schwinden, das zu den Verklammerungen von Ps 1 und 2 gehörte, gleich vierfach wieder auftaucht: 9,4.6.7.19. Auch das bedrängte Ich wird erst jetzt gesellschaftlich identifiziert als das Ich eines Gebeugten (*anaw*), Armen oder Elenden (*ani*), und zwar jeweils stellvertretend für viele: »Schrei der Gebeugten« (9,13), »Hoffnung der Gebeugten« (9,19), es »fiebert der Gebeugte« (10,2), der Frevler – »seine Augen stellen dem Elenden nach« (10,8) – »er hascht den Gebeugten« (10,9), »die Elenden ihm in die Klauen« (10,10), »das Begehren der Gebeugten« (10,17), »Vergewaltigung der Gebeugten« (12,6), »Ratschlag des Gebeugten« (12,6) – dieses Wortfeld wird jetzt Leitmotiv.

Ob nun die Psalmen 3-14 kreisförmig um den 8. Psalm herum angeordnet sind[14] oder nicht, der 8. Psalm hat jedenfalls entscheidende Funktion: Seine hymnisch universale Perspektive führt dazu, daß das Verhältnis des einen Bedrängten zu seinen Bedrängern ausgeweitet wird auf das Verhältnis zwischen Israel und den Völkern, und dies bedrängte Ich wird sozial bestimmt als Gebeugter, stellvertretend für alle Gebeugten. Das wird durch den feierlichen Schluß von Ps 14 unterstrichen: Die Befreiung Israels vom Zion her wird bezogen auf die Prüfung aller Adamssöhne durch Jhwh vom Himmel her.

Ein weiterer Abschnitt wird durch die verwandten Psalmen 15 und 24 markiert.[15] In beiden geht es um die Frage der Zulassungsbedingungen zum Zion: »Wer darf gasten in deinem Zelt? Wer wohnen auf deinem Heiligtumsberg?« (15,1), »Wer darf Jhwhs Berg besteigen? Wer darf stehen an seinem Heiligtumsort?« (24,3). Mag diese Frage auch zunächst eine Wallfahrtsfrage innerhalb Israels sein, im Zusammenhang des Buches und dieser Untersuchung ist damit indirekt auch die Frage des Hinzukommens der Völker aufgeworfen. Sie läßt sich als Prüfungsfrage des vom Himmel her auf alle Adamssöhne prüfend blickenden Jhwh (11,4; 14,2) verstehen. Zugleich werden durch Frage und Antwort die Themen »Zion« und »Tora« verknüpft. Während dabei Ps 15 durch seine starke Betonung mündlicher Rede an das Bisherige anknüpft, stellt Ps 24 dieselbe Frage »wer darf ...« in den universalen

Horizont: »Die Erde ist Jhwhs« (vgl. Ps 8), betrachtet also den Zion als Erdmittelpunkt und so die Zulassung zu ihm als Zentralfrage aller Menschen.[16]

Im Zentrum des durch beide Psalmen umrahmten Abschnitts steht Ps 19: Ein Psalm, der – wiederum hymnisch – Himmel und Erde mit der Tora verbindet.[17] Nicht nur das erstmals wieder explizit ausgesprochene Wort »Tora« verbindet diesen Psalm mit dem ersten. Auch das »Tag dem Tag ... Nacht der Nacht« (19,3) erinnert an das Murmeln über der Tora tags und nachts (1,2). Wir hatten gesehen, daß dieser erste Psalm, in dem der Weg des Tora studierenden, Frevler, Sünder, Dreiste boykottierenden[18] Bewährten glücklich gepriesen wird, eng verbunden ist mit dem zweiten, in dem der Gesalbte als König den Völkern und Nationen und ihren Königen entgegengestellt wird. Es ist nun auffällig, daß der 19. Psalm, der erstmals seit Ps 1 Tora thematisiert, umrahmt ist von Psalmen, in denen wiederum erstmals seit Ps 2 vom Gesalbten, vom König (in Ps 18 auch ausdrücklich von David und seinem Samen) die Rede ist. Ps 18 steht nicht zufällig auch an programmatischer Stelle in 2. Sam 22, wo er mit Hannas Lied, 1. Sam 2, korrespondiert. Er entfaltet alle Farben von Theophanie, verbindet Schöpfung, Schilfmeer und Sinai, um die Rettung des Ich vor drohendem Tod, vor Feinden und Hassern zu beschreiben. Sodann betont er die Tora-Treue dieses Ichs, wobei »Lauterkeit meiner Hände« auf Ps 24,4 und 19,9, »schlicht« auf 15,2 und 19,8 verweist. Schließlich schildert er (ähnlich drastisch wie Ps 2) die Unterwerfung der Feinde, die zugleich fremde Völker sind. Dies führt zu einem (7,18 und 9,2f. aufnehmenden) Dankgelübde, und in diesem Zusammenhang wird das Ich als das des Gesalbten, des Königs identifiziert. Durch diesen Zusammenhang werden wir nun genauer über die Funktion des Gesalbten im Blick auf die Völker unterrichtet: Ein so offenkundig repräsentativ Geretteter, Befreiter, der soll, der wird auch die Völker unterwerfen, regieren. Daß es sich bei der Befreiung und beim Sieg des Gesalbten um ein stellvertretendes Geschehen handelt, wird durch die korrespondierenden Psalmen 20f. unterstrichen. Hier nämlich kommt erstmals ein »Wir« zu Wort, das sich – »jubeln wollen wir in deiner Befreiung« (20,6) – vom Erfolg dieses Einen mitbefreit fühlt.

Dieser erste Ring um Psalm 19, in dem es explizit um den König geht, wird wiederum umrahmt und relativiert durch zwei Psalmen – 17 und 22 –, in denen heftig um Befreiung aus Bedrohung gefleht wird. Sie sind lose untereinander verbunden – Vergleich der Feinde mit Löwen (17,12; 22,14.22), Motiv des Sattwerdens (17,14f.; 22,27), rufen und (nicht) antworten (17,6; 22,3) –, aber auch mit ihrer Umgebung: Das Sattwerden verbindet Ps 17 auch mit 16,11, »deine Geleise« (17,5) verweist auf »wahrhaftige Geleise« (23,3) – auffällig deswegen, weil dies Wort außer an diesen beiden Stellen nur noch 65,12 und 140,6 auftaucht. Auf den Zuruf: »Neige mir dein Ohr, höre!« (17,6) antwortet 18,7: »Er hört meine Stimme, mein Schrei kommt in seine Ohren« und »er neigte die Himmel« (18,10). Die frohe Gewißheit: »Er schnürt mich los, denn er hat an mir Lust« (18,20) ist durch die Not in 22,9 in Frage gestellt, wo es höhnische Spötter sind, die sprechen: »Wälz es auf Jhwh, der läßt ihn entrinnen, rettet ihn, denn er hat an ihm Lust.« Doch nicht in Gänze dementiert der 22. Psalm den Triumph des 18. In seiner zweiten, nun doch Rettung preisenden Hälfte entspricht die Erkenntnis: »Er hat nicht mißachtet, nicht verschmäht die Gebeugtheit des Gebeugten« (22,25) dem Lobpreis: »Ja, du bists, der gebeugtes Volk freimacht« (18,28). Auch der Blick auf die Völker verbindet den 22. mit dem 18. Psalm. Doch während in 18,44-50 vor allem ein Sieg über die Völker=Feinde im Blick ist, zeigt 22,28f. auch noch eine andere Möglichkeit des Hinzukommens der Völker als ihre militärische Unterwerfung: »Bedenken werdens und werden umkehren zu Jhwh alle Ränder der Erde, vor dir sich bücken die Sippen aller Völker, denn Jhwhs ist die Königschaft, er regiert die Völker.« Beide Möglichkeiten stehen nebeneinander, heben einander nicht auf, sondern interpretieren und relativieren einander. Es ist realistisch, im Blick auf die anderen Völker von Feinden, von Frevlern zu reden, auf ihre Niederringung zu hoffen. Aber es ist auch möglich, auch darauf darf gehofft werden, daß den Völkern die hier gefeierte Befreiung imponiert, sie's bedenken und daraufhin umkehren, eine *teschuwa* vollziehen, sie miteinstimmen in das »Wir« der Psalmen 20f., das Wir derer, die diese Befreiung, diesen Sieg des einen Gesalbten als repräsentativ, sie mitmeinend verstehen. Und auch dies verbindet den 22. mit dem 18. Psalm: Dem Vorsatz: »Ich will von deinem Namen meinen Brüdern erzählen, inmitten der Versammlung will ich dich preisen« (22,23) und: »mein Preisen in großer Versammlung« (22,26) entspricht »darum danke ich dir unter den Völkern, Jhwh, deinem Namen harfe ich« (18,50). Das Zustandekommen des mitjubelnden, sich mitfreuenden Wir setzt eben dieses Preisen und Danken in großer Versammlung, unter den Völkern, und also nicht zuletzt das Buch der Preisungen voraus. Hinzugefügt sei, daß dieser Ring von Bedrohungs- und Rettungspsalmen wiederum umrahmt ist von zwei ruhigen Vertrauensvoten, den Psalmen 16 und 23.

Fassen wir zwischendurch zusammen, was dem bisherigen Ablauf an Weisung zu entnehmen, insbesondere für uns Nebenhörer zu lernen war. Zunächst sind wir Ohrenzeugen der Hilferufe eines Bedrängten, erfahren dann bei einem hymnischen Ausblick auf die weltweite Manifestation der Herrlichkeit des Namens, daß seine Bedränger zugleich Jhwhs Bedränger sind, gegen die gerade die Schreie der Bedrängten eine Gegenmacht bilden. Auch die dankbare Würdigung für die Auszeichnung des Menschen wird polemisch gewendet gegen Machthaber: Sie sollen erkennen, daß sie Menschen sind, alle unter dem prüfenden, zugleich nach Einsichtigen suchenden Blick Jhwhs. Erst nachdem dieses rufende, auf Antwort angewiesene Ich als alle Gebeugten vertretender Gebeugter sich zeigt, erfahren wir, daß wir hier die Stimme des Gesalbten, des Königs hörten: Vom Messias ist erst dann zu sprechen, wenn klar ist, wen er repräsentiert. Doch die so qualifizierte Gestalt des Gesalbten wird zusätzlich relativiert, in Beziehungen gestellt: zunächst zur Tora als heimlichem Weltprinzip, unhörbarer Sprache der Schöpfung (Ps 19), sodann zur Gruppe derer, die sich an seiner Befreiung, seinem Sieg mitfreuen (20f.): Vom Messias ist nicht zu reden ohne die Seinen. Schließlich im Blick auf die Völker: Dieser so exemplarisch Befreite, der soll auch die Völker regieren und wird das auch, weil – eine weitere Relativierung seiner Rolle – Jhwh selbst König (20,10; 22,29; 24,7-10) über die Völker ist. Das Thema »Messias und die Völker« ist zudem umrahmt durch die Frage der Zulassungsbedingungen zum Zion, die wiederum mit der Tora verbunden ist (15; 24).

Mit Ps 25 beginnt ein neuer Abschnitt.[19] Er korrespondiert mit Ps 34 darin, daß beide alphabetisierende Lieder sind. In beiden fehlt ein *waw*-Vers, und beide schießen mit einem kollektivierenden Endvers über das Alphabet hinaus. Natürlich ist den Kommentaren zuzustimmen, die diese Sprengungen des Schemas für sekundäre Zusätze halten. Gerade deswegen sind sie aber der entscheidende Interpretationsrahmen des Abschnitts. Auch die Stichworte »Gebeugte«, »Elende« (25,9.16.18 - 34,3.7) verbinden die beiden Psalmen. Schließlich die »weisheitliche« Anpreisung: »Wer ist der Mann, der Jhwh fürchtet?« (25,12) – »Wer ist der Mann, der Lust hat am Leben?« (34,19). Hossfeld/Zenger[20] sehen darum auch in dem Abschnitt 25-34 eine weitere Kreisstruktur, diesmal Ps 29 umrahmend. Für einen Einschnitt nach Ps 34 spricht jedenfalls zudem, daß 32/33 (sie können – ähnlich wie 9/10 – als ein Psalm gelesen werden) und 34 die Seligpreisung »O Glück ...« aufnehmen und so mit den beiden ersten Psalmen einen ersten, vorläufigen Rahmen bilden. Diese Seligpreisungen interpretieren sich nun gegenseitig. Während 34,9: »O Glück des Mannes, der sich an ihm birgt,« fast wörtlich 2,12 entspricht (oder eine Mischung von 1,1 und 2,12 darstellt), wird das in 33,12 konkretisiert und kollektiviert: »O Glück des Volkes (*goj*), dem Jhwh Gott ist.« In 32,1f. aber wird nicht eigentlich ein Bewährter glücklich gepriesen, sondern: »O Glück dessen, dem Abtrünnigkeit getragen, Versündigung zugehüllt ward. O Glück des Menschen, dem Jhwh eine Verfehlung nicht zurechnet.«

Damit ist eins der Themen genannt, die in Ps 25 neu auftauchen: die Schuld auch der Bewährten. Die Unterscheidung zwischen Bewährten und Frevlern (Ps 1) wird zwar im Folgenden nicht aufgehoben, aber relativiert. In 30,7 wird eingeräumt »ich hatte gesprochen in meiner Zufriedenheit: Auf Weltzeit wanke ich nicht.« Das war in 10,6 die Gewißheit des Frevlers. In Ps 25 werden nun die Sünden des Ich und die äußeren Feinde geradezu parallelisiert: »denn sie sind viele«(vv 11.19).

Das zweite neue Thema, damit zusammenhängend, ist das Stichwort »Bund« (vv 10.14). Mit gewissem Recht ließe sich sagen, mit diesem Wort werde eigentlich nur alles Bisherige zusammenfassend auf den Begriff gebracht.

Aber es fällt auf, wie stark sich hier die Rede vom Bund an Ex 34 anlehnt, also an Jhwhs Selbstvorstellung bei der Wiederherstellung des gebrochenen Bundes: *racham* und *chesed*, v 6, *chesed* und *tov*, v 7, *chesed* und *emet*, v 10.[21]

Schließlich die Bitte um Lehre, um Weisung. Auch sie hängt mit dem neuen Thema »Sünde« zusammen: »Gut und gerade ist Jhwh, darum weist er Sündern den Weg« (v 8). Die Bitte »Leite mich in deiner Wahrhaftigkeit ... mache gerade vor mir deinen Weg« hatten wir zwar schon in 5,9 gehört, im übrigen aber überwog die Gewißheit: »Du tust mir kund den Pfad des Lebens« (16,11 als positive Seite der negativen Aussage: »Du überläßt nicht meine Seele dem Gruftreich« v 10), »er leitet mich in wahrhaftigen Geleisen« (23,3). In Ps 25 aber wird die Bitte um Weisung zum Leitmotiv: »Laß mich deine Wege erkennen, lehre mich deine Pfade« (v 4), »führe mich in deiner Treue (*emet*) den Weg, so lehre mich« (v 5), denn »des Wegs führt er die Gebeugten im Recht (*mischpat*), lehrt die Gebeugten seinen Weg«, »er unterweist ihn im Weg, den er wähle« (v 12), ja sogar: »Sein Bund ists, sie erkennen zu lassen« (v 14). Die Bitte um Wegweisung, um Tora wird in 27,11 wiederaufgenommen: »Weise mir deinen Weg, leite mich auf ebenem Pfad«, in 31,4 wiederum die Hoffnung: »Du wirst mich leiten, wirst mich führen«, während in 32,8 schließlich die göttliche Zusage gehört wird: »Ich will dich aufklären (*askilcha*), dich unterweisen, den Weg, den du gehen sollst, raten.« In diesem Zusammenhang bekommt auch das Stichwort »gedenken« eine differenzierte Bedeutung: »Gedenke deines Erbarmens ... gedenke nicht der Versündigung ... deiner Huld nach gedenke« (v 6f.).

Auf Ps 25 folgt zunächst ein Psalm, dem solche Selbstkritik fremd ist. Was in Ps 1 als Seligpreisung allgemein formuliert wurde – wohl dem, der nicht geht, nicht steht, nicht sitzt – , in Ps 15 und 24 als Zugangsbedingung zum Heiligtum aufgestellt wurde, wird hier zum Kriterium einer (erfolgreich bestandenen) Selbstprüfung. Das Stichwort »Schlichtheit« (*tom*), das Ps 26 nicht nur mit Ps 25, sondern auch mit den Psalmen 15 und 18 verbindet, umrahmt diesen Psalm. Dazwischen wird dies inhaltlich in positiven (»ich gehe einher in Treue zu dir«, v 3, »mein Fuß steht auf Geradem«, v 12) und negativen (»sitze nicht«, vv 4f., »komme nicht«, v 5) Aussagen ausgeführt. Die Nachbarschaft zu Ps 25 – zunächst verblüffend – scheint zu bedeuten: Die dort ausgesprochene Bitte um Wegweisung und Belehrung ist jetzt erfüllt worden. Ps 25 endete mit dem Wunsch: »Schlichtheit und Geradheit mögen mich bewahren« (v 21) – Ps 26 beginnt mit: »Denn in meiner Schlichtheit bin ich gegangen.« Auch die Ps 25 angehängte kollektive Schlußbitte: »gilt ab«, wird am Schluß von Ps 26 in individueller Form wieder aufgenommen. Schließlich wird durch Ps 26 ein Aspekt betont, der in Ps 25 fehlte – der Zusammenhang zwischen Tora, Wegweisung und dem Tempel: sein Haus, der Ort, wo seine *kavod* wohnt. Dieser Aspekt wird in Ps 27 aufgegriffen, erst hier hören wir die positive Entsprechung zum zweimaligen »ich sitze nicht«

in Ps 26: den Wunsch nämlich, »im Haus Jhwhs sitzen zu dürfen alle Tage meines Lebens« (v 4). Dieser Wunsch, sitzen zu dürfen, ist mit der Bitte um Wegweisung, um Tora verbunden (v 11), wozu auch die Motive Jhwh als Licht (v 1) und sein Antlitz suchen (v 8f.) gehören. Parallelisiert mit den Stichworten »Licht« und »Freiheit« ist das Wort *maos* (Buber übersetzt trutzig: Trutzwehr, S. R. Hirsch: Widerstandsquell [22]), ein Derivat von *os*: Jene Macht, die Jhwh aus dem Munde der Schwächsten errichtet (8,3), in der der König sich freut (21,2.14), wird hier zur Schutzmacht. In Ps 28 werden beide Stichworte, *os* und *maos*, miteinander verbunden (vv 7f.). Zugleich wird das Stichwort »Gesalbter« (in 27,9 schon angedeutet durch »dein Knecht« – vgl. 18,1; 19,12.14) aufgegriffen, parallelisiert mit »seinem Volk«. Auch »mein Fels« (v 1) verbindet diesen Psalm mit 18 und 19 (18,3.32. 47; 19,15). Es ist nun dies Wort »Macht« (*os*), das den folgenden, wiederum überraschend hymnisch einsetzenden Ps 29 umrahmt – vv 1.11.

Wieder – wie in den Psalmen 8 und 19 – weitet sich im Hymnus der Blick ins Universale. Diesmal werden sogar Göttersöhne aufgefordert, Jhwh Ehre und Macht zu geben: die Ehre seines Namens.[23] Und dieser Name wird nun in diesem Psalm tatsächlich einzigartig betont: Achtzehnmal hören wir ihn in seinen elf Versen, in v 3 als Gott der Ehre interpretiert. Auch das Wort Ehre (*kavod*) umrahmt diesen Psalm: am Anfang die Aufforderung an die Mächtigen, ihm Ehre und Macht zu geben, am Schluß: »In seinem Tempel spricht alles: Ehre!« Der Gottesdienst Israels wird so als stellvertretend, vorwegnehmend für eine weltweit noch ausstehende Anbetung interpretiert. Das Wort Ehre verbindet diesen Psalm mit Ps 19: »Die Himmel erzählen die Ehre Gottes«, auch mit Ps 24, der ebenfalls die ganze Erde in den Blick nimmt: »König der Ehre« (vgl. »als König thront Jhwh in Weltzeit« – 29,10). Innerhalb dieses Rahmens wird nun die weltumstürzende Wirkung der Stimme Jhwhs besungen – siebenmal hören wir: Stimme. Auch dieses Wort verweist auf Ps 19. Nachdem dort zunächst Himmel erzählten, das »Gewölb« (*rakia*) meldet, Tag dem Tag Sprache, Nacht der Nacht Kunde gibt, heißt es plötzlich: kein Sprechen ist's, keine Rede, unhörbar ihre Stimme. Doch dann stellt sich heraus: Diese unhörbare Stimme, die heimliche Sprache der Schöpfung, ist die Tora. Es ist diese Stimme, deren gewaltige Wirkung hier gefeiert wird.

Während der Zusammenhang zwischen Ps 29 und 28 direkt und wörtlich ist: Jhwh ist Macht seines Volkes (28,8) – Jhwh wird seinem Volk Macht geben (29,11), ist der zwischen Ps 29 und 30 indirekter: Die Befreiung von drohendem Tod wird gepriesen. Doch die Argumente, die der Beter gegen seinen Tod vorgebracht hatte – »wird der Staub dir danken?« (v 30) –, erinnern an die antizipierende Funktion des Preisens Israels. Entsprechend heißt es nach der Rettung: »In Weltzeit will ich dir danken« – und das entspricht dem Schluß von Ps 28: »Befreie dein Volk, segne dein Eigentum, weide sie, trage sie – bis in die Weltzeit hin«. Das Stichwort danken war aber zuvor schon in 30,5 gefallen: »Dankt dem Gedenken seiner Heiligung, ihr seine *chasidim*.« Damit ist nun, der Appell an die Göttersöhne scheint es eröffnet zu haben, eine neue Beziehungsweise der Psalmen entstanden: Hatten wir bisher von einem »Ich«, von »Sie«, stellenweise auch von »Wir« gehört, ertönt nun in den letzten Psalmen dieses Abschnitts (Ps 30-34) »Ihr« – als werde erst jetzt der Vorsatz »ich danke dir unter den Völkern« (18,50), »in der Versammlung will ich dich preisen« (22,23), »Stimme des Danks hören zu lassen, all deine Wunder zu erzählen« (26,7) verwirklicht. Daß hier in der Tat Ps 29 öffnende Funktion hat, zeigt der Vergleich von 27,14 mit 31,25: Was dort noch Selbstgespräch war: »Hoffe zu Jhwh, sei stark, dein Herz straffe sich und hoffe zu Jhwh« – ist nun fast wortgleich Appell: »Seid stark, euer Herz straffe sich, alle, die ihr harrt auf Jhwh.« Dieses »Ihr« zieht sich nun durch die folgenden Psalmen. Es verbindet die Psalmen 31 und 32: »Freut euch an Jhwh, jauchzt, ihr Bewährten, jubelt auf, all ihr Herzensgraden« (32,11) – »Jubelt, ihr Bewährten, um Jhwh« (33,1), findet in 33,20-22 Echo und Antwort in einem erneuten »Wir«-Abschnitt, wird auch in Ps 34 fortgesetzt: »Schmeckt und seht, wie Jhwh gut ist« (v 9), »hört mir zu, ich will euch lehren« (v 12). Damit ist schon gesagt: In diesem Abschnitt überwiegen hymnische Töne, Aufrufe zum Jubel – und in diesem Zusammenhang öffnet sich der Blick erneut auf die ganze Welt: »Jhwhs Huld ist die Erde voll, durch Jhwhs Rede sind die Himmel gemacht« (33,5). Darum: »Fürchten muß sich vor Jhwh alles Erdland, vor ihm erschauern alle Siedler des Bodens« (33,8). Dies wird – in deutlicher Nähe zu Ps 2 – sofort politisch gedeutet: »Jhwh zerbröckelt den Rat der *gojim*, erstickt die Pläne der *ammim*« – hingegen: »Jhwhs Rat, auf Weltzeit besteht er, seines Herzens Pläne für Geschlecht um Geschlecht« (vv 10f.). In diesem Zusammenhang steht die schon genannte Seligpreisung: »O Glück des *goj*, dem Jhwh Gott ist, des *am*, das er zu eigen sich wählte« (vI 2). Hier wird in der negativen wie in der positiven Aussage *am* und *goj* parallelisiert – offenbar sind sie hier noch nicht termini technici für den Unterschied zwischen Israel und den Völkern. Inhaltlich unterstreicht dies aber: Israel nimmt stellvertretend vorweg, was von allen »Siedlern des Bodens« (vv 8.14), allen »Adamssöhnen« (v 13) zu erwarten ist, ist so Instrument und Ausdruck des Rats, der Pläne Jhwhs, die – im Gegensatz zu Rat und Plänen der Völker – ewig bestehen.

Ich hatte schon darauf hingewiesen, daß die Wiederaufnahme und Neuinterpretation der Seligpreisungen in den Psalmen 32-34 einen ersten, vorläufigen Bogen zurück zu Ps 1 und 2 schlägt. Bereits zuvor, in Ps 31, hörten wir eine Anspielung auf Ps 2: »Ja, ich höre das Flüstern der Vielen, ein Grauen ringsumher, da sie mitsammen wider mich munkeln: sie ränkeln, mir die Seele zu nehmen. Ich aber, bei dir sichere ich mich, Jhwh« (vv 14f.). Dies wird nun in Ps 33 auf das Verhältnis zwischen Israel und den Völkern übertragen: Das Ich des Königs in Ps 2 steht stellvertretend für sein Volk. Diese Kollektivierung wird auch da deutlich, wo in Ps 33 nun doch vom König die Rede ist (vv 16f.), nämlich nur in negativen Aussagen darüber, was alles ihm nicht hilft: »Keine Befreiung wird dem König durch die Fülle seines Heeres, Fülle der Kraft« – sondern, würden wir erwarten, durch Jhwhs Befreien, hören aber statt dessen: »Siehe (*hinne*), Jhwhs Auge ist auf die ihn Fürchtenden« (v 18) – in kontrastierender Parallele zu seinem Blick auf alle Adamssöhne (v 13). Vergleichen wir in diesem Zusammenhang die kollektivierenden, das Alphabet sprengenden Schlußverse der parallelen Psalmen 25 und 34. In 25,22 heißt es: »Gilt, o Gott, Israel ab aus all seinen Einengungen«, während 34,23 antwortet: »Jhwh gilt ab die Seele seiner Knechte« – erstmals hören wir hier – im Parallelismus mit Israel – das Wort Knecht (*eved*) im Plural.

Doch nun vom vorläufigen zum wirklichen Schluß des Buches. Auf die rahmende Funktion der Seligpreisungen in 40f. wurde schon hingewiesen, ebenso auf das merkwürdige Wort vom »Ich« mit oder in dem Buch. Darüber hinaus fällt auf, daß 35,5 (einzig im Psalter) das Bild von der Spreu im Wind aus Ps 1 aufgreift. Hossfeld/Zenger sehen in den verbleibenden Psalmen 35-41 – in Analogie zu 3-14, 15-24, 25-34 – wiederum eine Ringkomposition, diesmal zentriert um Ps 38, den sie geradezu als Collage von Stichwortbezügen zu seiner Umgebung betrachten. Doch wäre dies eine schwache Parallele zu den hymnischen Mittel- und Wendepunkten der Psalmen 8, 19 und 29. Jedenfalls hören wir in diesem letzten Teil wieder ausschließlich die Stimme eines Ich mit betontem Bezug zu Armen, Gebeugten, Elenden. Hossfeld/Zenger sehen hier eine »Armenredaktion« am Werk, die diesen Akzent eingetragen hat, um so einen Bogen zum ersten Teil des Buches zu schlagen. Aber mag die Frage der Entstehung dieses Teils auf sich beruhen: Im Kontext des Buches ist es jedenfalls ein qualifiziertes, interpretiertes Ich, das hier zu Worte kommt. Und so ist es auch einleuchtend, wenn Hossfeld/Zenger die letzte Seligpreisung »O Glück dessen, der auf den Schwachen bedacht ist« (41,2) zum Motto des ganzen ersten Buches machen. Nicht nur die Seligpreisung, auch das Stichwort *maskil*, bedacht, aufgeklärt weist zurück auf Ps 2, wo (v 10) an die Einsicht der Könige appelliert wird (*hiskilu*). Wir haben es hier also mit dem Thema zu tun, über das in diesem Buch unterwiesen, aufgeklärt werden soll. Das wird bestätigt dadurch, daß in 14,2 Jhwh auf die Adamssöhne herabblickt in der (vergeblichen) Suche nach einem Begreifenden (*maskil*). Entsprechend wird in 36,4 festgestellt, der Frevler habe nichts begriffen (*chadal lehaskil*, parallelisiert mit *lhetiv*, gut zu tun). In 32,8 aber wird verheißen: Ich will dich aufklären (*askilcha*), parallel mit unterweisen (*orecha*, vgl. Tora), im Weg, den du gehen sollst. Hier hat das Wort (entsprechend dem hebräischen Begriff für jüdische Aufklärung: Haskala) besonders deutlich die Konnotation von Mündigkeit, denn der Gegensatz sind Pferde, Maultiere ohne Verstand=Unterscheidungsvermögen, die mit Zaum und Halfter dirigiert werden müssen.

Es handelt sich bei diesem Buch nicht nur um ein Gesang- oder Gebetbuch, sondern um Tora, um Weisung. Versuchen wir also zusammenzufassen, was speziell wir Gasthörer aus den Völkern diesem ersten Buch als Weisung entnehmen können:

Auf die repräsentative, zugleich durch ein Beziehungsgeflecht relativierte Rolle des Gesalbten, des Königs hatte ich schon hingewiesen. Im Unterschied zum zweiten und dritten Buch des Psalters schließt dieses erste Buch nicht mit einem Psalm, der programmatisch die Rolle des Königs, des Gesalbten, der Davidverheißung thematisiert, sondern geht diesem Thema in der Mitte des Buches nach – umrahmt von »Ich«-Passagen, die auf dieses Thema hinführen, von ihm herkommen: Der Gesalbte repräsentiert als Gebeugter die Gebeugten, als solcher repräsentiert er sein Volk Israel, wird Sprachrohr, das nun auch andere – die Gemeinde, die Völker, in Ps 29 sogar »Göttersöhne« – aufruft miteinzustimmen. Als Bewährter repräsentiert er zugleich die Sünder, die nach neuer Wegweisung suchen, um wieder zurechtgebracht zu werden: Die Weisung dieses Buches ist auch die, um Weisung zu bitten. Dieses so qualifizierte, interpretierte, gefüllte Ich wird in weltgeschichtliche Perspektive gerückt: Seine Befreiung wäre nicht nur die seines Volkes und seiner Leidensgenossen, sondern zugleich Weltveränderung, Durchsetzung des Namens, Manifestation seiner Herrlichkeit weltweit, und diese Weltveränderung zugleich Gericht über die Völker. Zentrum dieser in Aussicht gestellten Weltveränderung ist nicht nur eine repräsentative Person, deren Stimme wir hier hören, sondern auch ein bestimmter Ort: der Zion. Die Frage: Wer darf dahin? wird so zur Frage auch für die Völker – auch wenn in Ps 24 das Geschlecht, das nach Jhwh fragt, sein Antlitz sucht, mit Jakob identifiziert wird. Die Frage nach diesem Zugang ist eine Frage nach Tora, nach Wegweisung, denn die Tora ist die heimliche Sprache der Schöpfung, die weltverändernde Stimme Jhwhs. Auf diese Weisung zu hören heißt hier, auf die Stimme dieses gebeugten Ich zu hören, denn: »Siehe, ich komme in einer Buchrolle, über mich ist's geschrieben« (40,8), darum: »O Glück dessen, der sich vom (Schicksal des und von der Verheißung für den) Schwachen aufklären läßt« (41,2).

Buch 2 (42–72):
Gott richtet vom Zion aus die Völker

Während die Psalmen des ersten Buches fast alle David zugeschrieben oder gewidmet sind, beginnt das zweite Buch mit einer – unter sich verbundenen – Gruppe von Psalmen der Söhne Korachs (42–49), durch einen Asaf-Psalm (50) verknüpft mit einer weiteren Gruppe von David-Psalmen (51–71), und schließt mit einem Psalm (72), der dem Schlomo zugeeignet wird. Da es außerhalb des zweiten Buches weitere Söhne-Korachs- und Asafpsalmen gibt, scheinen diese Bezeichnungen auf frühere Sammlungen zu verweisen, aber für die jetzt vorliegende Bucheinteilung nicht allein leitender Gesichtspunkt zu sein. Wir werden also sehen müssen, ob es innerhalb des zweiten Buches auch Linien gibt, die diese Gruppen verbinden, es also Sinn hat, über Einzelsammlungen hinaus vom Charakter eines Buches zu sprechen. Zugleich beginnt mit Ps 42 der Teil des Psalters, den man »elohistischer Psalter« nennt: ein Teil, in dem auffällig die Bezeichnung *elohim* gegenüber dem Eigennamen Jhwh überwiegt. Da dies auch für Psalmen gilt, die sonst fast wortgleich schon im ersten Buch stehen (Ps 53–Ps 14; Ps 70–Ps 40,14-18), ist anzunehmen, daß dies das Ergebnis einer bewußten Überarbeitung, einer »elohistischen Redaktion« ist. Dieser Sachverhalt ist m.W. bisher nur im Zusammenhang der historischen Frage nach (den Stadien) der Entstehung des Psalters diskutiert worden, nicht aber theologisch daraufhin, was dieses auffällige Phänomen zu Thema und Aussage des Buches beiträgt. Da auch der so geprägte Teil über das zweite Buch hinausragt – bis Ps 83, also fast das ganze dritte Buch umfaßt –, werde ich auf die Frage der Bedeutung dieser Bearbeitung noch zurückkommen müssen. Da aber andererseits dieser Sprachgebrauch nun auch diesem zweiten Buch einen bestimmten Ton gibt, seinen ganzen Charakter mitbestimmt, ist schon hier eine vorläufige Besinnung auf seine Bedeutung angemessen.

»Elohim« ist ein Allgemeinbegriff für so etwas wie Gott, ein Gattungsbegriff (deus *est* in genere), ein Funktionsbegriff – Mächte, die so funktionieren wie ein Gott, eine Gottheit, kein bestimmter Name, keine der Jhwh-Selbstvorstellung vergleichbare Zusage. Götter gibt es viele. Selbst das Wort hat Pluralform, wenn es auch hier als Singular gebraucht wird – andere Völker, andere Götter. Die starke Betonung dieses Begriffs im hier beginnenden Abschnitt signalisiert: Jhwh begibt sich hier auf die Ebene der Götter, der Religionen, läßt sich dazu herab, ein Gott zu sein, um auch auf dieser Ebene die Auseinandersetzung zu führen. Er begibt sich damit zugleich auf die Ebene der Völker, der Weltgeschichte und Weltpolitik. Beide Ebenen gehören zusammen – denn die Götterfrage ist eine Machtfrage –, auf beiden betätigt er sich als Richter. Und dies ist auch inhaltlich ein Hauptthema des hier anhebenden Abschnitts. Das entsprechend doppelte Gericht, das sei hier schon vorweggenommen, ist der Schlußakkord, mit dem der »elohistische Psalter« schließt. In Ps 82 wird Gericht über die Götter gehalten. Sie werden verurteilt, weil sie ihrerseits als Richter versagt haben, nämlich nicht für Schwache, Waisen, Gebeugte, Arme, Dürftige gerechtet haben. Diese Vision schließt mit dem Appell an Gott, das Erdreich, die Völker zu richten.

Dies führt der 83. Psalm aus. Da wird Hilfe erfleht gegen Völker, die sich gegen Israel zusammentun, es ausrotten wollen, daß des Namens Israel nicht mehr gedacht werde. Sie schließen dafür sogar einen Bund. Sie sollen eine so fürchterliche Niederlage erleiden, daß sie in Schmach und Scham nun doch »deinen Namen suchen, Jhwh«, schließlich »erkennen, daß du – dein Name ist Jhwh – allein der Höchste bist über allem Erdland«.

Die Namensvermeidung in diesem Teil des Buches ist – das ist diesem Ziel und Ende zu entnehmen – nicht Ausdruck allgemeiner Namensscheu, sondern eine provisorische, transitorische, taktische Maßnahme mit dem Ziel der weltweiten Durchsetzung dieses Namens.

Dazu passen zwei Beobachtungen: Die Namensvermeidung ist keineswegs konsequent, es gibt – ich spreche vom vorliegenden Buch, nicht von einer seiner Schichten – über 40 Ausnahmen, wo eben doch der Name genannt wird. Das ist mehr als eine Bestätigung der Regel. Offenbar kann auch in diesem, programmatisch auf *elohim* festgelegten Teil nicht völlig auf den Namen verzichtet werden. Noch auffälliger ist aber: Auch in den Psalmen, in denen der Name gar nicht fällt, ist von diesem Namen die Rede: »Mit deinem Namen zerstampfen wir die wider uns Erstandnen« (44,6), »in Weltzeit danken wir deinem Namen« (44,9), »hätten wir den Namen unseres Gottes vergessen, zu fremder Gottheit unsre Hände gebreitet ...« (44,21), »deinen Namen erharren, denn er ist gütig« (52,11), »mit deinem Namen befreie mich« (54,3) usw. Es scheint, als werde hier der Name als Arkanum Israels gehütet, nur gelegentlich erwähnt, daß an einen bestimmten Namen gedacht wird.

Doch zunächst zum zweiten Buch. An seinem Aufbau fällt auf, daß im Asaf-Psalm 50, der die Gruppe der Korachiten- mit der der David-Psalmen verknüpft, ebenfalls Gericht gehalten wird, ebenfalls zweistimmig, wenn auch aufgeteilt in »mein Volk« insgesamt und den Frevler. Innerhalb der ersten Gruppe springen zunächst die Psalmen 46-48 als zusammengehörig ins Auge: In den Psalmen 46 und 48 wird der Zion besungen, seine Beständigkeit im Chaosmeer der Völker (46), seine staunende Anerkennung durch die Könige der Völker (48), in der Mitte (47) wird die Königschaft Gottes über die Völker gepriesen, die Edlen der Völker werden zum Volk von Abrahams Gott.

Nicht zufällig fällt hier zum ersten Mal der Name Abraham. Die Versammlung der Völker am Zion bedeutet, daß sie seinen Aufbruch nachvollziehen.[24]

Doch steht die Vision der Psalmen 46-48 unter einem doppelten düsteren Vorzeichen: Ps 42/43 spricht in individueller, Ps 44 in kollektiver Form vom Exil, beide halten aber in sehnsüchtiger (42/43) und in empört einklagender (44) Weise an den Verheißungen fest.[25] Die Gruppe 46-48 bekommt so den Charakter einer trotz allem festgehaltenen Hoffnung, gegen die Situation angesungener Zukunftsmusik. Zuvor besingt Ps 45 teils die Herrlichkeit des Königs, den Sieg des Gesalbten über Völker, teils seine Hochzeit. Im jetzigen Zusammenhang wird mit diesem Hochzeitslied die künftige Wiedervereinigung von Gesalbtem und Tochter Zion besungen – mit dankbaren Völkern als Genossinnen.[26] Schon in diesem Zusammenhang wird auf Abrahams Aufbruch angespielt, aber nicht bezogen auf die Völker, sondern auf die Tochter (Zion): »Vergiß dein Volk und das Haus deines Vaters« (v11), »an deiner Väter Statt werden dir Söhne sein« (v17).

Nicht nur durch diesen Vorbau werden die Psalmen 46-48 interpretiert, sondern auch durch einen Nachspann: ein Weisheitslied, das den Reichtum der Reichen im Blick auf den Tod relativiert. Was bedeutet dies im jetzigen Kontext? Ein gewisser Anschluß besteht einerseits zum Ende von Ps 48: »Er wird uns lenken über den Tod.« Andererseits scheint dieser Psalm den bisherigen Appell, sich vom Geschick des Armen belehren zu lassen, dadurch zu ergänzen, daß nun auch das der Reichen in den Blick genommen wird. Doch nimmt man den einleitenden Aufruf: »Hört dies, ihr Völker alle…« ernst, dann kann beides als Antwort auf die Infragestellung der Vision von der Festigkeit des Zions, der Königschaft Jhwhs nur meinen: ein Appell an die Völker, aber auch ans eigene Volk, sich vom vorübergehenden Reichtum der anderen, der derzeit Erfolgreichen nicht blenden, nicht darüber hinwegtäuschen zu lassen, daß »über den Tod hinaus« beständig doch nur der Zion, die ihm geltenden Verheißungen sind.

Das Thema »Gott und Zion« greift der die zwei Sammlungen verbindende Ps 50 auf. Auch hier wird vom Zion her die ganze Welt, Himmel und Erde in den Blick genommen: als Zeugen einer Gerichtsszene zwischen Gott und seinem Volk. Wir hören zwei Anklagereden, eine gerichtet an »mein Volk, Israel«, eine an »den Frevler«, beide werden aber nicht durch Urteile abgeschlossen, sondern durch zwei fast gleichlautende Appelle: »Opfere Gott Dank (dies im Gegensatz zu anders verstandenen Opfern), zahle dem Höchsten so deine Gelübde« (v14), »wer Dank opfert, ehrt mich« (v23), »dann rufe mich an am Tag der Drangsal, ich will dich losschnüren und du wirst mich ehren« (v15), bzw.: »Gottes Befreiung lasse ich ihn sehen« (v23).[27]

Die folgende Sammlung von David-Psalmen ist eine einzige lange Antwort auf diese Appelle: Danksagungen, Erfüllung entsprechender Gelübde, aber auch Zurufe an Tagen der Drangsal. In Ps 51 hören wir einen reuigen Frevler. Die Verbindung zu den Anklagen aus Ps 50 (Diebstahl und Buhlerei, v18) wird durch eine redaktionelle Anmerkung verstärkt, die den Psalm mit der Bathseba-Geschichte verbindet. Der Psalm greift die Frage von richtigem und falschem Opfer auf. Ps 52 ist eine Anklage gegen einen Gewaltmenschen, und stellt in Aussicht, daß die Bewährten über ihn lachen werden (wie Jhwh in Ps 2). Er sicherte sich mit der Fülle seines Reichtums (vgl. Ps 49). Der Dichter hingegen bekennt: »Ich aber bin wie ein üppiger Ölbaum« (vgl. Ps 1). Der Psalm schließt mit einem Gelübde: »Auf Weltzeit will ich dir danken.« Ps 53 greift Ps 14 auf. Damit wird der prüfende Blick Gottes ausgedehnt auf alle Adamssöhne. V 6 enthält allerdings eine charakteristische Abweichung von Ps 14: Der »Nichtige« entpuppt sich hier – im Zion-Kontext – als Belagerer. Auch Ps 54 schließt mit dem Vorsatz, zu »opfern, deinem Namen (zu) danken«, »denn aus aller Drangsal hat er mich gerettet«.

Ps 55 ist erneut ein Hilferuf gegen Frevler, Männer von Bluttat und Trug – diesmal keine äußeren Feinde, sondern falsche Freunde: Die Stadt selbst ist so voll Terror, daß der Beter ins Exil, in die Wüste fliehen möchte. Doch schließt der Psalm mit einem Vertrauensvotum: »Ich aber, ich weiß mich sicher an dir.« Der darauf folgende Ps 56 macht daraus einen Refrain (vv 5, 11f.) und knüpft zugleich an das Thema von Ps 50 an: »Deine Gelübde, Gott, liegen mir ob, Dankbarkeit will ich dir zahlen, denn du rettest meine Seele vom Tod« (13f.).

Ps 57 blickt in seinem Refrain wieder auf die ganze Welt: »Schwinge dich über den Himmel, Gott, über alles Erdland deine Ehre« (vv 6.12). Und diese Ehre auf Erden wird in Ps 58 als sein Richten auf Erden interpretiert: »Gewiß: Frucht ist dem Bewährten, gewiß, Gottheit west, im Erdland richtend« (v 12), wobei dieses »gewiß« (*ach*) zugleich »aber, doch« bedeutet (vgl. Ps 73). Dieses Richten auf Erden ist zugleich ein Prozeß gegen das falsche Richten der Götter. Gott richtet im Himmel wie auf Erden.

Ps 59 ist ein erneuter Hilferuf, Ruf nach Befreiung von »den Männern der Bluttat«. Anknüpfend an Ps 58 wird das Thema hier bezogen auf Israel und die Völker (vv 6.9). Es geht um die Belagerung der Stadt, ihren Schutz angesichts der Bedrohung. Der Psalm hat zwei Refrains, die gegeneinander die Spannung zwischen Bedrohung und Schutzvertrauen ausdrücken: »Abendlich kehren sie wieder, heulen wie das Hundepack und umkreisen die Stadt« (vv 7.15). »Meine Trutzwehr! ich warte dir zu. Ja, Gott ist mein Horst! Mein Gott der Huld überrascht mich« (vv 10.18). Es ist kein Zufall, daß in diesem Psalm erstmals seit Ps 46 der Name Jhwh Zebaoth fällt: sein Zionsname. Die Gewißheit »Du, Jhwh, wirst ihrer lachen, all der Völker spotten« (v 9) erinnert an den ähnlich vergeblichen Anschlag auf den Zion bzw. den dort eingesetzten Gesalbten in Ps 2.

Bisher hatten wir in den Antworten auf Ps 50 die Stimme eines Einzelnen gehört. Allerdings handelte es sich um einen repräsentativen Einzelnen, und das entspricht Ps 50, in dem das Volk kollektiv als Du angeredet wird. In Ps 60 spricht erstmals ein Wir. Das Volk klagt, von Gott verworfen zu sein, in ähnlichen Worten wie Ps 44. Dabei wird der Appell von Ps 50,15 aufgenommen: »Rufe mich am Tag der Drangsal, ich will dich losschnüren.« Ps 60 bittet also darum, »losgeschnürt« zu werden, prägt dabei eine neue Selbstbezeichnung, kollektiviert eine sonst nur für Einzelne verwendete Prädikation: »damit *deine Freunde* losgeschnürt werden«. Während in Ps 44 anklagend auf die eigene Bundestreue insistiert wird, wird hier in intensiv intimer Form Gottes Bundestreue eingeklagt. Auch die Psalmen 61 und 63 weisen auf den Anfang des Buches zurück: auf den Doppelpsalm 42/43. In Ps 61 ruft ein Ich vom Ende des Erdlands voller Sehnsucht danach, »in deinem Zelt zu gasten,« in Ps 63: »meine Seele hat nach dir gedürstet.« In beiden Psalmen wird das Ich ausdrücklich mit dem König identifiziert. Die Verbindung zu Ps 50 stellt 61,9 her: »tagtäglich mein Gelöbnis zu zahlen«. Auch der dazwischen stehende Ps 62 nimmt das Gespräch mit Ps 42/43 auf. Dort hieß der Refrain: »Was versenkst du dich, meine Seele, und rauschest in mir! Harre auf Gott! Ja, noch werde ich ihm danken seines Antlitzes Befreiungen, meinem Gott« (42,6.12; 43,5). Hier antwortet der Refrain: »Nur auf Gott zu ist Stille meine Seele, von ihm her ist meine Befreiung. Nur er ist mein Fels, meine Befreiung, mein Horst – ich kann nicht wanken« (62,2.6). Das Motiv des Zahlens wird umgedreht: »Du zahlst jedermann nach seinem Tun« (v 13).

Ps 64 schildert einen merkwürdigen Schußwechsel: Feinde machen aus ihrer Zunge, ihrer Rede Schwert, Pfeil und Bogen und schießen damit auf den Schlichten. Doch da schießt Gott, offenbar unter Verwendung ihrer eigenen Waffen, auf die Angreifer. Dabei wird sehr betont, daß es sich bei dieser Schießerei um ein paradigmatisches Geschehen handelt: »Schütteln müssen sich *alle*, die das sehen, fürchten müssen sich *alle* Menschen ... es preisen sich *alle* Herzensgraden« (vv 9–11). Dies betonte »alle« leitet über zu einer Gruppe von Psalmen (65–68), in der wieder in Wir-Form die Weltbedeutung des Zion besungen wird. In Ps 65 konzentriert sich der Blick zunächst auf »Gott auf dem Zion« (v 2), »deine Höfe, dein Haus, dein(en) Tempel« (v 5), wobei mit »dir wird Gelübde bezahlt« (v 2) und »zu dir hin darf *alles* Fleisch kommen« (v 3) an das Bisherige angeknüpft wird. Doch von diesem Zentrum aus wird dann auf »alle Enden der Erde, und des Meers der Fernen« (v 6) geblickt, wobei sich hinter dem »Toben der Meere, dem Toben ihrer Wogen« eigentlich »das Rauschen der Nationen« (v 8) verbirgt. Doch nicht nur die Erdbewohner, »die Siedler der Enden« (v 9), sollen erschauern und jubeln, sondern auch die Erde selbst: Wiesen und Täler werden »einander zuschmettern« (v 14), weil sie so eindrucksvoll gesegnet werden mit Fruchtbarkeit.

Das Stichwort »schmettern« nimmt Ps 66,1 auf: »Alles Erdland« wird zum Preis Gottes, seines Namens aufgerufen, diesmal nicht wegen seines Natursegens, sondern wegen seiner Geschichtstaten: »der das Meer in Trockenes wandelt, durch den Strom ziehn sie zu Fuß« (v 6) – das Meer ist nach dem vorangegangenen Psalm natürlich doppeldeutig. Die Bewegung in Ps 66 ist umgekehrt: vom Aufruf an die Völker, »unseren Gott« zu segnen (v 8), über die Prüfung Israels (vv 10–12) hin zur Stimme eines Einzelnen, hin zu Seinem Haus (vv 11–15). Auch hier taucht wieder das Leitmotiv auf: »Zahlen will ich dir meine Gelübde« (v 13). In Ps 67 sind es alle Völker, die darin miteinstimmen, Gott zu danken: »Die Völker danken dir, Gott, die Völker danken dir alle«, heißt es in vv 4 und 6 – also vierfach: Die Völker danken. Eingerahmt von diesem Refrain, in v 5, hören wir noch zweimal »Nationen« (*le'umim*) und noch einmal »Völker«, und wir hören die Begründung für ihren dankbaren Jubel: »Denn du richtest Völker mit Geradheit, Nationen, du leitest sie auf Erden.« Dieser Parallelismus aus »richten« und »leiten« ist der Mittelpunkt des Psalms, denn der schon genannte Rahmen »alle Völker danken dir« (vv 4 und 6) ist seinerseits umrahmt von parallelen Formulierungen, in denen dezidiert von »uns«, von Israel, die Rede ist – aber im Blick auf die Völker: »Gott leihe uns Gunst, segne uns, er lasse uns leuchten sein Angesicht, daß man auf Erden erkenne deinen Weg, unter allen Völkern (*gojim*) dein Befreien« (vv 2f., ähnlich: 7f.). Dieser doppelte Rahmen zeigt: Es ist Gottes segnendes, freundlich zugewandtes (*chanan*) Handeln an Israel, das die Völker dazu bringt, seinen Weg, sein Richten und Leiten zu erkennen und ihm zu danken: Alle Völker danken Gott – für Israel.

Die an den aaronitischen Segen anklingende Formulierung »er lasse uns leuchten sein Antlitz« greift Ps 68 auf und entfaltet die Begegnung mit diesem Antlitz in zwei Richtungen. Wenn Gott aufsteht, dann entfliehen seine Feinde, seine Hasser vor seinem *Angesicht* (v 2), die Frevler schwinden *angesichts* Gottes wie Wachs *angesichts* des Feuers (v 3). Die Bewährten hingegen freuen sich vorm *Angesicht* Gottes (v 4), werden aufgefordert, vor seinem *Angesicht* zu jubilieren (v 5). Die doppelte Wirkung dieses Angesichts wird dann mit dem Sinai, dem Bundesschluß, der Offenbarung der Tora, identifiziert: »Die Erde bebte, die Himmel troffen angesichts Gottes – dies ist ein Sinai! – angesichts Gottes, des Gottes Israels« (v 9). Und der Sinai wird wiederum mit dem Zion verbunden: »der Sinai im Heiligtum!« (v 18), weil das der Berg ist, den Gott sich zum Sitz begehrt hat, wo Jhwh in die Dauer einwohnen wird (v 17). Dieser Berg steht aber in Konkurrenz zu anderen Bergen, die offenbar auch religiös viel eindrucksvoller sind: »ein Gottesberg, Baschans Berg, ein vielgiebliger Berg, Baschans Berg. Warum beschielt ihr, gieblige Berge, den Berg, den Gott sich zum Sitz begehrt hat?« (vv 16f.). Der vergleichsweise unscheinbare Berg, gerade nur durch Erwählung hervorgehoben, steht hier für Israel unter den Völkern, seinen Gott unter den Göttern. Den Völkern und insbesondere ihren Königen wird in diesem Psalm Israel nicht in Gestalt seines Königs, des Gesalbten, entgegengestellt, sondern als Frau (v 13), als Taube (v 14). Den Königen der Scharen steht die große Schar der Heroldinnen, der Evangelistinnen gegenüber (v 12). »Paukenschlagende junge Frauen« werden sogar mit dem Gott Israels selbst parallelisiert (vv 25f. im Vergleich zu v 18). Auch die Israel von Gott gegebene Macht erscheint hier (m.W. einzig) in weiblicher Form (v 29).

Dieser Gruppe kollektiver Lieder folgen nun drei Psalmen, in denen wieder die Stimme eines Einzelnen um Befreiung aus Bedrängnis fleht. So umrahmen sie zusammen mit den Psalmen 61-64 jene Gruppe der auf die ganze Welt, auf Israel und die Völker, bezogenen Psalmen. Doch ist hier noch sehr viel stärker als dort das Paradigmatische des Ich betont: »Laß beschämt nimmer werden an mir, die auf dich hoffen ... Laß zu Schimpf nimmer werden an mir, die dich suchen« (69,7); und umgekehrt, bei der Befreiung des Ich: »Die Gebeugten sehen's, sie freuen sich, ihr, die ihr nach Gott fragt, euer Herz lebe auf« (69,33). »Wie ein Erweis bin ich vielen geworden, da du meine Bergung in Macht bist« (71,7). Auch das Motiv des Dank- und Lobgelübdes zieht sich hier durch: »Preisen werde ich im Gesang Gottes Namen, im Dank seine Größe sagen – besser dünkt das Jhwh als ein Stier« (69,32); »mein Mund wird deine Bewährung erzählen, all den Tag dein Befreierwerk« (71,15).

Ps 71 stellt zudem zweimal eine Analogie zwischen Jugend und Alter des Ich her (vv 5-9, 17f.): So wie du mir in der Jugend halfst, so hilf mir auch im Alter. Mag auch dies paradigmatisch im Blick auf Israels Vergangenheit und Zukunft sein – mein Alter sei wie meine Jugend (vgl. Dt 32,25) –, so gibt doch dieser Inhalt dem folgenden, das zweite Buch beschließenden 72. Psalm den Charakter eines Vermächtnisses. Es scheint, als sollten wir zumindest in diesem Fall das *le* der Überschrift nicht als »von«, sondern »für« verstehen, von David für Schlomo, vom König für den Königssohn – das würde außerdem zum abschließenden Vers »zu Ende sind die Gebete Davids, des Sohnes Isais« passen.[28] Wie dem auch sei, Ps 72 hat programmatischen Charakter: Gott gibt dem König *mischpatim* und *zedaka*, der daraufhin selbst mit Recht und Gerechtigkeit richtet, also Gebeugte (»deine Gebeugten« im parallelismus membrorum mit »dein Volk«, v 2), Dürftige befreit, Unterdrücker duckt. Darum (vgl. Begründung vv 12-14) wird er auch weltweit wirksam: Alle Könige, alle Völker werden ihm dienen (vv 8-11). In diesem Zusammenhang wird die Verheißung an Abraham (Gn 12) aufgegriffen und auf diesen befreiend richtenden König übertragen: »Sein Name bleibe auf Weltzeit, angesichts der Sonne pflanze sein Name sich fort, mögen alle Völker sich segnen mit ihm, ihn glücklich preisen« (v 17). Durch diese Identifikation wird deutlich: Es handelt sich um den Repräsentanten seines Volkes (des Samens Abrahams) unter den Völkern.[29] Der 72. Psalm als Abschluß des zweiten Buches verbindet dieses mit Ps 2 und mit dem ersten Buch überhaupt, in dem das Thema des auch die Völker regierenden Königs prominenter war als im zweiten. Doch wird dieses Thema hier verknüpft mit dem Motiv des Richtens in *mischpat* und *zedaka*, ein Richten, das zugleich ein Befreien der Gebeugten ist – und dieses Motiv ist Leitmotiv des zweiten Buches: Gott kommt, richtet vom Zion aus die Völker – so ließe sich das Thema dieses Buches benennen. »Rechte für mich, Gott« (43,1) ist verbunden mit »leiten zum heiligen Berg« (v 3). Die Psalmen 46-48 verbinden das Thema »Zion« mit dem Motiv des die Völker regierenden »Königtums Gottes«. Der die beiden Teilsammlungen dieses Buches verbindende Ps 50 greift die Themen »Zion« und »Richten« auf in Anklagereden an Israel und an den Frevler. Zugleich schlägt er einen neuen Ton an, einen religionskritischen: Anrufen, danken und ehren wird gefordert statt (anderer) Opfer. Schon die Überlegungen zur Bedeutung der »elohistischen Redaktion« hatten gezeigt: Die Betonung der weltweiten Wirksamkeit Jhwhs ist eng verbunden mit dem Problem der Religion, sein Engagement in der Weltpolitik mit seiner Betätigung als *elohim*. Das wird mit der doppelten Aufforderung in Ps 50 aufgegriffen, und das Thema »Anrufung und Dank« statt (anderer) Opfer durchzieht, wie wir sahen, die zweite Hälfte des Buches. Doch auch das Thema »Gott richtet vom Zion die Völker« bleibt mit diesem Thema verbunden: Gott erweist sich als klar in seinem Richten (51,6). An ihn wird appelliert: »Mit deiner Gewalt urteile mir« (54,3). Die anderen Götter werden rhetorisch gefragt: »Richtet ihr mit Geradheit die Menschenkinder?« (58,2). Ihnen entgegen aber ist gewiß, daß »Gottheit west, im Erdland richtend« (58,12). Auch die Völker werden Gott danken, »denn du richtest Völker mit Geradheit« (67,4f.). Er ist »Anwalt der Witwen« (68,6).

Was im ersten Buch Nebenthema, Gegenstand gelegentlicher hymnischer Ausblicke war, ist nun Hauptthema: die Weltbedeutung Zions, Israels und seines Gottes, seine Wirksamkeit an allen Völkern. Wir aus den Völkern werden als Hörer und Nachsprecher dieses Buches eingeladen, auf das Richten des Gottes Israels vom Zion her zu hoffen, dafür dankbar zu sein, uns zu freuen, uns befreien zu lassen durch dieses Richten, auch von unserer religiösen Opferbereitschaft, von Göttern, die eben nicht recht richten.

Dieses Thema wird unterstrichen durch die Schlußdoxologie des Buches. Am Ende des ersten Buches hieß es: »Gesegnet Jhwh, der Gott Israels, von Weltzeit her und für die Weltzeit. Amen und Amen.« Diese Segensformel wird hier bezeichnend erweitert: »der Gott Israels, *der Wunder tut, er allein*«. Damit wird auf die Konkurrenz dieses Gottes zu anderen angespielt. Und »gesegnet *der Name seiner Ehre* auf Weltzeit, *mit seiner Ehre fülle sich alles Erdland*«. So wird die Bedeutung des in diesem Buch oft verschwiegenen Namens betont, das Thema der für ihn geforderten Ehre aufgegriffen und die weltweite Wirksamkeit dieses Gottes, dieses Namens unterstrichen.

Buch 3 (73–89):
Krise Israels, des Gesalbten, des Zion

Im dritten Buch werden wir Ohrenzeugen davon, wie Israel in eine tiefe Krise gerät.[30] Und nicht nur Zeugen: Wir geraten in die Rolle der Angeklagten, der Verklagten. Es sind die Völker, die hier Israel bedrohen, den Bund in Frage stellen, die Verheißungen gefährden. Das Gegenbild der Völkerwallfahrt, die Schreckensvision vom nicht im letzten Moment abgewendeten Völkersturm gegen den Zion wird hier Thema.

Der erste Psalm des Buches beginnt programmatisch mit »aber«, »doch«, ist insgesamt ein Trotzlied, ein Dennoch-Bleiben bei Gott gegen den Augenschein, daß dies »ins Leere« (v 13) geschieht. Und der letzte zeichnet zunächst ausführlich die Davidverheißung nach, um sie dann als radikal in Frage gestellt zu beklagen – ein schreiender Kontrast zu seinem Pendant, Ps 72 als Abschluß des zweiten Buches. Dazwischen zwei Psalmen (74 und 79), die von der Zerstörung des Heiligtums durch die Völker handeln, der völligen Widerlegung aller Zionshoffnungen. Auch die im ersten Teil des Buches häufige Bezeichnung Israels als Schafherde (74,1; 77,21; 78,71f.; 79,13; 80,2) läßt die Bedrohtheit dieses Bundespartners hören.

Zwar ist in Ps 73 von den Völkern noch nicht die Rede, sondern vom empörenden Frieden der Frevler, der Prahler, aber das, was ihr Mund, ihre Zunge im Himmel und auf Erden (v 9) kündet, »wie sollte Gott erkennen, gibts Erkenntnis beim Höchsten?« (v 11), das erinnert an den Hohn der Völker, von dem in 74,10.18.22; 79,4.12; 89,42.51f. die Rede ist. Im Zusammenhang gerade dieser Psalmen von der Zerstörung des Zion (74 und 79) und von der Infragestellung der Davidverheißung (89) muß auch schon bei Ps 73 an Israel und die Völker gedacht werden.

Innerhalb des Rahmens, der durch die parallelen Psalmen 74 und 79 markiert ist, gibt es nun auch Lichtblicke: In Ps 75 wird gedankt, daß Gott richtet, niedert und erhöht (v 8). Dieser Psalm setzt den Vorsatz um, mit dem Ps 73 schloß, »alle deine Arbeiten zu erzählen« (v 28): »Nah ist dein Name denen, die deine Wunder erzählen« (75,2), und zwar in direkter Gegenrede an die Prahler und Frevler (v 5, vgl. 73,3). Auch in Ps 76 ist davon die Rede, daß Gott aufsteht zum Gericht, zu befreien alle Gebeugten der Erde (v 10). Der Psalm singt die bisherige Zionshoffnung (vgl. Ps 46), damit auch die traditionelle Version vom Völkersturm, daß nämlich Gott hier, am Zion, Bogen, Schild, Schwert und Kriegsgerät zerbrechen wird (v 4), die feindlichen Heere plötzlich von Schlaf betäubt werden (v 6f.).

Doch sind diese beiden Visionen nicht nur von den Psalmen 74 und 79 umklammert und verdüstert. Sie erfahren auch durch Ps 77 eine nachträgliche Interpretation. Dort gedenkt ein »Ich« angesichts gegenwärtiger Bedrängnis der früheren Befreiungstaten, malt sie so dramatisch aus, daß sie gegenwärtig, vergegenwärtigt werden, durchsichtig für jetzige Not: Die Rettung am Schilfmeer wird zum Bild einer Befreiung auch im Chaosmeer der Völker. Mit diesem Psalm als hermeneutischem Schlüssel erscheinen auch die beiden vorangegangenen als Visionen, angesichts gegenwärtiger Not mobilisierte Erinnerungen.

Auch in Ps 78 wird die Geschichte Israels erzählt, diesmal aber nicht als dramatische Vergegenwärtigung, sondern betont weisheitlich-belehrend (v v 1-4). Der Grundtenor ist: Immer wieder sündigt Israel, immer wieder erbarmt sich sein Gott dennoch. Da dieses Sündigen vor allem Ausdruck von Vergessen, Nicht-Gedenken der Befreiungstaten Gottes ist, ruft dieser Psalm nicht nur zur Umkehr auf, sondern vollzieht sie bereits selbst, indem er gedenkt. Doch ist sein positiver Schluß – die Erwählung Judas, des Zion, Davids – durch den sofort anschließenden Psalm 79, in dem die Zerstörung eben dieses Zions beklagt wird, radikal in Frage gestellt.

In den Psalmen 80 und 81 wird – wie schon in 77 und 78 – die Geschichte Israels erinnert. Die verzweifelten Klagen über die Zerstörung des Tempels, die Infragestellung der Zionsverheißung, werden mit Erinnerungen umrahmt, kommentiert. Damit wird einerseits der Vorsatz von Ps 73, dennoch, trotz allem »deine Arbeiten zu erzählen«, umgesetzt, andererseits der in Ps 77 eingeschlagene Weg, in Bedrängnis an Früheres zu appellieren, fortgesetzt. Mit dem Bild vom Hirten und der Herde knüpft Ps 80 an das Bisherige, insbesondere an 79,13 an, geht dann aber über zum Bild Israels als Weinstock, einst gehegt und gepflegt – nun der Verwüstung preisgegeben. Dieses Bild wird wiederum interpretiert durch die Rede von Israel als Sohn (v 16) – und Israel als Sohn Gottes ist zugleich Menschensohn (v 18): Israel steht hier, in seiner erinnerten Befreiung, in seiner erflehten Wiederkehr, stellvertretend für die Menschheit. Der Refrain (vv 4.8.20) verbindet die Motive »Gottes Antlitz leuchten lassen«, »Wiederkehr Israels« und »Befreiung«. Und der Bitte um Wiederkehr entspricht der Appell, Gott selbst möge umkehren (v 15).

Auch Ps 81 erinnert an die Befreiung aus Ägypten, greift dabei auch auf Ps 50 zurück: »In der Drangsal hast du gerufen, und ich habe dich losgeschnürt« (v 8, vgl. 50,15), »höre mein Volk, wider dich will ich zeugen« (v 9, vgl. 50,7), doch geht es hier nicht um Dankbarkeit, sondern um die Einschärfung des ersten Gebots: »Nicht sei fremde Gottheit bei dir, wirf dich auswärtiger Gottheit nicht hin! Ich, Jhwh, bin dein Gott, der dich heraufbrachte aus dem Land Ägypten« (vv 10f.).

Mit dem Thema »Fremde Götter« wird zu Ps 82 übergeleitet. Wir sahen schon, daß mit den Psalmen 82 und 83 der elohistisch geprägte Psalter nicht nur abschließt, sondern auch seinen programmatischen Höhepunkt erreicht. In Ps 82 wird deutlich, wozu Jhwh als *elohim* agiert: Er richtet unter den Göttern. Dabei geht es nicht um die religiöse Frage, ob es mehrere Götter geben darf – »ich hatte gesprochen: Götter seid ihr« (v 6) –, sondern darum, daß diese Götter politisch versagt haben, nämlich nicht für den Schwachen, die Waise gerichtet, Gebeugte und Arme nicht bewahrheitet haben usw. Der Schlußappell: »Steh auf, Gott, richte die *Erde*, denn du bists, der zu eigen hat *alle Völker*« unterstreicht den Zusammenhang zwischen dem Gericht über Götter und dem über Völker, macht aber als Appell auch deutlich, daß es sich bei der Vision vom Götter richtenden Gott um Zukunftsmusik handelt.

Ps 83 nimmt das Thema vom Völkersturm gegen Israel wieder auf, das Thema besonders von Ps 74 und 79, verschärft es aber noch in grauenhafter Weise: Zum einen schließen hier die Völker einen Bund (*brit*!) gegen Israel, und gerade diese Bezeichnung zeigt die völlige Verkehrung der Situation, zum anderen geht es nicht mehr nur um die Zerstörung des Heiligtums, sondern darum, Israel auszurotten, daß es kein Volk mehr sei, des Namens Israel nicht mehr gedacht werde (v 5). War bei den Psalmen 74 und 79 die Erinnerung an den 9. November 1938 [31] kaum zu vermeiden, so hier die an Auschwitz. Kein Zufall, daß in der eindrucksvollen Mitgliederliste dieses Völkerbunds gegen Israel auch Amalek auftaucht, der Erzfeind, dessen Bestimmung es war, daß seines Namens nicht mehr gedacht werde. Auch dies zeigt, diese Schreckensvision ist eine völlige Umkehrung der Verheißungen. Auch gegen diese Bedrohung wird nun die Erinnerung an alle möglichen Befreiungen in der Geschichte Israels mobilisiert (vv 10ff.). Doch wird nicht nur Gott zum Eingreifen aufgerufen – wieder wird betont, daß es sich bei den Feinden und Hassern Israels um »deine Feinde, deine Hasser« (v 3) handelt – , sondern mit diesem Eingreifen die Hoffnung verbunden, daß die Völker daraufhin »deinen Namen suchen, Jhwh« (v 17). Dieser elohistische Psalter schließt mit einer feierlichen Enthüllung des Namens für die Völker, die Feinde: »Dann werden sie erkennen, daß du – dein Name ist Jhwh – allein der Höchste bist über allem Erdreich« (v 19). Das betonte »du allein« weist zurück auf die anderen Götter in Ps 82, zugleich aber auch auf das *levad* in der Schlußdoxologie des 2. Buches. Diese Schlußvision von Ps 83 zeigt, daß auch im Moment absoluter Bedrohung, Vernichtungsdrohung, an der Hoffnung festgehalten wird, daß auch die Völker, wir, die Feinde und Hasser Israels und so seines Gottes, Ihn, seinen verheißungsvollen Namen erkennen werden. Zugleich aber zeigt sich, daß diese Hoffnung auf Erkenntnis der Völker eine Funktion für Israel hat: Abwehr der Todesdrohung, der Lebensgefahr Israels.

Mit Ps 83 geht zwar der elohistische Psalter zu Ende, auch die Sammlung der Asafpsalmen, nicht aber das 2. Buch. Es folgen vier Korachpsalmen, die einen weiteren David-Psalm umringen, und der abschließende Ps 89. Daß die Korach-Psalmen 84f. und 87f. zahlreiche Bezüge in ihrer formalen Struktur und in ihren Schlüsselworten zur ersten Korachiten-Sammlung 42-49 haben, ist oft beobachtet worden. Möglicherweise sind sie sogar insgesamt, mit zusätzlichen Verbindungen auch zu den Asafpsalmen, als Parallele zu 42-49 komponiert worden. Doch ist zunächst zu fragen, welche Funktion diese Psalmen im jetzigen Zusammenhang haben, ob also auch die Endgestalt der Komposition eine Aussage macht. Dabei ist vom David-Psalm 86 auszugehen, gerade weil er offenbar erst nachträglich »gezielt« in die Mitte der Teilsammlung plaziert wurde. Nicht nur die Überschrift, auch die Selbstbezeichnung des Ich als »gebeugt und bedürftig« (*ani we-evjon*, VI) verbindet diesen Psalm mit einem Leitthema des 1. Buches. »Dein Knecht« (vv 2.4.16) weist in dieselbe Richtung, schlägt aber zugleich einen Bogen zu Ps 89 und der dort in Frage gestellten David-Verheißung. Mit dem Leitwort »Meine Seele« (*nafschi*: vv 2.4: zweimal, 13.14) wird zugleich die charakteristische Sprache der Korachpsalmen aufgenommen. Vor allem aber nimmt die Mitte des Psalms (vv8-10) das Thema der Psalmen 82f. auf, daß »alle Völker ... deinen Namen ehren« (v 9). Diese Vision der Völkerwallfahrt wird umrahmt von zwei Aussagen, in denen – einmal positiv, einmal negativ – von der Konkurrenz zwischen diesem Namen und den anderen Göttern die Rede ist: »Keiner ist wie du unter den Göttern, und keine wie deine Taten« (v8), »denn groß bist du und tust Wunder, du, Gott, allein« (v10, zu *levad* vgl. Ps 83,19; 72,18). »Deinen Namen ehren« (v12) bzw. »fürchten« (v11) ist im folgenden nun auch Hauptziel des Beters selbst. Er nimmt offenbar die noch ausstehende Antwort der Völker vorweg. Und dieser Name wird wiederum mit Anklängen an Jhwhs Selbstvorstellung in Ex 34 interpretiert: »Denn du, mein Herr, bist gut und verzeihend, mit viel Huld (*chesed*) allen dich Rufenden« (v5), »denn groß war über mir deine Huld (*chesed*)« (v13), »du aber, mein Herr, bist Gottheit erbarmend (*racham*) und gönnend (*chanan*), langmütig, mit viel Huld und Treue (*chesed we emet*)« (v15). Dem Stichwort *chanan* entspricht die Bitte »leihe mir Gunst (*chen*)« (vv3.16), dem Stichwort *chesed* die Selbstbezeichnung *chasid* (v2).

Der Psalm ist vielfältig mit seiner Umgebung verknüpft. Mit Ps 85 verbinden ihn die Stichworte *chesed* und *emet*: »Huld und Treue einander begegnen, Wahrhaftigkeit und Friede sich küssen« (v11). Auch hier entspricht dem Stichwort *chesed* (auch in v 8) die Selbstbezeichnung *chasid*, aber hier kollektiv: »sein Volk, seine *chasidim*« (v 9). Da es sich bei der 86,15 zitierten Selbstvorstellung Jhwhs aus Ex 34 um die Wiederherstellung des gebrochenen Bundes handelt, gehört auch die durchgehende Bitte um Wiederkehr (85,2.4.5.7) dazu. Der Bitte um Befreiung (86,2.16) entspricht das Stichwort Freiheit (*jescha* 85,5.8.10 – in v 8 parallel zu *chesed*), der Bitte »erfreue die Seele deines Knechts« (86,4) der Wunsch, »daß dein Volk an dir sich erfreue« (85,7). Das alles zeigt: Das Ich von Ps 86 repräsentiert das Kollektiv von Ps 85. Ps 84 ist durch einige Stichworte mit Ps 85, aber auch mit Ps 86 verbunden: Jhwh gibt das Gute (84,12 vgl. *tov* v11; 86,13; vgl. 86,5.17), Ehre (84,12; 85,10; vgl. 86,9.12). Die Seligpreisung »Glück des Menschen, der sich sichert an dir« (84,13) wird zur Bitte: »Befreie deinen Knecht, der sich sichert an dir« (86,2). Bei beiden Psalmen, 84 und 85, handelt es sich um Lieder der Sehnsucht: nach dem Zion (Ps 84, mit deutlichen Anklängen an 42f.), nach Wiederkehr Israels (85). Beiden gemeinsam ist überdies ein Schwanken zwischen Ich und Wir, in 84,10 wird »dein Gesalbter« ausdrücklich Repräsentant des Wir. Dieser Kontext zeigt nicht nur, daß der Knecht, der *chasid*, der Gebeugte und Arme in Ps 86, sein Volk repräsentiert, sondern auch, daß die Zukunftsvision 86,8-10 unter dem Vorbehalt von 84,3 und 85,9 steht. Sie ist bisher nur Gegenstand der Sehnsucht.

Ps 87 hingegen unterstreicht nicht nur diese Vision von der Völkerwallfahrt, sondern steigert sie dramatisch. Im Zentrum des Psalms steht die

Aussage, daß die Völker nicht nur zum Zion kommen, sondern dort geboren sind. Die Verbindung von Zion und *jalad* (zeugen, gebären) erinnert an Ps 2. Der Gesalbte ist hier nicht nur Repräsentant seines Volkes unter den Völkern, sondern aller Völker. Die Zusage: »Heute habe ich dich geboren« (2,7), gilt allen.

Doch folgt mit Ps 88 schwärzeste Finsternis (vv 7.13.19), die radikale Bestreitung dieser und aller Hoffnung. Das Stichwort »Gutes«, das die Psalmen 84-86 verband, wird hier umgekehrt: »Meine Seele ist gesättigt mit Übeln« (v 4). Dem Lobpreis »Jhwh ist Sonne« (84,12) steht hier Finsternis gegenüber. Wurde in 86,13 die Rettung aus der *scheol* besungen, so ist hier »mein Leben in der *scheol*« (v 4), »unter den Toten, im Grab« (v 6). Insbesondere aber werden die zuvor gepriesenen Eigenschaften des Namens Jhwh radikal in Frage gestellt: »Wird deine Huld (*chesed*) im Grabe erzählt, in der Verlorenheit deine Treue (*emet*)?« (v 12f.). E. Bloch nennt diesen Psalm »eine der hoffnungslosesten Dichtungen, die jemals ins Credo geraten sind«.[32]

E. Zenger sagt über Ps 86: »Dieser Psalm, der von seiner Überschrift her als tefila Davids ausgewiesen wird, bedeutet in gewisser Hinsicht eine theologische Entschärfung der (ursprünglichen) Komposition 84-85.87-88, insofern er mit der Autorität Davids insbesondere die ›negative‹ Theologie des 88. Psalms mit der Bezeugung jener Gotteserfahrungen bestreitet, die in Ps 88 bezweifelt werden.«[33] Ich sehe das umgekehrt, zumal ich nicht glaube, daß es der Überschrift um Autorität geht, sondern um ein Programm: die David-Verheißung, einschließlich des Hinzukommens der Völker. Die ist durch Ps 88 radikal fraglich. Dieselbe Spannung zeigt sich im das Buch beschließenden Ps 89. Da wird zunächst 38 Verse lang das Lob auf den mit David geschlossenen Bund gesungen. Neben dem Wort »Bund« selbst (vv 4. 29.35) sind hier wieder *chesed* (vv 2.3.15.25.29.34) und *emet* (vv 2.3.6.9.15.25. 34) Leitworte, aber gesteigert durch den Zusatz »auf ewig« (*le-olam*: vv 2.3. 5.29.38, v 30: *la-ad*) bzw. für Generation und Generation (vv 2.5). Auch hier wird die Ebene der Götter (v 7) und die der Weltpolitik (vv 11.28: Erstling, *bechor*, sogar Höchster, *eljon*, der Könige) verbunden: »Dein ist der Himmel, dein auch die Erde« (v 12). Diese Verbindung wird auch deutlich in der Parallelisierung des Thrones Davids (vv 5.37) mit dem Thron Gottes selbst (v 15). Dabei sind »Wahrheit und Recht« (*zedek u-mischpat*, v 15) Grundfesten des Thrones Jhwhs. Dies Wortpaar legt nicht nur die Parallele *chesed we-emet* aus, sondern unterstreicht auch die Verbindung zu Ps 72, eine Verbindung, die durch Stellung und Thema ohnehin besteht.

Doch wird das alles in 14 weiteren Versen bestritten: dein Gesalbter – verworfen (v 39), der Bund deines Knechts – entwürdigt (v 40), sein Thron – zur Erde geschleudert (v 45). Wo sind deine früheren Hulden (*chasadecha*), die du David zugeschworen hast bei deiner Treue (*emunatecha*)? (v 50). Alles

Hohn (vv 42.51.52). Der Hohn der Völker ist Indiz der Verwerfung des Bundes, des Gesalbten, »deines Knechts« stellvertretend für »deine Knechte« (v 51). Dabei werden wiederum seine, des Gesalbten, Bedränger und Feinde (v 43) »deine Feinde« (v 52). Doch »die nun höhnen als deine Feinde«, indem sie »verhöhnen die Tapfen deines Gesalbten« (v 52), sind »all die vielen, die Völker, die einst am Busen ich trug« (v 51). Die Krise der Verheißung für Israel, den Gesalbten, ist zugleich die Krise der Verheißung für die Völker.

Ps 89 faßt das Thema des 3. Buches zusammen im Kontrast zwischen breit ausgemalten früheren Verheißungen und ihrer aktuellen Infragestellung. Israel selbst und so auch die Verheißungen sind akut bedroht durch den Ansturm der Völker. In dieser Situation wird appellierend, beschwörend an frühere Taten und Worte des Gottes Israels erinnert. Diese Erinnerungen und Vergegenwärtigungen sind keine Antwort auf die Klage. Sie sind auch keine Entschärfung, wie Zenger zu Ps 86 sagt. Sie verschärfen vielmehr die Klagen, indem sie den schreienden Widerspruch zwischen der jetzigen Not und früheren Taten und Worten unterstreichen.

Doch ist nun noch zu klären, was die deutlichen Verbindungen zwischen dem Beginn des zweiten Buches (42-49) und dem Schluß des dritten (84f., 87f.) bedeuten. Beide Bücher werden so miteinander verklammert. Auch die Kontrast-Parallele zwischen Ps 72 und Ps 89 und die beide Bücher umspannende elohistische Bearbeitung verbinden das zweite und das dritte Buch. Es geht in beiden Büchern um dieselbe Leitfrage: die Weltbedeutung Israels, Zions, des Gesalbten und des Gottes Israels. Doch wird sie verschieden beantwortet: Überwiegt im zweiten Buch die Hoffnung darauf, daß Jhwh vom Zion her die Völker richtet, so im dritten die Schreckensvision, daß die Völker Israel, den Bund, den Gesalbten, alle Verheißungen vernichten. Das 2. und das 3. Buch stehen eher nebeneinander als nacheinander. Es sind indirekt wir aus den Völkern, denen in beiden Büchern zwei Wege vorgelegt werden: Hoffnung auf befreiendes Gericht oder schauerlich erfolgreicher Kampf gegen Israel und seinen Gott.

Buch 4 (90–106):
Israel verkündet den Namen, die Taten seines Gottes unter den Völkern

G. H. Wilson[34] hat das 3. Buch, insbesondere den abschließenden Ps 89, als Dokument einer Krise verstanden und in den folgenden Büchern eine Antwort auf diese Krise gehört. Er hat insbesondere die David- bzw. Davidsohnhoffnung als gescheitert betrachtet. Als Reaktion auf dieses Scheitern richte sich die Hoffnung nicht mehr auf einen irdischen König, sondern auf das Königtum Jhwhs selbst, wie sich in den Jhwh-König-Psalmen 93-99 zeigt. Im Zusammenhang mit der Fragestellung dieser Arbeit ist es jedoch entscheidend, daß es die Völker sind, die diese Krise auslösen, die Verheißung für den Gesalbten gefährden, Israel bedrohen. Die Frage ist darum, ob das 4. Buch eine Antwort auf die im 3. Buch dokumentierte Krise gibt, die mit dem Thema »Israel und die Völker« zu tun hat.

E. Zenger scheint eine solche Antwort zu erkennen. »Israel und die Kirche im gemeinsamen Gottesbund« hat er seine »Beobachtungen zum theologischen Programm des 4. Psalmenbuchs« überschrieben.[35] Ähnlich wie ich in dieser Arbeit versucht Zenger zweierlei zu zeigen: daß es sich beim 4. Buch um eine bewußte Komposition handelt und daß es in dieser Komposition um das Thema »Israel und die Völker« geht. Zunächst zeigt er Stichwort-Verbindungen zwischen Kleingruppen auf. So sind die Psalmen 90-92 aufeinander bezogen, bilden einen »fortschreitenden Geschehensbogen«[36]: Auf die Klage, die mit Ps 90 anhebt, antwortet Ps 91 mit einer Zusage, und Ps 92 dankt für ihre Erfüllung. Daß es sich bei den Jhwh-König-Psalmen 93-99 um eine zusammengehörige Gruppe handelt, ist, sagt er selbst, keine neue Entdeckung. Wichtiger ist ihm die Erkenntnis, die er von N. Lohfink[37] übernimmt, »daß Ps 100 als kompositioneller und programmatischer Abschluß der vorangehenden JHWH-Königs-Psalmen entstanden ist«.[38] Es ist dieser Ps 100, in dem Zenger den programmatischen Höhepunkt des ganzen Buches sieht, weil in ihm die Jhwh-Erkenntnis der Völker antizipiert werde. Doch zunächst weist er auf zwei weitere Untergruppen hin. Bei der Gruppe 101-104 geht er von den redaktionellen Verklammerungen zwischen 103 und 104 aus.[39] Von da aus fragt er nach weiteren Verknüpfungen rückwärts und kommt zu dem Ergebnis, in 101-104 werde in sich weitenden konzentrischen Kreisen auf den in Ps 100 erreichten Höhepunkt geantwortet: in 101 bezogen auf den gesalbten König, in 102 (anknüpfend an »Stadt Jhwhs«, 101,8) auf Zion, in 103 auf das Volk des Sinaibundes (als Paraphrase der Offenbarung in Ex 33f.) und in 104 auf die ganze Schöpfung. Die Zusammengehörigkeit der beiden das 4. Buch beschließenden Geschichtspsalmen 105 und 106 ist schon öfter aufgezeigt worden: Die Bundestreue Jhwhs wird zum einen im Blick auf seine Befreiungstaten (105) besungen, zum anderen im Blick auf sein gnädiges Festhalten dieses Bundes trotz Israels ständigen Abirrens, seiner Vergeßlichkeit (106).[40]

Zenger beobachtet, die Gesamtkomposition des 4. Buches habe »mosaischen Charakter«[41]: Nicht nur wird in diesem Buch Mose siebenmal erwähnt (im übrigen Psalter nur einmal), es wird auch in fast allen Psalmen die Schöpfung thematisiert und dabei insgesamt ein Bogen gespannt von Welt- und Menschschöpfung (Ps 90) zu einer deuteronomisch geprägten Bezugnahme auf das Land (Ps 106). Dabei geht es in den beiden mittleren Gruppen (93-100.101-104) um Israels Sendung, unter den Völkern Jhwhs Weltkönigtum als Treue, Güte und Erbarmen zu bezeugen. In den Randgruppen (90-92.105-106), besonders in den Eckpsalmen (90 und 106), ist einerseits von Jhwhs Zorn (90,7.11; 106,40) die Rede, andererseits davon, daß er sich diesen Zorn »leid werden« läßt (90,13; 106,45).

Inwiefern sieht Zenger speziell in den Bundespsalmen 100 und 103 das theologische Programm des 4. Psalmenbuches entfaltet? In Ps 100 ruft Israel zur Völkerwallfahrt auf, alle Völker sollen Jhwh dienen, ihm zujubeln. Und sie sollen nicht nur erkennen (v 3), daß Jhwh Gott ist, sondern auch zu der Erkenntnis kommen: Er hat uns gemacht, er, wir sind sein, sein Volk, Schafe seiner Weide. Zenger sieht diesen Vers insgesamt als Erkenntnis der Völker: Sie verstehen sich als von Jhwh gemacht, wie Israel als sein Volk, Schafe seiner Weide. Er sieht so in diesem Vers »eine der spektakulärsten Aussagen der hebräischen Bibel«.[42] Doch die Frage ist, welche Erkenntnis der Völker hier antizipiert wird. Zenger versteht den ganzen Vers 3 als den Völkern in den Mund gelegte Erkenntnis. Das wäre in der Tat spektakulär: Die Völker übernähmen für sich Israels Selbstverständnis, Jhwhs Volk, Schafe seiner Weide zu sein. Ich stimme Zenger zu: Hier werden in der Tat die Völker zu einer Erkenntnis aufgerufen – »nicht, wie die meisten neueren Kommentare meinen, die Israeliten, die aus aller Welt zur Wallfahrt nach Jerusalem gekommen sind«.[43] Die Frage aber ist, was die Völker erkennen sollen: daß sie selbst – wie Israel – sein Volk, Schafe seiner Weide sind? Doch wäre für eine solche Aussage eine andere Formulierung zu erwarten, etwa: Erkennt: Jhwh ist Gott. Und sprecht: Wir sind sein Volk. Der tatsächliche Wortlaut läßt sich aber nur so deuten: Erkennt: Jhwh ist Gott. Er hat uns (Israel) gemacht, wir (Israel) sind sein: sein Volk, Schafe seiner Weide. Das ist keine exegetische Detailfrage. Es geht darum, ob den Völkern bei ihrer Gotteserkenntnis (Jhwh ist Gott) auch Israelerkenntnis zugemutet wird (wir – Israel – sind sein Volk). Bei Zengers Deutung wird Israel überflüssig, die Völker werden unmittelbar Gottes Volk. Bei meiner Deutung erkennen die Völker Israel als von Jhwh gemacht, als sein Volk, als Schafe seiner Weide, wenn sie erkennen »Jhwh ist Gott«. Erst so wird deutlich, inwiefern es sich beim 4. Buch um eine Antwort auf die Krise im dritten handelt, in dem gerade das Bild von Israel als Schafherde (ein Bild der Bedrohtheit wie der Verheißung) eine so große Rolle spielt: Die Antwort auf die Bedrohung Israels und seiner Verheißungen bestünde darin, daß die Völker den Gott Israels und damit zugleich auch Israel selbst erkennen.[44] Zengers Deutung erklärt zudem nicht, warum das 4. Buch mit zwei großen Darstellungen der Geschichte Israels schließt. Durch sie soll ja der Name Jhwh ausgerufen werden, indem unter den Völkern seine Handlungen kundgetan werden (105,1). Und gerade in Ps 105 wird (m.W. einzig in der Schrift) Israel als Ganzes den Völkern, insbesondere ihren Königen, kollektiv als Gesalbter, als Prophet gegenübergestellt: »Als sie zählige Leute waren, geringgültig und gastend darin, einhergingen von Volk zu Volk, von Königreich zu anderem Volk, ließ er Menschen nicht zu, sie zu bedrücken, ermahnte Könige ihretwegen: rühret nimmer an meine Gesalbten, meinen Propheten tut nimmer übel« (105,13-15). Das ist die Antwort auf die im 3. Buch dokumentierte Krise, die ja gerade darin bestand, daß die Völker Israel übeltaten, es antasteten: Den Völkern wird zugemutet, Israel insgesamt als Jhwhs Messiasse, als seine Propheten anzuerkennen und zu hören. Der korrespondierende Ps 106 unterstreicht, daß diese Erkenntnis nicht von der Bewährung Israels abhängt: Auch das sündige, bundesvergessene Israel ist Zeuge nicht etwa nur des Zornes Jhwhs, sondern auch seines Erbarmens und Leidwerdens, seiner Bundestreue, und so: Gesalbter und Prophet Jhwhs. Es geht also in Ps 100 (und im 4. Psalmbuch überhaupt) nicht um die »Universalisierung der Bundesformel«: Jhwh unser Gott – wir sein Volk, sondern um die universale Erkenntnis und Anerkennung des »partikularen« Israelbundes: Jhwh ist Gott – Israel sein Volk. Im Unterschied zu Wilson sehe ich darin die Antwort des 4. Buches auf die im 3. Buch dokumentierte Krise: Die Völker, die Israel bedrohten und die Verheißungen gefährdeten, kommen zur Erkenntnis Jhwhs – und erkennen zugleich die Erwählung Israels an.

Buch 5 (107–150):
Aufruf an Alle zum Dank und zum jubelnden Lobpreis

Psalm 107, mit dem das 5. Buch beginnt, schließt deutlich an den Schluß des 4. Buches an: Der Aufruf zum Dank, mit dem er anhebt, erklang schon zu Beginn von 106, vor allem: Ps 106 schloß mit der Bitte, befreit und aus den Völkern gesammelt zu werden – als Voraussetzung für Dank. Und Ps 107 – und damit das 5. Buch – beginnt mit dem Aufruf zum Dank an die Erlösten, die aus den Ländern Gesammelten (*kavaz* im Piel: nur in 106,47 und 107,3). Die Bitte scheint jetzt erfüllt. Doch zugleich ist Ps 107 eine Einleitung, sogar eine Anleitung für das 5. Buch. Eine Kasuistik des Dankens wird in vier Strophen entfaltet: Nach der Schilderung der jeweiligen Not heißt es refrainartig: »die zu Jhwh schrien in ihrer Drangsal, die er rettete/befreite aus ihren Nöten...«. Dann folgt die Schilderung der jeweiligen Befreiung. Abschließend heißt es: »danken sollen sie Jhwh seine Huld (*chesed*), seine Wunder an den Menschenkindern (*bne adam*)« (vv 6-8.13-15.19-21.28-31). Die einzelnen Beispiele solcher Rettungserfahrungen sind zwar (vielleicht mit Ausnahme der Schiffbrüchigen in der 4. Strophe) nach dem Bild der Geschichte Israels geschaffen, aber der Refrain wendet sich sehr betont an alle Menschen: *bne adam*. Auch wir aus den Völkern werden zum Dank aufgefordert, eingeladen, uns in Israels Erfahrung wiederzuerkennen und so Jhwhs *chesed* als Wunder und diese Wunder als Befreiungsaktionen zu verstehen.

Mit dem Stichwort »Dank« ist eines der Leitthemen des ganzen Buches angeschlagen – das andere ist Lobpreis. Das Thema »Dank« konzentriert sich vor allem in einzelnen, offenbar das Buch strukturierenden Psalmen (118 und 136), das Stichwort »Preis« vor allem in zwei großen Blöcken von Halleluja-Psalmen (111-117 und 146-150). Damit sind wir schon dabei, uns einen ersten Überblick über den Gesamtaufbau des Buches zu verschaffen: Zwei Sammlungen von David-Psalmen (108-110 und 138-145) werden durch je eine Halleluja-Gruppe (111-117 und 146-150: zugleich Abschluß des gesamten Psalmenbuches) abgeschlossen. Beide Sammlungen umrahmen so eine mittlere Gruppe, die aus dem großen Tora-Alephbet (119) und der Gruppe der *maalot*-Lieder (120-134) besteht. Auch diese Gruppe wird durch ein Halleluja (135) abgeschlossen. Dem ersten und dem zweiten Halleluja folgen Danklieder (118 und 136), die wörtlich auf den Anfang des Buches (107) zurückverweisen. Zwischen der zweiten und der dritten Gruppe steht mit Ps 137 ein wilder Aufschrei im Exil.

Doch nun im einzelnen. Ps 108, mit dem die erste David-Gruppe beginnt, ist eine Collage: vv 2-6 entsprechen fast wörtlich Ps 57,8-12, vv 7-12 Ps 60,7-12.[45] Während aber Ps 57 im Rahmen der Arkandisziplin des »elohistischen Psalters« *adoni*, mein Herr, sagt, wird hier der Name Jhwh ausdrücklich genannt. Dem entspricht, daß von beiden Psalmen, die als Klage beginnen, hier nur die positive zweite Hälfte zitiert wird. Die Hoffnungen in Ps 57: »Ich berge mich im Schatten deiner Flügel, bis vorüberzog das Verhängnis«; »senden wird Gott seine Huld (*chesed*) und seine Treue«, die Bitten in Ps 60: »Laß uns wiederkehren, heile seine (des Landes) Risse« sind erfüllt. Doch die Auswahl zeigt zugleich ein Interesse an der weltpolitischen Dimension der zitierten Psalmen: »Unter den Völkern will ich dir danken, Jhwh, und unter den Nationen« – im Zusammenhang mit Ps 107 heißt das: David=Israel nimmt – nicht nur repräsentierend, auch animierend – den Dank vorweg, der von allen *bne adam* erwartet wird. Auch das Zitat aus Ps 60 schließt an Ps 107 an: »Leih vor dem Bedränger uns Hilfe, Befreiertum von Menschen ist Wahn – er (Gott) ists, der niederstampft unsre Bedränger.« Die weltpolitische Dimension dieses Befreiens wird durch Moab, Edom, Philistien einerseits, Gilad, Menasse, Efraim, Juda anderseits unterstrichen. Im Zusammenhang mit Ps 110 (indirekt auch Ps 2,9) ist aber vor allem v 9 sprechend und zum Zitieren geeignet: »Juda ist mein Richtstab, mein Szepter.«[46]

Am Ende von Ps 109 wird wiederum das Thema Dank aufgegriffen und mit Lobpreis verbunden: »Sehr danken will ich Jhwh mit meinem Mund, inmitten der vielen ihn preisen« (v 30). Das weist zurück auf den Anfang des Psalms, wo an den »Gott meiner Preisung« (v 1) appelliert wird, nicht zu schweigen, da ganz andere reden, »denn der Mund des Frevels und der Mund des Betrugs, wider mich öffnen sie sich« (v 2). Das betonte »danken mit meinem Mund« erweist sich so als Widerstand gegen diese Münder. Dem entspricht ein weiterer Kontrast: Bei der Charakterisierung der Gegner spielt das Wort *satan* (behadern, behindern: vv 4.20.29 – im übrigen Psalmbuch nur noch 71,13) eine leitende Rolle. Dem entspricht der Wunsch: »Ein Hinderer (*satan*) stehe zu seiner Rechten« (v 6). Demgegenüber schließt der

Psalm mit der Gewißheit, daß Jhwh dem Armen, Bedürftigen (*evjon* v 31, vgl. die Selbstcharakterisierung als *ani we-evjon* v 22) zur Rechten steht.[47] Beides verweist auf 110,1.5.[48] Die Stichworte »danken«, »Befreiung/Rettung des Bedürftigen« (vv 21f.,31) und die Umschreibung »deines Namens« als »gütig ist deine Huld« (v 21, vgl. v 26) weisen aber zurück zu Ps 107.

Ps 110 antwortet auf die Bedrängnis durch Hinderer in 109 mit einer neuen Zusage, die stark an Ps 2 (regieren vom Zion her, zerschmettern der Könige, Zorn) und 89 (geschworen hat Jhwh) anklingt. Damit bekommt die Auseinandersetzung in Ps 109 nachträglich weltpolitische, weltgeschichtliche Bedeutung. Der Psalm ist so nicht nur Höhepunkt dieser Davidsammlung, sondern macht sie erst dazu: Er autorisiert das Ich der beiden vorangegangenen Psalmen. Darüber hinaus, im größeren Zusammenhang, wird hier die David-Zion-Verheißung bekräftigt, die am Ende des 3. Buches, in Ps 89, radikal in Frage gestellt war. Diese Infragestellung wird ausdrücklich dementiert: »Geschworen hat Jhwh und läßt sichs leid werden nicht« (v 4). Die Einsetzung als »Priester auf Weltzeit« unterstreicht zudem die stellvertretende, repräsentative Rolle dieses »Herrn« (vv 1.5).[49]

Die Halleluja-Gruppe (111-117) umrahmt Ps 114, der selbst keinen Aufruf zum Preisen enthält, aber in fast übermütiger Weise das Exodusgeschehen besingt, insbesondere (v 7) die Weltbedeutung dieses Ereignisses betont, insofern Ausführung des in den sechs Rahmenpsalmen geforderten Lobpreises ist. Diese Rahmenpsalmen sind schon formal aufeinander bezogen: Die ersten beiden Psalmen des vorderen Rahmens (111-112) beginnen mit dem Aufruf Halleluja, der dritte (113) ist davon umrahmt. Die ersten beiden Psalmen des hinteren Rahmens (115-116) enden mit Halleluja, der dritte (117) ist wiederum durch ein doppeltes Halleluja eingefaßt. In beiden Dreiergruppen umschließen zwei Kollektivlieder (111.113 und 115.117) ein individuelles (112 und 116), wodurch wiederum das Ich sich als ein repräsentatives erweist.

Die ersten beiden Psalmen (111 und 112) sind durch ihre Struktur – beide sind alphabetisierende Lieder – und durch Stichwortverbindungen miteinander verwandt:[50] Dem »Lusthaben an Jhwhs Taten« (111,2) entspricht die »Lust an seinen Geboten« (112,1), dem »Danken mit allem Herzen« (111,1) die Gewißheit: »gefestigt ist sein Herz ... gegründet ist sein Herz« (112,7f.). Während 111,1 danken will »im Kreis der Geraden«, verheißt 112 »›Geschlecht der Geraden‹ wird er gesegnet« (v 2), »in der Finsternis strahlt den Geraden ein Licht« (v 4). 111,5 rühmt, daß Jhwh »den ihn Fürchtenden Zehrung« gab, und schließt: »Anfang der Weisheit ist Jhwh fürchten« (v 10). Ps 112 beginnt: »O Glück des Mannes, der Jhwh fürchtet«, der darum »vor bösem Gerücht sich nicht zu fürchten braucht« (v 7). Betont Ps 111 immer wieder die Endgültigkeit der Taten Jhwhs – »seine Bewährung besteht auf ewig« (*la-ad*, v 3), »sein Bund ist ewig« (vv 5.9), »seine Ordnungen sind getreu, für ewig, für Weltzeit (*le-olam*) gegründet« (vv 7f.) – , so Ps 112 die des

Bewährten: »Seine Bewährung besteht auf ewig« (v 3), »er wankt nicht in Weltzeit, wird zu Weltzeitgedenken« (v 6). Vor allem aber: Beide umschreiben den Namen in Wendungen, die Jhwhs Selbstvorstellung aus Ex 34 aufnehmen: »gönnend (*chanun*) und erbarmend (*rachum*) ist Jhwh« (111,4), »gönnend, erbarmend, wahrhaftig (*zaddik*)« (112,4) – wobei 112,5 daraus die Konsequenz zieht: »Gut ists um den Mann, der gönnt (*chonen*) ...«, den Bewährten (*zaddik*) mithin als Nachahmer Gottes sieht.

Mit dieser Umschreibung des Namens geben beide Psalmen eine Einführung in die Halleluja-Psalmen. Da Hallelu-Ja Kurzform für Hallelu Jhwh! ist, sind sie alle als Aufruf zum Preisen des so verstandenen Namens, seiner entsprechenden Taten zu verstehen. Daran knüpft Ps 113 an, an dessen Anfang dreifach zum Preisen bzw. Segnen des Namens Jhwh aufgerufen wird (vv 1-3) und in dessen Verlauf die Art seiner Taten grundsätzlich beschrieben wird.[51]

Der erste Psalm des hinteren Rahmens (115) greift das Thema »Name« wieder auf: »Nicht uns, Jhwh, nicht uns, sondern deinem Namen gib Ehre« (v 1). Diese Umklammerung zeigt: Es handelt sich bei dem in Ps 114 besungenen Exodusgeschehen um die exemplarische Manifestation dieses Namens. Die Ehre dieses Namens ist in Frage gestellt durch die Völker, die sprechen: »Wo ist doch ihr Gott?« (vgl. 42,4; 79,10). Darauf antwortet Ps 115 mit einer ausführlichen Polemik gegen die religiöse Produktivität der Völker (vv 4-7) und gegen die, die sich an diesen Produkten »sichern« (v 8). Demgegenüber werden das Haus Israel, in einem engeren Kreis das Haus Aharon, schließlich wieder ganz weit die »Jhwh-Fürchtenden« aufgefordert, sich an Jhwh zu »sichern« (vv 9-11), und denselben drei Gruppen wird Segen verheißen (vv 12f.). Auch mit dem Stichwort Jhwh-Fürchtende wird an Ps 111f. angeknüpft, zugleich aber auch der Kreis der Adressaten – trotz aller Völker- und Religionskritik – über das Haus Israel und (in ihm) das Haus Aharon hinaus erweitert. Das wird durch v 16 unterstrichen, wo in Anknüpfung an den Refrain von Ps 107 wieder von »Menschenkindern« (*bne adam*) die Rede ist.

Der Refrain von Ps 116 »ich rufe den Namen Jhwh an« (vv 3.13.17 vgl. auch v 2) greift einerseits das Thema Name auf, andererseits ebenfalls auf den Refrain von Ps 107 zurück: »die zu Jhwh schrien in ihrer Drangsal«. Auch das ambivalente Verhältnis zur ganzen Menschheit taucht wieder auf: »Ich da, ich sprach in meiner (offenbar jetzt überwundenen) Bestürzung: ›Alle Menschheit (*kol ha-adam*) täuscht‹« (v 11). Schließlich wird die Klammer zum vorderen Rahmenteil dadurch verstärkt, daß hier – wie in Ps 111f. – der Name umschrieben wird: »Gönnend ist Jhwh und wahrhaftig, unser Gott ist ein Erbarmer« (v 5). Auch in diesem Rahmenteil ist der letzte Psalm (117) der Höhepunkt. Hier werden direkt die Völker und Nationen (vgl. 108,4) zum Preisen Jhwhs aufgerufen: An seiner Huld (*chesed*) über »uns« (d.h.: Israel) sollen auch sie (d.h.: wir) erkennen: Jhwhs Treue (*emet*) währt in Weltzeit (*le-olam*).

Nach dieser in sich verbundenen Gruppe von Hallel-Psalmen folgt ein weiteres Danklied: Ps 118.[52] Sein Anfang und sein Ende (vv 1.29) greifen den Anfang von Ps 107 und damit des 5. Buches auf: »Danket Jhwh, denn er ist gut, denn in Weltzeit währt seine Huld«, adressieren diesen Aufruf aber an die drei Gruppen aus Ps 115: Israel, das Haus Aharon, die Jhwh Fürchtenden (vgl. 107,2). Das Thema »Exodus« – das Zentrum der vorangegangenen Hallel-Gruppe – wird durch Bezüge zum Moselied Ex 15 aufgenommen (vv 14.15f.28). Auch die Bedeutung des Namens wird erneut betont, besonders massiv im Gegenüber zu den Völkern (vv 10-12), aber auch durch die Häufigkeit seiner Nennung: 27mal in 29 Versen. Möglicherweise wird mit der Tor-Liturgie (vv 19f.) auch schon der mittlere Teil des 5. Buches – Tora als Weg der *zedaka*, *maalot*-Lieder – eröffnet.[53] Tore der Wahrheit (*zedek*) sind zugleich das Tor zu Jhwh. Bewährte (*zadikim*) kommen darein. In Ps 119 geht es um den Weg der *zedaka* und in den *maalot*-Liedern (120-134) um den Zugang zum Zion. Auch in den vergleichbaren Psalmen 15 und 24 wird die Frage der Zulassung zum Zion mit Hinweisen auf *tora* beantwortet.

Damit sind wir bei der mittleren Gruppe des 5. Buches (Ps 119 und die *maalot*-Lieder 120-134). Es ist natürlich nicht möglich, in diesem kurzen Durchgang durch das Buch der Psalmen dem gewaltigen Kunststück des 119. Psalms gerecht zu werden.[54] Ich beschränke mich darum auf die Fragen: Was bedeutet dieser Psalm in seinem jetzigen Kontext? Was lernen wir, die aus den Völkern sich aufgemacht haben, vom Zion Weisung zu empfangen, aus diesem Lobpreis der Weisung? Der Aufbau des 5. Buches zeigt einen Zusammenhang zwischen Ps 119 und den *maalot*-Liedern an. Es ist darum gut, zunächst diese – seinen nächsten Kontext – zu betrachten und dann auf Ps 119 zurückzublicken.

K. Deurloo hat vorgeschlagen, »daß es in dieser Reihe um die Rückkehr/Umkehr aus dem Exil geht«.[55] Er stützt diese Deutung auf die Beobachtung, daß es in dieser Gruppe drei Reihen von Psalmen gibt, die alle mit einem »Es ist genug« (*rabbat*) anfangen und mit Begrüßung und Segenswunsch zu Jerusalem/Zion schließen:

Die erste Reihe (120-122) hat den Ausgangspunkt: »Lange genug hat meine Seele gewohnt bei den Hassern des Friedens« (120,6) und das Ziel: »Erwünscht den Frieden Jerusalems …« (122,6-9; es entspricht dem Ausgangspunkt, daß hier fünfmal von Frieden die Rede ist). Die zweite Reihe (123-128) markiert den Aufbruch mit »satt genug wurden wir der Verachtung, zur Genüge satt ward unsere Seele des Spottes der Wohlgemuten, der Verachtung der Hochfahrenden« (123,3f.). Und das Ziel ist in 128,5 erreicht: »Segne Jhwh dich vom Zion her.« Die dritte Gruppe (129-134) beginnt mit einem doppelten »zur Genüge haben sie mich bedrängt von meiner Jugend auf« (129,1f.) und schließt ebenfalls mit »Jhwh segne dich vom Zion her« (134,3).

Entsprechend versteht Deurloo das Ich in Bedrängnis von Lügenlippen, trügerischen Zungen (Ps 120) als repräsentativ für ganz Israel, das in der Fremde gastet (v 5): »Dem Volk des Friedens wird in der Fremde dauernd der Krieg angesagt.«[56] In Ps 121 geht es dann um den Heimweg: »Nimmer gebe deinen Fuß er dem Wanken« (v 3), »Jhwh hütet deine Ausfahrt und Heimkunft« (v 8). In 122 schließlich um die Ankunft: Unsere Füße stehen in deinen Toren, Jerusalem.

In Ps 123 ist der Ausgangspunkt, das Heimkehrmotiv, nicht der Krieg der Hasser des Friedens, sondern Verachtung und Spott. Deurloo liest den Psalm von diesem Ende her und versteht so den Vergleich vv 1-3 als ironischen Hinweis auf die Versklavung des Exils: genauso eilfertig, aufmerksam, laufbereit wie Knechte und Mägde auf die gebietenden Hände ihrer Herren und Herrinnen achten, blickt Israel nach seinem ganz anderen Herrn, hofft auf seinen Wink zum Loslaufen. Ps 124 besingt dann die Befreiung: Wir sind entschlüpft (v 7). Auch Ps 125 beginnt mit einem Vergleich: Die sich an Jhwh sichern, sind wie der Zion, der auf ewig nicht wankt (vgl. 121,3); wie Jerusalem von Bergen umgeben ist, umgibt Jhwh sein Volk von jetzt an bis auf ewig (vgl. 121,5-8). Zion, Jerusalem ist also noch nicht erreicht, sondern Bild für Sicherung und Schutz unterwegs. Das zeigen nicht nur die Anklänge an Ps 121, sondern auch das Weg-Motiv in v 5. »Friede über (*al*) Israel« ist also noch Wunsch und Forderung, positive Entsprechung der negativen Verheißung: »Nicht wird ruhen der Stab des Frevels über (*al*) dem Los (*goral*: Land, vor allem, aber auch Schicksal) der Bewährten« (v 3). Auch Ps 126 singt Zukunftsmusik, ist noch nicht am Ziel:[57] »Er *geht* und weint im *Gehn*, ... im Jubel *kommt* einst, *kommt*« (v 6). Für die Fragestellung dieser Untersuchung aufschlußreich ist dabei, daß hier die Völker nicht nur als Bedränger, Hasser, Verächter in den Blick kommen, als Motiv zum Weggehen, sondern als staunende Bewunderer der Befreiung Israels und seines Befreiers: »Dann wird gesprochen unter den Völkern: ›Großes hat Jhwh an diesen getan‹« (v 2). Ps 127 handelt vom Hausbau, vom Bewachen der Stadt, von den Söhnen. Im Zusammenhang des Themas Rückkehr aus dem Exil versteht Deurloo diesen Psalm als Lied vom Wiederaufbau der Stadt. In der Tat läßt sich an die Sorgen um Mauer und Bewachung bei Nechemja denken. Die Überschrift *le-Schlomo*[58] ist ihm ein Hinweis, daß beim Hausbau an das Haus Jhwhs gedacht ist. Der sprachliche Zusammenklang von *bonim* (bauen) und *banim* (Söhne) zeige überdies, daß es zugleich um den Bau des Hauses Israel gehe. Auch in Ps 122 sind Haus Jhwhs und Haus Davids parallel. Und diesen Bau – aus Mann, Frau, Kindern, Kindeskindern – sieht er im die Reihe abschließenden Ps 128,[59] so daß hier nicht nur verheißend, sondern beschreibend gesagt werden kann: Friede über Israel.

Die dritte Reihe ist die drastischste. Der Ausgangspunkt ist wieder ein »genug«: »Zur Genüge haben sie mich bedrängt von meiner Jugend auf« (129,1). Diese Bedrängnis eines Einzelnen wird ausdrücklich kollektiviert: »Spreche doch Israel.«⁶⁰ Die Geschichte Israels wird als Erfahrung der Folter beschrieben: »Auf meinem Rücken pflügten die Pflüger, lang zogen sie ihre Strecke.« Der Fluch über »alle, die Zion hassen« (v 5) entspricht negativ dem Wunsch »die dich lieben seien befriedet« (122,6). Und der von Zion ausgehende Segen (128,5; 134,3) wird ausdrücklich verweigert (v 8). Diesem Protestlied gegen Quäler folgt sofort eine Klage über die eigene Schuld, die Bitte um Verzeihung, Abgeltung, Befreiung (Ps 130). Die Tiefen, aus denen gerufen wird, sind hier nicht nur Kontrast zum erhofften Aufstieg, sondern »Tiefen tödlicher Schuld ... Auf diese Weise bringen die zwei ersten Psalmen dieser Reihe in expressiver Form die zwei Seiten des Exils – die Peinigung durch den Unterdrücker und die eigene Schuld – zum Gedenken«.⁶¹

Ps 131 wird durch seine Überschrift mit David verbunden. »David« personifiziert hier das »aus den Tiefen« rufende Israel von Ps 130 (an dessen v 7 ja am Schluß angeknüpft wird), betont diese Tiefe negativ dadurch, daß sein Herz nicht überheblich ist, seine Augen nicht erhaben, so daß dann 132 daran anschließen kann: »Gedenke dem David, Jhwh, all sein Hingebeugtsein«. In Ps 132 wird dann ausführlich – er ist mit Abstand der längste Psalm der Gruppe – an David erinnert. Seinem Schwur (v 3), nicht zu ruhen, ehe Jhwhs Stätte gefunden ist, entspricht Jhwhs Schwur (v 11) für David und insbesondere seine Söhne, denn die Erinnerung an David zielt auf den jetzigen und künftigen Gesalbten (vv 10.17). Offenbar besteht auch hier ein Zusammenhang zwischen dem Haus Davids und dem Haus Jhwhs. Der ganze Aufbruch zum Zion hätte keinen Sinn, wenn Jhwh ihn nicht auch vollzöge: »Steh auf, Jhwh, zu deinem Ruheort hin!« (v 8). Entsprechend werden zwei Zusagen gehört: an David und seine Söhne (vv 11f.) und für Zion (vv 13-16). Und so gilt die Verheißung nicht nur dem Gesalbten, sondern auch den Priestern (vv 9.16).⁶² Daran knüpft Ps 133 an, in dem das friedliche Mitsammensiedeln von Brüdern in Verbindung gebracht wird mit dem Öl, das den Priester Aharon zum Gesalbten machte. Da die Kombination Öl (*schemen*) und Tau (*tal*) sonst nur Gn 27,28f. auftaucht, also in Jakobs erschlichenem Segen, sieht Deurloo in dieser Vision eine Anspielung auf die exemplarisch feindlichen Brüder Jakob und Esau, die eben nicht (Gn 36,7; vgl. 13,6) mitsammen siedeln konnten. Diese Versöhnung feindlicher Brüder ist Voraussetzung (oder Folge) der abschließenden, ebenfalls priesterlichen Szene gegenseitigen Segnens (Ps 134). Das Volk fordert die Priester auf, Jhwh zu segnen (vv 1f.), und sie antworten: »Jhwh segne dich vom Zion her« (v 3).

Blicken wir nun zurück zum Ps 119. Trägt die Betrachtung seines nächsten Kontextes, die Deutung der *maalot*-Lieder als *alija*-Lieder, Lieder vom Aufstieg aus dem Exil, etwas bei zum Verständnis dieses Psalms?

Gehen wir aus von dem dreimaligen »es ist genug«, genug der Bedrängnis (120,1; 129,1f.), der Verachtung und des Spotts der Hochfahrenden (123,3f.), so stellen wir fest, daß dies alles auch die Situation des Ich von

Ps 119 ist. Gehört es zur Bedrängnis von Ps 120, unter »Lügenlippen« zu leiden (v 2), so ist »Lüge« in Ps 119 eines der Hauptworte der Klage.[63] Auch unter Hochmütigen hat dieses Ich zu leiden.[64] Zwar wird immer wieder betont, daß die Tora ihm Erquicken,[65] ja Entzücken[66] bedeutet, doch dies offenbar vor düsterem Hintergrund, in bedrängter Situation: Das Ich dieses Psalms ist in »Drangsal und Not« (v 124), betroffen von »Hohn und Verachtung« (vv 22.39.42), verfolgt (84.86.157.161), bedroht von »Vermeßnen« (s.o.), von Frevlern (53.61.95.110), Feinden (98), Bedrückung (121f., 134), seine Seele »haftet am Staub« (v 25), »entsickert vor Gram« (v 28), ist »gebeugt«.[67]

Das Ich dieses Psalms schreit nach Befreiung.[68] Möglicherweise gehört auch das Gastsein (vv 19.54)[69] zu dieser Situation, sicher aber der Schluß: »Wie ein verlorenes Schaf suche deinen Knecht, denn deine Gebote habe ich nicht vergessen« (v 176).[70] In Ps 1 wurden die seliggepriesen, die Tag und Nacht die Weisung besinnen. Davon ist in Ps 119 nur die Nacht geblieben. Außerdem fehlt jeder Bezug zum Zion, zum Bund. Alles ist konzentriert auf die Tora.

Schon die ständige Selbstbezeichnung als »dein Knecht« deutet darauf hin, daß wir es bei diesem Ich mit einem Repräsentanten Israels zu tun haben. Wir hatten sie bisher als Kennzeichen des Gesalbten oder des Kollektivs Israel kennengelernt. Das Repräsentative dieses Ichs wird noch deutlicher daran, daß es Fürsten sind, die gegen es konspirieren (v 23, vgl. Ps 2), es verfolgen (v 161). Es redet seinerseits vor Königen (v 46). Es ist so auch Orientierungspunkt für alle, die Jhwh fürchten (vv 63.74.79).

Y. Amir[71] hat beobachtet, daß in Ps 119 14 Verben, die im übrigen Psalter eine Beziehung zu Gott ausdrücken, hier auf die Tora angewendet werden, so daß sie fast wie eine eigene göttliche Wesenheit wirkt, »ein neuer Brennpunkt religiöser Beziehung ... eigenständiger Bezugspunkt religiöser Emotionen«.[72] Zwar betont Amir auch, daß sich dieser neue Bezugspunkt keineswegs verselbständigt hat. Denn abgesehen von den ersten drei Versen redet ja der ganze Psalm in Du-Form, darum auch stets von »deiner Tora«, »deinen Geboten« usw. Aber die Beziehung zu Gott geht jetzt nur noch über die Tora. Sie ist nicht unmittelbar. Nach Gott fragen heißt jetzt, die Tora befragen (*darasch, midrasch*). Auch diese Beobachtung spricht dafür, daß wir in diesem Psalm die Stimme Israels im Exil hören. Nach dem Verlust von Land und Zion (=David+Tempel) bleibt als Weg mit Gott nur *talmud tora*, Weisung lernen. Amir betont, daß gerade dieser Psalm zeigt, daß dies keineswegs Verarmung bedeuten muß; ein neuer Reichtum wird entdeckt, die Tora ist nicht bloß eiserne Ration, sondern besser als »Tausende Goldes und Silber« (v 72): »Aller Vollendung sehe ich eine Grenze – gar weit ist dein Gebot« (v 96). Die enge Konzentration auf die Tora eröffnet neue Weite.

In diesem mittleren Abschnitt des 5. Buches lernen wir aus den Völkern zum einen uns selbst kennen als Bedränger Israels, Leute mit Lügenlippen,

Täuschungszungen, Hasser des Friedens, Verächter und Spötter Israels, seine Folterer. Zum anderen aber werden wir auch eingeladen, uns mitzufreuen an seiner Befreiung, mindestens staunend innezuwerden: »Großes hat Jhwh an diesen getan«, jedenfalls uns zu entscheiden, ob wir zu denen gehören, »die Jerusalem lieben« oder zu denen, »die Zion hassen«. Zum dritten werden wir aufmerksam auf Israel im Exil – bei uns – , auf seine innige Tora-Liebe, angeregt, auch uns »entzücken« und »erquicken«, die Augen öffnen zu lassen für »Wunder aus deiner Weisung« (119,18).

Auch dieser Abschnitt wird geschlossen durch einen Halleluja-Psalm (135) und ein Danklied (136). Ps 135 schließt mit seinem Anfang (»Ihr Jhwhs Knechte, die ihr in Jhwhs Haus steht«, v1f., vgl. 134,1) und seinem Ende (»Gesegnet vom Zion her Jhwh«, v 21, vgl. 134,2f.) an 134 an. Auch Ps 133 wird aufgegriffen. Hieß es dort, es sei »gut (*tov*) und mild (*naim*), wenn Brüder mitsammen auch siedeln« (v 1), so werden hier beide Begriffe zu Eigenschaften Jhwhs, seines Namens (135,3). Das Mitsammen von Brüdern wird so zum Gleichnis und Abbild Jhwhs. Diesen Zusammenhang unterstreicht auch die anschließende Begründung: »Denn erwählt hat Jh sich Jakob, Israel zu seinem Sondergut« (v 4). Die Erwählung ist nun auch Jhwhs Ausweis gegenüber anderen Göttern (v 5; vgl. 132,13). Die Gegenüberstellung besteht darin, daß »Jhwh alles macht, wozu er Lust hat« (v 6), während die Götzen der Völker »von Menschenhänden gemacht« (v 15) sind. Die Götzenpolemik aus Ps 115 wird zitiert. Auch die Ausführung dessen, was Jhwh »macht« (vv 7-12), schlägt einen Bogen zur ersten Hallel-Gruppe (111-117), ist wiederum eine Erinnerung an den Exodus. »Pharao und seine Knechte« (v 9) stehen im Kontrast zu »Jhwhs Knechte(n)« (vv 1.14). Das spielt auf die Alternative »Jhwh dienen« oder »Pharao dienen« der Exodusgeschichte an. Dieser Gegensatz wird ausgeweitet auf viele Völker und mächtige Könige, von denen eine eindrückliche Liste präsentiert wird. Völker, Könige und Götzen gehören zuhauf. Dieser Bogenschlag zurück wird verstärkt durch die aus Ps 115 und 118 bekannten Gruppen von Adressaten (hier durch das Haus Levi erweitert). Auch hier werden über Israel hinaus (mindestens virtuell) andere Jhwh-Fürchtende einbezogen.

Wie Ps 135 mit der früheren Hallel-Gruppe, so ist Ps 136 mit den früheren Dankliedern (Ps 107 und 118) verbunden: Der Aufruf zum Dank, mit dem Ps 107 begann, der Ps 118 umrahmte, wird hier zum Refrain, jede Zeile so zur Danksagung. Inhaltlich wird dabei (z.T. wörtlich) Ps 135 wiederaufgenommen: Das Gegenüber zu anderen Göttern und Mächten wird durch »Gott der Götter, Herr der Herren« (vv 2f.), auch durch »der allein große Wunder machte« (v 4, vgl. Ps 72,18) angedeutet, und dieses Machen wird dann übergangslos an Schöpfung (vv 5-9) und Befreiung (vv 10-24) demonstriert. Gerade wegen der wörtlichen Anklänge an Ps 135 fallen einige Abweichungen besonders auf. Hieß es in Ps 135,9, daß »Jhwh Zeichen und Erweise sandte in deine Mitte, Ägypten«, so in 136,11f., daß er »Israel fahren ließ aus ihrer Mitte ... mit starker Hand und gerecktem Arm«. Beides sind traditionelle Formeln für das Exodusgeschehen, doch die Formulierung »Hand« unterstreicht den Kontrast zwischen dem Machen Jhwhs (136,4.5.7) und den von Menschenhänden gemachten Götzen. Statt »Pharao und seine Knechte« (135,9) heißt es hier: »Pharao und sein Heer«, umgekehrt statt »er gab ihr Land hin als *nachala* Israel seinem Volk« (135,12) hier: »Israel seinem Knecht« (136,22). Der Begriff Knecht wird für Israel reserviert, zugleich wird durch den betonten Singular angedeutet, daß bei den folgenden Psalmen eines einzelnen Ich (vgl. besonders Ps 143,12 und 144,10) auch an ganz Israel zu denken ist. Auch inhaltlich geht es in Ps 136 um Themen, die in den folgenden Psalmen in individueller Form aufgegriffen werden. »Der in unser Erniedrigung unserer gedachte ... und entriß uns unseren Bedrängern«, hieß es zusammenfassend am Schluß (vv 23f.). Ps 138,6 preist Jhwh dafür, daß er den Niedrigen sieht, und in 138,7; 142,3; 143,11f. geht es um die Befreiung eines Ich aus Bedrängnis.[73]

Die zweite Gruppe von David-Psalmen (138-145), die zusammen mit der ersten (108-110) den mittleren Teil umrahmt, beginnt mit Dank (138) und endet, zum abschließenden Hallel überleitend, mit einer »Preisung«, läßt dazwischen aber auch Düsteres hören. Ps 138 greift nicht nur den Dank (v 1) und dessen Begründung (v 8) auf, sondern auch das Thema der anderen Götter: »Gegen Götter will ich dir harfen« (v 1).[74] Auch hier sind damit »alle Könige der Erde« (v 4) verbunden, hier aber mit der Vision, daß auch sie in den Dank einstimmen. Schließlich wird auch in diesem Psalm (den Göttern entgegen) betont, was Jhwhs Hand macht: »Du schickst aus deine Hand, mich befreit deine Rechte« (v 7), und dem entspricht die Schlußbitte: »Was deine Hände gemacht haben, lasse nimmer davon« (v 8).

Daran knüpft Ps 139 an: »Auch dort ergriffe mich deine Hand, deine Rechte faßte mich an« (v 10), »ich wurde gemacht im Verborgnen« (v 15). Und was Jhwh macht, ist »wunderbar« (v 14), so ist auch das Ich selbst »furchtbar, wunderbar« (v 14), diese Erkenntnis ihm selbst »zu wunderbar« (v 6). Dieses dreifache Wunder erinnert zum einen an 136,4: »Der allein Wunder macht«. Das Ich dieses Psalms ist die Stimme Israels und der Schöpfung. Zum anderen wird an die Wunder in der Tora erinnert (Ps 119, 18.27.129). Das Ich ist auch die Stimme der Tora. Für diese Verbindung sprechen auch die Verse 11f. (Finsternis – Licht) und vor allem v 16: »In dein Buch waren sie alle geschrieben, die Tage, die einst würden gebildet.« Doch stehen dieser Stimme noch Frevler entgegen (vv 19-22), Männer des Blut(vergießen)s, Intriganten, Hasser, Feinde. Sie werden in Ps 140 identifiziert als »Mann des Terrors« (*chamas* vv 2.5.12), »Mann der Zunge« (v 12, vgl. v 4). Der Hand Jhwhs stehen hier »die Hände der Frevler« (v 5) gegenüber, Frevler, die intrigieren (v 9), nämlich Fallen stellen, Stricke, ein Netz,

Schlingen legen (v 6). Doch endet dieser Psalm als Vertrauensvotum: Die Bewährten werden danken deinem Namen. Damit wird das Stichwort »danken« zugleich aufgenommen und in die Zukunft verschoben. Das Motiv des Fallenstellens durch die Hände der Frevler greift Ps 141,9f. auf, auch 142,4, und dieses Leitmotiv erinnert an 124,7: »Unsere Seele gleicht dem Vogel, der der Falle der Fänger entschlüpfte, die Falle zerbrach und wir sind entschlüpft.« Dieser Zusammenhang betont noch einmal das Repräsentative dieses Ichs. Dies zeigt auch der Schluß von Ps 142: »Laß meine Seele ausziehen (vgl. 143,11), deinem Namen zu danken. Um mich werden die Bewährten sich scharen« (vgl. 140,14). Das Stichwort *jaza* spielt auf den ersten (114,1; 136,11) und zweiten (121,8) Exodus an. Im Zusammenhang des 5. Buches und der großen Bedeutung der Hand Jhwhs, seiner Rechten, weist auch v 5 in diese Richtung. Versteht man ihn als Anspielung auf 110,1 (»Setze dich zu meiner Rechten«), bedeutet er: »Blicke zu (deiner!) Rechten (nämlich zu mir!) und sieh, keiner ist, der mich anerkennt.«[75] Auch Ps 143,5 gedenkt angesichts jetziger Not dessen, was »deine Hände gemacht haben«.

Doch nicht nur das Thema der Bedrohung und Verfolgung, der Drangsal und der Fallen verbindet diese Psalmen untereinander, sondern daneben und dagegen auch das Sich-Bergen (141,8; 142,6; 143,9; 144,2). Diesen Aspekt betont Ps 144,1f. massiv. Der Psalm erinnert stark an Ps 18 – er ist auch der einzige dieser David-Gruppe, der David ausdrücklich erwähnt –, nur wird dort als geschehene Befreiung gepriesen, was hier erst erfleht wird. Auch hier werden die Hände Jhwhs (v 5), auch »meine Hände« (v 1), der »Hand, der Rechte der Söhne der Fremde« (vv 7.11) gegenübergestellt. »Hand« ist in diesem Abschnitt Leitwort, und das hat vielleicht auch damit zu tun, daß *jad* an *jada* (erkennen) und *jadah* (danken) anklingt – beides ebenfalls sich durchziehende Worte. Ps 144,9 kündigt aber auch ein neues Lied an, ein Lied von Neuem, von der Zukunft (vgl. 33,3; 40,4; 96,1; 98,1; 149,1), die in Söhnen und Töchtern, Schafen und Rindern auch ausgemalt wird: die Zukunft Israels. Das unterstreicht auch die abschließende Seligpreisung, die zugleich – Glück des Volkes, dessen Gott Jhwh ist – das Thema der konkurrierenden Götter wieder aufgreift.

Doch das eigentlich neue Lied ist die »Preisung« Ps 145. Das Lied vom Königtum Davids (Ps 144) leitet über zum Lied vom Königtum Jhwhs – so der Anfang (v 1) und die Mitte (vv 11-13) von Ps 145.[76] Die Befreiung Davids-Israels, die Unterwerfung der Völker (144,2) hat Sinn und Funktion darin, daß »alles Fleisch seinen heiligen Namen segne« (145,21).[77] Ps 145 läuft insgesamt auf diesen Schluß zu: Zum einen umrahmt ihn das Stichwort »Name« nicht nur (vv 1f.21), der Name wird auch noch einmal in Anschluß an Ex 34 ausdrücklich ausgelegt: »Gönnend und erbarmend ist Jhwh, langmütig und groß an Huld« (v 8). Zum anderen ist »alle« in diesem Psalm Leitwort – 15mal hören wir es in seinen 21 Versen. Diese Preisung will alle und alles einbeziehen. Die Verbindung von »Wunder« und »Furchtbarkeiten« (v 5f.) greift Ps 139,14 auf: Die weltweite Anerkennung Jhwhs hängt an der Erkenntnis, daß »ich (David/Israel) furchtbar bin, wunderbar«. Auch das Motiv »Jhwhs Hand« wird aufgenommen, jetzt für alle geöffnet: »Du öffnest deine Hand und sättigst alles Lebende mit Gefallen« (v 16). Wie in der ersten David-Gruppe des 5. Buches (Ps 108-110) ist auch in dieser zweiten der letzte Psalm der Höhepunkt, in dem alle vorangegangenen Infragestellungen überwunden sind. Der letzte Vers: »Jhwhs Preisung redet (vorläufig nur) mein Mund, auf daß (daraufhin) alles Fleisch seinen heiligen Namen segne in Weltzeit und Ewigkeit« (v 21) leitet zugleich hin zur letzten Hallel-Gruppe (Ps 146-150), die das ganze fünfteilige Buch beschließt und ebenfalls mit einem Aufruf an alle endet: »Aller Atem preise Jh« (150,6). Diese Gruppe ist eine einzige Umsetzung des Vorsatzes von Ps 145,21.

Sie ist formal gegenüber den Psalmen 111-117 dadurch hervorgehoben, daß hier alle Psalmen durch ein doppeltes Halleluja umrahmt sind. Ps 146 nimmt an seinem Ende das Thema »Königtum Jhwhs« auf: »König wird Jhwh sein in Weltzeit«, wobei Jhwh interpretiert wird durch »dein Gott, Zion«, also mit einem bestimmten Ort verbunden ist, und »in Weltzeit« durch »auf Generation um Generation«, also mit einer bestimmten Geschichte, mit den Zeugungen Israels verbunden ist. Der Hoffnung auf Jhwhs Königtum werden (vv 3f.) andere politische Erwartungen gegenübergestellt, vor denen gewarnt wird, weil sie »verloren« (v 3) gehen – das Stichwort *avad* schlägt einen Bogen zu Ps 1f., macht so deutlich, daß mit diesen Halleluja-Psalmen das ganze Psalmenbuch beschlossen wird. Diese Verbindung zeigen auch die anschließende Seligpreisung (v 5) und das Stichwort »Weg der Frevler« (v 9), der dem Überdauern von Witwe und Waise gegenübergestellt wird. Während bei Menschen kein Befreiertum (v 3) zu erwarten ist, wird Jhwhs Handeln als eine ganze Kette von Befreiungstaten (vv 7-9) dargestellt und dies direkt verbunden mit seiner Schöpfermacht: »Der Himmel und Erde gemacht hat ... der macht Recht den Bedrückten« (v 6f.), und ebenso parallel: »Der Treue hütet in Weltzeit ... hütet die Gastsassen« (vv 6.9). Auch dieser Inhalt der Königsherrschaft Jhwhs verbindet diesen Psalm mit Ps 145: »Jhwh reckt die Gebückten auf« (v 8) spielt wörtlich auf Ps 145,14 an. Außerdem nimmt die massive Präsenz des Namens Jhwh das Thema »Name« aus Ps 145 auf.

Ps 147 klingt wie eine Antwort auf Ps 146. Dort hieß es am Ende: »dein Gott«, hier zu Beginn: »unser Gott«. Auch die Stichworte »Gott Jakobs« (146,5) und »Zion« (146,10) werden aufgegriffen: Am Anfang werden Jerusalem und Israel parallelisiert (v 2), in v 12 dann Jerusalem und Zion, in v 19 Israel und Jakob. Hier sind es die Gebeugten (*anawim*, v 6), die »überdauern« (vgl. 146,9), wiederum im Kontrast zu Frevlern. Auch die Polemik gegen die Hoffnung auf militärische Macht starker Männer wird (v 10) wiederholt. Als Antwort Israels zeigt sich dieser Psalm auch darin, daß hier (vv

15-20) Jhwhs lebenspendendes Schöpferhandeln parallelisiert wird mit der Sendung seines Worts, seiner Gesetze (*chok*) und Rechte (*mischpat*). Diese Worte empfangen zu haben ist das Besondere Israels: »So hat er keinem Volk (*goj*) getan« (v 20). Diese Verbindung von Zion / Israel und Wort Gottes verweist ebenfalls auf Ps 1f.

Ps 148 greift über Israels Antwort weit hinaus: Himmel (vv 1-6) und Erde (vv 7-13) werden zum Preisen aufgerufen. Bei der Begründung der Preisung vom Himmel her fällt die Analogie zu Israel auf: Auch Schöpfung ist Gebot (*zawa*, v 5), auch die Himmel haben ein Gesetz (*chok*, v 6) empfangen. Das Stichwort *chok* erinnert überdies an Ps 2, und dieser Bezug wird bei der Preisung von der Erde her noch verstärkt: In v 11 werden die Könige der Erde (vgl. Ps 2,2.10), die Nationen (*le'umim*, vgl. 2,1), die Richter der Erde (vgl. 2,10), Fürsten (*sarim*, vgl. *rosnim*, Ps 2,2) zur Preisung Jhwhs aufgerufen. Diesem Anklang an Ps 2 entspricht, daß auch die Preisung von Himmel und Erde her israelzentriert ist: Die Preisung des Namens Jhwh (v 13) ist zugleich Preisung für »all seine Holden (*chasidim*), für die Söhne Israels, das Volk seiner Nähe« (v 14), denn wie »sein Name allein hoch« ist (v 13), so hat er »das Horn seines Volkes erhoben« (v 14).

Auf die Verbindungen von Ps 149 zu Ps 2 habe ich schon hingewiesen: Die Völker, Nationen, Könige, die in Ps 2 ihre »Fesseln« sprengen wollten, werden »gefesselt«, indem an ihnen »geschriebenes Recht« geschieht. Dieser Rahmen um das ganze Buch zeigt: Es ist (auch) als Aufklärung für Völker und Nationen geschrieben, enthält (auch) für uns »geschriebenes Recht«. Doch was in Ps 2 Sache des Gesalbten war, ist hier Israel, den Söhnen Zions (v 2), seinem Volk, den (befreiten) Gebeugten (v 4), den *chasidim* (vv 1.5.9: anknüpfend an 148,14) übertragen.[78] Das zeigt, daß wir es im Gesalbten auf dem Zion in Ps 2 mit dem Repräsentanten seines Volkes zu tun haben. In seiner Stellung zwischen dem Aufruf zur Preisung an Himmel und Erde (148) und dem überschwenglichen Ps 150 zeigt Ps 149 die Voraussetzung dafür, daß »aller Atem« Jhwh preist, ist selbst schon – ein neues Lied – als Zukunftsmusik gekennzeichnet, nimmt mit »Reigen, Pauke, Leier« (v 3) einen kleinen Teil der Liste von Ps 150 schon vorweg. Schließlich endet nicht nur das 5. Buch, sondern der gesamte Psalter in einem ausführlichen Aufruf an alle, mit allen erdenklichen Mitteln, ja mit jedem Atemzug beizutragen zum Lobpreis. Darauf läuft das ganze Drama dieses Buches hinaus, das hat es zum Ziel: daß wirklich alle einstimmen in Israels Preisung, und zwar in seinem Heiligtum. Von diesem Ziel und Ende her ist deutlich, daß das ganze Buch – mit allen Klagen und Protesten – »Preisung« heißen muß.

Schon das ganze 5. Buch war – trotz einiger düsterer Zwischentöne – insgesamt von Dank und Lobpreis geprägt. Und im Zusammenhang von Dank und Preis ging es (als Zusammenfassung all seiner Taten) auch immer wieder um den Namen Jhwh und seine Bedeutung. Zu diesem Charakter des 5. Buches gehört auch, daß in ihm besonders häufig ein »auf ewig« (*le-olam, la-ad*) hinzugefügt wird. Im letzten Buch des Psalters wird so die Endgültigkeit und Verläßlichkeit der Verheißungen Jhwhs besonders fest gemacht: auf Dauer.

Doch steht quer dazu ein Psalm, den ich bisher übergangen habe. Zwischen die zweite (119-136) und dritte Gruppe (138-150) schiebt sich – als Störenfried – Ps 137: eine bittere Klage, ein wütender Protest. Da sind es Fänger, ja Folterer, die von Israel Zionslieder fordern. Es hat offenbar folkloristischen Reiz, wenn Sklaven Spirituals singen. Doch es ist unmöglich, auf dem Boden der Fremde Jhwhs Lied zu singen. Statt dessen hören wir ein Gebet gegen Edom, eine Seligpreisung für den, der es Babel heimzahlt. Kein Friede (*schalom*) ohne dieses Bezahlen (*schalam*).[79] Ps 137 stellt mit seinem »wie sängen wir ...« alle Zionslieder, alle Jhwh-Lieder insbesondere dieses 5. Buches in Frage. Wir Nebenhörer aus den Völkern werden so erinnert an unsere Rolle als Feinde Israels, die gern und rührselig auch hebräisches und jiddisches Liedgut hören. Wir werden zurückgewiesen in die Politik, die Weltpolitik und Machtpolitik.

Resümee

»Geschehen wirds in der Späte der Tage: festgegründet ist der Berg des Hauses Jhwhs zu Häuptern der Berge, über die Hügel erhaben, strömen werden zu ihm die *gojim* alle, hingehn die *ammim* in Menge, sie werden sprechen: ›Laßt uns gehen, aufsteigen zum Berg Jhwhs, zum Haus von Jakobs Gott, daß er uns weise in seinen Wegen, daß auf seinen Pfaden wir gehen! Denn Weisung fährt aus vom Zion, von Jerusalem Jhwhs Rede.« So heißt es in Jes 2 und Micha 4. Diese Vision von der Völkerwallfahrt zum Zion ist durch die Existenz christlicher Kirchen und der ökumenischen Bewegung zwar noch nicht erfüllt, aber die Christen bilden die Fraktionen der Völker, die sich bereits zum Zion aufgemacht haben, um dort Weisung zu lernen.

Die Untersuchung des Buches der Psalmen hat ergeben, daß es solche Weisung vom Zion für die Völker enthält. Das Buch ist nicht nur Gesangbuch oder Gebetbuch, sondern auch Tora. Es ist der Zusammenhang des Buches, dem Weisung zu entnehmen ist. Dieser Zusammenhang ist gefährdet, weil er durch die historische Kritik bis zur Atomisierung zergliedert oder durch kirchlich liturgische Perikopen zerschnitten wird. Die Psalmen müssen erst wieder in ihrem Kontext entdeckt werden. Denn erst die Konstellation der einzelnen Psalmen macht dieses fünfteilige Buch zur Tora vom Zion auch für die Völker. Sie sind von Anfang an mit im Blick, aufgefordert, sich hier aufklären zu lassen.

Eine Kirche aus den Völkern, die nicht länger darauf besteht, Israel zu ersetzen, seinen Platz einzunehmen, wird – stellvertretend für die Völker – dieser Aufforderung folgen, selbst über dieser Weisung murmeln tags und nachts.

Sie nennt sich christlich, weil sie einen bestimmten Juden als Christus, als Gesalbten, bekennt, und lernt nun, was dieses Bekenntnis impliziert. Sie wird Ohrenzeugin der Hilfeschreie eines bedrängten Gebeugten und hört, daß dessen Stimme alle Gebeugten, daß sie zugleich das von den Völkern bedrängte Volk Israel vertritt. Christen aus den Völkern entdecken sich so als Bedränger Israels und so auch seines Gottes.

Doch sie lernen auch, Hoffnungen zu hegen. Sie hören von der Erwartung, ein Richten durch den Gott Israels, die Durchsetzung seines Rechts, werde nicht nur sein Volk Israel von seinen Bedrängern befreien, sondern auch die Völker zurechtbringen. Und sie werden angeleitet, diese Hoffnungen nicht nur mit einem bestimmten Volk und seiner Geschichte zu verbinden, sondern auch an einen bestimmten Ort zu knüpfen: Der Zion wird zum Erdmittelpunkt, zum Ziel der Erwartungen auch für Menschen aus der Völkerwelt.

Doch sind diese Hoffnungen höchst gefährdet, und zwar durch die Völker, die partout gegen Israel sich verbünden, es loswerden wollen, anrennen gegen den Zion. Christen aus der Völkerwelt hören von dieser Gefährdung der Geschichte Gottes mit den Menschen durch sie selbst, durch ihre Israelfeindlichkeit, ihren fanatischen Antizionismus, werden nach ihren Loyalitäten in diesem Konflikt gefragt.

Sie werden eingeladen, sich an der Praxis Israels zu beteiligen, den Namen seines Gottes und also seine Taten und seine Verheißungen unter den Völkern zu verkünden, die Geschichte Israels zu erzählen als gute Nachricht für alle Völker. Sie können so zu Hermeneuten Israels werden in der Welt der Völker, die dieses Volk und seinen Gott notorisch nicht verstehen, sondern verdrängen. Und sie hören bei solcher Praxis schon Zukunftsmusik, sehen zwar nicht, aber hören voraus, wie alles, was Odem hat, den Namen des Gottes Israels preist.

Eine Völkerkirche, die dieses Curriculum durchläuft, immer wieder durchläuft, wird es mindestens unterlassen, den einen Juden, den sie als Gesalbten bekennt, gegen sein Volk auszuspielen, wird vielmehr in seiner Stimme ganz Israel sprechen hören und in Israel seine Stimme. Sie wird überdies entdecken, daß sie weniger nach ihren religiösen Vorstellungen gefragt ist als nach ihrem Engagement in Fragen des Rechts, der Politik – Weltgeschichte ist das Feld der Bewährung oder eben der Verleugnung ihres Bekenntnisses zu Jesus als dem Christus.

Kapitel V

Weisung vom Zion für eine Kirche neben Israel – Abschliessende Überlegungen

Die Formulierung »Ein (Gottes)Volk aus den (anderen) Völkern« (Apg 15,14) bildet eine Analogie zwischen der Wirkung des Evangeliums von Jesus Christus in der Völkerwelt und der Befreiung Israels aus der Sklaverei, seiner Heimkehr aus dem Exil. Die Kirche wird damit beschrieben als ein internationales, mit dem jüdischen Volk assoziiertes Bundesvolk Gottes. Sie soll so leben, daß Israel mit ihr, sie mit Israel leben kann.

Da in Apg 15 nicht vom Hinzuströmen der Völker als ganzer die Rede ist, sondern von Teilen verschiedener Völker, die gemeinsam dieses Bundesvolk bilden, ist dieser Text eine Hilfe bei der Erarbeitung einer Ekklesiologie der ökumenischen Bewegung. Denn auch in ihr kommen nicht ganze Völker zusammen, sondern Christen aus vielen Völkern. Eine solche Ekklesiologie bedeutet: Die in der ökumenischen Bewegung zusammenkommenden Kirchen haben ihr gemeinsames Zentrum außer sich. Sie versammeln sich um das in der christlichen Ökumene abwesende Israel. Sie sind nicht ethnisierende Volkskirchen, also Kirchen, die möglichst nahtlos mit ihren Völkern identisch sind, sich jedenfalls mit ihnen und ihren Staaten identifizieren. Sie sind aber auch nicht elitär von ihnen abgegrenzt. Sie stehen vielmehr in einer dreifachen Gesprächs-, Verantwortungs- und Lernbeziehung: mit ihren Völkern bzw. Gesellschaften, untereinander in der ökumenischen Bewegung und mit Israel.

Die ökumenische Bewegung und die an ihr beteiligten Kirchen suchen ihren Ort und ihren Weg in der biblischen Zweiteilung der Menschheit in Israel und die Völker. Zwar ist das Verhältnis zwischen Juden und Christen mit dieser Zweiteilung nicht identisch, denn nicht alle Christen sind Gojim und erst recht nicht alle Gojim Christen, aber es hat mit der Unterscheidung zwischen Israel und den Völkern zu tun – und im Horizont dieser biblischen Beziehung ist es nicht mehr nur ein Verhältnis zwischen zwei Religionen, sondern gerät in den Bereich der Weltgeschichte und Weltpolitik als Feld der Bewährung oder des Versagens der Kirchen. Ihr Bekenntnis zu Jesus als dem Christus müßte sich in messianischer Weltveränderung bewähren. Zuvor und vor allem ist die Verantwortung der Christen, für eine Ökumene nicht nur allgemein als bewohnbare Welt zu kämpfen und zu arbeiten, sondern spezifisch: für eine Welt, in der Israel leben kann und nicht sterben muß.

Die Assoziation mit dem Volk Israel hilft der ökumenischen Bewegung dabei, zwischen dem ihr biblisch aufgetragenen Universalismus und christlich-kirchlichem Absolutismus zu unterscheiden. Ein biblisch und jüdisch belehrter Universalismus gibt ihr auch Orientierung gegenüber der totalitären Antiökumene des geschlossenen globalen Systems.

Die christliche Ökumene als Volk aus den Völkern ist ein Übergangsphänomen – räumlich und zeitlich. Die an ihr beteiligten Kirchen sind Zwischenträger zwischen Israel und den Völkern – als Hermeneuten Israels bei ihren Völkern und als Vertreter ihrer Völker bei Israel. Zeitlich lebt sie im Übergang zwischen der schon geschehenen Erwählung und Besonderung Israels am Sinai und deren noch ausstehenden weltweiten Anerkennung am Zion. Dazwischen ist sie Wegweiserin und Fremdenführerin für die erhoffte Völkerwallfahrt.

Doch was hat diese Eschatologie der Völkerwallfahrt mit dem Evangelium von Jesus Christus zu tun, mit der Christologie? Wie kommt es, daß nichtjüdische Christen ausgerechnet vom Juden Jesus bekennen, daß er die Völker der Welt mit dem Volk Gottes verbindet? Ließe sich das bisher über eine Ökumene als Volk aus den Völkern Gesagte nicht auch ohne jeden Bezug zu Jesus Christus denken? Etwa als eine Ökumene der Gottesfürchtigen?

Traditionell antijüdische Ekklesiologie hat gelehrt, die Entstehung der Kirche als Gottesvolk verdanke sich einer Abwendung des Gottes Israels von seinem Volk: Er habe sich ein anderes Volk erwählt, ein besseres. In Apg 15 ist es umgekehrt: Das Volk aus den Völkern verdankt seine Existenz einer besonderen Zuwendung Gottes zu seinem Volk Israel, dem Wiederaufbau des Zeltes Davids. Nicht nur in Apg 15, sondern überhaupt im Neuen Testament ist dann von David die Rede, wenn es um die Bedeutung der Jesusgeschichte für das Verhältnis zwischen Israel und den Völkern geht. David ist nicht nur darin Prototyp des Messias, daß er sein Volk repräsentiert, geradezu personifiziert. Er ist zugleich derjenige, auf den die Völker hören, dem sie gehorchen werden. Es ist diese David(sohn)christologie, die die Ökumene als Volk aus den Völkern an das Buch der Psalmen verweist: als Tora des Messias, als Weisung vom Zion für die Völker.

Eine Christenheit, die Tag und Nacht dieses Buch studiert,
- geht in eine Sprachschule: Schon die Sprachform parallelismus membrorum übt die Einsicht ein, daß die Taten und Verheißungen des Gottes Israels des Mundes mindestens zweier Zeugen bedürfen,
- blickt in einen Beichtspiegel, der die Völker in enger Nachbarschaft zu den Frevlern als verschworene Feinde Israels und seines Gottes zeigt,
- erkennt im Zion, in Jerusalem, den Mittelpunkt der Welt und so in Geschichte, Gegenwart und Zukunft Israels ihre Orientierung,
- lernt den, dem sie ihre Mithineinnahme in den Bund zwischen Gott und seinem Volk Israel zu verdanken bekennt, darin als Gesalbten verste-

hen, daß er Arme und Unterdrückte und daß er sein Volk unter den Völkern repräsentiert,
- entdeckt aber die Völker nicht nur als Gottes und Israels Feinde, die gefürchtet, ermahnt und aufgeklärt werden, sondern auch als erwünschte und erhoffte Mitsänger im Lobpreis des Namens Gottes, sich selbst als Anfang solcher Preisung aus dem Mund der Völker, als Beitrag zur weltweiten Ehre dieses Namens und so als ein Volk aus den Völkern für Seinen Namen.

Anmerkungen

Einleitung

1 H. Gollwitzer, Das Judentum als Problem der christlichen Theologie (1975), in: Ausgewählte Werke Bd. 9, München 1988, S. 63-81, Zitat: S. 67f.

2 Diese verwunderte Wahrnehmung der Gegenwart Israels, die K. Barth 1948 gerade im Blick auf Israels militärische Erfolge äußerte, setzte bei einigen anderen erst mit dem Junikrieg 1967 ein.

3 Israel und die Kirche. Eine Studie, im Auftrag der Generalsynode der Niederländischen Reformierten Kirche zusammengestellt von dem Rat für das Verhältnis zwischen Kirche und Israel (1959), deutsch: Zürich 1961, S. 9f.

4 R. Rendtorff / H.H. Henrix (Hg.), Die Kirchen und das Judentum. Dokumente 1945-1985, Paderborn / München 1988, S. 549.

5 H. Mayer, Außenseiter, Frankfurt/M 1975, S. 332.

6 Vgl. F. Stern, Wider Antisemitismus – für christlich-jüdische Zusammenarbeit. Aus der Entstehungszeit der Gesellschaften und des Koordinierungsrats, Menora. Jahrbuch für deutsch-jüdische Geschichte 3 (1992), S. 182-209; M. Stöhr, Gespräche nach Abels Ermordung – Die Anfänge des jüdisch- christlichen Dialogs, in: M. Brumlik u.a. (Hg.), Jüdisches Leben in Deutschland seit 1945, Frankfurt/M 1986, S. 197-229.

7 D. Goldschmidt/H.-J. Kraus (Hg.), Stuttgart 1962.

8 H. Gollwitzer/E. Sterling (Hg.), Stuttgart/Berlin 1966.

9 Ein Zitat aus seinem Buch: Wenn die Götter schweigen. Vom Sinn des alten Testaments, München 1963, gehört zu den Motti, die diesem Band vorangestellt sind.

10 Die Blitzartigkeit, mit der K. Barth im Sommer 1914 aus dem ethischen Versagen seiner theologischen Lehrer auf das Ungenügen auch ihrer Exegese und Dogmatik schloß, ist zwar für seine ganze theologische Arbeit kennzeichnend, aber auch einzigartig. Jedenfalls in der Frage Kirche und Israel bedurfte diese Schlußfolgerung eines längeren Prozesses.

11 New York 1974, deutsch (mit einem Nachwort von P. von der Osten-Sacken): Nächstenliebe und Brudermord, München 1978. Die berühmt gewordene Formulierung von der linken Hand steht nicht in diesem Buch, sondern in einem Vortrag derselben Autorin: Anti-Semitism and Christian Theology, in: E. Fleischner (Hg.), Auschwitz: Beginning of a New Era?, New York 1977, S. 79- 92, hier 79; sie gibt aber die Grundthese des Buches wieder.

12 Die Dissertation F.-W. Marquardts im Jahre 1967 meinte zwar mit ihrem Titel »Die Entdeckung des Judentums für die christliche Theologie. Israel im Denken

Karl Barths«, München 1967, Entdeckungen des Theologen Barth, war aber selbst eine Entdeckung der Rolle und Relevanz Israels für Barths Theologie, wie nicht zuletzt die beschämt-erfreute, jedenfalls überraschte Reaktion K. Barths selbst zeigt.

13   Daß im Verlauf dieses Reibungsprozesses immer wieder D. Bonhoeffer gegen K. Barth angerufen wurde, zeigt vermutlich ein Mißverständnis beider Theologen. Vgl. A. Pangritz, Karl Barth in der Theologie Dietrich Bonhoeffers – eine notwendige Klarstellung, Berlin 1992.

14   Vgl. W. Gerlach, Als die Zeugen schwiegen. Bekennende Kirche und die Juden (SKI 10), 2., bearb. und erg. Aufl., Berlin 1993, aber auch das »Wort zur Judenfrage« des Bruderrats von 1948, in: Rendtorff/Henrix, Kirchen, S. 540-544.

15   Die Unfähigkeit zu trauern. Grundlagen kollektiven Verhaltens, München 1967.

16   R. Rendtorff, »Das Land hat vierzig Jahre Ruhe ...«, KuI 1 (1986), S. 9f.

Kapitel I

1   Vgl. F.-W. Marquardt, Zur Reintegration der Tora in eine Evangelische Theologie, in: E. Blum u.a. (Hg.), Die Hebräische Bibel und ihre zweifache Nachgeschichte (FS R. Rendtorff), Neukirchen-Vluyn 1990, S. 657-676, hier: 667.

2   Vgl. M. Bachmann, Jerusalem und der Tempel. Die geographisch-theologischen Elemente in der lukanischen Sicht des jüdischen Kultzentrums (BWANT 109), Stuttgart u.a. 1980.

3   Das ist nicht erst lukanisch, obwohl es natürlich über das Motiv, Apostelgeschichte zu schreiben, Auskunft gibt, sondern schon paulinisch: 1. Thess 1,6-9 u.ö. Vgl. J. Jervell, The Problem of Traditions in Acts, in: ders., Luke and the People of God. A New Look at Luke-Acts, Minneapolis 1972, S. 19-39.

4   G. Zuntz, An analysis of the report about the ›Apostolic Council‹, in: ders., Opuscula selecta, Manchester 1972, S. 216-251, hierzu: S. 222ff.

5   Dies Problem hat Zuntz sehr beschäftigt: Grammatisch ließe sich autous ja nur auf Paulus und Barnabas beziehen, deren Beschneidung zu fordern absurd wäre. Zuntz folgert, in einer Vorlage des Lukas sei es um die Beschneidung anderer Mitglieder der Delegation gegangen (a.a.O., S. 242). Aber die wörtliche Anknüpfung an 14,27 zeigt: Es geht um Beschneidung und Toratreue der Völker, denen die Tür geöffnet wurde.

6   Die Formulierung *aph hemeron archaion* wäre bezogen auf die Korneliusgeschichte Unsinn. Zuntz (a.a.O., S. 230f.) weist überdies darauf hin, daß zum einen *exelexato* eines Akkusativ-Objekts bedarf, nicht eines Finalsatzes, zum anderen die Formulierung *eklegomai en* eine in der LXX gut belegte semitisierende Übersetzung des hebräischen *bachar b* ist (vgl. Appendix, a.a.O., S. 250f., mit zahlreichen Beispielen).

7   Vgl. F.-W. Marquardt, Das christliche Bekenntnis zu Jesus, dem Juden. Eine Christologie, Bd. 2, München 1991, S. 445.

8 Dazu klärend: J. Nolland, A Fresh Look at Acts 15.10, NTS 27 (1980/81), S. 105-115.

9 Vgl. F.-W. Marquardt, Christus im Exodus. Besinnung auf einen Satz Luthers als Beispiel für Probleme im christlich-jüdischen Verhältnis heute, in: G. B. Ginzel/ E. Pfisterer (Hg.), Scheidewege (FS R. Pfisterer), Düsseldorf 1985, S. 117-133.

10 Das ist für einige Ausleger ein Hinweis, daß Lukas sich hier auf authentische Quellen stützt (R. Pesch, Die Apostelgeschichte. 2. Teilband Apg 13-28 (EKK V/2), Zürich u.a. 1986, S. 79: »vorlukanische Tradition«), für andere ein Zeichen, daß Lukas sprachlich archaisieren will (A. Weiser, Die Apostelgeschichte. Kap 13-28 (ÖTK 5/2), Gütersloh/Würzburg 1985, S. 373: »Bewußter Archaismus, durch den Lk beim Leser den Eindruck des Ursprünglichen hervorruft«; J. Roloff, Die Apostelgeschichte (NTD 5), Göttingen 1981, S. 232: »um Lokalkolorit zu verstärken« – wundern kann man sich schon, wie genügsam Exegeten bei Kategorien der Folklore bleiben – Archaisieren, Lokalkolorit –, wie wenig inhaltliches Interesse sie für den Sachgehalt dieses Sprachgebrauchs aufbringen.

11 Vgl. zum Folgenden: J. Dupont, ΛΑΟΣ 'ΕΞ 'ΕΘΝΩΝ (Act. XV.14), NTS 3 (1957), S. 47-50; ders., Un Peuple d'entre les Nations (Actes 15.14), NTS 31 (1985), S. 321-335; N. A. Dahl, A People for His Name (Acts XV.14), NTS 4 (1957/58), S. 319-327; P. Winter, Acta 15,14 und die lukanische Kompositionstechnik, EvTh 17 (1957), S. 400-406; E. Richard, The Divine Purpose: The Jews and the Gentile Mission (Acts 15), (SBL.SP) 1980, S. 267-282; H. van de Sandt, An Explanation of Acts 15.6-21 in the Light of Deuteronomy 4.29-35 (LXX), JSNT 46 (1992), S. 73-97.

12 Mit *episkepsasthai* ersetzt Lukas hier *exelthen pros* (Ex 2,11 LXX). Sollte Apg 15,14 auf Dt 4,34 sich beziehen, s.u., dann wäre *episkeptomai* Ersatz für *eiserchomai*, vgl. van de Sandt, Explanation, S. 90.

13 Vgl. G. Braulik, Gesetz als Evangelium. Rechtfertigung und Begnadigung nach der deuteronomischen Tora, in: ders., Studien zur Theologie des Deuteronomiums (SBAB.AT 2), Stuttgart 1988, S. 123-160.

14 Während der MT fragt, ob je irgendein Gott solches getan hat, die rhetorische Frage also auf die Einzigartigkeit dieses Gottes zielt (vgl. v 39), betont die LXX stärker die Einzigartigkeit (der Befreiungserfahrung) Israels: So hat der lebendige Gott (d.h.: der Gott Israels) keinem anderen Volk getan.

15 S. Anm. 11.

16 Ein Indiz dafür, daß Lukas so verfahren sein könnte, sieht van de Sandt darin, daß es sich in der Stephanusrede (Apg 7) ähnlich verhält: In seiner Darstellung der Errichtung des Goldenen Kalbs (7,38-44) habe Lukas sich stark an Dt 4,1-28 angelehnt, in 7,42f. aber Dt 4,27f. durch Am 5,25ff. ersetzt, vgl. ders., Why is Amos 5,25-27 quoted in Acts 7,42f.?, ZNW 82 (1991), S. 67-87. Auch sonst gibt es zahlreiche Verbindungen zwischen Apg 15 und 7, den beiden einzigen Stellen, wo Lukas Amos zitiert, vgl. E. Richard, The Creative Use of Amos by the Author of Acts, NovT 24 (1982), S. 37-53.

17 Van de Sandt, Explanation, S. 80f., Anm. 2, macht darauf aufmerksam, daß schon in 14,22 durch *psyche* und *thlipsis* (und *pistis* statt *kardia*, vgl. 15,9) auf diese Stelle angespielt wird, auch schon bezogen auf die aus den Völkern.

18 Ähnlich wird in Eph 2,11-18 mit der Verheißung Jes 57,19 umgegangen: Bei Tritojesaja meint »Friede den Fernen« die Exilierten, im Epheserbrief aber sind die Fernen und Fremden die Gojim.

19 »The closest parallel to Acts XV. 14«, Dahl, People, S. 323.

20 A.a.O., S. 320-323; diese Deutung ist von E. Richard bestritten worden, s. Anm. 16.

21 Der Argumentationsfigur »nicht um euretwillen, sondern für meinen Namen« entspricht im Buch der Psalmen die Bitte um (und die Gewißheit der) Befreiung um seines/deines Namens willen, am pointiertesten in Ps 115,1f.: »Nicht uns, Jhwh, nicht uns, sondern deinem Namen gib Ehre, um deine Huld, um deine Treue! Warum sollen die *gojim* sprechen: ›Wo ist doch ihr Gott?‹«

22 »But the most interesting parallel to Acts XV. 14, is, after all, Zech. ii. 15 (11)«, Dahl, People, S. 323.

23 Vgl. T. Veerkamp, »Nicht mit diesem Namen lehren«. Der Konflikt zwischen den Aposteln und dem Sanhedrin; eine Auslegung von Apg. 4,12 und seinem Kontext, TuK 31/32 (1986), S. 61-92.

24 Dahl, People, S. 324.

25 LXX liest *adam*, Rest der Menschheit, statt *edom* und *jidreschu*, suchen, statt *jirschu*, erben.

26 Dieses *meta tauta anastrepso* wird oft als Aufnahme von Jer 12,15 *meta ... epistrepso* betrachtet. Auch im Zusammenhang Jer 12,14-17 geht es um die Zukunft von Völkern »inmitten meines Volkes«. Demgegenüber meint E. Richard, daß es sich um eine Änderung durch Lukas handelt: Creative Use, S. 37-53, zustimmend aufgenommen von J. Dupont, »Je rebatirai la cabane de David qui est tombée« (Ac 15,16 = Am 9,11), in: E. Grässer/O. Merck (Hg.), Glaube und Eschatologie (FS W. G. Kümmel), Tübingen 1985, S. 19-32.

27 Vgl. van de Sandt, Explanation, S. 81-84.

28 Vgl. R. F. O'Toole, Acts 2:30 and the Davidic Covenant of Pentecost, JBL 102 (1983), S. 245-258.

29 E. Haenchen, Die Apostelgeschichte, Göttingen [7]1977, S. 431; G. Schneider, Die Apostelgeschichte. II. Teil (HTKNT V/2), Freiburg u.a. 1982, S. 183.

30 G. Lohfink, Die Sammlung Israels. Eine Untersuchung zur lukanischen Ekklesiologie (StANT 39), München 1975; Pesch, Apostelgeschichte, S. 183; Jervell, Luke, bes. S. 41-74: The Divided People of God (=Das gespaltene Israel und die Heidenvölker, StTh 19 (1965), S. 68-96).

31 Das Apostekdekret und die Noachitischen Gebote, in: E. Brocke/H. J. Barkenings (Hg.), »Wer Tora vermehrt, mehrt Leben« (FS H. Kremers), Neukirchen-Vluyn 1986, S. 173-191. K. Müller, der sein Buch »David Flusser in Jerusalem« gewidmet hat, kann ihm in diesem Punkt nicht folgen: Tora für die Völker. Die noachidischen Gebote und Ansätze zu ihrer Rezeption im Christentum (SKI 15), Berlin 1994, S. 140f.

32 Das entgegengesetzte Extrem vertritt Zuntz, Analysis, S. 225ff.: Unter Hinweis auf den wichtigen Textzeugen P 45, in dem *porneia* fehlt, meint er, es habe sich ursprünglich um ein reines Speisegesetz gehandelt.

33 Während *ger* in Lv 17f. schon in der LXX und erst recht in der rabbinischen Diskussion auf Proselyten bezogen wird, greift Apg 15 auf den biblischen *ger*-Begriff zurück, weil es um das Problem faktischen sozialen und gottesdienstlichen Zusammenlebens von Juden und Nichtjuden in einer Gemeinde geht. Damit werden die Anforderungen an die Christen aus den Völkern strenger als in der rabbinischen Diskussion über ein Tora-Minimum für Nichtjuden – so Müller, Tora, S. 162ff.

34 Zitiert bei Flusser/Safrai, Apostoldekret, S. 175f.

35 Gerade zu dieser Frage wird oft – unter Hinweis auf seine flexiblere Praxis etwa in 1.Kor 8-10 – behauptet, Paulus habe das Apostoldekret nicht gekannt oder jedenfalls nicht beachtet. Doch zum einen geht es auch Paulus dabei ständig um die Möglichkeit des Zusammenlebens von Juden und Nichtjuden: »Nicht das eigene Gewissen, sage ich, sondern das des anderen« (1.Kor 10,29). Zum anderen zeigen die auffällig parallelen Alarmrufe: »Fliehet die Unzucht!« (1.Kor 6,18), »Fliehet den Götzendienst!« (1.Kor 10,14) nicht den unterstellten Geist auf- oder abgeklärter Überlegenheit.

36 Es ist im übrigen nicht ohne Komik, wie heutige Kommentatoren sich mühen, Verständnis dafür aufzubringen und zu erwecken, daß dies allen Ernstes als Konzession an Heiden gemeint sein muß. Z.B. E. Haenchen: »Die folgenden vier Forderungen sind – so befremdlich uns das auch zunächst erscheinen mag – nicht als eine gesetzliche Beschwerung der Heidenchristen aufgefaßt, sondern als eine Konzession, die man ihnen macht, ein Entgegenkommen ihnen gegenüber« (Apostelgeschichte, S. 432). In Wirklichkeit aber werde die Freiheit der Heiden »kräftig eingeengt«, so G. Schille, Die Apostelgeschichte des Lukas, Berlin 1983, S. 321. Anders H. Conzelmann, Die Apostelgeschichte, HNT 7, Tübingen ²1972, S. 92: Er spricht von einer Konzession der Heidenchristen an die Judenchristen.

Kapitel II

1 A. Freudenberg, Rettet sie doch!, Zürich 1969; vgl. H. Ludwig, »Christen dürfen zu diesem Verbrechen nicht schweigen«. Zum 100. Geburtstag von Pfarrer Dr. Adolf Freudenberg, ÖR 43 (1994), S. 260-274; S. Hermle, »Wo ist dein Bruder Israel?« Die Impulse Adolf Freudenbergs zur Neubestimmung des christlich-jüdischen Verhältnisses nach 1945, KuI 4 (1989), S. 42-59; G. M. Riegner, Licht und Schatten in den Beziehungen des Ökumenischen Rates der Kirchen zu den Juden in den letzten Jahrzehnten, in: Das Volk Gottes und die Völker der Welt. Die ökumenische Bewegung und Israel, Evangelische Akademie Berlin-Brandenburg: NACH-LESE 8/94, S. 98-108.

2 Vgl. Die Unordnung der Welt und Gottes Heilsplan, 5 Bände, Tübingen/Stuttgart, 1948.

3   Vgl. die Debatte zwischen J. Hromadka und J. F. Dulles, Unordnung der Welt, Bd. 4: Die Kirche und die internationale Unordnung, S. 84ff.

4   A.a.O., Bd. 5: Die erste Vollversammlung des Oekumenischen Rates der Kirchen, S. 213ff. Auch in: Rendtorff/Henrix, Kirchen, S. 325ff.

5   Diese Verurteilung des Antisemitismus knüpft an eine Erklärung des vorläufigen Ausschusses des ÖRK vom Februar 1946 an (Rendtorff/Henrix, Kirchen, S. 324f.). In ihr war die Verurteilung des Antisemitismus noch mit einem Schuldbekenntnis verbunden. Doch war diese Erklärung schon eine stark abgeschwächte Version eines Entwurfs, den die ökumenische Flüchtlingskommission vorgelegt hatte, vgl. Hermle, Bruder Israel, S. 55f.

6   Daß hier als kirchliches Versäumnis vor allem ihr mangelnder Eifer für die Judenmission genannt wird, läßt sich z.T. damit erklären, daß der Vollversammlung zur Vorbereitung ihrer Sektion II – »Die Kirche bezeugt Gottes Heilsplan« – ein Beitrag der französischen Israelmission »Der Weg zum Volke Israel« vorlag, in dem nicht nur entschlossen das Festhalten der Kirche an ihrem Verkündigungsauftrag gegenüber Juden auch in deren verzweifelter Lage gefordert, sondern auch zwischen zu verurteilendem Antisemitismus und christlich notwendigem Antijudaismus unterschieden wird. Vgl. Unordnung der Welt, Bd. 2: Die Kirche bezeugt Gottes Heilsplan, S. 218-230.

7   H.-J. Iwand, Die Kirche und die Juden, JK 12 (1951), S. 105f. Schon 1946 hatte Iwand in einer Predigtmeditation zu Eph 2 an die biblische Unterteilung der Menschheit in Juden und Heiden erinnert: »Es ist schon so, daß alle Bemühungen der Aufklärung und des Liberalismus nicht genügten, um den Strich zwischen Juden und der Völkerwelt wegzuwischen, er war auf einmal, sehr zu unserem Verwundern, sehr auch zu unserer Ratlosigkeit, da, und je mehr die Wut und Wildheit der antisemitischen Geisteshaltung dagegen anging, er ist geblieben, trotz und gerade um des Schrecklichen willen, das an dieser von uns so lange nicht mehr ernst genommenen Grenze geschehen ist. Gerade von den Heiden her, von dem modernen antichristlichen Ethnizismus her, wurde die Kirche angesprochen auf diese ihre Verwandtschaft mit dem Volke Israel ... (sie) stand vor der Frage, ob sie nur noch die Form sein sollte für eine neu sich bildende Nationalreligion.« H.-J. Iwand, Predigt-Meditationen, Göttingen ⁴1984, S. 20. Vgl. B. Klappert, Miterben der Verheißung. Christologie und Ekklesiologie der Völkerwallfahrt zum Zion Eph 2,11-22, in: M. Marcus u.a. (Hg.), Israel und Kirche heute. Beiträge zum christlich-jüdischen Dialog (FS E. L. Ehrlich), Freiburg u.a. 1991, S. 72-109.

8   Unordnung der Welt, Bd. 5: Die erste Vollversammlung des Oekumenischen Rates der Kirchen, S. 217. Die Diskussion (S. 218ff.) zeigt: Es handelt sich bei diesem Satz um eine Ergänzung, die die rein skeptische Beurteilung der Staatsgründung korrigiert, ohne dem Einwand, »der Bericht müßte noch bestimmter das Recht der Juden herausstellen, in ihrem eigenen Land zu leben, das Gott Abraham und seinen Kindern gegeben hat« (S. 219), zu folgen. Der Einschub steht nun in deutlicher Spannung zum ersten Satz zur Staatsgründung: »Wir sehen, daß die Schaffung des Staates Israel dem christlichen Ringen mit dem jüdischen

Problem eine neue, politische Dimension verleiht und den Antisemitismus durch politische Befürchtungen und Feindseligkeiten zu komplizieren droht« (S. 216). Die Juden sind demnach ein »Problem«, mit dem Christen zu »ringen« haben, und dieses Problem ist durch die Gründung des Staates Israel noch schwieriger geworden, denn der könne den Antisemitismus nur verstärken – als wäre Antisemitismus je auf das angewiesen, was Juden tun oder lassen. Erwähnt sei aber auch die Kritik an der missionarischen Ausrichtung des Berichts durch Dr. H.J. Heering (Remonstranten-Bruderschaft, Niederlande): »... für alle, die die Leiden der Juden wirklich miterlebt haben, müsse es als unmöglich erscheinen, einem Volk, das durch so vieles hindurchgegangen ist, bloß eine Predigt zu halten. Man müsse dem jüdischen Volk zuerst überhaupt eine Lebensmöglichkeit geben« (S. 220f.).

9   K. Barth, Die Unordnung der Welt und Gottes Heilsplan, in: K. Barth, J. Daniélou, R. Niebuhr, Amsterdamer Fragen und Antworten, ThExhNF 15 (1949), S. 3-15.

10 E. Schlink, Ökumenische Dogmatik, Göttingen 1983, S. 696. Schlink kommentiert – zwar nicht im Blick auf Israel, aber auch für die Beziehung Christen-Juden verheißungsvoll: »Wir müssen lernen, uns gewissermaßen von außen zu sehen.«

11 K. Raiser übersieht beide Akzentverschiebungen gegenüber Amsterdam, wenn er für die erste Phase des ÖRK »christozentrischen Universalismus« und »heilsgeschichtliche Orientierung« in eins setzt. Vgl. ders., Ökumene im Übergang. Paradigmenwechsel in der ökumenischen Bewegung?, München 1989. Das Fragezeichen des Untertitels fehlt auf dem Einband.

12 F.-W. Marquardt, »Feinde um unsretwillen«. Das jüdische Nein und die christliche Theologie (1977), in: ders., Verwegenheiten. Theologische Stücke aus Berlin, München 1981, S. 311.

13 Vgl. P. Démann, Israel in Evanston, FR VIII (1955), S. 25-30; K. Barths Brief an Marquardt vom 5.9.1967, in: K. Barth, Gesamtausgabe Bd. V, Briefe 1961-1968, Zürich 1975, S. 419ff.

14 Der Satz erinnert an das mündlich überlieferte Zitat K. Barths bei seinem Rombesuch 1966 zu Mitgliedern des vatikanischen Sekretariats für die Einheit der Christen: »Die ökumenische Bewegung wird deutlich vom Geiste des Herrn getrieben. Aber wir sollen nicht vergessen, daß es schließlich nur eine tatsächlich große ökumenische Frage gibt: unsere Beziehungen zum Judentum« (zitiert nach H. H. Henrix, Ökumenische Theologie und Judentum, FR XXVII (1976), S. 27).

15 Rendtorff/Henrix, Kirchen, S. 330.

16 Ebd.

17 W. A. Visser't Hooft, Die Welt war meine Gemeinde, München 1972, S. 300.

18 Rendtorff/Henrix, Kirchen, S. 331ff.

19 A.a.O., S. 333.

20 Ebd.

21 Ebd.

22 Ebd.
23 Ebd.
24 Ebd.
25 A.a.O., S. 333f.
26 A.a.O., S. 334.
27 Ebd.
28 Ebd.
29 A.a.O., S. 334f.
30 A.a.O., S. 335.
31 Ebd.
32 Ebd.
33 Ebd.
34 Ebd.
35 A.a.O., S. 335f.
36 A.a.O., S. 337.
37 S.o., Einleitung, Anm. 3. Leider fehlt dieser wichtige Text in der sonst hervorragenden Sammlung von Rendtorff und Henrix.
38 Vgl. A. J. Rasker, Im Gespräch mit Israel. Einblicke in Geschichte und Gegenwart des christlich-jüdischen Dialogs in Holland, in: P. von der Osten-Sacken (Hg.),Treue zur Thora. Beiträge zur Mitte des christlich-jüdischen Gesprächs (FS G. Harder), Berlin ³1986, S. 155-161; W. Liebster, Franz Rosenzweig und Kornelis H. Miskotte. Zu den Anfängen und den Auswirkungen des jüdisch-christlichen Dialogs in den Niederlanden, in: H.-G. Geyer u.a. (Hg.), »Wenn nicht jetzt, wann dann?« (FS H.-J. Kraus), Neukirchen-Vluyn 1983, S. 209ff.; S. Schoon, Jüdisch-christliche Begegnung in den Niederlanden nach 1945, KuI 6 (1991), S. 28-39.
39 Rendtorff/Henrix, Kirchen, S. 447f.
40 A.a.O., S. 442.
41 Israel und die Kirche, S. 9.
42 A.a.O., S. 9f.
43 A.a.O., S. 23.
44 Mit dieser Christologie gerät Jesus in enge Nähe zum Staat Israel, von dessen Gründung es an anderer Stelle heißt: »In den Herzen vieler Juden lebt das Empfinden, dass hiermit die *gewöhnliche Tagespolitik* (Hervorhebung von mir, M. L.) an die Offenbarung Gottes anknüpft.« A.a.O., S. 56f.
45 A.a.O., S. 10.
46 Ebd.

47 A.a.O., S. 25.
48 A.a.O., S. 26.
49 A.a.O., S. 27.
50 Ebd.
51 Ebd.
52 A.a.O., S. 30.
53 A.a.O., S. 31.
54 Ebd.
55 A.a.O., S. 43.
56 A.a.O., S. 32f.
57 A.a.O., S. 34ff.
58 A.a.O., S. 35.
59 A.a.O., S. 38-41.
60 A.a.O., S. 49ff.
61 A.a.O., S. 49.
62 A.a.O., S. 50.
63 A.a.O., S. 51.
64 A.a.O., S. 52.
65 Ebd.
66 A.a.O., S. 53.
67 Ebd.
68 Ebd.
69 A.a.O., S. 61.
70 A.a.O., S. 62.
71 Ebd.
72 Vgl.: »Wir bekennen das Evangelium als die frohe Botschaft von dem Herrn und Heiland, dem die Welt keinen anderen Raum gönnte als die Krippe und das Kreuz, der aber als der für uns Gekreuzigte und Auferstandene uns Raum schenkt vor Gottes Angesicht, ihm zu danken und zu dienen« – erster Satz der theologischen Erklärung der außerordentlichen EKD-Synode in Berlin vom 29. Juni 1956 (zitiert nach F.-W. Marquardt, Kirche der Menschen, Berlin 1960, S. 7).
73 Kirche und Israel, S. 63.
74 Ebd.
75 Ebd.

76 A.a.O., S. 76.

77 F. Lüpsen (Hg.), Neu Delhi Dokumente, Witten 1961, S. 90 (= W. A. Visser't Hooft (Hg.), Neu Delhi 1961. Dokumentarbericht über die Dritte Vollversammlung des Ökumenischen Rats der Kirchen, Stuttgart 1962, S. 170).

78 Visser't Hooft, Neu Delhi.

79 F.-W. Marquardt, Die Gegenwart des Auferstandenen bei seinem Volk Israel. Ein dogmatisches Experiment, München 1983.

80 H. Diem, Der Ort der Mission in der systematischen Theologie, ThLZ 91 (1966), Sp. 171, zitiert bei Marquardt, Gegenwart, S. 12.

81 Ebd.

82 Diese Logik ist im Kolosserbrief zwar weniger ausdrücklich ausgeführt als in seinem Bruder, dem Epheserbrief, aber erkennbar. Gerade der Hymnus 1,15-20 ist umrahmt von Aussagen zur Versöhnung zwischen Heiden und Juden, die ähnlich wie im Epheserbrief klingen: »Anteil am Erbe der Heiligen im Licht ... der Finsternis entrissen« (1,12f.) – »auch ihr, einst entfremdet, jetzt versöhnt« (1,21f.). Dieses »auch ihr« wird in 2,11-13 aufgenommen. Dabei wird das »jetzt versöhnt« (1,22) bzw. »Anteil am Erbe der Heiligen im Licht« (1,12) interpretiert durch »beschnitten« (2,11) und »lebendig gemacht« (2,13) – wie umgekehrt die »Finsternis« (1,13) und »Fremdheit« (1,21) durch »Tote durch die Verfehlungen und die Unbeschnittenheit eures Fleisches« (2,13). Entsprechend wird in 3,11 das hymnische »alles und in allen Christus« ausgelegt durch: »Da ist nicht Grieche und Jude, Beschneidung und Unbeschnittenheit.«

83 Rendtorff/Henrix, Kirchen, S. 339f.

84 Vgl. Riegner, Licht und Schatten, S. 103f.: »Als im Winter 1959/60 in Deutschland und ganz Europa, ja noch darüber hinaus, eine Hakenkreuz-Epidemie ausbrach, wandte ich mich an Visser't Hooft und fragte ihn, ob die Kirchen wieder schweigen würden. Das führte prompt zu einer scharfen Verurteilung der antisemitischen Welle seinerseits. Aber es führte auch zu Diskussionen zwischen uns, in welchen ich anregte, daß die bevorstehende Versammlung des Weltkirchenrates in New Delhi zu dieser Entwicklung Stellung nehmen sollte. Während die vorausgegangene Versammlung in Evanston auf jegliche Äußerung über die Juden verzichten mußte, weil die Meinung derer, die in der Entstehung des Staates Israel ein Ereignis auch von theologischer Bedeutung sahen, den Meinungen der anderen, die diesem Ereignis jegliche theologische Bedeutung absprachen, zu hart gegenüber standen, wurde in New Delhi unter Visser't Hoofts Führung eine Resolution angenommen, die den Antisemitismus scharf verurteilte. Sie folgte im Wesentlichen den diesbezüglichen Formulierungen von Amsterdam, ging aber darüber hinaus, indem sie auch gegen die Anschuldigung des Gottesmordes gegenüber den Juden klar und eindrucksvoll Stellung nahm, was gewiß auch für die spätere Erklärung des vatikanischen Konzils Nostra Aetate von Bedeutung war.«

85 Visser't Hooft, Neu Delhi, S. 166-168.

86 J. Oesterreicher, Kommentierende Einleitung zur Erklärung über das Verhältnis

der Kirche zu nichtchristlichen Religionen, in: Das Zweite Vatikanische Konzil II, LThK, Freiburg u.a. 1967, S. 406-478; J. Chr. Hampe (Hg.), Die Autorität der Freiheit, München 1967, S. 483-517; W. P. Eckert/E. L. Ehrlich (Hg.), Judenhaß – Schuld der Christen?!, Essen 1964, S. 361-436; J. Chr. Hampe, Aber am Morgen ist Freude, in: W. P. Eckert (Hg.), Judenhaß – Schuld der Christen?! Ergänzungsheft, Essen 1966, S. 13-45; G. Hirschauer, Der Katholizismus vor dem Risiko der Freiheit. Nachruf auf ein Konzil, München 1966; F.-W. Marquardt, Von Elend und Heimsuchung der Theologie. Prolegomena zur Dogmatik, München 1988, S. 398-417; J. Kirchberg, Theo-logie in der Anrede als Weg zur Verständigung zwischen Juden und Christen, Innsbruck/Wien 1991; W. Breuning, Mit dem Stamm Abrahams geistlich verbunden, in: M. Marcus (Hg.), Israel und Kirche heute. Beiträge zum christlich-jüdischen Dialog (FS E.L. Ehrlich), Freiburg u.a. 1991, S. 22-34.

[87] Rendtorff/Henrix, Kirchen, S. 37.

[88] Ebd.

[89] Ebd.

[90] Ebd.

[91] A.a.O., S. 37f.

[92] A.a.O., S. 38.

[93] A.a.O., S. 40: »Die Menschen erwarten von den verschiedenen Religionen Antwort auf die ungelösten Rätsel des menschlichen Daseins, die heute wie von je die Herzen der Menschen im tiefsten bewegen: Was ist der Mensch? Was ist Sinn und Ziel unseres Lebens? Was ist das Gute, was die Sünde? Woher kommt das Leid, und welchen Sinn hat es? Was ist der Weg zum wahren Glück? Was ist der Tod, das Gericht und die Vergeltung nach dem Tode? Und schließlich: Was ist jenes letzte und unsagbare Geheimnis unserer Existenz, aus dem wir kommen und wohin wir gehen?« Vgl. Marquardt, Von Elend und Heimsuchung, S. 409.

[94] Rendtorff/Henrix, Kirchen, S. 42.

[95] Vgl. Oesterreicher, Kommentierende Einleitung, S. 410; Breuning, Stamm Abrahams, S. 22.

[96] Rendtorff/Henrix, Kirchen, S. 42, Hervorhebung von mir (M. L.).

[97] Ebd.

[98] Ebd.

[99] Ebd.

[100] A.a.O., S. 43, Hervorhebungen von mir (M. L.).

[101] Rendtorff/Henrix, Kirchen, S. 350ff.

[102] A.a.O., S. 350.

[103] A.a.O., S. 351.

104 Ähnlich verfuhr 1975 die EKD-Studie »Christen und Juden«. Zu den Vor- und Nachteilen dieser historischen Herangehensweise vgl. Marquardt, Von Elend und Heimsuchung, a.a.O., S. 418.

105 Mit ihrem Festhalten am Alten Testament »bezeugte sie faktisch auch die gemeinsame Wurzel und den gemeinsamen Ursprung der Kirche und des Judentums, wenn dies auch nicht klar erkannt wurde; und nur wenige Christen waren sich dessen bewußt, daß diese gemeinsame Wurzel auch eine Art besonderer Beziehung bedeutete«, Rendtorff/Henrix, Kirchen, S. 353.

106 A.a.O., S. 354.

107 Ebd.

108 Auch die EKD-Studienkommission wollte bei der EKD-Studie »Christen und Juden« eigentlich so verfahren, und zwar auch beim Thema Judenmission. Der Rat der EKD hat das jedoch nicht zugelassen. Vgl. R. Rendtorff, Neue Perspektiven im christlich-jüdischen Gespräch, in: E. Brocke/H.-J. Barkenings (Hg.), »Wer Tora vermehrt, mehrt Leben« (FS H. Kremers), Neukirchen-Vluyn 1986, S. 9f.; ders., Lieber Herr Marquardt, in: U. Gniewosz u.a. (Hg.), Störenfriedels Zeddelkasten. Geschenkpapiere zum 60. Geburtstag von F.-W. Marquardt, Berlin 1991, S. 25.

109 Rendtorff/Henrix, Kirchen, S. 354.

110 Ebd.

111 Ebd.

112 Ebd.

113 Ebd.

114 A.a.O., S. 354f.

115 A.a.O., S. 355.

116 Ebd.

117 A.a.O., S. 356.

118 Vgl. F.-W. Marquardt, Solidarität mit den Gottlosen. Zur Geschichte und Bedeutung eines Theologumenon (1960), in: ders., Verwegenheiten, S. 120-142, bes. 138-142.

119 Das zeigt die Diskussion um den rheinischen Synodalbeschluß 1980. Der erste Kritikpunkt der Bonner Professoren lautet: »Die Handreichung unterscheidet nicht zwischen Israel und Juden, und zwar nicht zwischen dem Israel des Alten Testaments, dem Israel, wie es im Neuen Testament verstanden und einerseits als Israel mit der bleibenden Heilsprärogative (Röm 9,4), andererseits als Israel-nach-dem-Fleisch definiert wird (1.Kor 10,18); den Juden als einer neutestamentlichen Bezeichnung solcher, die den Christus nicht anerkennen; den nachneutestamentlichen Juden als dem Talmud-Judentum; sowie den anderen, sehr unterschiedlichen Gestalten mittelalterlichen und neuzeitlichen Judentums« (13 Theologieprofessoren der Universität Bonn: »Erwägungen zur kirchlichen Hand-

reichung zur Erneuerung des Verhältnisses von Christen und Juden«, epd-Dokumentation 42/80, S.14-17, Zitat: S.14) – divide et impera!

120 Rendtorff/Henrix, Kirchen, S. 360.

121 Dieser Unterschied hängt nicht an den Begriffen »Volk Gottes« oder »Leib Christi«. Auch der Begriff »Volk Gottes« kann problematisch sein, während umgekehrt J. J. Meuzelaar ein durchaus funktionales-historisches, auch eschatologisches, aber nicht sakramental-mystisches Verständnis des paulinischen Begriffs »Leib Christi« aufgezeigt hat. Vgl. ders., Der Leib des Messias, Kampen 1979.

122 Rendtorff/Henrix, Kirchen, S. 357.

123 A.a.O., S. 357f. Vgl. K. Barths fast gleichzeitig entstandenen Satz aus seiner Tauflehre: »Ein Mensch tritt in seiner Taufe als tätiges Glied hinein in das heilige Volk Israel, das nach Jes 42,6 zum ›Bundesmittler unter den Völkern‹ bestellt ist«, KD IV 4, S. 221. B. Klappert berichtet, Barth habe diesen Satz unter dem Eindruck des Juni-Kriegs im Nahen Osten noch in die Druckfahnen eingefügt: Miterben, S. 80.

124 Rendtorff/Henrix, Kirchen, S. 360.

125 A.a.O., S. 361.

126 Ebd.

127 Ebd.

127 Ebd.

129 Ebd.

130 Zehn Jahre später, zum 50. Gründungstag von Faith and Order, hat J. Moltmann das Thema angemahnt: »Es wäre ein großer Fortschritt in der ökumenischen Bewegung, wenn die Kirchen das ›Gespräch mit Israel‹ nicht mehr im Rahmen des ›Dialogs mit nichtchristlichen Religionen‹, sondern mitten im Zentrum von Faith and Order führen würden.« Ders., Welche Einheit? Der Dialog zwischen den Traditionen des Ostens und des Westens, ÖR 26 (1977), S. 294.

131 Vgl. H.R. Weber, Jewish-Christian Dialogue: A North Atlantic Affair?, ER 25 (1973), S. 216-221.

132 Arbeitsausschuß der Christlichen Friedenskonferenz, Erklärung zur Situation im Nahen Osten, JK 28 (1967), S. 453f., Zitat: S. 453.

133 Ebd.

134 A.a.O., S. 453f.

135 A.a.O., S. 454.

136 Ebd.

137 Ebd.

138 Ebd.

139 Ebd.

140 Ebd.

141 Ebd.

142 Ebd.

143 A.a.O., S. 504. Die Unterzeichner der Gegenerklärung waren H. Gollwitzer, H. Hansch, K. Immer, M. Rohkrämer, E. Wilm, E. Wolf.

144 H. Gollwitzer, Der Staat Israel und die Araber (1967), in: Ausgewählte Werke, München 1988, Bd. 9, S. 142.

145 F.-W. Marquardt, Christentum und Zionismus (1968), in: ders., Verwegenheiten, S. 165-201, Zitat: S. 166.

146 A.a.O., S. 166-168.

147 Erklärung zur Situation, S. 461.

148 Ebd.

149 H. Berkhof, Die Endgültigkeit Jesu Christi. Unser gemeinsames Bekenntnis und seine Konsequenzen für unsere Zeit, in: N. Goodall (Hg.), Bericht aus Uppsala, Genf 1968, S. 320-329, v. a. S. 324-326, Zitat S. 326.

150 Der Unterschied zeigt sich bereits in den Berichten aus Uppsala, die Max Kohnstamm und Helmut Gollwitzer der EKD-Synode im Oktober 1968 in Westberlin gaben: Kohnstamm – immerhin Erfinder des ökumenischen Slogans »love in structures« – betont, daß er im Gegensatz zu seinem Koreferenten Gollwitzer sich angesichts der aktuellen Weltprobleme wenig von Karl Marx, viel aber von technologischem Fortschritt verspricht: »Auf dem Gebiet des Hungers liegt das Heil bei der Biochemie und nicht bei Marx.« E. Wilkens (Hg.), Die Zukunft der Kirche und die Zukunft der Welt. Die Synode der EKD 1968 zur Weltverantwortung der Kirche in einem revolutionären Zeitalter, München 1968, S. 144.

151 Vgl. F.-W. Marquardt, Entwurf einer christlichen Theologie des Bundes, in: M. Stöhr (Hg.), Lernen in Jerusalem – Lernen mit Israel (VIKJ 20), Berlin 1993, S. 93-109, hier: S. 109.

152 S. Talmon, Kritische Anfrage der jüdischen Theologie an das europäische Christentum (1978), in: ders., Juden und Christen im Gespräch, Ges. Aufs., Bd. 2, Neukirchen-Vluyn 1992, S. 209-225. Talmon hat den – offenbar vorgegebenen – Titel gleich zu Beginn des Vortrags korrigiert in »Kritische Anfrage des Judentums an die europäische christliche Theologie«.

153 A.a.O., S. 211.

154 Ebd.

155 Ebd.

156 A.a.O., S. 212.

157 A.a.O., S. 213.

158 A.a.O., S. 219ff.

159 Vgl. Rendtorff/Henrix, Kirchen, S. 342-346; 364-369; 372-379; 426-440.

160 Der damalige Direktor der Studienabteilung des Lutherischen Weltbundes hat den Studienprozeß dargestellt und kommentiert: U. Duchrow, Konflikt um die Ökumene, München 1980.

161 Christen und Juden. Eine Studie des Rates der Evangelischen Kirche in Deutschland, Gütersloh 1975. Vgl. R. Rendtorff (Hg.), Arbeitsbuch Christen und Juden. Zur Studie des Rates der Evangelischen Kirche in Deutschland, Gütersloh 1979; ders., Perspektiven, S. 3-14; ders., Hat denn Gott sein Volk verstoßen? Die evangelische Kirche und das Judentum seit 1945. Ein Kommentar, München 1989, S. 54-71.

162 B. Klappert/H. Starck (Hg.), Umkehr und Erneuerung. Erläuterungen zum Synodalbeschluß der Rheinischen Landessynode 1980 »Zur Erneuerung des Verhältnisses von Christen und Juden«, Neukirchen-Vluyn 1980, S. 267ff. Dort auch Beiträge von H. Kremers und H. Starck zur Entstehung des Beschlusses.

163 A.a.O., S. 264ff.

164 B. Klapperts Auslegung dieses christologischen Bekenntnissatzes, a.a.O., S. 138-166, sollte darum auch nicht »Jesus Christus zwischen Juden und Christen«, sondern »Jesus Christus zwischen Israel und den Völkern« heißen.

165 Kirche und Israel. Zur Erneuerung des Verhältnisses von Christen und Juden. Proponendum zur Änderung des Grundartikels der Kirchenordnung, Handreichung Nr. 45, Düsseldorf 1993.

166 Raiser, Ökumene.

167 Raiser, Ökumene, S. 158ff.

168 B. Klappert hat – in Auslegung dieses Verses – zu zeigen versucht, inwiefern Politikfähigkeit von heidnischen Christen und politische Solidarität mit Israel zusammengehören: ders., Miterben, S. 84ff.

169 Israel und die Kirche, S. 76.

170 Th. W. Adorno, Negative Dialektik, Frankfurt/M 1966, S. 17.

171 Diesen Zusammenhang betont vor allem M. Barth, Das Mahl des Herrn. Gemeinschaft mit Israel, mit Christus und unter den Gästen, Neukirchen-Vluyn 1987. Als eines seiner Motive für dieses Buch nennt Barth die Lima-Diskussion: Es hatte ihn geärgert, daß die Kirchen nach Konvergenz zwischen vorhandenen Positionen suchten, statt gemeinsam neu die Schrift zu befragen. Freilich nimmt er damit innerhalb des ökumenischen Gesprächs den protestantischen Standpunkt ein.

172 H. Ucko, Christlich-jüdischer Dialog: Diagnose und Prognose, ÖR 41 (1992), S. 147-160.

173 A.a.O., S. 153.

174 A.a.O., S. 155.

175 A.a.O., S. 156.

176 A.a.O., S. 158.

177 Vgl. A. Pangritz, Jesus und das »System der Unreinheit« oder: Fernando Belo die Leviten gelesen, TuK 24 (1984), S. 28-46.

178 M. Stöhr, Jüdisch-christlicher Dialog und palästinensische Theologie. Ein notwendiger Streit in der Ökumene, in: Das Volk Gottes, S. 109-122.

179 Ucko, Dialog, S. 155.

180 P. Schüttke-Scherle, From Contextual to Ecumenical Theology? A Dialogue between Minjung Theology and ›Theology after Auschwitz‹, Frankfurt/M u.a. 1989.

181 Ich bin mir bewußt, mit diesen Überlegungen die Grenzen auch dieser Arbeit zu markieren. Sie könnte selbst diese Krise, statt sie auszuhalten und durchzuarbeiten, rasch hinter sich gelassen haben, neu die Bibel durchforschend, die Geschichte der ökumenischen Bewegung nach zu Unrecht nicht wirksam gewordenen Einsichten absuchend, systematische Theologie nach neuen Wegen befragend suggerieren, Christen könnten – zwar nicht hinter Auschwitz zurück, aber: – durch bloße Einsicht in ihre Irrwege einfach einen neuen Anfang machen. Innerhalb dieser Grenzen halte ich sie dennoch für sinnvoll. Ich kann zwar Kirche für grundsätzlich in Frage gestellt halten, bin sie aber damit nicht los. Es gibt Kirche, gibt die ökumenische Bewegung. Und so bleibt die praktische Aufgabe zu versuchen, sie in ihrer Praxis zu beeinflussen.

182 Vgl. Marquardt, Entwurf, S. 109.

183 K. Marx, 2. These über Feuerbach, in: K. Marx, F. Engels, Studienausgabe in 4 Bänden, hg. v. I. Fetscher, Frankfurt/M 1966, Bd. I, S. 139.

184 H. Lehming, Ob Jesus der Messias ist, das hängt von euch ab!, Nordelbische Stimmen 10 (1987), S. 208-210.

185 Tehillim 123, 1.

Kapitel III

1 Daß Julius Schniewind zu seinen neutestamentlichen Lehrern gehörte, mag zu dieser Fragestellung beigetragen haben.

2 R. R. Geis/H.-J. Krauss (Hg.), Versuche des Verstehens. Dokumente jüdischchristlicher Begegnung aus den Jahren 1918-1933, München 1966.

3 Vgl. D. Goldschmidt (Hg.), Leiden an der Unerlöstheit der Welt. Robert Raphael Geis 1906-1972. Briefe, Reden, Aufsätze, München 1984, S. 225-275. Ein Echo des Streits findet sich auch in Kraus' Systematischer Theologie: »Hier wird vor allem den Vertretern der Judenmission entgegenzuhalten sein, daß die entscheidende große ›Mission‹ der Christen gegenüber Juden ausgeschlagen wurde, als es galt, für die Verfolgten und in den Tod Getriebenen das Leben einzusetzen. Der Jude fragt nicht nach großen verbalen Bekenntnissen, sondern nach dem aus diesen Bekenntnissen folgenden neuen Tun. Darin steht er der Bergpredigt näher als mancher Christ (vgl. Mt. 7,21)«, H.-J. Kraus, Systematische Theologie im Kontext

biblischer Geschichte und Eschatologie, Neukirchen-Vluyn 1983, S. 427, Anm. 9. Kraus greift hier das Hauptargument von Geis auf. Vgl. auch S. 534, Anm. 1.

4 Vgl. Moderamen des Reformierten Bundes (Hg.), Wir und die Juden – Israel und die Kirche. Leitsätze in der Begegnung von Juden und Christen. Text und Dokumentation, Bad Bentheim o.J. (1990), Kraus' Thesen S. 46ff. Zur Entstehungsgeschichte des reformierten Beschlusses vgl. H. Keller, In der Erwartung des Reiches Gottes, in: E. Brocke / J. Seim (Hg.), Gottes Augapfel. Beiträge zur Erneuerung des Verhältnisses von Christen und Juden, Neukirchen-Vluyn 1986, S. 213-222. Einige von Kraus' Beiträgen zum christlich-jüdischen Verhältnis sind gesammelt in: H.-J. Kraus, Rückkehr zu Israel. Beiträge zum christlich-jüdischen Dialog, Neukirchen-Vluyn 1991.

5 Es handelt sich um die zweite, veränderte Auflage eines Buches, das 1975 unter dem stärker programmatischen Titel »Reich Gottes: Reich der Freiheit« erschien. »Es entfiel die zugespitzte Titel-Formulierung,« sagt Kraus im Vorwort zum neuen Buch (Systematische Theologie, S. V), doch sind auch dort Reich Gottes und Freiheit, Befreiung – Freiheit Gottes und Befreiung der Menschen – Leitworte geblieben.

6 »Unbeirrt muß der Erkenntnisweg vom Erkenntnisgegenstand her bestimmt sein ... Schon jetzt ist darauf hinzuweisen, daß dieser Gegenstand durch Bewegung und Prozeß gekennzeichnet sein wird«, a.a.O., S. 3f. »Bezieht die systematische Theologie sich auf diesen Prozeß, dann bedeutet dieser Vorgang eine prinzipielle Abwendung von der Herrschaft der Ontologie und der dogmatischen Invarianten, die in die christliche Lehre eingeführt worden sind. Eliminiert wird der geschlossen statische Seinsbegriff mit allen seinen begrifflichen Konsequenzen. Verabschiedet werden auch die metaphysischen Strukturen, die sich immer wieder durchzusetzen versuchen«, a.a.O., S. 29. »Aktuell und prägend ist die Struktur der Sprache (sc. des Alten Testaments, M. L.). Sie entspricht dem prozessualen Geschehen; sie fordert ein Denken und Reden, das in Bewegungsbegriffen sich artikuliert«, a.a.O., S. 102. »Systematische Theologie wird in ihrer Denkform den Grundcharakter eines Berichtes von dieser Geschichte erzeigen müssen«, a.a.O., S. 113 u.ö.

7 A.a.O., S. 4.

8 »Mit dem Wort und Werk des Jesus von Nazareth dringt die Liebe Gottes als die neue, erneuernde Wirklichkeit in die Welt ein. Diese Liebe verändert ... der Angriff Gottes auf das Elend unserer Welt«, a.a.O., S. 22; »Reich Gottes heißt: Veränderung des Bestehenden«, a.a.O., S. 34; das »freie, souveräne Wort (Gottes, M. L.) ist es, das die entscheidende, radikale und universale Veränderung der Lage und Verfassung der Welt und des Menschen bringt und heraufführt«, a.a.O., S. 51; Gott spricht »ein klares und wirksames Nein zu den bestehenden Verhältnissen«, a.a.O., S. 66; »radikale Kritik (steht) im Kraftfeld der revolutionären Veränderungsmacht des Reiches Gottes. In kritischen, revolutionären Konsequenzen will die Veränderungsmacht dieses Reiches in Theologie, Kirche und Welt zur Auswirkung gelangen«, a.a.O., S. 112 u.ö.

9 A.a.O., S. 16; S. 340.

10 A.a.O., S. 10.

11 A.a.O., S. 102.
12 Ebd.
13 Ebd.
14 A.a.O., S. 136, zur Substitutionstheorie vgl. S. 104: »Doch mit der Substitutionstheorie, der anmaßenden Erklärung also, die Kirche sei an die Stelle Israels getreten, weil alle alttestamentlichen Verheißungen in Christus Jesus ›erfüllt‹ worden seien, wird Israel zu einem ›Schatten‹, zu einem aus Gottes Geschichte ausgestoßenen und verworfenen Volk erniedrigt. Dieser theologisch-geistigen Auslöschung folgte das furchtbare Grauen von Auschwitz«, und S. 139: »Wenn die Kirche sich selbst zur Nachfolgerin Israels in Gottes Heilsplan erklärt und sich selbst in alle Rechte des alten Bundesvolkes einsetzt, als wäre es tot und begraben und die Erbschaft übernommen worden, (wird) dem Gott Israels ... der Weg seines Kommens abgeschnitten.«
15 A.a.O., S. 104.
16 A.a.O., S. 105. Kraus betont den Zusammenhang zwischen biblischer, jüdischer und marxistischer Infragestellung christlicher Theologie, S. 107, Anm. 1.
17 A.a.O., S. 139.
18 A.a.O., S. 201ff.
19 A.a.O., S. 134 (unter Berufung auf Jes 40,3ff.); S. 143; S. 202 (unter Berufung auf Joh 4,22), S. 325; in der Grundlegung der Ekklesiologie, S. 488, erläuternd ergänzt: »Gott kommt in Israel zur Welt der Völker.« Laut F.-W. Marquardt handelt es sich bei dieser Formel um ein »zuerst von dem Berliner Studentenpfarrer R. Weckerling geprägtes dictum«, ders., Gegenwart des Auferstandenen, S. 198.
20 Kraus, Systematische Theologie, S. 73.
21 A.a.O., S. 74.
22 Ebd.
23 A.a.O., S. 70f.
24 A.a.O., S. 131.
25 A.a.O., S. 337.
26 A.a.O., S. 447.
27 A.a.O., S. 142ff.
28 Pars pro toto wird der Dekalog ausgelegt, a.a.O., S. 159ff.
29 A.a.O., S. 365ff.
30 A.a.O., S. 386ff.
31 A.a.O., S. 147; S. 364.
32 A.a.O., S. 144.
33 A.a.O., S. 372.
34 A.a.O., S. 146; S. 363f.

35 A.a.O., S. 396ff.

36 A.a.O., S. 429; S. 396; S. 535f.

37 Die Beziehung zwischen Bergpredigt und Völkerwallfahrt wird in §216, S. 539ff., in Kraus' Ekklesiologie noch ausführlicher entfaltet, wo Kraus, unter Berufung auf G. von Rad, das Wort des Bergpredigers »Eine Stadt, die hoch auf dem Berg liegt, kann nicht verborgen bleiben« (Mt 5,14) im Lichte von Jes 2,2ff. und 60,1ff. als Hinweis auf die Völkerwallfahrt zum Zion interpretiert.

38 A.a.O., S. 461ff.

39 A.a.O., S. 470ff.

40 A.a.O., S. 477ff.

41 A.a.O., S. 359ff. Vgl. H.-J. Kraus, Perspektiven eines messianischen Christusglaubens, in: J. J. Petuchowski/W. Strolz (Hg.), Offenbarung im jüdischen und christlichen Glaubensverständnis, Freiburg u.a. 1981, S. 237-261, jetzt auch in: Kraus, Rückkehr, S. 146-166; ders., Aspekte der Christologie im Kontext alttestamentlich-jüdischer Tradition, in: E. Brocke/J. Seim (Hg.), Gottes Augapfel, S. 1-23, auch in: Kraus, Rückkehr, S. 167-188; ders., Eine Christologie des Heiligen Geistes, in: B. Klappert u.a., Jesusbekenntnis und Christusnachfolge, München 1992, S. 37ff.

42 Kraus, Systematische Theologie, S. 360f.

43 A.a.O., S. 449ff.

44 KD I/2, S. 217, zitiert bei Kraus, S. 450.

45 Ebd.

46 A.a.O., S. 367. Vgl. S. 227: »Konkret wird die biblische Rede vom Menschen durch die Geschichtserfahrung Israels, durch das Leben des Gottesvolkes als ›Sohn Gottes‹ (Ex. 4,23; Hos. 11,1) vor und mit dem kommenden Gott. Es ist ein Grundsatz biblischer Anthropologie, daß das Geheimnis des Menschen (adam) in Israel aufgehoben ist.« Aber auch: »Die Zukunft des Menschen (ist) in Israel aufgehoben ... In Israel ist des Menschen Zukunft Geschichte geworden ... Man könnte Israel geradezu als das ›extra nos‹ der Zukunft des Menschen bezeichnen – einer Zukunft, die in der Geschichte des Kommens Gottes verbürgt und gewiß ist ... Die Zukunft des Menschen liegt in der Geschichte Israels, des ‚Sohnes Gottes' (Ex. 4,22; Hos. 11,1), beschlossen und wird nur hier wirklich erschlossen«, a.a.O., S. 327.

47 A.a.O., S. 213.

48 A.a.O., S. 271.

49 A.a.O., S. 325.

50 A.a.O., S. 340.

51 A.a.O., S. 459.

52 A.a.O., S. 488ff. Implizit ekklesiologisch sind auch die anderen Teile dieser Dogmatik. Kraus hält es grundsätzlich für die Aufgabe Systematischer Theologie, »die Kirche zu befragen, ob und inwieweit in ihr die Anfänge des Reiches Gottes als des Reiches der Freiheit erkennbar werden. Derartige kritische Analysen ... treten für die vera ecclesia ein – angesichts der Mißgestalt und Fehlentwicklung des Bestehenden«, a.a.O., S. 118.

53 A.a.O., S. 493, Anm. 5.

54 A.a.O., S. 488.

55 Ebd.

56 Ebd.

57 Ebd. Kraus paraphrasiert hier, ohne das ausdrücklich zu sagen, eine Predigtmeditation H.-J. Iwands zu Eph 2,19-22 von 1946: Predigtmeditationen I, Göttingen ⁴1984, S. 20ff. Vgl. Klappert, Miterben, S. 72ff.

58 Übersetzung von Kraus, Systematische Theologie, S. 490, Anm. 1.

59 A.a.O., S. 488.

60 A.a.O., S. 488f. Bereits zuvor, in seiner Anthropologie, und zwar zu Beginn seiner Sündenlehre (§ 94, S. 237ff.) war Kraus auf Eph 2,12 zu sprechen gekommen: Er umschreibt Sünde mit dem Begriff der »Entfremdung« – zugleich Gottferne und Beziehungslosigkeit – und beruft sich dabei auf diese Stelle, der er einen Zusammenhang zwischen Gottferne und Beziehungslosigkeit zu Israel entnimmt: »Entfremdung von Gott wird demnach in der Beziehung (bzw.: deren Fehlen, M. L.) auf das konkrete geschichtliche Israel und nicht etwa an irgendwelchen Moralkodizes und Soll-Ordnungen menschlichen Lebens manifest«, a.a.O., S. 239, Anm. 7. Dasselbe gilt für Begriff und Wirklichkeit des Atheismus. Kraus entnimmt Eph 2,12 – der einzigen Stelle im NT, an der das Wort *atheos* fällt –, daß es sich bei Atheismus um Beziehungslosigkeit zu Israel handelt, nicht also um eine ideologisch-theoretische Möglichkeit, sondern um eine soziale (bzw. unsoziale) Wirklichkeit, a.a.O., S. 293. Dem entspricht sein Haupteinwand gegen neuere atheistische Theologien nach dem Tode Gottes: »Es ist erstaunlich, wie fern (!, M. L.) diese atheistischen Erklärungen dem Alten Testament stehen, und wie bedenkenlos sie den Glauben der Synagoge a limine ignorieren«, a.a.O., S. 313. Ähnlich S. 480: »Das Verhängnis a-theistischer Emanzipation der Mitmenschlichkeit ist die *Unkenntnis des Alten Testaments.*«

61 A.a.O., S. 489.

62 Ebd. Vgl. S. 356: »Wenn begreiflicherweise in den neutestamentlichen Schriften relativ wenig von Politik die Rede ist, so wird, und daran erinnert das Judentum, das Alte Testament um so aufmerksamer zur Kenntnis zu nehmen sein. Spiritualisierendes Christentum hat zu Unrecht die politischen Implikationen der alttestamentlich-jüdischen Messias-Erwartung pauschal zurückgewiesen und im Prozeß der Spiritualisierung von Eschatologie und Messianologie den dies-

seitig-national orientierten ›Judaismus‹ apostrophiert. Doch das Reich Gottes ist wirklich ein Reich, eine politeia (Eph. 2,12), eine politeuma (Kol. 3,20).«

63 A.a.O., S. 490, Anm. 6.

64 B. Klappert hat versucht, diesen Zusammenhang zu verdeutlichen. Im genannten Aufsatz (Miterben, S. 85) argumentiert er noch – logisch zwar, aber nicht theologisch – vom Allgemeinen zum Besonderen: »Versagt aber die Christengemeinde gegenüber der Bürgergemeinde, in deren Raum sie unausweichlich lebt, so versagt sie meistens gleichzeitig gegenüber dem politischen Gemeinwesen Israel«, m.a.W.: Wer überhaupt politische Verantwortung verweigert, übernimmt sie auch nicht für Israel. Im sonst ganz ähnlichen Kirchentagsvortrag 1991 in Essen kehrt er aber unter dem Eindruck des zweiten Golfkriegs das Argumentationsgefälle um: »Der Friede innerhalb der Völkerwelt hat also den Frieden mit Israel zur Voraussetzung.« (Klappert, Völkerwallfahrt, S. 88. Vgl. F.-W. Marquardt, Was heißt: Sich zu Christus bekennen?, im selben Buch S. 61f.: »Ich glaube allen Ernstes, daß unsere kostbare, mühsam gewonnene christliche Friedensliebe an der Friedensnorm Jesu und Gottes gescheitert ist und daß wir neu buchstabieren lernen müssen, was biblisch Friede heißt: Ohne den Frieden Israels wird es keinen Weltfrieden geben, weil es ohne den keinen Gottesfrieden geben wird.«)

65 Kraus, Systematische Theologie, S. 489.

66 Ebd.

67 Ebd.

68 A.a.O., S. 490.

69 Ebd., vgl. oben, Anm. 60.

70 Übersetzung von Kraus, a.a.O., S. 490.

71 A.a.O., S. 491.

72 Ebd.

73 Ebd. Kraus kommentiert sich selbst: »Mit diesem Satz wird vom Kreuz des Christus in einer der herkömmlichen Dogmatik fremden Art und Weise gesprochen. Doch zeigt dieser Satz den Grund an, auf dem Kirche lebt«, a.a.O., S. 493, Anm. 2. Der Versuch, der Überwindung heidnischer Gottes- und Israelfremdheit in dogmatischer Rede zu entsprechen, führt zu neuer Fremdheit: nämlich gegenüber »herkömmlicher Dogmatik«.

74 A.a.O., S. 491.

75 Wohl aber kann man ihr ansehen, daß es sich um ein Geheimnis handelt: »Die Versuche, das Judentum geschichtsimmanent zu verstehen, müssen scheitern«, sagt Kraus an anderer Stelle (S. 139).

76 A.a.O., S. 491.

77 Ebd.

78 Ebd.

79 Vgl. S. 202: »Darum ist der Weg der Erwählten gezeichnet von Leiden« und S. 417: »Erwählung bedeutet ins Leiden gehen.« Ein ähnlicher Zusammenhang besteht nach Kraus für Juden und Christen zwischen Nachfolge und Leiden: »Doch der in der Nachfolge eröffnete Weg in die Freiheit ist in seinem Beginn und in jeder Phase ein Weg des Leidens: Der tödlichen Trennung von allen herrschenden Einstellungen und Richtungen, des Sterbens aus allen dominierenden Lebensbeziehungen und Bindungen« (S. 25).

80 A.a.O., S. 491.

81 A.a.O., S. 491f.

82 A.a.O., S. 492.

83 Ebd., Hervorhebung von Kraus.

84 Ebd.

85 Ebd., Hervorhebung von Kraus.

86 Ebd.

87 Ebd. Eine ähnliche Warnung hatte Kraus bereits bei seiner Betrachtung des »heidnischen Ursprungs der Christenheit« nach Eph 2,11f. ausgesprochen: »Deutlich ist das Gefälle des Textes, der die heidnische Vergangenheit als abgetan sieht und von der durch Christus bestimmten Gegenwart spricht. Aber gerade an dieser Stelle droht die neue Gefahr, daß Christen sich die Zusage des Apostels allzu schnell und bedenkenlos aneignen und sich mit ihrem der neutestamentlichen Botschaft stets so schnell konformen Selbstbewußtsein leicht und unbekümmert hinwegsetzen über alles das, was da über die heidnische Herkunft in erstaunlichen Enthüllungen gesagt wird«, a.a.O., S. 488.

88 A.a.O., S. 494.

89 A.a.O., S. 496f.

90 A.a.O., S. 498.

91 A.a.O., S. 499.

92 Ebd. Schon in den Prolegomena hatte Kraus die Einzelgemeinde als »konkreten Lebenszusammenhang einer Gruppe« einerseits, die Ökumene, »die der Universalität des kommenden Reiches Gottes zu entsprechen vermag«, andererseits als Kirche, als Bezugspunkte seiner dogmatischen Arbeit betrachtet, alle Zwischeninstanzen als bestenfalls dienend, meist aber störend, a.a.O., S. 6f.

93 M. Buber, Gottesfinsternis, Zürich 1953, S. 130, zitiert bei Kraus, Systematische Theologie, S. 500, Anm. 8.

94 A.a.O., S. 500, unter Berufung auf H. Gollwitzer.

95 A.a.O., S. 500ff. Kraus orientiert sich hier sehr an H. Gollwitzer, in: ders., Vortrupp des Lebens, München 1975, S. 111ff., Was ist Kirche? Thesen zur Diskussion, verweist aber auch auf kritische Anfragen W. Krecks, Kirche und Kirchenorganisation. Einige Fragen zu H. Gollwitzers Kirchenthesen, EvTh 38 (1978), S. 518-526, Kraus, Systematische Theologie, S. 513, Anm. 6.

96 A.a.O., S. 500. Kraus nennt Aufbruch und Entstehung solcher Gruppen mit J. Moltmann »endzeitlicher Exodus«, verbindet also die eschatologische Ausrichtung mit einer Orientierung an der Urgeschichte der Befreiung Israels. Der Zusammenhang zwischen »perhorreszierter Minderheit« und »gekreuzigtem Herrn« erinnert zudem an den schon dargestellten zwischen »Platz am Kreuz« und »an der Seite Israels«. Diesem »endzeitlichen Exodus am Anfang ... folgt der immer neue Exodus aus Bindungen und Bannungen, in die die christliche Gemeinde geraten ist und gerät ... das Volk Gottes ist dazu berufen und gesandt, einen in jeder Hinsicht neuen Weg zu suchen und zu gehen. Zur Erkenntnis solcher Bestimmung verhilft das Alte Testament und insbesondere die Prophetie« (a.a.O., S. 501).

97 A.a.O., S. 501.

98 A.a.O., S. 500.

99 A.a.O., S. 501.

100 A.a.O., S. 510, vgl. H.-J. Kraus, Theologische Religionskritik, Neukirchen-Vluyn 1982.

101 Kraus, Systematische Theologie, S. 501.

102 Ebd.

103 A.a.O., S. 509.

104 A.a.O., S. 494.

105 A.a.O., S. 498.

106 A.a.O., S. 492.

107 A.a.O., S. 495.

108 A.a.O., S. 494.

109 A.a.O., S. 494f., Kraus schreibt diese einsichtsvolle Formulierung eines christlichen Theologen allerdings dem Juden D. Flusser zu, ebd., Anm. 11.

110 A.a.O., S. 495.

111 Ebd.

112 Vgl. P. M. van Buren, The Secular Meaning of the Gospel, London 1963, deutsch: Reden von Gott in der Sprache der Welt. Zur säkularen Bedeutung des Evangeliums, Zürich 1965.

113 Discerning the Way, New York 1980 (I); A Christian Theology of the People of Israel, New York 1983 (II); Christ in Context, San Francisco u.a. 1988 (III). Der

erste Band ist auch auf deutsch erschienen: Eine Theologie des christlich-jüdischen Diskurses. Darstellung der Aufgaben und Möglichkeiten, Neukirchen-Vluyn 1988; W. Schweitzer hat die drei Bände referiert und kritisch kommentiert: Der Jude Jesus und die Völker der Welt. Ein Gespräch mit Paul M. van Buren. Mit Beiträgen von P. M. van Buren, B. Klappert und M. Wyschogrod, (VIKJ 19) Berlin 1993. Im Unterschied zu Schweitzer, der eine Gesamtdarstellung dieser Theologie versucht, werde ich mich beim folgenden Überblick vor allem auf die Frage nach dem Selbstverständnis und Auftrag einer Kirche aus den Völkern beschränken. Wörtliche Zitate übersetze ich selbst.

114 So sagt er jedenfalls an mehreren Stellen. Andererseits überlegt er gerade im Zusammenhang mit Gottes Nicht-Eingreifen in Auschwitz – unter der scheußlichen Überschrift: »Das Kreuz im Lichte von Auschwitz« –, ob »Gott will, daß seine Geschöpfe weit größere Verantwortung für die Zukunft seiner Schöpfung übernehmen ... seine Sache menschlichen Händen und Herzen anvertraut« habe (III,166).

115 Schon der Ausgangspunkt beim Tod (I,1) erinnert an den Anfang des »Stern der Erlösung«, auch das Leitwort »Weg« (I, passim) entspricht dem zweiten Buch des dritten Teils des »Stern«, wo es freilich für das Christentum reserviert ist: Israel ist, nach Rosenzweig, nicht unterwegs, sondern am Ziel. Schließlich die kritische Abgrenzung von liberaler und apologetischer Theologie, auch vom eigenen früheren Werk.

116 Trotz dieser Absicht durchzieht ein apologetischer Ton das gesamte Werk: Van Buren verteidigt vor allem natürlich das Judentum gegen die Christen unter seinen Verächtern, aber auch ein historisch-kritisches Bibelverständnis gegen Biblizisten, andererseits seine neu gefundene Aufgabenbestimmung von Theologie als kirchlicher Selbstkritik gegen andere Aufgabenbestimmungen seiner liberalen früheren Weggenossen.

117 Diese Überzeugung, es müßten erst theologische Grundlagen geklärt werden, ehe die Kirche auch ihre politische Verantwortung wahrnehmen kann, erinnert an K. Barths Begründung für die Notwendigkeit seiner Kirchlichen Dogmatik: KD I/1, S. XIf.

118 Das englische Wort *gentiles* gibt präzis die biblische Rede von *gojim* und *ethne* als Nichtjuden, die (anderen) Völker wieder, während das deutsche Wort Heiden nicht nur *gentiles*, sondern auch *pagans* und *heathens* meinen kann. Deswegen werde ich im folgenden mal von Nichtjuden, mal von Völkern reden, aber auch, wenn ich Heiden sage, sind *gentiles*, also *gojim* gemeint.

119 So heißen die Kapitel des Buches nicht Kapitel, sondern Schritte. Van Burens Befürchtung, das Bild könne überstrapaziert scheinen (I,5), ist berechtigt. Er hat es in den weiteren Bänden nicht mehr in diesem Maß benutzt.

120 Es ist etwas enttäuschend, daß ein so an Beziehungen und Entsprechungen zwischen Juden und Christen interessierter Theologe wie van Buren dieser auffälligen Parallele zwischen Barth und Rosenzweig nicht mehr abgewinnen kann als die Feststellung, beide hätten fast zeitgleich sich in vergleichbarer Weise geirrt.

121 Dieser Unterschied im politischen Kontext von Sprache scheint mir wichtiger, ökumenisch dringlicher, als der zwischen »kontinentaler« und »angelsächsischer« Theologie viel diskutierte zwischen dogmatischem und pragmatischem Denken, Theologie »von oben« oder »von unten«.

122 An anderer Stelle (II,284) zitiert van Buren die Diagnose Rosenzweigs, Christen ohne Juden »im Rücken« würden unweigerlich drei Gefahren erliegen, deren dritte wäre: »Eine Welt, die nur noch All, deren Mitte nicht mehr das Heilige Land wäre«, würde »der Vergottung und Vergötterung nicht mehr den mindesten Widerstand entgegensetzen«, F. Rosenzweig, Der Stern der Erlösung, Den Haag, ⁴1976, S. 460.

123 Mit dieser Zusammenschau und gegenseitigen Interpretation von Jesu irdischer »Suche nach dem Verlorenen« und seinem nachösterlichen »Aufbruch zu den Völkern« stützt van Buren sich auf P. von der Osten-Sacken, Grundzüge einer Theologie im christlich-jüdischen Gespräch, München 1982, S. 72ff. u. S. 97ff. Auf die Kreuzigung bezogen, sprach zuvor schon H. Gollwitzer von der »radikalen und konsequenten Selbstidentifizierung Gottes mit seinem Volk«, Gollwitzer, Judentum, S. 76; vgl. ders., Befreiung zur Solidarität, München 1978, S. 74: »In Jesus von Nazareth geschieht die völlige Identifizierung des Gottes Israels mit seinem Volk.«

124 Vgl. F.-W. Marquardt, »Feinde um unsretwillen«, in: ders., Verwegenheiten. Wie Marquardt versteht van Buren das jüdische Nein als einen Akt der Treue zur Tora, und beide sind bemüht, mit diesem jüdischen Nein etwas Positives anzufangen. Während Marquardt aber vor allem an der Bedeutung dieses Nein für die christliche Theologie interessiert ist, es z.B. als Demonstration gegen eine Vergesetzlichung des Christus versteht, und so auch als Anwalt jedes Neins zum Christentum, fragt van Buren direkt nach seiner Bedeutung für die (Praxis der) Kirche, versteht es als Kritik ihrer Tendenz zur Spiritualisierung.

125 Vgl. K. Barth, Das christliche Leben, KD IV/4, Fragmente aus dem Nachlaß, Zürich 1976. Barth entwickelt seine Ethik der Versöhnungslehre ebenfalls als Auslegung des Vaterunser, versteht dieses Gebet also auch als Anleitung für die Praxis der Christen, insbesondere die politische, und erinnert in diesem Zusammenhang an die kirchenkritische Bedeutung des Judeseins Jesu (»Messias Israels«, S. 15.429) gegenüber der Verwechslung und Gleichsetzung von Reich Gottes und Kirche (S. 412.420). Vgl. B. Klappert, Jesus Christus zwischen Juden und Christen, in: ders., Umkehr und Erneuerung, bes. 162ff.

126 Schon Paulus hat seine Kollekte unter den Völkern für Jerusalem ähnlich begründet: »Sie sind ja ihre Schuldner. Denn wenn die Völker Teilhaber geworden sind an ihren geistigen Gütern, so schulden sie ihnen, mit fleischlichen Gütern zu dienen« (Rm 15,27).

127 Doch ist ein Streit um Worte nie nur ein Streit um Worte. Obwohl van Buren selbst betont, daß Bekenntnissätze nicht Tatsachenbehauptungen sind, sondern Selbstverpflichtung, Selbsteinbringung (»investment of the whole self«, III,36) der Bekennenden, daß überdies alle christologischen Sätze Hoffnungssätze sind

(III,13), sieht er im rheinischen Bekenntnissatz doch eher eine Besitzanzeige und -beanspruchung und insofern eine Beraubung Israels um seinen Besitz. Hinter dem Streit steckt also auch die Frage nach dem Verhältnis zwischen Christologie und kirchlichem Selbstverständnis. Vgl. zum Problem: B. Klappert, Mitverantwortung aus messianischer Hoffnung, in: Schweitzer, Jude Jesus, S. 197-203.

128 Die Formulierung »im Kontext«, nicht etwa: in seinen Lebensbeziehungen, hängt damit zusammen, daß van Buren hier sein Leitwort wechselt: nicht mehr »Weg« (wie in I), sondern »Geschichte« im doppelten Sinn, als »history« und insbesondere als »story«, als erzählte, das Selbstverständnis von Erzählern und Hörern ausdrückende Geschichte und insofern auch als Text, der nur in seinem Kontext verstanden werden kann. Hatte er zu Beginn des zweiten Bandes (II,5) noch an Barths Definition von Dogmatik kritisiert, daß sie die Aufgabe kritischer Selbstüberprüfung nur aufs Reden (van Buren versteht: aufs Verkündigen) bezieht, hält auch er jetzt die Angemessenheit der Rede, die Korrektur von Sprache für grundlegend für die übrige Praxis von Kirche. Damit hängt zusammen, daß van Buren hier bei der Definition von Kirche ihre Berufung betont: Sie »hört den Ruf Jesu zur Nachfolge als Ruf Gottes« (III,2).

129 Gerade beim Stichwort »Ehre« scheint für van Buren ein äußerst enger Zusammenhang zwischen Christus und der Kirche einerseits, Gott und Israel andererseits zu bestehen: Im Zusammenhang mit »Gottes Zukunft« erinnert er an die Vision des Paulus (1. Kor 15,28), daß am Ende Christus sich dem Vater unterwerfen werde, sieht darin auch bei Paulus eine Christologie, die Gott allein die Ehre gibt, und kommentiert: »Jeder Versuch, die Ehren zwischen Gott und Jesus aufzuteilen, bringt die Kirche in Versuchung, der Kirche (!, nicht: Jesus) mehr Ehre zu geben als Israel (!, nicht: Gott)« (III,139).

130 Van Buren notiert hier seine Nähe zur Studie F.-W. Marquardts, Die Gegenwart des Auferstandenen bei seinem Volk Israel. Doch ist ihm die Rede von Jesu Gegenwart in Israel fremd, er möchte eher betonen, daß Jesus, wann und wo immer er seiner Kirche begegnet, sein ganzes Volk mitbringt – als seinen Kontext (III,65).

131 Dieser Gedanke hat ihm allerdings heftigen Protest von B. Klappert eingetragen, ders., Mitverantwortung aus messianischer Hoffnung. Einige Anmerkungen zu Paul van Burens Theologie im christlich-jüdischen Kontext, in: Schweitzer, Jude Jesus, S. 204ff.

132 Van Buren versteht v 27 »alles hat er unter seine Füße getan« als Zitat aus Ps 8,7, wo – wiederum in Auslegung von Gn 1 – vom Menschen gesagt ist, daß Gott alles unter seine Füße getan hat. Der »Apokalyptiker« Paulus habe dies auf Christus und die Unterwerfung seiner Feinde gedeutet. Dabei übersieht van Buren allerdings die Anspielung auf Ps 110,1: »Jhwh sprach zu meinem Herrn: setze dich zu meiner Rechten, bis ich deine Feinde lege als Schemel deiner Füße« (III,290f.).

133 W. Schweitzer notiert diesen Unterschied vor allem gegenüber Marquardt, bemerkt mit hörbarem Kopfschütteln: »Er schlägt sich ... herum mit dem Thema

›Jesus in seinen Zeiten‹ ... will in Treue zur Bibel Eschatologie interpretieren«, Jude Jesus, S. 18.

[134] S. o., Kap. II dieser Arbeit.

[135] H. Jonas, Der Gottesbegriff nach Auschwitz. Eine jüdische Stimme, Frankfurt/M 1987.

[136] Iwand, Die Kirche, S. 105f.

[137] Frankfurt/M 1969.

[138] I, 88.

Kapitel IV

[1] Vgl. J. L. Mays, The David of the Psalms, Interpr 40 (1986), S. 143-155; J. M. Bassler, A Man for All Seasons. David in Rabbinic and New Testament Literature, Interpr 40 (1986), S. 156-169.

[2] Midrasch Tehillim zu Ps 1,2: »Mose gab Israel die fünf Bücher der Tora, und – ihnen entsprechend – gab David Israel die fünf Bücher der Psalmen.« Vgl. Bava Batra 14b, 15a; Pessachim 117a.

[3] Vgl. Klappert, Miterben, S. 72-109.

[4] Engl.: U. Simon, Four approaches to the Book of Psalms: from Saadiah Gaon to Abraham Ibn Ezra, New York 1991, S. 1; hebr.: arba gischot le-sefer tehillim, Ramat Gan 1982, S. 13: »Vater der Kommentatoren des Buchs der Psalmen in Israel«.

[5] F.-W. Marquardt, Was dürfen wir hoffen, wenn wir hoffen dürften? Eine Eschatologie, Bd. 1, Gütersloh 1993, S. 200-335; vgl. Müller, Tora. Gegen diesen Vorschlag haben van Buren und Klappert Einwände erhoben: van Buren, Christian Theology, S. 129-136; Klappert, Mitverantwortung, 191-214, pflichtet van Buren bei. Zur christologischen Bedeutung der Psalmen vgl. D. Bonhoeffer, Das Gebetbuch der Bibel, DBW 5, München 1987, S. 105-132; ders., Jesus Christus als das Ich der Psalmen, in: Christus in den Psalmen, GS III, München 1960, S. 294-302.

[6] Das christliche Leben, KD IV/4.

[7] Gute Überblicke zur bisherigen und zur neuen Fragerichtung sind u.a.: F.-L. Hossfeld/E. Zenger, Die Psalmen 1-50 (NEB), Würzburg 1993, S. 17-25; D.M. Howard, Jr, Editorial Activity in the Psalter: A State-of-the-Field Survey, in: J. Clinton McCann (Hg.), The Shape and the Shaping of the Psalter (JSOT Supp-Ser 159), Sheffield 1993, S. 52-70.

[8] B.S. Childs, Introduction to the Old Testament as Scripture, London 1979.

[9] R. Rendtorff, Das Alte Testament, Neukirchen-Vluyn 1983.

[10] Sie ist ihnen aus dem christlich-jüdischen Gespräch erwachsen. Es ist kein Zufall, daß es gerade katholische Exegeten sind, die diese neuen Fragen mit Hilfe des Buches der Psalmen zu beantworten versuchen, da sie, besonders wenn sie Priester und Ordensleute sind, mit den Psalmen als einem Buch leben. Prote-

stanten, auch wo sie neu aufbrechen, greifen ganz traditionell protestantisch zu den Propheten (Völkerwallfahrt). Das hier vorgeschlagene Unternehmen verstehe ich so nicht nur allgemein als Beitrag zu einer ökumenischen Theologie, sondern speziell als Aufnahme (nicht des schlechtesten Aspektes) kirchlicher Realität.

[11] Zu Ps 2 vgl. E. Zenger, »Wozu tosen die Völker ...?« Beobachtungen zur Entstehung und Theologie des 2. Psalms, in: E. Haag/F. L. Hossfeld (Hg.), Freude an der Weisung des Herrn (FS H. Groß), Stuttgart 1986, S. 495-511.

[12] So schon Childs, Introduction, S. 513f.; J. L. Mays, The Place of the Torah-Psalms in the Psalter, JBL 106 (1987), S. 3-12; J. C. McCann, Jr., The Psalms as Instruction, Interpr 46 (1992), S. 117-128. Mit diesem Verständnis von Ps 1 als Einführung in das Buch der Psalmen als Weisung wird nicht nur Bonhoeffers Frage nach Gottes- und Menschenwort (auf die Childs ausdrücklich verweist) aufgegriffen, sondern auch der Ansatz Saadiah Gaons: Psalmen als (zweite) Tora.

[13] Dazu vor allem: P. D. Miller, The Beginning of the Psalter, in: McCann, Shape, S. 83-92.

[14] So Hossfeld/Zenger, Psalmen, S. 12ff.; dies., »Selig, wer auf die Armen achtet« (Ps 41,2). Beobachtungen zur Gottesvolk-Theologie des ersten Davidpsalters, JBTh 7 (1992), S. 21-50.

[15] F.-L. Hossfeld/E. Zenger, »Wer darf hinaufziehen zum Berg Jhwhs?« Zur Redaktionsgeschichte und Theologie der Psalmengruppe 15-24, in: G. Braulik u.a. (Hg.), Biblische Theologie und gesellschaftlicher Wandel (FS N. Lohfink), Freiburg 1993, S. 166-182; P. D. Miller, Kingship, Torah Obedience, and Prayer. The Theology of Psalms 15-24, in: K. Seybold/E. Zenger (Hg.), Neue Wege der Psalmenforschung (HBS 1), Freiburg u.a. 1994, S. 127-142.

[16] N. Lohfink, Der neue Bund und die Völker, KuI 6 (1991), S. 115-133, versteht Ps 24 als nicht bloß indirekt, sondern direkt und ausschließlich auf die Völkerwallfahrt bezogen und wegen ihrer Stichwortverbindungen zu Ps 24 die folgenden Psalmen 25 und 26 als Äußerungen der Völker. Diese Deutung beruht auf seinem Verständnis von v 4: »Dies ist das Geschlecht derer, die ihn (Jhw) befragen, die dein Antlitz suchen, Jakob.« Lohfink lehnt die Lesart der LXX: Gott Jakobs ab und versteht Jakob als Anrede: die dein Antlitz suchen, o Jakob. Dies wäre ein faszinierender parallelismus membrorum: Nicht wäre »nach ihm (Jhw) fragen« durch »dein (Jhws) Antlitz suchen« interpretiert, sondern durch »dein (Jakobs) Antlitz suchen«. Wer nach Jhwh fragt, sucht die Begegnung von Angesicht zu Angesicht mit Israel. Lohfink folgert, das »können nur Nicht-Israeliten sein, also Menschen aus den ›Völkern‹. Sie können, da sie ›Jakobs Antlitz‹ sehen wollen, nicht selbst zu Jakob (=Israel) gehören« (S. 122). Aber ist »Jakob« tatsächlich als Anrede »o Jakob« zu verstehen? Auch M. Buber hat sich in seiner Übersetzung an den masoretischen Text gehalten, kommt aber zu dem Ergebnis: »Dieses ist das Geschlecht derer, die nach ihm fragen. – Die dein Antlitz suchen, Jaakob ists.« Er versteht also »Jaakob« als Parallele zu »dies Geschlecht«, und ich schließe mich ihm an, zum einen, weil Jhwhs Antlitz suchen häufig par-

allel zu nach Jhwh fragen steht, mir die Basis für Lohfinks kühne Deutung also zu schmal ist, zum anderen, weil Bubers Deutung einen Chiasmus a-b-b'-a' ergibt, der mir wahrscheinlich scheint. Vgl. auch F. Crüsemanns Kritik an Lohfinks Aufsatz: »Ihnen gehören ... die Bundesschlüsse« (Röm 9,4). Die alttestamentliche Bundestheologie und der christlich-jüdische Dialog, KuI 9 (1994), S. 21-38, zu Lohfink: S. 29f., und E. Zengers Antwort, Juden und Christen doch nicht in gemeinsamen Gottesbund? Antwort auf Frank Crüsemann, KuI 9 (1994), S. 39-52, zu Lohfink: S. 45.

17   Vgl. J. Magonet, A Stairway to Paradise: On Psalm 19, in: A Rabbi Reads the Psalms, London 1994, S. 85-98.

18   Vgl. das in Ps 15 dreimalige, in Ps 24 zweimalige »nicht«.

19   Anders Lohfink, Bund, S. 115-133, der Ps 25f. den Völkern in den Mund legt, die er mit Ps 24 in der Wallfahrt zum Zion begriffen sieht. Er versteht darum die Bitte um und Verheißung von Unterweisung in seinen Wegen, Lehre seiner Pfade im Zusammenhang mit Jes 2 / Mi 4: »daß er uns weise in seinen Wegen, daß auf seinen Pfaden wir gehn, denn Weisung fährt vom Zion aus«. Doch hängt dies an seiner Deutung von 24,6, die ich (s.o., Anm. 16) nicht teile.

20   Hossfeld/Zenger, Psalmen, S. 12f.

21   Den Zusammenhang dieses Psalms zu Ex 34 betont vor allem J. Magonet, Rewriting Tradition: Psalm 25, in: ders., A Rabbi Reads, S. 69-84.

22   S. R. Hirsch, Die Psalmen übersetzt und erläutert, neubearb. Aufl. der 1. Ausg. 1883, Basel/Zürich 1995.

23   Die enge Verbindung zwischen Göttern und Völkern, von der noch zu reden sein wird, zeigt sich daran, daß die Aufforderung an die Göttersöhne (29,1f.) in 96,7f. wörtlich an die Völker gerichtet wird.

24   Vgl. E. Zenger, Der Gott Abrahams und die Völker. Beobachtungen zu Psalm 47, in: M. Görg (Hg.), Die Väter Israels. Beiträge zur Theologie der Patriarchenüberlieferungen im Alten Testament (FS J. Scharbert), Stuttgart 1989, S. 413-430.

25   Zu Ps 44 vgl. besonders P. von der Osten-Sacken, Der Wille zur Erneuerung des christlich-jüdischen Verhältnisses in seiner Bedeutung für biblische Exegese und Theologie, JBTh 6 (1991), S. 243-267.

26   Vgl. E. Zenger, in: Hossfeld/Zenger, Psalmen, S. 279.

27   Vgl. F. L. Hossfeld, Ps 50 und die Verkündigung des Gottesrechts, in: F. V. Reiterer (Hg.), Ein Gott, eine Offenbarung (FS N. Füglister), Würzburg 1991, S. 83-102.

28   Vgl. E. Zenger, »So betete David für seinen Sohn Salomo und für den König Messias«. Überlegungen zur holistischen und kanonischen Lektüre des 72. Psalms, JBTh 8 (1993), S. 57-72; J. M. Auwers, Les Psaumes 70-72. Essai de Lecture canonique, RB 101 (1994), S. 242-257.

29 Vgl. F. Breukelman, Der König im Tun von »Mischpath W-Zedaqah«, TuK 23 (1984), S. 4-12.

30 Brueggemann sieht diese Krise bereits mit dem letzten Vers des 2. Buches annonciert, den er programmatisch versteht: Mit David ist es zu Ende: W. Brueggemann, Bounded by Obedience and Praise: The Psalms as Canon, JSOT 50 (1991), S. 63-92, bes. 85ff.; ders., Response to James L. Mays »The Question of the Context«, in: McCann, Shape, S. 29-41, hierzu S. 39.

31 Es gehört zur heutigen Bedeutung von Ps 74, daß D. Bonhoeffer in seine Bibel neben den Vers »Sie zerstören alle Gotteshäuser im Land« an den Rand schrieb: »9.11.38!«, E. Bethge, Dietrich Bonhoeffer, München 1970, S. 684f.

32 Atheismus im Christentum, Frankfurt/M 1973, S. 120.

33 E. Zenger, Zur redaktionsgeschichtlichen Bedeutung der Korachpsalmen, in: Seybold/Zenger, Neue Wege, S. 175-198, Zitat: S. 189f.

34 The Editing of the Hebrew Psalter (SBL.Dis.Ser. 76), Chico 1985.

35 E. Zenger, Israel und die Kirche im gemeinsamen Gottesbund. Beobachtungen zum Programm des 4. Psalembuchs (Ps 90-104), in: Marcus, Israel und Kirche, S. 236-254. Auch hierzu sind Crüsemanns Kritik und Zengers Antwort zu vergleichen (s. Anm. 16).

36 A.a.O., S. 239. Ähnlich schon J. Reindl, Weisheitliche Bearbeitung von Psalmen. Ein Beitrag zum Verständnis der Sammlung des Psalters, VT.S 32 (1981), S. 333-356. Vgl. auch T. Krüger, Psalm 90 und die »Vergänglichkeit des Menschen«, Biblica 75 (1994), S. 191-219.

37 N. Lohfink, Die Universalisierung der »Bundesformel« in Ps 100,3, ThPh 65 (1990), S. 174.

38 Zenger, Israel, S. 240.

39 »Segne Jhwh, meine Seele« in 103,1.2.22 und 104,1.35; »seine Diener« 103,20f. und 104,4; »Staub« 103,14 und 104,29; »Sättigung mit Gutem« 103,5 und 104,28.

40 Zenger verweist auf W. Zimmerli, Zwillingspsalmen, in: J. Schreiner (Hg.), Wort, Lied und Gottesspruch (FS J. Ziegler) (fzb 2), Würzburg 1972, S. 105-113 (=Studien zur alttestamentlichen Theologie und Prophetie. Ges. Aufs. II, München 1974, S. 261-271). Vgl. auch M. Loerbroks, Israels Geschichte, zweimal besungen, TuK 27 (1985), S. 24-44.

41 Zenger, Israel, S. 245. Er verweist hier auch auf den Midrasch Tehillim, der die Mose-Überschrift von Ps 90 auch auf die Psalmen 91-100 bezieht, die keine eigene Überschrift haben und diese 11 Psalmen mit dem Segen über die Stämme in Dt 33 verbindet. Vgl. G.T. Sheppard, Theology and the Book of Psalms, Interpr 46 (1992), S. 143-155. Er sieht Ps 90 als Antwort auf die Krise in Ps 89 in Analogie zu Moses Fürbitte Ex 32,12f., wo es auch um Umkehr und Reue Jhwhs geht.

42 Zenger, Israel, S. 248.

43 A.a.O., S. 247.

44 Auf das Verhältnis des 4. Buches zum 3. Buch geht Zenger nicht ein, sondern sieht eine direkte Beziehung der Erkenntnisformel 100,3 zu den Psalmen 46-48.

45 Die Tatsache, daß gelegentlich Psalmen in anderen Büchern wiederverwendet werden, könnte am Sinn des Unternehmens zweifeln lassen, Psalmen in ihrem Kontext zu verstehen: Die Endredaktion des Psalmenbuches hatte offenbar nichts dagegen, Psalmen und sogar Teile von Psalmen in verschiedene Kontexte zu stellen. Aber vielleicht zeigt gerade diese Tatsache die Relevanz des jeweiligen Kontextes: daß derselbe Wortlaut in anderem Zusammenhang durchaus nicht dasselbe sagt.

46 Leider ist der Zusammenhang zwischen den genannten Stellen zwar zu vermuten, aber nicht zu beweisen, da es sich um drei verschiedene Worte für Stab handelt: *schewet* (2,9), *mechokek* (108,9), *mate* (110,2). Allerdings sind *schewet* und das höchst seltene Wort *mechokek* (das überdies mit *chok* verwandt ist) in einer für unseren Zusammenhang sprechenden, messianischen Stelle miteinander parallelisiert: »Nicht weicht von Jehuda das Szepter, nicht zwischen seinen Füßen der Richtstab, bis daß kommt Dems-zusteht – ihm der Völker Botmäßigkeit« (Gn 49,10: Buber-Rosenzweig).

47 Auffällig ist, daß die Wendung »*satan* steht zu seiner Rechten« in der übrigen Hebräischen Bibel nur in Sach 3,1 auftaucht: Dort ist es die messianische Gestalt des Großpriesters Josua, die durch diesen Hinderer gehindert wird. Im Sacharjabuch geht es um zwei messianische Figuren: die königliche des »Sproß« und den Großpriester, die miteinander in Frieden sind. Im folgenden Ps 110 geht es um einen Gesalbten, der – wie Malki-Zedek – zugleich König und Priester ist.

48 Möglicherweise hat auch die Bitte »befreie mit deiner Rechten« (108,7) die Zitatauswahl dieser Collage mitmotiviert. Vgl. auch 118,15f.: »Jhwhs Rechte tut Mächtiges, Jhwhs Rechte ist erhoben, Jhwhs Rechte tut Mächtiges« mit 108,14: »Mit Gott werden wir Mächtiges tun.«

49 Gerade dieser Psalm spielt eine große Rolle für die Anfänge der Christologie im Neuen Testament, nicht zuletzt für das Bemühen des Paulus, unter Verweis auf Ps 110,1 die Rolle des Sohnes der des Vaters unterzuordnen: 1. Kor 15,24-28 – locus classicus aller, die aufgrund des im christlich-jüdischen Gespräch Gelernten an einer biblisch begründeten subordinatianischen Christologie arbeiten. Vgl. Kap. II zu P. M. van Buren. Die Beziehung, aber klare Unterscheidung zwischen Jhwh und *adoni*, mein Herr, zu seiner Rechten (vv 1.5) könnte in der Tat Verstehenshilfe für das Verhältnis von Jhwh und *kyrios* im NT sein. Vgl. M. Hengel, Psalm 110 und die Erhöhung des Auferstandenen zur Rechten Gottes, in: C. Breytenbach/H. Paulsen (Hg.), Anfänge der Christologie (FS F. Hahn), Göttingen 1991, S. 43-74; Klappert, Mitverantwortung, in: Schweitzer, Jude Jesus, S. 205.

50 Vgl. Zimmerli, Zwillingspsalmen, S. 105-113.

51 Zur sozusagen prinzipiellen Bedeutung von Ps 113 s. vor allem: F. Breukelman,

Psalm 113 oder die Struktur der biblischen Theologie, TuK 53 (1992), S. 2-32 und T. Veerkamp, Wo denn sitzen Arme neben Edlen?, TuK 53 (1992), S. 33-43.

52 Ps 118 ist zwar Teil des Hallel der drei Wallfahrtsfeste, zu Chanukka und am Rosch-ha-chodesch, enthält aber selbst kein Halleluja, keinen Aufruf zum Lob, sondern zum Dank.

53 So vor allem Wilson, Editing, S. 223, der allerdings der Meinung ist, die drei Untergruppen des 5. Buches (107-117, 118-135, 136-150 in Wilsons Gliederung) begännen mit Dank (107, 118, 136) und endeten mit Lobpreis (111-117, 135, 146-150). Er versteht also Ps 107 nicht als Einleitung des ganzen Buches. Doch sind in beiden Dankliedern (118 und 136) die Rückverweise (die Wilson auch sieht, aber relativiert: S. 190, Anm. 48) sehr viel prominenter als die Bezüge zur nächsten Gruppe. Sie sind also eher als Abschluß und Rückbezug zum Anfang des Buches zu verstehen.

54 Vgl. Bonhoeffers Fragment gebliebene Meditationen über Psalm 119 in: GS IV, München 1961, S. 505-543; Y. Amir, Psalm 119 als Zeugnis eines proto-rabbinischen Judentums, in: ders., Studien zum Antiken Judentum, Frankfurt/M u.a. 1985, S. 1-34; W. Soll, Psalm 119: Matrix, Form and Setting (CBQ Monograph Ser 23), Washington D.C. 1991.

55 K. Deurloo, Gedächtnis des Exils (Psalm 120-134), TuK 55 (1992), S. 28-34, Zitat: S. 30. Vgl. auch: K. Seybold, Die Redaktion der Wallfahrtspsalmen, ZAW 91 (1979), S. 247-268; H. Viviers, The Coherence of the maalot Psalms, ZAW 106 (1994), S. 275-289.

56 Deurloo, Gedächtnis, S. 31. Vgl.: »Ich bin Friede, aber ob ichs auch rede, sie sind des Kriegs« (v 7).

57 Anders Deurloo, ebd.: »Ob man Ps 126 als vergangen oder als zukünftig lesen muß, geben die Verse nicht per se an. Es gehört zum poetischen und theologischen Geheimnis des Psalmes, daß es in dem einen um beides geht.«

58 Diese Überschrift ließe sich aber auch noch wörtlicher verstehen: als erneuten Hinweis auf erwünschten Frieden.

59 Dazu stimmt auch die Anknüpfung 128,1 an die Seligpreisung 127,5.

60 Vgl. 124,1, auch 118,1; 107,2.

61 Deurloo, Gedächtnis, S. 32.

62 Nicht nur dies Mitsammen von Gesalbtem und Priestern, auch das Motiv des Kleiderwechsels (vv 9.16.18) erinnert wiederum an Sach 3.

63 Vv 29.69.78.86.104.118.128.163.

64 Anders als in 123 hier: *sedim*, Buber: »Vermessene«, vv 21.69.78.85.122.

65 Vv 16.24.47.70.77.92.143.174.

66 Vv 14.111.162.

67 Vv 50.67.71.75.92.107.153. Allerdings: »Ehe ich gebeugt ward, war ein Irrender ich«, v 67, »gut ists mir, daß ich wurde gebeugt«, v 71, ähnlich v 75. Vgl. Ps 118,21.

68 Vv 41.81.94.117.123.146.166.174 – vgl. 134.153.

69 Vgl. Ps 120,5: »O wehe mir, daß ich gegastet habe ...«.

70 *avad* bezog sich in Ps 1 auf den Weg des Frevlers.

71 Amir, Psalm 119, S. 5-10.

72 A.a.O., S. 11.

73 Wilson, Editing, S. 189f., der Ps 136 als Anfang der dritten Gruppe im 5. Buch betrachtet, sieht vor allem Verbindungen zu Ps 145, so daß diese Gruppe durch diese beiden Psalmen umrahmt ist: die Stichworte »Wunder« (136,4; 145,5) und »alles Fleisch« (136,25; 145,21), das Motiv der Ernährung aller Geschöpfe (136,25; 145,15f.). Er hat damit recht. Da aber auch hier (wie bei Ps 118) die Bezüge zur vorigen Gruppe viel stärker sind als zur folgenden, würde ich von beiden Dankliedern allenfalls als Verbindungsstücken sprechen.

74 Vielleicht liegt in dem »ich will dir harfen *(asamrecha)*« auch eine Verbindung zu den folgenden Psalmen, von denen 139-141.143 ausdrücklich als *mismor* bezeichnet werden, sich so auch gegen Götter richten.

75 Ps 142 wird in seiner Überschrift u.a. als Gebet *(tefilla)* bezeichnet. Auch das verbindet ihn mit seinen Nachbarn, in denen (141,2; 143,1) vom Gebet die Rede ist.

76 Zur Struktur von Ps 145 vgl. J. Magonet, David Sings the Blues – On Concentric Psalms: Psalms 145 and 92, in: ders., A Rabbi Reads, S. 34-44.

77 Dieser sozusagen funktionalen Christologie entspricht auch 1. Kor 15,24-28: Unterwerfung der Feinde durch den Messias, auf daß Gott sei alles in allem.

78 Das betont vor allem N. Füglister, Ein garstig Lied – Ps 149, in: E. Haag/F.-L. Hossfeld (Hg.), Freude an der Weisung des Herrn (FS H. Groß), Stuttgart 1986, S. 81-105.

79 Diese Sicht teilt auch die christliche Bibel, in deren letztem Buch erst Babel gestürzt sein muß, ehe kein Leid, kein Geschrei, kein Schmerz und auch der Tod nicht mehr ist.

Literaturverzeichnis

Adorno, Th.W., Negative Dialektik, Frankfurt/M 1966
Amir, Y., Psalm 119 als Zeugnis eines proto-rabbinischen Judentums, in: ders., Studien zum Antiken Judentum, Frankfurt/M u.a. 1985, S. 1-34
Arbeitsausschuß der Christlichen Friedenskonferenz, Erklärung zur Situation im Nahen Osten, JK 28 (1967), S. 453f.
Auwers, J.M., Les Psaumes 70-72. Essai de Lecture canonique, RB 101 (1994), S. 242-257
Bachmann, M., Jerusalem und der Tempel. Die geographisch-theologischen Elemente in der lukanischen Sicht des jüdischen Kultzentrums (BWANT 109), Stuttgart u.a. 1980
Barth, K., Das christliche Leben, KD IV/4, Fragmente aus dem Nachlaß, Zürich 1976
—, Die Unordnung der Welt und Gottes Heilsplan, in: K. Barth, J. Daniélou, R. Niebuhr, Amsterdamer Fragen und Antworten, ThExhNF 15 (1949), S. 3-15
—, Gesamtausgabe Bd. V, Briefe 1961-1968, Zürich 1975
—, Kirchliche Dogmatik I/1, Zürich ⁵1947
Barth, M., Das Mahl des Herrn. Gemeinschaft mit Israel, mit Christus und unter den Gästen, Neukirchen-Vluyn 1987
Bassler, J.M., A Man for All Seasons. David in Rabbinic and New Testament Literature, Interpr 40 (1986), S. 156-169
Berkhof, H., Die Endgültigkeit Jesu Christi. Unser gemeinsames Bekenntnis und seine Konsequenzen für unsere Zeit, in: N. Goodall (Hg.), Bericht aus Upsala, Genf 1968, S. 320-329
Bethge, E., Dietrich Bonhoeffer. Theologe, Christ, Zeitgenosse, 3., durchges. Aufl. München 1970
Bloch, E., Atheismus im Christentum, Frankfurt/M 1973
Bonhoeffer, D., Christus in den Psalmen, in: Gesammelte Schriften, Bd. 3, München 1960, S. 294-302
—, Das Gebetbuch der Bibel, in: Werke, Bd. 5, München 1987, S. 105-132
—, Meditationen über Psalm 119, in: Gesammelte Schriften, Bd. 4, München 1961, S. 505-543
Braulik, G., Gesetz als Evangelium. Rechtfertigung und Begnadigung nach der deuteronomischen Tora, in: ders., Studien zur Theologie des Deuteronomiums (SBAB.AT 2), Stuttgart 1988, S. 123-160
Breukelman, F., Der König im Tun von »Mischpath W-Zedaqah«, TuK 23 (1984), S. 4-12

—, Psalm 113 oder die Struktur der biblischen Theologie, TuK 53 (1992), S. 2-32
Breuning, W., Mit dem Stamm Abrahams geistlich verbunden, in: M. Marcus u.a. (Hg.), Israel und Kirche heute. Beiträge zum christlich-jüdischen Dialog (FS E. L. Ehrlich), Freiburg u.a. 1991, S. 22-34
Brocke, E./J. Seim (Hg.), Gottes Augapfel. Beiträge zur Erneuerung des Verhältnisses von Christen und Juden, Neukirchen-Vluyn 1986
Brueggemann, W., Bounded by Obedience and Praise. The Psalms as Canon, JSOT 50 (1991), S. 63-92
—, Response to James L. Mays »The Question of Context«, in: J. C. McCann, Jr. (Hg.), The Shape and the Shaping of the Psalter (JSOT SuppSer 159), Sheffield 1993, S. 29-41
Buber, M., Gottesfinsternis, Zürich 1953
Buren, P. M. van, A Christian Theology of the People of Israel, New York 1983
—, Christ in Context, San Francisco u.a. 1988
—, Discerning the Way, New York 1980, deutsch: Eine Theologie des christlich-jüdischen Diskurses. Darstellung der Aufgaben und Möglichkeiten, Neukirchen-Vluyn 1988
—, The Secular Meaning of the Gospel, London 1963, deutsch: Reden von Gott in der Sprache der Welt. Zur säkularen Bedeutung des Evangeliums, Zürich 1965
Childs, B. S., Introduction to the Old Testament as Scripture, London 1979
Christen und Juden. Eine Studie des Rates der Evangelischen Kirche in Deutschland, Gütersloh 1975
Conzelmann, H., Die Apostelgeschichte (HNT 7), Tübingen ²1972
Crüsemann, F., »Ihnen gehören ... die Bundesschlüsse« (Röm 9,4). Die alttestamentliche Bundestheologie und der christlich-jüdische Dialog, KuI 9 (1994), S. 21-38
Dahl, N. A., A People for His Name (Acts XV.14), NTS 4 (1957/58), S. 319-27.
Démann, P., Israel in Evanston, FR VIII (1955), S. 25-30
Deurloo, K., Gedächtnis des Exils (Psalm 120-134), TuK 55 (1992), S. 28-34
Diem, H., Der Ort der Mission in der systematischen Theologie, ThLZ 91 (1966), Sp. 171
Duchrow, U., Konflikt um die Ökumene, München 1980
Dupont, J., ΛΑΟΣ 'ΕΞ 'ΕΘΝΩΝ (Act. XV.14), NTS 3 (1957), S. 47-50
—, Un Peuple d'entre les Nations (Actes 15.14), NTS 31 (1985), S. 321-335
—, »Je rebatirai la cabane de David qui est tombée« (Ac 15,16 = Am 9,11), in: E. Grässer/O. Merck (Hg.), Glaube und Eschatologie (FS W. G. Kümmel), Tübingen 1985, S. 19-32
Eckert, W. P./E. L. Ehrlich (Hg.), Judenhaß – Schuld der Christen?!, Essen 1964

Eckert, W. P., (Hg.), Judenhaß – Schuld der Christen?! Ergänzungsheft, Essen 1966

»Erwägungen zur kirchlichen Handreichung zur Erneuerung des Verhältnisses von Christen und Juden«, epd-Dokumentation 42/80, S. 14-17

Flusser, D./S. Safrai, Das Apostoldekret und die Noachitischen Gebote, in: E. Brocke/H. J. Barkenings (Hg.), »Wer Tora vermehrt, mehrt Leben« (FS H. Kremers), Neukirchen-Vluyn 1986, S. 173-191

Freudenberg, A., Rettet sie doch!, Zürich 1969

Füglister, N., Ein garstig Lied – Ps 149, in: E. Haag/F.-L. Hossfeld (Hg.), Freude an der Weisung des Herrn (FS H. Groß), Stuttgart 1986, S. 81-105

Geis, R. R./H.-J. Kraus (Hg.), Versuche des Verstehens. Dokumente jüdisch-christlicher Begegnung aus den Jahren 1918-1933, München 1966

Gerlach, W., Als die Zeugen schwiegen. Bekennende Kirche und die Juden (SKI 10), 2., bearb. u. erg. Aufl. Berlin 1993

Goldschmidt, D. (Hg.), Leiden an der Unerlöstheit der Welt. Robert Raphael Geis 1906-1972. Briefe, Reden, Aufsätze, München 1984

Goldschmidt, D./H.-J. Kraus (Hg.), Der ungekündigte Bund. Neue Begegnungen von Juden und christlicher Gemeinde, Stuttgart 1962

Gollwitzer, H., Befreiung zur Solidarität, München 1978

—, Das Judentum als Problem der christlichen Theologie (1975), in: Ausgewählte Werke Bd. 9, München 1988, S. 63-81

—, Der Staat Israel und die Araber (1967), in: Ausgewählte Werke, Bd. 9, München 1988, S. 103-145

—, Vortrupp des Lebens, München 1975

Gollwitzer, H./E. Sterling (Hg.), Das gespaltene Gottesvolk, Stuttgart/Berlin 1966

Haenchen, E., Die Apostelgeschichte, Göttingen ⁷1977

Hampe, J. Chr. (Hg.), Die Autorität der Freiheit. Gegenwart des Konzils und Zukunft der Kirche im ökumenischen Disput, München 1967

Hengel, M., Psalm 110 und die Erhöhung des Auferstandenen zur Rechten Gottes, in: C. Breytenbach/H. Paulsen (Hg.), Anfänge der Christologie (FS F. Hahn), Göttingen 1991, S. 43-74

Henrix, H.H., Ökumenische Theologie und Judentum, FR XXVII (1976), S. 16-27

Hermle, S., »Wo ist dein Bruder Israel?« Die Impulse Adolf Freudenbergs zur Neubestimmung des christlich-jüdischen Verhältnisses nach 1945, KuI 4 (1989), S. 42-59

Hirsch, S. R., Die Psalmen übersetzt und erläutert, neubearb. Aufl. der 1. ausgabe 1883, Basel/Zürich 1995

Hirschauer, G., Der Katholizismus vor dem Risiko der Freiheit. Nachruf auf ein Konzil, München 1966

Horkheimer, M./Th. W. Adorno, Dialektik der Aufklärung, Frankfurt/M 1969

Hossfeld, F.-L./E. Zenger, Die Psalmen 1-50 (NEB), Würzburg 1993

—, »Selig, wer auf die Armen achtet« (Ps 41,2). Beobachtungen zur Gottesvolk-Theologie des ersten Davidpsalters, JBTh 7 (1992), S. 21-50

—, »Wer darf hinaufziehen zum Berg JHWHS?«. Zur Redaktionsgeschichte und Theologie der Psalmengruppe 15-24, in: G. Braulik u.a. (Hg.), Biblische Theologie und gesellschaftlicher Wandel (FS N. Lohfink), Freiburg 1993, S. 166-182

Hossfeld, F. L., Ps 50 und die Verkündigung des Gottesrechts, in: F. V. Reiterer (Hg.), Ein Gott, eine Offenbarung (FS N. Füglister), Würzburg 1991, S. 83-102

Howard, Jr, D. M., Editorial Activity in the Psalter: A State-of-the-Field Survey, in: J. Clinton McCann (Hg.), The Shape and the Shaping of the Psalter (JSOT SuppSer 159), Sheffield 1993, S. 52-70

Israel und die Kirche. Eine Studie, im Auftrag der Generalsynode der Niederländischen Reformierten Kirche zusammengestellt von dem Rat für das Verhältnis zwischen Kirche und Israel (1959), deutsch: Zürich 1961

Iwand, H.-J., Die Kirche und die Juden, JK 12 (1951), S. 105-106

—, Predigt-Meditationen I, Göttingen ⁴1984

Jervell, J., Luke and the People of God. A New Look at Luke-Acts, Minneapolis 1972

Jonas, H., Der Gottesbegriff nach Auschwitz. Eine jüdische Stimme, Frankfurt/M 1987

Keller, H., In der Erwartung des Reiches Gottes, in: E. Brocke/J. Seim (Hg.), Gottes Augapfel. Beiträge zur Erneuerung des Verhältnisses von Christen und Juden, Neukirchen-Vluyn 1986, S. 213-222

Kirchberg, J., Theo-logie in der Anrede als Weg zur Verständigung zwischen Juden und Christen, Innsbruck/Wien 1991

Kirche und Israel. Zur Erneuerung des Verhältnisses von Christen und Juden. Proponendum zur Änderung des Grundartikels der Kirchenordnung (Handreichung Nr. 45 der Evangelischen Kirche im Rheinland), Düsseldorf 1993

Klappert, B., Eine Christologie der Völkerwallfahrt zum Zion, in: B. Klappert u.a., Jesusbekenntnis und Christusnachfolge, München 1992, S. 65-93

—, Jesus Christus zwischen Juden und Christen, in: B. Klappert/H. Starck (Hg.), Umkehr und Erneuerung. Erläuterungen zum Synodalbeschluß der Rheinischen Landessynode 1980 »Zur Erneuerung des Verhältnisses von Christen und Juden«, Neukirchen-Vluyn 1980, S. 138-166

—, Miterben der Verheißung. Christologie und Ekklesiologie der Völkerwallfahrt zum Zion Eph 2,11-22, in: M. Marcus u.a. (Hg.), Israel und

Kirche heute. Beiträge zum christlich-jüdischen Dialog (FS E. L. Ehrlich), Freiburg u.a. 1991, S. 72-109

—, Mitverantwortung aus messianischer Hoffnung. Einige Anmerkungen zu Paul van Burens Theologie im christlich-jüdischen Kontext, in: W. Schweitzer, Der Jude Jesus und die Völker der Welt. Ein Gespräch mit Paul van Buren, Berlin 1993, S. 191-214

Kraus, H.-J., Aspekte der Christologie im Kontext alttestamentlich-jüdischer Tradition, in: E. Brocke/J. Seim (Hg.), Gottes Augapfel. Beiträge zur Erneuerung des Verhältnisses von Christen und Juden, S. 1-23, auch in: H.-J. Kraus, Rückkehr zu Israel, S. 167-188

—, Eine Christologie des Heiligen Geistes, in: B. Klappert u.a., Jesusbekenntnis und Christusnachfolge, München 1992, S. 37-46

—, Perspektiven eines messianischen Christusglaubens, in: J.J. Petuchowski / W. Strolz (Hg.), Offenbarung im jüdischen und christlichen Glaubensverständnis, Freiburg u.a. 1981, S. 237-261, auch in: Kraus, Rückkehr S. 146-166

—, Reich Gottes: Reich der Freiheit, Neukirchen-Vluyn 1975

—, Rückkehr zu Israel. Beiträge zum christlich-jüdischen Dialog, Neukirchen-Vluyn 1991

—, Systematische Theologie im Kontext biblischer Geschichte und Eschatologie, Neukirchen-Vluyn 1983

—, Theologische Religionskritik, Neukirchen-Vluyn 1982

Kreck, W., Kirche und Kirchenorganisation. Einige Fragen zu H. Gollwitzers Kirchenthesen, EvTh 38 (1978), S. 518-526

Krüger, T., Psalm 90 und die »Vergänglichkeit des Menschen«, Biblica 75 (1994), S. 191-219

Lehming, H., Ob Jesus der Messias ist, das hängt von euch ab!, Nordelbische Stimmen 10 (1987), S. 208-210

Liebster, W., Franz Rosenzweig und Kornelis H. Miskotte. Zu den Anfängen und den Auswirkungen des jüdisch-christlichen Dialogs in den Niederlanden, in: H.-G. Geyer u.a. (Hg.), »Wenn nicht jetzt, wann dann?« (FS H.-J. Kraus), Neukirchen-Vluyn 1983, S. 209-221

Loerbroks, M., Israels Geschichte, zweimal besungen, TuK 27 (1985), S. 24-44

Lohfink, G., Die Sammlung Israels. Eine Untersuchung zur lukanischen Ekklesiologie (StANT 39), München 1975

Lohfink, N., Der neue Bund und die Völker, KuI 6 (1991), S. 115-133

—, Die Universalisierung der »Bundesformel« in Psalm 100,3, ThPh 65 (1990), S. 172-183

Ludwig, H., »Christen dürfen zu diesem Verbrechen nicht schweigen«. Zum 100. Geburtstag von Pfarrer Dr. Adolf Freudenberg, ÖR 43 (1994), S. 260-274

Lüpsen, F. (Hg.), Neu Delhi Dokumente, Witten 1961

Magonet, J., A Stairway to Paradise: On Psalm 19, in: ders., A Rabbi Reads the Psalms, London 1994, S. 85-98
—, David Sings the Blues – On Concentric Psalms: Psalms 145 and 92, in: ders., A Rabbi Reads, S. 34-44
—, Rewriting Tradition: Psalm 25, in: ders., A Rabbi Reads, S. 69-84
Marquardt, F.-W., Christentum und Zionismus (1968), in: ders., Verwegenheiten. Theologische Stücke aus Berlin, München 1981, S. 165-201
—, Das christliche Bekenntnis zu Jesus, dem Juden. Eine Christologie, Bd. 2, München 1991
—, Christus im Exodus. Besinnung auf einen Satz Luthers als Beispiel für Probleme im christlich-jüdischen Verhältnis heute, in: G. B. Ginzel / E. Pfisterer (Hg.), Scheidewege (FS R. Pfisterer), Düsseldorf 1985, S. 117-133
—, Die Entdeckung des Judentums für die christliche Theologie. Israel im Denken Karl Barths, München 1967
—, Entwurf einer christlichen Theologie des Bundes, in: M. Stöhr (Hg.), Lernen in Jerusalem – Lernen mit Israel (VIKJ 20), Berlin 1993, S. 93-109
—, »Feinde um unsretwillen«. Das jüdische Nein und die christliche Theologie (1977), in: ders., Verwegenheiten, S. 311-336
—, Die Gegenwart des Auferstandenen bei seinem Volk Israel. Ein dogmatisches Experiment, München 1983
—, Kirche der Menschen, Berlin 1960
—, Solidarität mit den Gottlosen. Zur Geschichte und Bedeutung eines Theologumenon (1960), in: ders., Verwegenheiten, S. 120-142
—, Von Elend und Heimsuchung der Theologie. Prolegomena zur Dogmatik, München 1988
—, Was dürfen wir hoffen, wenn wir hoffen dürften? Eine Eschatologie, Bd. 1, Gütersloh 1993
—, Zur Reintegration der Tora in eine Evangelische Theologie, in: E. Blum u.a. (Hg.), Die Hebräische Bibel und ihre zweifache Nachgeschichte (FS R. Rendtorff), Neukirchen-Vluyn 1990, S. 657-676
Marx, K. / F. Engels, Studienausgabe in 4 Bänden, Hg. v. I. Fetscher, Frankfurt/M 1966, Bd. I
Mayer, H., Außenseiter, Frankfurt/M 1975
Mays, J. L., The David of the Psalms, Interpr 40 (1986), S. 143-155
—, The Place of the Torah-Psalms in the Psalter, JBL 106 (1987), S. 3-12
McCann, J.C., Jr., The Psalms as Instruction, Interpr 46 (1992), S. 117-128.
Meuzelaar, J. J., Der Leib des Messias. Eine exegetische Studie über den Gedanken vom Leib Christi in den Paulusbriefen, Kampen 1979 (Nachdruck d. Ausg. Assen 1961)
Miller, P. D., The Beginning of the Psalter, in: J. Clinton McCann (Hg.), The Shape and the Shaping of the Psalter (JSOT.SS 159), Sheffield 1993, S. 83-92

—, Kingship, Torah Obedience, and Prayer. The Theology of Psalms 15-24, in: K. Seybold / E. Zenger (Hg.), Neue Wege der Psalmenforschung (HBS 1), Freiburg u.a. 1994, S. 127-142

Miskotte, K. H., Wenn die Götter schweigen. Vom Sinn des Alten Testaments, München 1963

Mitscherlich, A. u. M., Die Unfähigkeit zu trauern. Grundlagen kollektiven Verhaltens, München 1967

Moderamen des Reformierten Bundes (Hg.), Wir und die Juden – Israel und die Kirche. Leitsätze in der Begegnung von Juden und Christen. Text und Dokumentation, Bad Bentheim o.J. (1990)

Moltmann, J., Welche Einheit? Der Dialog zwischen den Traditionen des Ostens und des Westens, ÖR 26 (1977), S. 287-296

Müller, K., Tora für die Völker. Die noachidischen Gebote und Ansätze zu ihrer Rezeption im Christentum (SKI 15), Berlin 1994

Nolland, J., A Fresh Look at Acts 15.10, NTS 27 (1980/81), S. 105-115

Oesterreicher, J., Kommentierende Einleitung zur Erklärung über das Verhältnis der Kirche zu nichtchristlichen Religionen, in: Das Zweite Vatikanische Konzil II (LThK), Freiburg u.a. 1967, S. 406-478

Osten-Sacken, P. von der, Grundzüge einer Theologie im christlich-jüdischen Gespräch, München 1982

—, Der Wille zur Erneuerung des christlich-jüdischen Verhältnisses in seiner Bedeutung für biblische Exegese und Theologie, JBTh 6 (1991), S. 243-267

O'Toole, R. F., Acts 2:30 and the Davidic Covenant of Pentecost, JBL 102 (1983)

Pangritz, A., Jesus und das »System der Unreinheit« oder: Fernando Belo die Leviten gelesen, TuK 24 (1984), S. 28-46

—, Karl Barth in der Theologie Dietrich Bonhoeffers – eine notwendige Klarstellung, Berlin 1992

Pesch, R., Die Apostelgeschichte, 2. Teilband: Apg 13-28 (EKK V/2), Zürich u.a. 1986

Raiser, K., Ökumene im Übergang. Paradigmenwechsel in der ökumenischen Bewegung?, München 1989

Rasker, A. J., Im Gespräch mit Israel. Einblicke in Geschichte und Gegenwart des christlich-jüdischen Dialogs in Holland, in: P. von der Osten-Sacken (Hg.), Treue zur Thora. Beiträge zur Mitte des christlich-jüdischen Gesprächs, Berlin ³1986, S. 155-161

Reindl, J., Weisheitliche Bearbeitung von Psalmen. Ein Beitrag zum Verständnis der Sammlung des Psalters, VT.S 32 (1981), S. 333-356

Rendtorff, R. (Hg.), Arbeitsbuch Christen und Juden. Zur Studie des Rates der Evangelischen Kirche in Deutschland, Gütersloh 1979

—, »Das Land hatte vierzig Jahre Ruhe ...«, KuI 1 (1986), S. 9-10

—, Das Alte Testament. Eine Einführung, Neukirchen-Vluyn 1983
—, Hat denn Gott sein Volk verstoßen? Die evangelische Kirche und das Judentum seit 1945. Ein Kommentar, München 1989
—, Lieber Herr Marquardt, in: U. Gniewosz u.a. (Hg.), Störenfriedels Zeddelkasten. Geschenkpapiere zum 60. Geburtstag von F.-W. Marquardt, Berlin 1991, S. 24-27
—, Neue Perspektiven im christlich-jüdischen Gespräch, in: E. Brocke/ H.-J. Barkenings (Hg.), »Wer Tora vermehrt, mehrt Leben« (FS Heinz Kremers), Neukirchen-Vluyn 1986, S. 3-14
Rendtorff, R./H. H. Henrix (Hg.), Die Kirchen und das Judentum. Dokumente 1945-1985, Paderborn/München 1988
Richard, E., The Creative Use of Amos by the Author of Acts, NovT 24 (1982), S. 37-53
Richard, E., The Divine Purpose: The Jews and the Gentile Mission (Acts 15) (SBL.SP), 1980, S. 267-282
Riegner, G. M., Licht und Schatten in den Beziehungen des Ökumenischen Rates der Kirchen zu den Juden in den letzten Jahrzehnten, in: Das Volk Gottes und die Völker der Welt. Die ökumenische Bewegung und Israel, Evangelische Akademie Berlin-Brandenburg: NACH-LESE 8/94, S. 98-108
Roloff, J., Die Apostelgeschichte (NTD 5), Göttingen 1981
Rosenzweig, F., Der Stern der Erlösung, Den Haag ⁴1976
Ruether, R. R., Anti-Semitism and Christian Theology, in: E. Fleischner (Hg.), Auschwitz: Beginning of a New Era?, New York 1977, S. 79-92
—, Faith and Fratricide, New York 1974, deutsch (mit einem Nachwort von P. von der Osten-Sacken): Nächstenliebe und Brudermord, München 1978
Sandt, H. van de, An Explanation of Acts 15.6-21 in the Light of Deuteronomy 4.29-35 (LXX), JSNT 46 (1992), S. 73-97
—, Why is Amos 5,25-27 quoted in Acts 7,42f.?, ZNW 82 (1991), S. 67-87
Schille, G., Die Apostelgeschichte des Lukas, Berlin 1983
Schlink, E., Ökumenische Dogmatik, Göttingen 1983
Schneider, G., Die Apostelgeschichte. II. Teil (HTKNT V/2), Freiburg u.a. 1982
Schoon, S., Jüdisch-christliche Begegnung in den Niederlanden nach 1945, KuI 6 (1991), S. 28-39
Schüttke-Scherle, P., From Contextual to Ecumenical Theology? A Dialogue between Minjung Theology and ›Theology after Auschwitz‹, Frankfurt/M u.a. 1989
Schweitzer, W., Der Jude Jesus und die Völker der Welt. Ein Gespräch mit Paul M. van Buren. Mit Beiträgen von P. M. van Buren, B. Klappert und M. Wyschogrod (VIKJ 19), Berlin 1993
Seybold, K., Die Redaktion der Wallfahrtspsalmen, ZAW 91 (1979), S. 247-268

Sheppard, G. T., Theology and the Book of Psalms, Interpr 46 (1992), S. 143-155

Simon, U., Four Approaches to the Book of Psalms: From Saadiah Gaon to Abraham Ibn Ezra, (hebr. Ramat Gan 1982; engl.:) New York 1991

Soll, W., Psalm 119: Matrix, Form and Setting (CBQ Monograph Ser 23), Washington D.C. 1991

Stern, F., Wider Antisemitismus – für christlich-jüdische Zusammenarbeit. Aus der Entstehungszeit der Gesellschaften und des Koordinierungsrats, Menora. Jahrbuch für deutsch-jüdische Geschichte 3 (1992), S. 182-209

Stöhr, M., Gespräche nach Abels Ermordung – Die Anfänge des jüdisch-christlichen Dialogs, in: M. Brumlik u.a. (Hg.), Jüdisches Leben in Deutschland seit 1945, Frankfurt/M 1986, S. 197-229

—, Jüdisch-christlicher Dialog und palästinensische Theologie. Ein notwendiger Streit in der Ökumene, in: Das Volk Gottes und die Völker der Welt. Die ökumenische Bewegung und Israel, Evangelische Akademie Berlin-Brandenburg: NACH-LESE 8/94, S. 109-122

Talmon, S., Kritische Anfrage der jüdischen Theologie an das europäische Christentum, in: ders., Juden und Christen im Gespräch, Ges. Aufs. Bd. 2, Neukirchen-Vluyn 1992, S. 209-225

Ucko, H., Christlich-jüdischer Dialog: Diagnose und Prognose, ÖR 41 (1992), S. 147-160

Die *Unordnung der Welt und Gottes Heilsplan*, 5 Bände, Genf 1948

Veerkamp, T., »Nicht mit diesem Namen lehren«. Der Konflikt zwischen den Aposteln und dem Sanhedrin; eine Auslegung von Apg. 4,12 und seinem Kontext, TuK 31/32 (1986), S. 61-92

—, *Wo denn sitzen Arme neben Edlen?*, TuK 53 (1992), S. 33-43

Visser't Hooft, W.A. (Hg.), Neu Delhi 1961. Dokumentarbericht über die Dritte Vollversammlung des Ökumenischen Rats der Kirchen, Stuttgart 1962

Visser't Hooft, W.A., Die Welt war meine Gemeinde, München 1972

Viviers, H., The Coherence of the maalot Psalms, ZAW 106 (1994), S. 275-289

Weber, H.R., Jewish-Christian Dialogue: A North Atlantic Affair?, ER 25 (1973), S. 216-221

Weiser, A., Die Apostelgeschichte. Kap 13-28 (ÖKT 5/2), Gütersloh/Würzburg 1985

Wilkens, E. (Hg.), Die Zukunft der Kirche und die Zukunft der Welt. Die Synode der EKD 1968 zur Weltverantwortung der Kirche in einem revolutionären Zeitalter, München 1968

Wilson, G.H., The Editing of the Hebrew Psalter (SBL.Dis.Ser. 76), Chico 1985.

Winter, P., Acta 15,14 und die lukanische Kompositionstechnik, EvTh 17 (1957), S. 400-406

Zenger, E., Der Gott Abrahams und die Völker. Beobachtungen zu Psalm 47, in: M. Görg (Hg.), Die Väter Israels. Beiträge zur Theologie der Patriarchenüberlieferungen im Alten Testament (FS J. Scharbert), Stuttgart 1989, S. 413-430

—, Israel und die Kirche im gemeinsamen Gottesbund. Beobachtungen zum Programm des 4. Psalmbuchs (Ps 90-106), in: M. Marcus u.a. (Hg.), Israel und Kirche heute. Beiträge zum christlich-jüdischen Dialog (FS E. L. Ehrlich), Freiburg 1991, S. 236-254

—, Juden und Christen doch nicht im gemeinsamen Gottesbund? Antwort auf Frank Crüsemann, KuI 9 (1994), S. 39-52

—, »So betete David für seinen Sohn Salomo und für den König Messias«. Überlegungen zur holistischen und kanonischen Lektüre des 72. Psalms, JBTh 8 (1993), S. 57-72

—, »Wozu tosen die Völker ...?« Beobachtungen zur Entstehung und Theologie des 2. Psalms, in: E. Haag/F. L. Hossfeld (Hg.), Freude an der Weisung des Herrn (FS H. Groß), Stuttgart 1986, S. 495-511

—, Zur redaktionsgeschichtlichen Bedeutung der Korachpsalmen, in: K. Seybold/E. Zenger (Hg.), Neue Wege der Psalmenforschung (HBS 1), Freiburg u.a. 1994, S. 175-198

Zimmerli, W., Zwillingspsalmen, in: J. Schreiner (Hg.), Wort, Lied und Gottesspruch (FS J. Ziegler), (fzb 2), Würzburg 1972, S. 105-113 (=Studien zur alttestamentlichen Theologie und Prophetie. Ges. Aufs. II, München 1974, S. 261-271)

Zuntz, G., An analysis of the report about the ›Apostolic Council‹, in: ders., Opuscula selecta, Manchester 1972, S. 216-251

Norman A. Beck

Mündiges Christentum im 21. Jahrhundert

Die antijüdische Polemik des Neuen Testaments und ihre Überwindung

Veröffentlichungen aus dem Institut Kirche und Judentum Band 26
1998, geb., 448 S., DM 34,80 / ÖS 257,50 / SFr 32,40 / € 17,79
ISBN 3-923095-28-7

Der traditionelle christliche Antijudaismus läßt sich schwerlich überwinden, wird mit der Erkenntnis seiner Anfänge im Neuen Testament nicht auch bei der Übersetzung der betreffenden Texte ernst gemacht: Erst dann wird Bibellesern und Gottesdienstteilnehmern ein neues Verständnis der christlichen Botschaft von der Quelle her ermöglicht. Von dieser Einsicht bewegt, durchmustert Norman Beck in seiner – in den USA bereits in zweiter Auflage erschienenen – Untersuchung das gesamte Neue Testament, erörtert seine antijüdischen oder antijüdisch mißverständlichen Passagen und macht eine Fülle unterschiedlicher, teils leiser, teils provokativer und auch zum Widerspruch reizender Vorschläge für den Umgang mit diesen Texten. Sein ›Sendbuch vom Dolmetschen‹ zielt auf ein wirklich mündiges Christentum und ist so ein Prüfstein für Ausmaß und Grenzen der ›Freiheit eines Christenmenschen‹ in seinem Verhältnis zum Buchstaben der Schrift.

Zur amerikanischen Ausgabe:
»»Mündiges Christentum‹ ist die sorgfältigste Untersuchung der antijüdischen Polemik des Neuen Testaments, die ich gelesen habe. Indem er seine Erörterungen mit der Frage nach einem mündigen Christentum und mit hermeneutischen Reflexionen verbindet, dringt Beck tiefer in die Sache ein als die anderen Bücher über diese Polemik.« (Krister Stendahl, Bischof von Stockholm, Prof. em. für NT an der Harvard University)

Bestellungen werden erbeten über den Buchhandel oder direkt an das Institut.

Institut Kirche und Judentum

Dom zu Berlin, Lustgarten, 10178 Berlin
Fon: (+49-30) 2 02 69-153 (9–13h), Fax: (+49-30) 2 02 69-154